한국목간학회총서 28

木簡과 文字 연구

28

| 한국목간학회 엮음 |

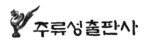 주류성출판사

|차 례|

특 집

한반도 발견 목간의 형태 용어 검토

이재환[*]

〈국문초록〉

木簡·簡牘에 대한 연구는 국가의 범위를 넘어 긴밀하게 교류되고 있다. 목간 연구가 더 늦게 시작된 한국의 경우, 중국과 일본에서 이미 사용하고 있던 용어들을 인식하고 수용·변용하면서 나름의 체계를 만들어 왔다.

'木簡' 자체에 대한 한국인 연구자들이 자연스럽게 붙인 호칭은 '木牌'였던 듯하나, 이후 일본의 '木簡'이라는 호칭이 들어와 정착되었다. 이외에도 일본에서 사용하는 '短冊型', '切り込み', '尖形', '圭頭', '削屑', '題籤軸' 등의 형태 용어와, '簡'·'牘'·'觚'·'檢'·'楬'·'符'·'券'·'棨'·'致'·'傳'·'柿'·'槧' 등 중국 簡牘의 분류 명칭들이 소개되었다.

이 가운데 '題籤軸'은 대체 용어가 없어 그대로 수용되었고, '削屑'은 '목간 부스러기'라는 번역 용어와 함께 통용되고 있다. '觚'는 비교적 많이 사용되고 있으나, '簡'과 '牘'의 구분은 받아들여지지 않았다. '短冊型'과 '切り込み'는 번역이 필요하지만, 아직 통일된 대체 용어가 정착되지 않았다. 완전히 동일한 대상을 가리키는 것은 아니지만 '종장판'과 '홈'을 제안해 본다.

애초에 중국의 경우 과거에 사용되던 호칭을 되살려 사용함으로써 형태와 기능이 결합된 분류가 이루어졌고, 일본은 내용·기능에 따른 분류와 형태에 따른 분류가 별도로 존재하고, 형태 분류는 형식번호를 부

---

[*] 중앙대학교 역사학과 부교수

여하는 방식으로 진행되었기 때문에, 이를 한 가지로 통일하거나 1:1로 대응시키기는 어려운 상황이다. 다만, 한국목간학회에서 관련된 범례를 확정짓는다면, 이를 통해 국내적으로 용어 통일이 추구되고, 해외에서도 한국의 용어와 분류 방식을 쉽게 이해할 수 있게 될 것이다.

▶ 핵심어: 木簡, 簡牘, 형태 분류, 용어 통일, 범례

I. 머리말

木簡·簡牘에 대한 연구는 국가의 범위를 넘어 긴밀하게 교류되고 있다. 상대방이 사용하는 용어·표현을 잘 파악하는 것은 서로를 이해하기 위해 필수적인 과정이다. 특히 목간 연구가 더 늦게 시작된 한국의 경우, 중국과 일본에서 이미 사용하고 있던 용어들을 인식하고 수용·변용하면서 나름의 체계를 만들어 왔다. 목간의 형태별 호칭 또한 중국의 용어들과 일본의 형식분류 방식이 중요하게 의식되었다.

한국목간학회에서는 창립 이듬해인 2008년 제3회 학술대회의 주제를 "東아시아 古代木簡의 形態"로 잡아 각국의 형태에 대한 논의를 한 데 모은 바 있다.[1] 그러나 동아시아 국가들 간에, 나아가 한국 연구자들 사이에 형태와 관련된 호칭 혹은 용어의 실질적 '통일'은 이루어지지 못했다. 이에 2022년 9월에 열린 한국목간학회 제16회 국제학술대회에서 '韓·中·日 古代 木簡의 名稱에 대한 종합적 검토'를 주제로 삼아 각국의 형태 분류와 호칭의 현황을 정리하고 호칭·용어의 통일 가능성에 대한 검토를 시도하였다. 본고는 해당 국제학술대회에서 발표한 바를 수정·보완한 것이다.

II. 札과 牌

중국의 簡牘은 20세기 초부터 발견되어 알려지기 시작했지만, 체계적이고 과학적인 방법에 의한 발굴과 연구가 이루어진 것은 1949년 이후부터였다고 한다.[2] 일본의 경우 正倉院에 보존·전래된 목간들이 있었고, 1928년 三重縣 柚井遺跡 및 1930년 秋田縣 拂田柵遺跡에서 목간이 출토된 바 있으나 주목받지 못하다가 1961년 奈良 平城宮跡에서 40점의 목간이 발견되면서부터 목간 연구가 본격적으로 시작되었다.[3]

한반도에서 처음 '목간'이 확인된 것은 1931년 朝鮮古蹟硏究會에 의한 平安南道 大同郡 南川面 南井里

---

1) 이때의 논고들은 2009, 『木簡과 文字』 3號에 특집으로 수록되었다.
2) 김경호, 2011, 「한·중·일 동아시아 3국의 목간 출토 및 연구 현황」, 『죽간·목간에 담긴 고대 동아시아(동아시아문명총서 03)』, 성균관대학교 출판부, p.20.
3) 日本木簡學會 엮음/橋本繁·이동주 옮김, 2022, 『목간에서 고대가 보인다(경북대학교 인문학술원 HK+사업단 번역총서 02)』, 경북대학교 인문학술원 HK+사업단 편, 주류성, pp.23-24.

116號墳, 곧 '彩篋塚'의 발굴에서였으므로, 이후 중국이나 일본에서 학술적으로 사용될 簡牘·목간 관련 용어나 정보는 아직 제대로 보급되지 않은 시점이었다. 발굴자는 해당 유물의 형태적 특징 및 내용에 기반하여 직관적으로 호칭을 정한 것으로 보이는데, 이때 붙인 호칭은 '木札'이었다.[4] 그것은 柏材로 만든 폭 7.2㎝의 '長方形 薄板'으로서, 3行의 墨書가 있어 중국 簡牘의 형태 호칭에 따르면 '木牘'이라고 부르는 것이 적당해 보이는 자료이나,[5] 당시 목간·簡牘이나 木牘과 같은 용어는 아직 사용되지 않았던 것이다.[6]

'札'은 '兩行'·'檄' 등과 더불어 규격화된 書寫材料로 漢代의 簡牘 내용 중에 보이며,[7] 『急就篇』이나 『釋名』 등 문헌에서도 확인되는데,[8] 폭 1~2㎝에 一行으로 書寫하는 簡을 가리켰다고 본다.[9] 그러나 폭이 넓고 여러 행으로 서사된 彩篋塚 출토품은 그와는 형태가 다르며, 보고서 작성 당시 그러한 용례는 인지되지 못했던 듯하다. '木札'은 일본어 'ふだ(札)'에 기반한 命名으로 여겨진다. 일본 학계에서는 '付札'·'荷札' 등 목간과 관련하여 '··札'이라는 표현이 많이 사용되며, 목간을 정의할 때도 '木札 위에 文字가 쓰여진 것'와 같이 상위의 개념으로 '札'이 등장하는 경우가 있다.[10]

하지만 '木札'이라는 표현은 이후 한국의 연구자들에게 거의 받아들여지지 않았다. 그런데 2000년대 말부터 충청남도 태안 마도 인근 해역의 고려시대 침몰선들에 대한 발굴에서 확인된 대나무 재질의 荷札들에 대해서 '竹札'이라는 호칭이 사용되고 있다.[11] 굳이 '竹簡'이 아닌 '竹札'이라는 용어를 채택한 이유는 '竹簡'

---

4) 朝鮮古蹟研究會, 1934, 『樂浪彩篋塚(古蹟調査報告 第一)』, p.57, "(三) 木札及 木製用器類 … 三九 墨書木札 長二三·七糎, 幅七·二 糎, 厚〇·六糎【圖版第七九】". 참고로 p.iii의 영문 초록 중에는 'Wooden Tablet'으로 번역되었다.

5) 한국 학계에서도 2000년대 이후 이 유물을 '木牘'이라고 부르는 것이 일반적이다(尹善泰, 2004, 「한국고대목간의 출토현황과 전망」, 『韓國의 古代木簡』, 國立昌原文化財研究所, p.360; 이경섭, 2013, 『신라 목간의 세계』, 경인문화사, p.267; 윤재석 편저, 2022a, 『한국목간총람(경북대학교 인문학술원 HK+사업단 자료총서 01)』, 주류성, pp.36-37 등).

6) 이미 1912년에 일본에 거주하던 王國維의 저술 『簡牘檢署考』가 京都文學會의 『藝文』 第4·5·6號에 연재되고(왕궈웨이(王國維) 원저/후핑성(胡平生)·마웨화(馬月華) 교주/김경호 역주, 2017, 『간독이란 무엇인가?(簡牘檢署考校注)』, 성균관대학 출판부, pp.15-16), 1914년 京都 東山學舍를 통해 『流沙墜蕳』이 發刊되었으나, 彩篋塚 발굴 당시 책임자 小泉顯夫 등은 인지하지 못하였던 듯하다.

7)　 三月 錢四百
出　　 入兩行二百　 居攝二年丁月壬戌省卒王書付門卒蔡愔
　　 財用 檄廿三尺札百　(右上側有三個刻齒)　　　　　　 (額濟納漢簡 99ES17SH1:2)
　 淩胡隆廣昌隆各請輸札兩行隆五十繩廿丈須寫下詔書　　 (敦煌漢簡釋文: 1944: 釋TH.1684A)
※ 김병준, 2009, 「중국 출토 자료의 해독 원리와 실제」, 문자의 문화사 강좌 2 강의자료에서 재인용.

8) 李解民, 2009, 「中國 日用類簡牘의 형태와 관련한 몇 가지 문제」, 『木簡과 文字』 3號, pp.18-19.
『漢書』 郊祀志의 顔師古 注에서는 "札, 木簡之薄小者也."라고 하였다(冨谷至, 2003, 『木簡·竹簡の語る中國古代』, 岩波書店(임병덕 옮김, 2005, 『목간과 죽간으로 본 중국 고대 문화사』, 사계절, p.135)).

9) 冨谷至, 2003, 앞의 책(임병덕 옮김, 2005, 앞의 책, p.97).

10) 冨谷至, 2003, 앞의 책(임병덕 옮김, 2005, 앞의 책, p.85); 舘野和己, 2004, 「日本の木簡」, 『韓國의 古代木簡』, 國立昌原文化財研究所, p.398 등.
'牘'을 설명할 때도 '쓰기 위한 札[ふだ]', '쓰기 위해 가공한 札'이라는 표현이 사용되었다(大庭脩 編著, 1998, 『木簡【古代からのメッセージ】』, 大修館書店, p.21).

11) 임경희·최연식, 2010, 「태안 마도 수중 출토 목간 판독과 내용」, 『木簡과 文字』 5號에서는 '대나무 화물표'로 지칭하였다가, 국립해양문화재연구소 편, 2010, 『태안마도 1호선 수중발굴조사 보고서』에서부터 '竹札'이라는 호칭이 사용되기 시작하였다.

이라고 부를 경우 編綴된 형태를 연상할 수 있기 때문이라고 하였다.[12] '竹札'이라는 命名이 적절한지에 대해서는 논의가 이루어질 필요가 있지만,[13] 編綴을 前提로 아주 가늘게 만들었으며 殺靑 등의 공정을 거친 중국의 竹簡과의 형태적 차이가 고려되어야 함은 분명해 보인다. 廣義의 '竹簡' 범주 속에서 구체적인 호칭이 논의되어야 하겠다. 한편 樂浪郡 유적인 平壤 石巖里 194號墳에서 1924년에 출토된 '竹簡'에 대해서도 '竹札'의 가능성이 지적된 바 있다.[14] 단, '木簡'에 대해서는 여전히 '木札'이라는 호칭이 거의 사용되지 않고 있다.[15]

簡牘·목간의 용례에 익숙하지 않은 상태에서 한국인 연구자에게 직관적으로 떠오른 용어는 '札'이라기보다 '牌'였던 듯하다.[16] 1975년 전라남도 신안군 증도 앞바다에서 1323년 寧波를 출발하여 일본으로 향하다가 난파된 침몰선 '新安船'이 발견되어 이후 9년간 조사·인양이 이루어졌는데, 1982~1983년에 荷物들에 붙어 있던 付札들이 364점 出水되었다. 발굴자에 의해 이들은 '木牌'로 보고되었다.[17] '木牌'라는 호칭은 1988년의 綜合編 報告書에서 이들을 '木簡'으로 지칭한 일본의 논문을 참고문헌으로 인용하면서도 계속 사용되었고,[18] 신안선 발굴 30주년을 기념하여 발간된 新安海底發掘 綜合報告書에까지 그대로 이어졌다.[19]

'자그마한 나무조각에 貿易商品에 대한 所有主들의 이름을 墨書한 것으로 말하자면 物標와 동일한 용도

<hr/>

이후 마도 2호선 및 3호선 出水品에 대해서도 동일한 용어를 사용하였고(임경희, 2010, 「마도2호선 발굴 목간의 판독과 분류」, 『木簡과 文字』 6號; 임경희, 2011, 「마도3호선 목간의 현황과 판독」, 『木簡과 文字』 8號), 해당 유물에 관한 연구들에 받아들여졌다(李鐘玫, 2011, 「泰安 馬島 해저출토품으로 본 고려 중기 청자의 편년문제」, 『이화사학연구』 제42집; 신은제, 2012, 「마도 1·2호선 出水 목간·죽찰에 기재된 곡물의 성격과 지대수취」, 『역사와 경계』 84; 윤용혁, 2013, 「고려의 뱃길과 섬, 최근의 연구 동향」, 『島嶼文化』 제42집; 윤용희·김응호·차미영, 2016, 「마도1호선에서 출수된 죽찰의 보존처리」, 『保存科學研究』 37 등).

12) 임경희, 2010, 「마도 1호선 목간의 분류와 주요 내용」, 『태안마도 1호선 수중발굴조사 보고서』, 국립해양문화재연구소, p.607.

13) 앞서 언급한 중국의 '札' 용례와 차이가 난다. '한국 목간'의 경우에서도 용도와 형태에 공통성이 있는 함안 성산산성 출토 목간들이 '荷札'로 불리지만 이는 용도상의 분류이지 형태상의 호칭이 아니며, '木札'로 지칭되지는 않는다는 점에서 고민이 필요하다.

14) 현재 문자는 확인되지 않지만 2~3곳에 끈을 묶었던 흔적이 보여 編綴簡으로 파악한 데 대한 서울대학교 김병준 교수의 토론 과정에서 언급되었다고 한다(안경숙, 2013, 「평양 석암리 194호 출토 竹簡 고찰」, 『木簡과 文字』 10號, p.174 각주 30). 단, 여기서 '竹札' 표현의 의미가 명확히 제시되지는 않았다.

15) 彩篋塚 출토 木牘에 대한 보고서 내용의 인용을 제외하면, 한정훈, 2015, 「동아시아 중세 목간의 연구현황과 형태 비교」, 『사학연구』 제119, p.264 【표 6】의 '태안선 목찰'·'마도1호선 목찰'·'마도2호선 목찰'·'마도3호선 목찰'이 거의 유일한 사례가 아닌가 한다. 단, 해당 논고 또한 【표 6】의 항목 부분을 빼면 일관되게 '木簡'으로 지칭하고 있다. 이 표의 '木札'은 아마도 '竹札' 표현에 기인한 것으로 추측된다.

16) 한국 〈국립국어원 표준국어대사전〉에서 '목찰(木札)'의 첫 번째 정의는 "나무를 깎거나 다듬을 때에 생기는 잔조각. =지저깨비.", 두 번째 정의가 "나무로 만든 패. =목패."이며, '목패(木牌)'는 "나무로 만든 패. 늑목찰."로 정의되어 있다.

17) 文化公報部 文化財管理局, 1984, 『新安海底遺物 (資料編 II)』, pp.89-97; 文化公報部 文化財管理局, 1985, 『新安海底遺物 (資料編 III)』, pp.62-66.

18) 尹武炳, 1988, 「第3節 木牌」, 『新安海底遺物 (綜合編)』, 文化公報部 文化財管理局, p.260에서 西谷正, 1985, 「新安海底發見の木簡について」, 『九州文化史研究紀要』 第30號를 參考文獻으로 들고 있다.

19) 문화재청·국립해양유물전시관·사단법인 바다문화회, 2006, 『新安船』.

로 사용되었던 소형의 木製名牌를 가르켜 이름한 것'이라고 설명한 것으로 보아,[20] 형태뿐 아니라 '名牌'라는 용도를 감안한 命名이었다고 여겨진다.[21] 한편 이때 '木牌'의 결박을 위한 가공방법 및 頭部와 下端部分의 형태에 따라 형식을 분류한 것이 주목된다. 단, 형식 번호의 부여 외에 형태별 호칭은 정하지 않았다.

III. 簡과 牘, 그리고 觚

彩篋塚 출토 '木札'이나 新安船 出水 '木牌'는, 한반도 및 인근 해역에서 발견되었지만 '중국' 簡牘 혹은 일본 목간[22] 차원에서 다루어야 할 수 있다.[23] '한국 목간' 연구의 시작은 1975년 慶州 雁鴨池(現 東宮과 月池)에 대한 발굴조사를 통해 발견된 목간들에서 찾는 것이 일반적이다. 안압지 발굴 현장에서 처음 '木簡'을 발견하였을 때 발굴 담당자 역시 簡牘·목간의 용어에 익숙하지 않았던 듯하다. 당시의 野帳에는 '木片에 글씨 有', '木片 패', '木片에 銘文有 牌', '木패' 등의 기록이 확인된다.[24] 도중에 '목간'의 호칭을 인지한 듯 혼용하기 시작한다.[25] 그리고 이것들이 '木簡類'로서 李基東에 의하여 발굴조사보고서에 정리되었다.[26] 이후 '목간'이라는 용어는 한국 학계에 뿌리를 내리게 된다.

이때 중국과 일본의 목간 발견 사례 및 연구들을 개괄하였는데,[27] '簡牘'과 같은 용어는 언급 없이 '木簡'으로만 일관되게 표기하고 있어, 일본의 영향을 엿볼 수 있다. 단, 해당 논고에서 墨書 面數를 제외하고는 목간의 형태별 분류를 시도하지 않았다. 대신 「IX. 保存科學的 處理」 부분에서 보존처리된 38점의 목간을 平板型 30점, 隨圓筒型 8점, 位牌型 1점, 雜型 3점으로 구분하였다.[28] 이것이 '한국 목간'에 부여된 최초의 형

---

20) 尹武炳, 1988, 앞의 글, p.253.

21) '木牌'라는 표현은 뒤에 孫煥一, 2004, 「咸安 城山山城 출토 木簡의 書體에 대한 고찰」, 『韓國의 古代木簡』, 國立昌原文化財研究所, p.381에서 목간을 典籍의 내용을 적은 文書木簡과 물품 꼬리표로 사용한 木牌木簡으로 구분할 때도 사용된 바 있다. 이 또한 형태뿐 아니라 용도에 기반한 것이다. 단, 이 구분은 널리 받아들여지지 않았다.

22) 新安船 出水 '木牌'는 '日本 中世 木簡'으로 간주된다(西谷正, 1985, 앞의 논문; 岡內三眞, 1987, 「新案沈船出土の木簡」, 『東アジアの考古と歴史(上)』, 岡崎敬先生退官記念事業會).

23) 궁극적으로 이는 '한국 목간'의 정의에 따라 결정될 문제이나, 아직 '한국 목간'의 정의는 내려진 바 없다.

24) 국립경주문화재연구소, 2022, 『신라 왕경 목간』, pp.386-426.

25) 發掘調査報告書 中 「III. 發掘의 經過」의 發掘日誌에는 일괄하여 '木簡'으로 기록되었다(文化公報部 文化財管理局, 1978, 『雁鴨池 發掘調査報告書』, pp.13-49).

26) 李基東, 1978, 「VI. 出土遺物 6. 木簡類」, 『雁鴨池 發掘調査報告書』, 文化公報部 文化財管理局.

27) 관련 참고문헌으로 勞幹의 『居延漢簡 圖版之部·考釋之部』와 參鹿三, 1975 『東洋學研究 居延漢簡編』; 奈良国立文化財研究所 編, 1969, 『平城宮木簡 一 解說』 및 1978, 『藤原宮木簡 一 解說』; 坪井清足 1972 「特輯·木簡 總說」, 『月刊 考古學ジャーナル』 64; 1974 『九州考古學』 49·50合併號, 九州考古學會 등이 확인된다.

28) 金裕善, 1978, 「IX. 保存科學的 處理」, 『雁鴨池 發掘調査報告書』, 文化公報部 文化財管理局, p.452.
한편 pp.433-434의 第2表(A)에서는 平板과 筒形('筒形'은 '筒形'의 誤記로 推定됨)의 두 가지 구분만 보인다. 이를 池健吉에 의한 분류로 보기도 하지만(이용현, 2006, 『韓國木簡基礎研究』, 신서원, p.34 및 이용현, 2007, 「목간 발굴 30년 -목간을 고고학한다는 것-」, 『한국고대목간과 고대 동아시아세계의 문화교류』(한국목간학회 제1회 국제학술대회 발표자료집), p.103), 金裕

태별 호칭이라 하겠다. 일본 平城宮址 출토품은 '短冊形'이 대부분이라고 하여 일본의 형태 호칭을 인지하고 있으면서도 이를 '平板型'이라고 命名하였음이 눈에 띈다.

이후 한국 학계에서 목간이 주목받고 연구가 본격화되는 것은 1990년대 말 함안 성산산성에서 목간이 다수 출토되면서부터였다. 일본과 중국의 분류 방식도 알려지기 시작하였다. 1999년에 尹善泰는 일본 奈良國立文化財研究所가 채용한 목간의 형태분류(①~⑮)와 簡·札·牘 및 兩行·檄·檢 등 중국 簡牘의 분류방식을 일부 소개하였다.[29] 함안 성산산성 출토 목간은 내용에 기반하여 A/B/C/D形 등으로 분류하였고, 형태에 대해서는 '短冊形'(①~③에 해당) 등 일본의 용어를 일부 활용하였다. 부분 형태의 호칭으로서 '切入部', '尖形', '圭頭' 등도 받아들이고 있음이 확인된다.

1999년 11월 한국고대사학회와 國立昌原文化財研究所는 '咸安 城山山城 出土 木簡의 內容과 性格'를 주제로 하는 국제학술회의를 개최하였고, 그 성과물이 2000년 『韓國古代史研究』19에 수록되었다. 중국 簡牘의 형태로서 簡·牘·簽牌(楬)·封檢·封泥匣의 구분을 제시하고,[30] 성산산성 목간 중 16매가 一端의 左右側에 三角形 홈이 파여거나 끝에 구멍이 뚫렸다는 점에서 형태상 木楬(簽牌)에 해당한다고 보았다.[31] 아울러 성산산성 목간의 형태에 따른 분류로서 下部의 左右 홈 / 下部에 구멍 / 下部에 홈·구멍 모두 없음 / 下部缺損으로 인해 形狀不明 등 4分한 견해와,[32] 목간 下端部에 홈이 있는 것과 구멍이 있는 것으로 2分한 견해가 나왔다.[33] 단, 이들에 형태별로 특별한 호칭을 부여하지는 않았다.

이후 '簡'·'牘'·'觚'·'檢'·'楬'·'符'·'券'·'槧'·'致'·'傳'·'柿'·'檄' 등 중국 簡牘의 용어들이 더 구체적으로 정리·소개되면서,[34] '한국 목간'의 성격을 파악하는 데 큰 도움을 주게 되었다. 하지만 이들이 '한국 목간'의 형태별 호칭으로 그대로 수용되기는 어려웠다. 이들 호칭이 형태만을 기반하여 정해진 것이 아니라 기준에 형태와 용도가 뒤섞여 있으며,[35] 서로 명확히 구별하여 특정하기 어려운 경우도 존재하기 때문이다.

예컨대 '楬'의 경우 "머리 부분에 동그스름한 모양을 붙여 사선의 격자문양을 쓰던가", "그 문양을 검게 칠하고 끈을 넣는 구멍을 만들거나", "간의 상단에서 조금 아래 부분에 좌우로 刻을 넣어 끈을 걸도록" 하기도 했다고 하여, 다양한 형태를 제시하고 있으며, 동시에 "가격표나 꼬리표로 사용했던 것"이라는 용도가 특정되었다.[36] 여러 형태 중 좌우에 묶기 위한 홈이 있다는 점에서는 '한국 목간'에 비슷한 것들이 많이 존

善의 글에서 '(文化財研究所 池健吉 學藝士 確認)'의 '確認된 文字를 옮겨'보았다고 한 것은 第2表(B)에 해당하고 第2表(A)는 '1975.9.25'의 날짜가 붙어있음을 볼 때 보존처리를 위해 인수한 이후 작성된 것이다. 출토위치나 명칭 등 정보가 발굴 담당자로부터 인계된 것임은 분명하나 '型' 또한 그러한지는 확신할 수 없다.

29) 尹善泰, 1999, 「咸安 城山山城 出土 新羅木簡의 用途」, 『震檀學報』 88, pp.4-12.

30) 謝桂華 著/尹在碩 譯, 2000, 「중국에서 출토된 魏晋代 이후의 漢文簡紙文書와 城山山城 출토 木簡」, 『한국고대사연구』 19, p.177.

31) 위의 논문, p.201.

32) 平川 南 著/李鎔賢 譯, 2000, 「日本古代木簡 研究의 現狀과 新視點」, 『한국고대사연구』 19, 【附】 咸安 城山山城출토 목간, p.135.

33) 李成市 著/李鎔賢 譯, 2000, 「韓國木簡연구의 현황과 咸安城山山城출토의 木簡」, 『한국고대사연구』 19, p.96.

34) 尹在碩, 2004, 「中國의 竹·木簡」, 『韓國의 古代木簡』, 國立昌原文化財研究所; 冨谷至, 2003, 앞의 책(임병덕 옮김, 2005, 앞의 책).

35) 윤선태, 2007, 『목간이 들려주는 백제 이야기(백제문화개발연구원 역사문고_28)』, 주류성, p.75.

재하나, 이들을 모두 '木楬'로 보아도 좋을지, 그 중에서 付札·荷札의 용도가 확인되는 것들만을 '木楬'이라 불러야 할지, 내용을 통해 꼬리표로 사용되었다고 여겨지나 형태가 위와 다른 것들은 어떻게 해야 할지 고민되는 부분들이 많다.

때문에 '한국 목간' 중 일부에 대해서 '楬'과의 유사성을 지적하거나, 그와 같은 용도의 것을 중국에서는 '楬'이라고 부른다고 언급하는 것을 넘어, '木楬'을 형태별 분류 호칭으로 사용하는 경우는 일반적이지 않다.[37] 2007년 한국목간학회 제1회 국제학술대회에서 제안된 한국고대목간의 형태분류안에 '2-5. 附札木簡(중국에서는 楬, 일본에서는 付札이라고 부름)'이 있었는데,[38] 이에 대하여 토론자들이 공통적으로 형태가 아닌 용도를 지칭한 것으로서 형태분류로서 적합하지 않다고 지적하였다.[39] 형태별 분류에 용도가 섞여 들어가는 것에 대한 거부감을 보여준다.

이러한 문제는 2008년 "東아시아 古代木簡의 形態"를 주제로 열린 한국목간학회 제3회 학술대회 중에서도 지적되었다. 秦漢 簡牘를 書檄謬·律令類·案錄類·符券類·簿籍類·檢楬類의 6種으로 구분하는 것은 형태상 의미와 문서상 의미의 성격 차이가 있어 동일선상에서 논의하기 어렵고, 『急就篇』의 簡·札·署·槧·牘나 『釋名』의 板·札·簡·笏·簿·槧·牘·籍·檄·檢·璽·印·謁·符·傳·券·莂·契·策書·示·啓·書·刺書·題·署에도 형태와 내용, 재질 등의 개념이 뒤섞여 있다는 것이다.[40] 대신 중국 고대 簡牘의 3대 기본 형태로서 簡·牘·觚를 제시하였다.[41]

이 가운데 簡과 牘의 구분, '木牘'이라는 호칭은 한국 연구자들 사이에서 '중국 簡牘'에 대해서는 널리 받아들여지게 된 듯하다. 앞서 언급한 1930년대에 '木札'로 보고되었던 樂浪의 '彩篋塚' 출토 유물을 이제는 '木牘'으로 칭하는 것이 일반적이다. 2000년대에 들어 북한에서 발견된 '樂浪郡 初元四年 縣別戶口簿' 또한,[42] 손영종이 이를 '목간'이라 지칭하면서 남한에서도 잠시 '樂浪 木簡'으로 불렸다가, 사진이 확인되어 실

---

36) 冨谷至, 2003, 앞의 책(임병덕 옮김, 2005, 앞의 책, pp.116-117).

37) 尹在碩, 2007, 「「中韓簡牘比較研究」-從中國簡牘的類別談起- 討論文(1)」, 『한국고대목간과 고대 동아시아세계의 문화교류』(한국목간학회 제1회 국제학술대회 발표자료집)」, p.195의 '標簽(木楬)' 項目에서 "한국 목간 중 가장 많은 수량이 '標簽類'에 屬"한다고 한 것이나, 戴衛紅, 2017, 『韓國木簡研究』, 廣西師範大學出版社, pp.9-12 韓國木簡出土時間·地點·形制一覽表에서 '木楬形'을 刑制 區分의 하나로 들고 있는 것 등이 있다.

38) 尹善泰, 2007a, 「韓國古代木簡의 形態와 分類」, 『한국고대목간과 고대 동아시아세계의 문화교류』(한국목간학회 제1회 국제학술대회 발표자료집), p.53.

39) 李文基, 2007, 「「韓國古代木簡의 形態와 分類」의 토론문(1)」, 『한국고대목간과 고대 동아시아세계의 문화교류』(한국목간학회 제1회 국제학술대회 발표자료집), p.64 및 이성시, 2007, 「윤선태 : 「한국고대목간의 형태와 분류」 토론문」, 『한국고대목간과 고대 동아시아세계의 문화교류』(한국목간학회 제1회 국제학술대회 발표자료집).
    橋本 繁(하시모토 시게루), 2008, 「윤선태 著《목간이 들려주는 백제 이야기》(주류성, 2007년)에 대하여」, 『木簡과 文字』 2號, p.266에서도 切込部가 있다고 반드시 付札로 사용된 것이 아니며 세장형목간도 付札로 사용된 것이 있다는 점에서 '附札形木簡' 명칭의 부적절함이 지적되었다.

40) 李解民, 2009, 앞의 논문, pp.18-19.

41) 위의 논문, p.18.

42) 북한의 보고서에서는 목간을 나무패쪽(혹은 글쓴 나무패쪽), 죽간을 참대패쪽(혹은 글쓴 참대패쪽)이라 하거나, 단지 나무 쪼각으로 표현하였다고 한다(尹龍九, 2007, 「새로 발견된 樂浪木簡 -樂浪郡 初元四年 縣別戶口簿-」, 『한국고대사연구』 46, p.243

제 모습이 알려지자 바로 '木牘'으로 정정되었다.[43]

이렇게 樂浪郡 자료에 대해서는 '木牘'의 호칭을 사용하는 데 반해, 신라나 백제의 목간들 중에는 폭이 3㎝ 이상에 墨書도 2行 이상 서사된 것들이 다수 존재함에도, 이들을 '木牘'으로 지칭한 사례가 거의 없다. 중국 연구자에 의한 정리에서 觚·木觚나 木楬形 등의 용어는 사용하면서도 牘·木牘은 사용하지 않았음 또한 눈에 띈다.[44] 正方形에 가깝거나 가로가 더 긴 형태의 목간을 '方形木簡'이나 '가로형' 혹은 '橫材木簡' 등으로 구분하려는 시도는 있었으나,[45] 狹義의 簡과 牘을 구분할 필요성을 느끼지 못하였던 것이다.[46] 이는 編綴을 前提로 한 죽간처럼 아주 細長한 '簡'이 발견되지 않은 데 기인한 측면이 있을 것이며, 먼저 簡과 牘의 구분을 받아들이지 않은 일본의 영향도 생각할 수 있다. 아울러 牘의 개념이 어디까지를 포괄하는지 또한 명확하지 않은 면이 있다.[47]

이처럼 樂浪 유물에 대해서는 받아들이면서도 신라·백제의 '木簡'들에는 잘 사용되지 않았던 '牘'·'木牘'과 달리 '觚'·'木觚'는 신라·백제의 '木簡'들에 대해서도 상대적으로 많이 활용되었다. 한국에서 많이 발견되는 다각형이나 圓柱形 斷面을 가진 목간들에 대하여 중국의 '觚'에 해당한다는 언급을 비롯하여, 아예 '觚'·'木觚'을 이들의 호칭으로 사용한 사례들 또한 종종 확인된다.[48]

각주 5 참조).

한편, 2003년 3월 낙랑토성 서벽 근처의 우물유적에서 '4각 단면에 구멍이 나있는 나무 조각'이 출토되었다고 하는데(정봉찬, 2005, 「새로 발굴된 락랑우물유적과 유물」, 『조선고고연구』 2005-2, p.25(尹龍九, 2007, 앞의 논문, p.243에서 재인용)), 이는 '木觚'에 해당하는 호칭일 수 있겠다.

43) 尹龍九, 2009, 「平壤出土「樂浪郡初元四年縣別戶口簿」研究」, 『木簡과 文字』 3號, p.268.

44) 戴衛紅, 2017, 앞의 책, pp.9-12 韓國木簡出土時間·地點·形制一覽表.

    板形, 棒形, 木楬形, 題簽軸形, 觚形·觚·木觚 및 籤牌, 削屑 등이 形制 區分에서 확인된다. 雙面長方形/四面體/六面體 등으로 구분하기도 하였다(p.14).

45) 尹善泰, 2007a, 앞의 발표문, pp.53-55 및 2007, 앞의 책, p.77-81에서 '2-3. 方形木簡(중국에서는 方이라고 부름)'을 形態分類 中 하나로 제시하였다. 단, '方'은 중국에서 簡牘을 만드는 재료나(冨谷至, 2003, 앞의 책(임병덕 옮김, 2005, 앞의 책, p.133), '觚'의 異稱으로도 사용되고 있어(李解民, 2009, 앞의 논문, p.17), 혼동의 여지가 있어 보인다.

    이용현, 2006, 앞의 책, p.8 일러두기의 形態 區分 中 "가로형 : 橫材목간이라고도 한다. 보통은 목간은 세로로 긴데, 그와 반대로 가로로 긴 목간이다"가 있다.

    이재환의 木材 형태 코드번호로는 '2'(횡장방형 목판)에 해당한다(이재환, 2019, 「한국 출토 목간의 분류와 정리 및 표준화 방안」, 『木簡과 文字』 23號, p.35).

46) 윤선태, 2013, 「목간의 형태와 용도분류에 대한 기초적 제안」, 한국목간학회 제17회 정기발표회 발표문에서 제시한 형식분류 假案에서는 'Ⅰ: 긴 막대형태의 세장형목간' 아래 'Ⅰa: 길이나 장폭비를 고려한 하위형식'을 두어 하위형식 분류의 가능성을 남겼다.

47) 廣義로는 木材 재질의 서사재료가 모두 '木牘'의 개념 속에 수렴될 수 있다고 받아들여지기도 하였다(尹善泰, 2004, 앞의 글, p.358). 단, 해당 논고에서는 동시에 엄밀히 말하면 簡보다 폭이 넓은 '方形'의 나무판으로서 簡을 포괄할 수 없다고 부연하였다. 중국에서도 居延·敦煌 出土 漢簡을 모두 '牘'으로 불러야 한다고 주장이 있었다고 한다(馬先醒, 1993, 「簡牘制度之有無及其時代問題-附商王國維〈簡牘檢署考〉」, 『國際簡牘學會會刊』 1(후핑성(胡平生), 2017, 「『簡牘檢署考』 서론」, 『간독이란 무엇인가?(簡牘檢署考校注)』, 왕궈웨이(王國維) 원저/후핑성(胡平生)·마웨화(馬月華) 교주/김경호 역주, 성균관대학교 출판부, p.57에서 재인용).

48) 尹善泰, 2004, 앞의 글, p.359; 이용현, 2006, 앞의 책, p.8; 尹善泰, 2007a, 앞의 발표문 및 2007, 앞의 책; 尹在碩, 2007, 앞의

'한국 목간'에 '觚'가 어느 정도 쉽게 적용될 수 있었던 이유는, 일본에서 목간 형식분류상 하나의 형식번호를 갖지 못하고 '用途未詳'의 065型式에 포함되어야 할 정도로 사례가 적은 해당 형태의 목간이 한반도 출토 목간 중에서는 상당한 비중을 차지한다는 점에서 찾을 수 있을 듯하다.[49] 일본의 용어에서는 마땅한 것을 찾을 수 없으므로, 적당한 명칭이나 원류를 중국의 木觚에서 찾으려는 시도가 필요했을 것이다.

하지만 이러한 목간을 부르는 용어로서 '木觚'가 자리잡았다고 말하기는 어렵다. '觚와 같은 것'이라고 하거나, '觚'라고 부르면서도 정식 형태별 호칭으로는 다른 용어를 제안하거나 사용하는 경우가 더 흔했다. 斷面이 원형인 경우를 '圓柱形 木簡'으로서 多角形 斷面인 것들과 구분짓기도 하고,[50] '막대形'이나 '棒形' 목간으로 통칭하기도 한다.[51] 현재 한국 학계에서 이들을 지칭하는 데 더 일반적·보편적으로 사용되고 있는 용어는 '多面木簡'으로 보인다.[52] 이러한 형태의 목간이 많다는 점을 '한국 목간' 문화의 특징으로 주목하면서 내세운 표현 또한 '다면목간문화'였다.[53]

그런데 '多面'은 面數 기준의 호칭으로서, 細長方形이나 長方形, 長方板形, 板形 등과 나란히 나오기보다 '單面'·'兩面'과 대비되어 사용되는 편이 적당하다. '다면'보다 '다각형'이 형태를 기준으로 할 때 더 어울린다는 지적도 있었다.[54] 물론 면수 기준의 호칭과 외형 기준의 호칭 중 어느 한 쪽만 남겨둘 필요는 없을 것이다. 아울러 막대형·棒形 등의 표현이 결국 가리키는 것은 '다면목간'의 형상이며, 單獨簡이면서도 단면·양면을 넘는 서사면의 수를 가진 점이 가장 중요한 특징이라 할 수 있다. 단, '多面'에서 '面'이 가리키는 바에 혼동의 여지가 있음은 문제가 된다. 그것이 문자가 서사된 면을 가리킨다면, 형태가 동일한 목간들도 墨書의 존재 여부에 따라 '單面', '兩面', '多面' 등으로 구분될 것이다. 네 개의 면을 만들었지만 묵서는 한 면에만 있을 경우 '단면목간'인가, '다면목간'인가? 묵서 여부와 관계 없이 존재하는 면을 기준으로 정한다면 '단면'과 '양면'은 구분이 무의미할 것이다. 용어의 정확한 의미가 보완되지 않는다면 '막대형'과 같은 표현이 소통에 더 적절할 수 있다.

글, p.194; 李炳鎬, 2008, 「扶餘 陵山里 出土 木簡의 性格」, 『木簡과 文字』 創刊號, p.76; 三上喜孝, 2008, 「일본 고대 목간의 계보 - 한국 출토 목간과의 비교검토를 통하여 -」, 『木簡과 文字』 創刊號; 鄭在永, 2008, 「月城垓子 149號 木簡에 나타나는 吏讀에 대하여 - 薛聰 當代의 吏讀 資料를 중심으로 -」, 『木簡과 文字』 創刊號; 李均明, 2008, 「韓中簡牘 비교연구 -중국 간독의 분류설명에 의거하여-」, 『木簡과 文字』 創刊號; 戴衛紅, 2017, 앞의 책 등.

49) 6~7세기 '한국 목간' 문화를 중국 漢代의 '編綴簡文化'와 고대 일본의 '短冊形 목간문화'에 대비되는 '다면목간문화'로 부를 수 있다는 의견도 나와 있다(尹善泰, 2007b, 「한국고대목간의 형태와 종류」, 『역사와 현실』 65, pp.168-170 ; 2007, 앞의 책, pp.71-74).

50) 尹善泰, 2007a, 앞의 발표문 및 2007, 앞의 책에서 圓柱形木簡과 '多面木簡'으로, 이경섭, 2013, 앞의 책에서는 '圓柱形木簡'과 '多面形木簡'을 구분하였다.

51) 이용현, 2006, 앞의 책은 '막대형', 戴衛紅, 2017, 앞의 책 및 金在弘, 2022, 「韓國 古代 木簡의 分類 方案」, 『木簡과 文字』 28號는 '棒形'이라 하였다.

52) 尹善泰, 2007a, 앞의 발표문 및 2007, 앞의 책에서는 圓柱形木簡과 多面木簡을 구분하였으나, 윤선태, 2013, 앞의 발표문에서 제시한 형식분류 假案에서는 Ⅳ(四面木簡 등의 多面木簡)의 하위 형식으로 Ⅳ0(圓柱形木簡)을 포함시켰다.

53) 尹善泰, 2007b, 앞의 논문, pp.168-170(윤선태, 2007, 앞의 책, pp.71-74에 재수록).

54) 金在弘, 2022, 앞의 논문, p.35.

IV. 형태 용어의 문제들

'한국 목간'의 형태 분류는 앞서 다루었던 것처럼 안압지 출토 목간에 대한 平板型/圓筒型/位牌型/雜型의 구분에서 출발하였다.[55] 1999년에 일본의 목간 형식분류가 소개되고, '短冊型' 등 일부 용어들이 도입되어 사용되기 시작한다.[56] 이후 함안 성산산성 목간을 대상으로 下部의 좌우 홈 / 下部에 구멍 / 下部에 홈·구멍 모두 없음 / 下部缺損으로 인해 形狀不明 등 4分하거나,[57] 목간 下端部에 홈이 있는 것과 구멍이 있는 것으로 2分하는 등[58] 형태 분류가 이루어졌음 역시 앞에서 언급한 바와 같다.

그 뒤에도 Ⅰ 下端部에 V字홈이 파여진 것/Ⅱ 短冊形인 것 - Ⅱa 下端部에 구멍이 있는 것·Ⅱb 구멍이 없는 것/Ⅲ 파손된 것 - Ⅲa 上端部만 파손된 것·Ⅲb 下端部만 파손된 것·Ⅲc 上下端部 모두 파손된 것의 형식 분류,[59] A. 홈이 있는 목간·B. 구멍이 있는 목간·C. 상단부 파손 목간·D. 하단부 파손 목간·E. 상/하 파손 목간의 구분,[60] 단책형(Ⅰ형) - 하단부에 구멍이 없는 것(M형)·하단부에 구멍이 있는 것(N형) / V자형의 홈이 파져 있는 것(Ⅱ형) - 홈 부분의 하단부가 '一'자형으로 마감된 것(①형)·홈 부분의 하단부가 圭頭形(∨형)으로 마감된 것(②형)·홈 부분의 하단부가 不定形으로 마감된 것(③) / Ⅰ·Ⅱ형 망라 - 상단부가 '一'자형인 것(A형)·상단부가 圭頭形인 것(B형)·상단부가 아치형(∩)인 것(C형)·상단부가 기타(D형)·상단부가 파손되어 형상을 알 수 없는 경우(?)의 구체적인 형태 분류가 있었으나,[61] 함안 성산산성 출토 목간에 맞추어진 것으로서 '한국 목간'의 분류로 일반화를 추구한 것은 아니었다.[62]

'한국 목간' 전체에 적용할 형태 분류로서 처음 제시된 것은 '한국 목간'에 대한 첫 단행본 저서의 '일러두

---

55) 金裕善, 1978, 앞의 논문, p.452.

56) 尹善泰, 1999, 앞의 논문, pp.4-5.

57) 平川 南 著/李鎔賢 譯, 2000, 앞의 논문, p.135.

58) 李成市 著/李鎔賢 譯, 2000, 앞의 논문.

59) 이용현, 2002, 「함안 성산산성 출토 목간과 6세기 신라의 지방 경영」, 『동원학술논문집』 5(이용현, 2006, 앞의 책, p.388에 재수록).

60) 이경섭, 2005, 「城山山城 출토 荷札木簡의 製作地와 機能」, 『한국고대사연구』 37, p.119.

61) 전덕재, 2009, 「함안 성산산성 출토 신라 하찰목간의 형태와 제작지의 검토」, 『木簡과 文字』 3號, p.57.

62) 개별적인 遺物群을 대상으로 한 형태 분류안으로서 이 밖에도 함안 성산산성 출토 목간을 1형(장방형의 목재로 이것은 하부에 구멍을 뚫어 물건을 달 수 있게 제작되었다) / 2형(역시 하부에 구멍을 뚫어 물건을 달 수 있게 제작) / 3형(하부에 접입부를 만든 것) / 4형(상부를 삼각형 형태로 가공한 것) / 5형(상부에 접입부를 만든 것) / 6형(상하부를 도자로 정교하게 다듬어 제작하여 꺾어서 부러뜨린 흔적을 찾을 수 없고 표면 또한 매우 매끄럽게 제작된 목간들인데, 구리벌 목간에서 확인된다. 고타 목간의 경우가 상부는 삼각형으로 가공하고 하부에는 절입부를 넣어 제작한 경우가 있다.)로 구분한 것(국립가야문화재연구소, 2011, 『함안 성산산성 발굴조사 보고서 Ⅳ 제Ⅱ권 목간 및 목제품편』, p.270), 태안 해역에서 出水된 고려시대 목간을 ㉠꼬리표형(상단부 양쪽에 홈이 있는 목간) / ㉡부착형(한쪽만 홈이 있는 목간) / ㉢갈피형(홈이 없는 평평한 모양의 목간) 등으로 구분하거나(임경희, 2009, 「태안 대섬 고려 목간의 분류와 내용」, 『高麗靑瓷寶物船 태안 대섬 수중발굴 조사보고서』, 문화재청·국립해양문화재연구소, pp.458-459), ①홈형 - a.상단부 좌우에 홈·b.상단부 한쪽에 홈·c.상하단부에 홈·d.중간부에 홈·e.하단부에 홈·f.상단부에 異形 홈 / ②장방형 / ③기타 - a.하단부가 뾰족한 모양·b.상단부에 구멍·c.상단부가 斜線으로 분류한 것(한정훈, 2015, 앞의 논문, p.264) 등이 있다.

기'에 보이는 홀형 / 파임형 / 막대형 / 가로형인 듯하다.[63] 이후 한국목간학회 제1회 국제학술대회에서 한국고대목간의 형태분류가 본격적으로 논의되었고,[64] 개별 연구자들에 의한 형태 분류의 시도가 이어졌다.[65] 지금까지 제시된 '한국 고대 목간'의 대표적 형태분류안들을 모아보면 〈표 1〉과 같다.

표 1. '한국 고대 목간'의 형태 분류안들과 일본·중국의 분류·호칭들

이용현 (2006)	尹善泰 (2007)	이경섭 (2013)	戴衛紅 (2017)	윤선태 (2013)	이재환 (2019)	金在弘 (2022)	日本 木簡學會	中國
	1.編綴簡							
홀형	2-1.細長形木簡	長方板形木簡	板形	I / Ⅰa	1 / A/a	A/a (直角形)	011 (短冊型)	木簡, 木牘
가로형	2-4.方形木簡				2			方?
					B/b	B/b (橫直角形)		
					C/c	E/e (圭形)		
					F	E' (뾰족形)		
	2.單獨簡			V	f	e' (뾰족形)	051	
					D/d	F/f (牛圓形)		
					E	G (斜線形)		
					e	g (斜線形)	I형 (長方形)	
파임형	2-5.附札形木簡	홈形木簡	木楬形 簽牌	II / Ⅱa	J, K	D (홈形)	031~039	
				Ⅱb	j, k	d (홈形)		
				Ⅱc	J', K'			木楬?
				III / Ⅲa	H	C (구멍形)		
				Ⅲb	h	c (구멍形)		
				Ⅲc	H'			
막대형	2-3.圓柱形木簡	圓柱形木簡	棒形 觚形	IV / Ⅳ0	40	1 (圓柱形)		木觚
				Ⅳ3	43	2 (三角形)	065 061	
	2-2.多面木簡	多面形木簡		Ⅳ4	44	3 (四角形)		
				Ⅳ5	45	4 (五角形)	II형 (棒形)	
	2-6.其他形式木簡	其他形態木簡	題簽軸形, 男根形		6			
	3.목간부스러기(削屑)	削屑	削屑	VI	9	III형 (부스러기)	091 (削屑)	柿, 削衣
					8		081	
					G/g			
					M/m			
					X/x	×		

중국처럼 사용 당시 특정 형태·용도의 簡牘을 지칭하던 용어를 일부 알 수 있는 경우에는, 이를 잘 파악하고 현재의 연구에서도 반영·활용하는 것이 큰 의미를 가질 수 있다. 하지만 한반도 출토 목간의 경우 당시 어떻게 구분·인지되고 어떤 호칭으로 불렸는지 확인할 자료가 아직 발견되지 않은 상태이다.[66]

사실 형태와 용도는 밀접한 관련을 이루지만 반드시 일치하는 양상만을 보이는 것은 아니다. 형태가 유사하지만 내용상 용도가 판이하거나, 성격은 동일한데 형태가 차이를 보이는 경우들도 확인된다. 따라서 형태적 요소들의 차이를 식별하는 것은 용도와의 결합 관계를 확인하거나 적절한 호칭 용어를 판단하기 이전에 사전 작업으로서 이루어져야 할 것이다.[67]

일본 목간의 형태별 분류는 각각 명칭을 붙이기보다 형식번호를 부여하는 방식으로 이루어졌다. 한국에서도 이를 참조하여, 점차 나름의 형식번호나 코드를 부여하는 방식이 추구되기 시작하였다.[68] 특정한 형태를 나타내거나 용도와 형태를 결합한 호칭을 사용하는 중국의 방식과는 차이를 보였다.

그런데 '한국 목간'의 양상이 일본 목간과 차이를 보이므로, 일본의 형식번호를 그대로 들여올 수는 없었다. 중국이나 일본에서 사용하고 있는 분류방법을 채용하여 '한국 목간'을 분류할 경우, '한국 목간'의 특징을 제대로 표현할 수 없을 수 있음이 지적되기도 하였다.[69] 단, '短冊型'이나 '削屑' 등 각 형식의 형태를 설명하는 데 사용된 용어·호칭은 일부 수용되거나 영향을 미쳤다.

이러한 용어나 호칭의 도입에 대해서는 부정적인 견해도 있었다. 한국의 '독자적인 연구용어의 정립'이 필요하다는 것이다.[70] 연구 용어의 '독자성'이 꼭 필요한 것인지에 대해서는 의문이 들지만,[71] 언어·문화적

---

63) 이용현, 2006, 앞의 책, p.8. 여기에는 日本의 付札·荷札에 해당하는 '꼬리표'도 등장하지만, 이것은 형태가 아닌 용도에 기반한 분류이다.

64) 尹善泰, 2007a, 앞의 발표문; 윤선태, 2007, 앞의 책.

65) 이경섭, 2013, 「新羅木簡의 출토현황과 분류체계 확립을 위한 試論」, 『신라문화』 42, pp.102-103(이경섭, 2013, 앞의 책, pp.21-29에 재수록). 이 형태 분류 방식은 이후 이경섭, 2021, 「한국 고대 목간의 용도와 형태 분류」, 『민족문화논총』 77에도 그대로 이어진다.
　尹善泰, 2013, 앞의 발표문; 戴衛紅, 2017, 앞의 책; 이재환, 2019, 앞의 논문; 金在弘, 2022, 앞의 논문.

66) 『三國遺事』 卷2, 紀異2 眞聖女大王居陀知條에 보이는 "以木簡五十片 書我輩名"이 유일한 사례인데, 신라 당대의 표현인지 확실하지 않으며, 제비뽑기를 위해 나뭇조각에 이름을 적는 특수한 상황 묘사에 등장하고 있어 문자 서사용 목제품의 일반적인 호칭이었는지도 알기 어렵다. 서사재료로서 '목간'을 가리킨다고 인정하더라도 특정 형태의 것들을 가리키는지, 어떤 형태에 사용되는 것인지 등은 현재로서 알 방법이 없다.

67) 어떤 형태적 차이들은 비의도·무작위적이거나 '용도' 등 의미와 무관계한 것일 수 있다. 그러나 그 무관함을 결론짓기 위해서는 먼저 차이를 식별하여 연관 관계를 확인하지 않으면 안 된다. 따라서 다양한 형태 요소에서 가능한 최대로 차이들을 발견해 내는 것은 기본적이며 필수적인 작업이 된다. 단, 형태적 요소들 또한 같은 층위에서 구분되는 것들과 서로 조합을 이룰 수 있는 것들로 나뉜다. 斷面의 형태와 平面 형태, 上·下端의 형태 등은 각각 구분되는 형태들이 있으나, 서로 다양한 방식으로 결합되기도 한다. 형태 분류 시 이러한 측면 또한 고려할 필요가 있다.

68) 숫자는 객관적인 상징성을 지녀 의견충돌을 최소화할 수 있음을 이유로 들기도 한다(윤선태, 2013, 앞의 발표문, p.5).

69) 橋本 繁(하시모토 시게루), 2008, 앞의 글, pp.265-267.

70) 박중환, 2007, 「「목간 발굴 30년」-목간을 고고한다는 것-토론문(2)」, 『한국고대목간과 고대 동아시아세계의 문화교류』(한국목간학회 제1회 국제학술대회 발표자료집), p.122.
　朱甫暾, 2008, 「한국 목간 연구의 현황과 전망」, 『木簡과 文字』 創刊號, p.41에서는 일본과 비슷한 양상임을 일부 인정하면서

차이에 따른 용어·호칭 선택의 문제는 고려해야 할 부분이다. 한국인 연구자들에게는 낯설거나 어려운 용어들이 존재한다. 일본 목간학회의 형식분류 중 형태 설명에 보이는 '小形矩形'이나 '羽子板' 등은 한국 연구자들에 의해서는 아예 언급되지 않고 있다.

형태와 용도가 결합된 용어·호칭 중 하나라 할 수 있을 '題籤軸' 혹은 '題簽軸'도 원래 낯선 것이었다. 이에 대해서 일본에서만 특별히 사용되는 용어로 보인다고 지적하면서도 대체할 적절한 단어가 없다는 이유로 일단 수용하였으며,[72] 이제는 비교적 널리 통용되고 있다. 형태 분류 항목으로 설정된 일본의 형식번호 091에 해당하는 것은 '削屑'이라고 불리는데, 이 또한 한국어 話者에게 익숙한 단어가 아니었다.[73] 중국의 경우 문헌에 보이는 '柿'에 해당하며, '削衣'로 부른다고 알려졌다.[74] 이에 대해서 '목간 깎은 부스러기'를 거쳐,[75] '목간부스러기'라는 용어가 제안되었다.[76]

'屑'이 한국에서 거의 사용하지 않는 글자라고 하여 '削片'으로 대체하여 사용한 경우도 있으나,[77] '削屑'은 한국에서도 어느 정도 용어로서 자리를 잡은 듯하며,[78] '屑'字 또한 한국의 인명용 기본 한자에 포함되어 있으므로 사용에 어려움이 없다. 단, '削屑'을 '목간 부스러기'로 설명하는 것처럼 '목간 부스러기' 또한 사용례가 적지 않다. 한국어 표현으로서 '목간 부스러기'와 한자어 '삭설'이 함께 통용된다고 보아도 무방할 듯하다.

형태 부분의 호칭으로서 일본에서 '切込み'나 '切り込み'로 부르는 것 또한 히라가나까지 그대로 수용하기는 어려웠다. '切込'·'切込部'로 사용하거나, 한국에서 잘 사용하지 않는 '込'字를 '入'으로 바꾸어 '切入部'로 쓰는 경우들이 있었으며,[79] '缺入部'라는 표현도 나왔다.[80] 역시 일본식 호칭의 대체가 필요하다는 인식 하에 'V字홈'이나 'V字形의 홈'이라는 표현도 사용된 바 있고, '삼각형홈'·'엮기홈'이라는 표현도 함께 나타났다.[81] 단, 목간에 만들어진 '홈'의 형태가 반드시 'V'字나 삼각형 형태는 아니며, '엮기' 등으로 그 용도를

도 목간 관련 모든 용어를 아무런 고려 없이 일본식으로 따라가는 데는 신중을 기해야 한다고 하였다.
　　橋本 繁(하시모토 시게루), 2008, 앞의 글, p.265에서도 "한국목간에 한국목간 독자적인 분류가 필요한 것은 당연"함을 인정하였다.

71) 中國에서도 '簡'·'木簡'·'漢簡'의 表現이 '日本 學界의 影響'임을 지적하고 否定的으로 보는 주장이 일부 있었지만, "설령 日本의 方式을 借用하더라도 괜찮다"는 인식 또한 있는 듯하다(후핑성(胡平生), 2017, 앞의 글, pp.57-59).

72) 朱甫暾, 2008, 앞의 논문, pp.41-42.

73) '瑣屑'로 쓰거나(이용현, 2006, 앞의 글, p.104), '削瑣'로 표기한 경우도 있었다(국립부여박물관, 2008, 『백제목간 - 소장품조사 자료집』, p.40).

74) 윤재석 편저, 2022b, 『중국목간총람(경북대학교 인문학술원 HK+사업단 자료총서 02)』, 주류성, p.25.

75) 윤선태, 2007, 앞의 발표문, pp.53-56. '목깎부'로 약칭하기도 하였다.

76) 윤선태, 2007, 앞의 책.

77) 윤재석 편저, 2022b, 앞의 책, p.25.

78) 국립가야문화재연구소, 2017, 『韓國의 古代木簡 Ⅱ』, p.15에서 제시한 목간 세부 명칭에 대한 통일안 중에도 항목명이 '삭설'로 등장한다. 단, 이를 '목간 부스러기'라고 설명하고 있다.

79) 尹善泰, 1999, 앞의 논문, pp.4-12.

80) 윤선태, 2007, 앞의 책, p.75.

81) 朴鍾益, 2000, 「咸安 城山山城 發掘調査와 木簡」, 『한국고대사연구』 19 등.

미리 특정할 필요도 없을 듯하다. '파임'이라는 용어가 제안되기도 하였으나,[82] 이후 '홈'이라는 표현이 더 널리 퍼졌다.[83]

이에 대해서 '홈'은 '움푹 파인 자국'이라는 뜻으로 '평면에 파인 hole'의 뉘앙스를 갖고 있어 '切り込み'의 대체 용어로 적당하지 않다는 지적이 있다.[84] 그런데 국립국어원 표준국어대사전의 '홈'에 대한 정의는 "물체에 오목하고 길게 팬 줄"로서 'hole(구멍)'과는 뉘앙스가 다르다. 물론 '오목하고 길게' 파였다는 정의 또한 측면을 일부 깎아낸 '切り込み'와 충돌한다. 단, 바로 '홈'에서 '평면에 난 구멍'의 뉘앙스를 읽은 경우를 통해 현실에서 '홈'은 사전적 정의 이상의 의미로 사용됨을 알 수 있다.

필자는 '홈'이 해당 형태를 가리키는 데 딱 들어맞는 표현이라고는 생각지 않으나, 의미상 혼동 없이 어느 정도 사용되고 있다면 굳이 새로운 용어를 만들 필요는 없을 것이라는 입장이다. 오히려 고민해야 할 부

표 2. 日本 木簡學會의 형식번호와 설명(左) 및 한반도 출토 목간의 사례들(右)

合十人 011型式	032型式	033型式			
短冊型	長方形の材の一端の左右に切り込みをいれたもの	長方形の材の一端の左右に切り込みをいれ、他端を尖らせたもの	상단 좌우에 **홈**을 낸 **종장판목간** (안압지 목간-211)	상·하단이 **뾰족**하고 하단 좌우에 **홈**을 낸 **종장판목간** (함안 성산산성 가야1997)	상단 주위에 **홈**을 판 **막대형목간** (안압지 목간-240)

---

82) 이용현, 2006, 앞의 책, p.8.

83) 이경섭, 2013, 앞의 책; 윤선태, 2013, 앞의 발표문; 이재환, 2019, 앞의 논문; 金在弘, 2022, 앞의 논문.

84) 윤선태, 2022, 「韓半島 發見 木簡의 形態 用語 檢討(이재환)」에 대한 토론」, 『韓·中·日 古代 木簡의 名稱에 대한 종합적 검토』 (한국목간학회 제16회 국제학술대회 발표자료집), p.64.

분은 안압지 목간-183·목간-229·목간-240, 월성해자 보고서-5·WS-M1-2017-03-임098, 함안 성산산성 출토 가야2645 등 일부 '막대형목간'의 端部에 보이는 그야말로 '오목하게 길게 팬' '홈'이다(〈표 2〉의 최우측 참조). 이것은 장방형 목재의 단부 좌우측을 따낸 일본의 '切込み'와는 형태상 차이가 있다. 이를 어떻게 부를 것인지는 구체적으로 논의되지 못했다. 형태가 동일하지는 않지만, 무언가를 묶기 위해 홈을 냈다는 점에서 기능적으로는 다르지 않다고 여겨진다.[85] 그렇다면 이들은 종장방형 판 형태의 목간 좌우를 일부 깎아낸 것과 아울러 '홈'으로 지칭하는 것이 적절해 보인다. 이에 대해서 더 논의가 이루어질 필요가 있다.

한편 한국 학계 내부에서 통용될 용어가 정해져야 할 것으로서 '목간'이라고 할 때 가장 먼저 떠오르는 기본적인 형태에 대한 호칭이 있다. 비교적 좁은 폭에 세로로 긴 板形이 그것이다. 이에 대하여 일본의 011 型式에 해당하는 '短冊型'이라는 용어가 수용되어 사용되기도 하였다. 그러나 '短冊'·'短冊'은 한국의 언어·문화적 관습에는 존재하지 않던 것으로서, 그것으로 특정 목간의 형태를 설명하기 어렵다. 漢字의 의미 자체가 '깎은 가루(부스러기)'인 '削屑' 등과 다른 경우이다. 이에 '笏形'이 대체어로 제안되기도 하였다.[86] 하지만 일본의 '短冊型' 중 측면에 구멍이 뚫린 것은 포함되나 옆에 '홈'이 파인 것은 포함되지 않는다(〈표 2〉 참조). 홈이나 圭頭·尖尾 등이 加해질 수도 있음을 상정하면서 그 기반이 되는 좁고 긴 형태를 지칭하고자 할 때는 다른 단어를 찾아야 한다.

현재 '細長形'·'長方板形'·'板形'·'縱長方形'·'長方形' 등 조금씩 다른 표현들이 나와 있다(〈표 1〉 참조). 대체로 의미가 비슷하나, 구체적으로는 가리키는 대상에 차이가 나타날 수 있다. 아울러 혼란의 방지와 편의를 위해서도 통일이 필요하다. 예컨대 그것들과 똑같은 형태이지만 묵흔은 없는 것들이 발견되고 있다. 이들을 아예 '목간'에 포함시켜 정리하기도 하였으나, 현재는 묵서가 있어야 목간으로 간주하는 것이 일반적이다.

중국의 용어 '槧'이 簡牘의 한 형태로 소개된 바 있는데, 목간을 만들기 위한 재료라는 면에서 목간의 범주에 포함시키기 어렵다. 아울러 '槧'이 3尺 길이의 원판으로서 여러 개의 木簡(牘)을 만드는 재료라면,[87] 형태적으로도 완성된 목간과는 차이를 보일 것이므로 목간과 형태가 동일하나 묵서가 없는 것을 지칭하는 데는 사용하기 어렵다.

묵서는 없지만 '목간'과의 형태적 유사성 때문에 그 연관성을 어떻게든 표현하고자 하여, 발굴보고서 등에서 이를 '목간형 목제품', '목간형 목기' 등으로 부르기도 하였다.[88] 이러한 표현이 성립하기 위해서는 먼저 '목간'이 형태로써 규정되어야 한다. 하지만 현재 '목간'은 형태를 통해 정의하지 않는 것이 일반적이므로

---

85) 안압지 목간-240의 경우 실제로 '홈'에 끈이 묶여진 상태로 보존되었다.

86) 이용현, 2006, 앞의 책, p.6. 여기서 "短冊이란 일본어로 笏을 일컫는다"고 하였지만, '短冊(たんざく)'와 '笏'은 동의어라고 보기 어렵다.

87) 大庭脩 編著, 1998, 앞의 책, p.22; 尹在碩, 2004, 앞의 글, p.392.

88) '木簡類'라는 表現으로 이들을 지칭한 경우도 있으나(國立慶州文化財研究所, 2006, 『月城垓子 發掘調査報告書 Ⅱ-고찰-』, p.137), '木簡類'는 원래 雁鴨池 發掘調査報告書에서 墨書가 있는 木簡 自體를 가리키던 表現이므로(李基東, 1978, 앞의 글), 混亂을 야기할 수 있다.

적절하지 않음이 지적된 바 있다.[89] 막대형목간의 경우 '막대(棒)' 형태의 특성상 묵흔 없이 목간 여부를 판정하기 어려우므로, '목간형 목제품'·'목간형 목기'로 제시되는 것들은 대체로 종장방형 판의 '전형적' 목간 형태인 경우가 많다. '전형적' 형태의 목간을 '狹義의 목간'으로 지칭하는 방법도 있을 것이다. 그렇다면 '(狹義의) 목간형 목제품(목기)' 역시 가능한 표현이 된다. 단, 광의/협의로 구분되는 동일한 호칭의 사용은 혼란의 원인이 될 수 있다.

역시 세로로 길고 폭이 비교적 좁으며, 얇은 판 형태를 한 '전형적' 형태의 목간의 호칭을 확정하는 것이 바람직하다. 그러한 형태를 정리하여 압축하면 '縱長板' 정도가 적당하다고 생각한다. 이를 채택할 경우 앞의 묵흔이 없는 유사한 형태의 목제품(목기)에 대하여 '종장판목간형 목제품(목기)'이라는 표현이 성립할 수 있게 된다.

한편, 다른 목간들보다 특별히 길게 만들어진 목간들을 형태적 분류에서 중요하게 다루어야 한다는 문제 제기도 있었다.[90] 한반도 출토 대형 다면목간들의 '視覺機能'을 강조하고 '視覺木簡'으로 주목한 연구들이 나와 있다.[91] 형태 측면에서 구분 요소로서 '길이'가 중요하게 여겨져야 함은 분명해 보인다.[92] 단, '視覺木簡'이라는 표현은 '상징적 역할'이라는 '機能'에 초점을 맞춘 것이며,[93] 크기나 형태에 따라 더 세분될 수도 있다. 따라서 길이에 따른 형태 호칭과 구체적 크기 기준에 대해서는 추가적인 논의가 필요하다.

V. 맺음말

지금까지 살펴본 것처럼 한국과 중국, 일본 학계에서 사용하는 형태별 호칭 표현에는 1:1 대응이 어려울 정도로 상당한 차이가 존재한다. 특히 일본과 한국은 형태 분류와 용도별 분류를 구분하고, 형태 분류는 호칭을 만들기보다 형식번호 부여나 코드化를 추구하고 있음이 주목된다. 따라서 이들이 하나의 용어나 단일한 형식번호 체계로 통합되는 것은 쉽지 않아 보인다.

물론 큰 틀의 형태별 및 형태 부위 호칭·용어는 통일이 필요하며 언젠가 가능해질 수도 있을 것이다. 단, 현재는 한국 내에서의 '통일'도 요원한 상태이다. 사실 연구자들로 하여금 용어 사용을 통일하도록 강제할 방법은 생각하기 어려우며, 바람직하지도 않다. 목간 연구를 주도하는 특정 학회나 기관에서 자체적으로 사용할 범례를 확정하여, 해당 주체의 학술회의나 간행물에 사용함으로써 소통의 기준이 되게 하는 것이

---

89) 이재환, 2019, 앞의 논문, pp.19-22.

90) 윤선태, 2022, 앞의 토론문, p.63.

91) 하시모토 시게루, 2012, 「한국에서 출토된 '논어'목간의 형태와 용도」, 『지하의 논어, 지상의 논어』, 성균관대학교 출판부; 하시모토 시게루, 2019, 「시각목간(視覺木簡)의 정치성」, 『문자와 고대 한국 1 - 기록과 지배』, 주류성; 하시모토 시게루, 20221, 「新羅 文書木簡의 기초적 검토 - 신 출토 월성해자 목간을 중심으로」, 『嶺南學』 제77호, pp.207-209.

92) 중국 簡牘에서 '尺牘' 등 길이에 따른 규격이 중요시되었음이 유의된다.

93) 冨谷至, 2010, 『文書行政の漢帝國—木簡·竹簡の時代』, 名古屋大学出版会, pp.29-48.

가장 무난하고 자연스러운 방법이다. 범례가 정해지면 그 바깥 영역에서도 굳이 다른 범례를 만들 이유를 갖지 않는 이들은 만들어진 범례를 사용하게 될 것이며, 해외에서도 해당 범례를 통해 한국 학계에서의 호칭과 분류 방식 등을 파악할 수 있을 것이다.

그러나 이 또한 오랫동안 지속적으로 필요성이 제기되었음에도 이루어지지 못해 온 과제이다. 한국목간학회에도 그러한 범례는 아직 없다. 아마도 이는 '누가 어떻게' 그것을 정할지가 정해져 있지 않기 때문일 것이다. 누가 어떻게 하든 이제는 범례의 작성을 미룰 수 없는 때가 된 듯하다.

투고일: 2022.11.30   심사개시일: 2022.12.01   심사완료일: 2022.12.12

국립가야문화재연구소, 2011, 『함안 성산산성 발굴조사 보고서 Ⅳ 제Ⅱ권 목간 및 목제품편』.

국립가야문화재연구소, 2017, 『韓國의 古代木簡 Ⅱ』.

國立慶州文化財研究所, 2006, 『月城垓子 發掘調査報告書 Ⅱ-고찰-』.

국립경주문화재연구소, 2022, 『신라 왕경 목간』.

국립부여박물관, 2008, 『백제목간 - 소장품조사자료집』.

國立昌原文化財研究所, 2004, 『韓國의 古代木簡』.

국립해양문화재연구소 편, 2010, 『태안마도 1호선 수중발굴조사 보고서』.

권인한·김경호·이승률 책임 편집, 2011, 『죽간·목간에 담긴 고대 동아시아(동아시아문명총서 03)』, 성균
　　관대학교 출판부.

文化公報部 文化財管理局, 1978, 『雁鴨池 發掘調査報告書』.

文化公報部 文化財管理局, 1984, 『新安海底遺物 (資料編Ⅱ)』.

文化公報部 文化財管理局, 1985, 『新安海底遺物 (資料編Ⅲ)』.

文化公報部 文化財管理局, 1988, 『新安海底遺物 (綜合編)』.

문화재청·국립해양유물전시관·사단법인 바다문화회, 2006, 『新安船』.

문화재청·국립해양문화재연구소, 2009, 『高麗靑瓷寶物船 태안 대섬 수중발굴 조사보고서』.

윤선태, 2007, 『목간이 들려주는 백제 이야기(백제문화개발연구원 역사문고_28)』, 주류성.

윤재석 편저, 2022a, 『한국목간총람(경북대학교 인문학술원 HK+사업단 자료총서 01)』, 주류성.

윤재석 편저, 2022b, 『중국목간총람(경북대학교 인문학술원 HK+사업단 자료총서 02)』, 주류성.

이경섭, 2013, 『신라 목간의 세계』, 경인문화사.

이용현, 2006, 『韓國木簡基礎研究』, 신서원.

戴衛紅, 2017, 『韓國木簡研究』, 廣西師範大學出版社.

왕궈웨이(王國維) 원저/후핑성(胡平生)·마웨화(馬月華) 교주/김경호 역주, 2017, 『간독이란 무엇인가?(簡牘
　　檢署考校注)』, 성균관대학교 출판부.

大庭脩 編著, 1998, 『木簡【古代からのメッセージ】』, 大修館書店.

冨谷至, 2003, 『木簡·竹簡の語る中国古代』, 岩波書店(임병덕 옮김, 2005, 『목간과 죽간으로 본 중국 고대
　　문화사』, 사계절).

冨谷至, 2010, 『文書行政の漢帝國ー木簡·竹簡の時代』, 名古屋大学出版会.

日本木簡學會 엮음/橋本繁·이동주 옮김, 『목간에서 고대가 보인다(경북대학교 인문학술원 HK+사업단 번
　　역총서 02)』, 경북대학교 인문학술원 HK+사업단 편, 주류성.

朝鮮古蹟研究會, 1934, 『樂浪彩篋冢(古蹟調査報告 第一)』.

김경호, 2011, 「한·중·일 동아시아 3국의 목간 출토 및 연구 현황」, 『죽간·목간에 담긴 고대 동아시아(동아시아문명총서 03)』, 성균관대학교 출판부.

김병준, 2009, 「중국 출토 자료의 해독 원리와 실제」, 문자의 문화사 강좌 2 강의자료.

金在弘, 2022, 「韓國 古代 木簡의 分類 方案」, 『木簡과 文字』 28號.

朴鍾益, 2000, 「咸安 城山山城 發掘調査와 木簡」, 『한국고대사연구』 19.

박중환, 2007, 「「목간 발굴 30년」 -목간을 고고한다는 것-토론문(2)」, 『한국고대목간과 고대 동아시아세계의 문화교류』(한국목간학회 제1회 국제학술대회 발표자료집).

신은제, 2012, 「마도 1·2호선 出水 목간·죽찰에 기재된 곡물의 성격과 지대수취」, 『역사와 경계』 84.

안경숙, 2013, 「평양 석암리 194호 출토 竹簡 고찰」, 『木簡과 文字』 10號.

尹善泰, 1999, 「咸安 城山山城 出土 新羅木簡의 用途」, 『震檀學報』 88.

尹善泰, 2007a, 「韓國古代木簡의 形態와 分類」, 『한국고대목간과 고대 동아시아세계의 문화교류』(한국목간학회 제1회 국제학술대회 발표자료집).

尹善泰, 2007b, 「한국고대목간의 형태와 종류」, 『역사와 현실』 65

윤선태, 2013, 「목간의 형태와 용도분류에 대한 기초적 제안」, 한국목간학회 제17회 정기발표회 발표문.

윤선태, 2022, 「「韓半島 發見 木簡의 形態 用語 檢討(이재환)」에 대한 토론」, 『韓·中·日 古代 木簡의 名稱에 대한 종합적 검토』(한국목간학회 제16회 국제학술대회 발표자료집).

尹龍九, 2007, 「새로 발견된 樂浪木簡 -樂浪郡 初元四年 縣別戶口簿-」, 『한국고대사연구』 46.

尹龍九, 2009, 「平壤出土 「樂浪郡初元四年縣別戶口簿」 研究」, 『木簡과 文字』 3號.

윤용혁, 2013, 「고려의 뱃길과 섬, 최근의 연구 동향」, 『島嶼文化』 제42집.

윤용희·김응호·차미영, 2016, 「마도1호선에서 출수된 죽찰의 보존처리」, 『保存科學研究』 37.

이경섭, 2005, 「城山山城 출토 荷札木簡의 製作地와 機能」, 『한국고대사연구』 37.

이경섭, 2013, 「新羅木簡의 출토현황과 분류체계 확립을 위한 試論」, 『신라문화』 42.

이경섭, 2021, 「한국 고대 목간의 용도와 형태 분류」, 『민족문화논총』 77.

尹在碩, 2007, 「「中韓簡牘比較研究」 -從中國簡牘的類別談起- 討論文(1)」, 『한국고대목간과 고대 동아시아세계의 문화교류』(한국목간학회 제1회 국제학술대회 발표자료집)」.

李文基, 2007, 「「韓國古代木簡의 形態와 分類」의 토론문(1)」, 『한국고대목간과 고대 동아시아세계의 문화교류』(한국목간학회 제1회 국제학술대회 발표자료집).

李炳鎬, 2008, 「扶餘 陵山里 出土 木簡의 性格」, 『木簡과 文字』 創刊號.

이용현, 2002, 「함안 성산산성 출토 목간과 6세기 신라의 지방 경영」, 『동원학술논문집』 5.

이용현, 2007, 「목간 발굴 30년 -목간을 고고학한다는 것-」, 『한국고대목간과 고대 동아시아세계의 문화교류』(한국목간학회 제1회 국제학술대회 발표자료집).

이재환, 2019, 「한국 출토 목간의 분류와 정리 및 표준화 방안」, 『木簡과 文字』 23號.

李鐘玟, 2011, 「泰安 馬島 해저출토품으로 본 고려 중기 청자의 편년문제」, 『이화사학연구』 제42집.

임경희, 2010, 「마도2호선 발굴 목간의 판독과 분류」, 『木簡과 文字』 6號.

임경희, 2011, 「마도3호선 목간의 현황과 판독」, 『木簡과 文字』 8號.

임경희·최연식, 2010, 「태안 마도 수중 출토 목간 판독과 내용」, 『木簡과 文字』 5號.

전덕재, 2009, 「함안 성산산성 출토 신라 하찰목간의 형태와 제작지의 검토」, 『木簡과 文字』 3號.

鄭在永, 2008, 「月城垓子 149號 木簡에 나타나는 吏讀에 대하여 - 薛聰 當代의 吏讀 資料를 중심으로 -」, 『木簡과 文字』 創刊號.

朱甫暾, 2008, 「한국 목간 연구의 현황과 전망」, 『木簡과 文字』 創刊號.

한정훈, 2015, 「동아시아 중세 목간의 연구현황과 형태 비교」, 『사학연구』 제119.

謝桂華 著/尹在碩 譯, 2000, 「중국에서 출토된 魏晋代 이후의 漢文簡紙文書와 城山山城 출토 木簡」, 『한국고대사연구』 19.

李均明, 2008, 「韓中簡牘 비교연구 -중국 간독의 분류설명에 의거하여-」, 『木簡과 文字』 創刊號.

李解民, 2009, 「中國 日用類簡牘의 형태와 관련한 몇 가지 문제」, 『木簡과 文字』 3號.

岡內三眞, 1987, 「新案沈船出土の木簡」, 『東アジアの考古と歷史(上)』, 岡崎敬先生退官記念事業會.

橋本 繁(하시모토 시게루), 2008, 「윤선태 箸《목간이 들려주는 백제 이야기》(주류성, 2007년)에 대하여」, 『木簡과 文字』 2號.

하시모토 시게루, 2012, 「한국에서 출토된 '논어'목간의 형태와 용도」, 『지하의 논어, 지상의 논어』, 성균관대학교 출판부.

하시모토 시게루, 2019, 「시각목간(視覺木簡)의 정치성」, 『문자와 고대 한국 1 - 기록과 지배』, 주류성.

하시모토 시게루, 20221, 「新羅 文書木簡의 기초적 검토 - 신 출토 월성해자 목간을 중심으로」, 『嶺南學』 제77호.

三上喜孝, 2008, 「일본 고대 목간의 계보 - 한국 출토 목간과의 비교검토를 통하여 -」, 『木簡과 文字』 創刊號.

西谷正, 1985, 「新安海底發見の木簡について」, 『九州文化史研究紀要』 第30號.

李成市 著/李鎔賢 譯, 2000, 「韓國木簡연구의 현황과 咸安城山山城출토의 木簡」, 『한국고대사연구』 19.

이성시, 2007, 「윤선태 : 「한국고대목간의 형태와 분류」 토론문」, 『한국고대목간과 고대 동아시아세계의 문화교류』(한국목간학회 제1회 국제학술대회 발표자료집).

平川 南 著/李鎔賢 譯, 2000, 「日本古代木簡 研究의 現狀과 新視點」, 『한국고대사연구』 19.

〈Abstract〉

Examining Terminology for the Form and Shape of Wooden Documents Excavated from the Korean Peninsula

Lee, Jae-hwan

Researchers who study wooden documents, wooden tablets and bamboo strips are closely interchanging beyond the boundaries of countries. Since researches on wooden documents started relatively late in Korea, terminology already used in China and Japan was recognized, accepted and changed for their own system.

When Korean researchers first encountered wooden documents, the term that came to their mind used to be '木牌'. After that, the Japanese term '木簡' was imported and settled soon. In addition, shape terms used in Japan such as '短冊型', '切り込み', '尖形', '圭頭', '削屑', '題籤軸', as well as categories for Chinese bamboo strips and wooden tablets such as '簡', '牘', '觚', '檢', '楬', '符', '券', '槧', '致', '傳', '柿', '檄' were introduced.

Among them, '題籤軸' was accepted as itself because there is no alternative in Korean, and '削屑' is being used together with the translation term. '觚' is widely used relatively, but the making distinction between '簡' and '牘' was not accepted. Although '短冊型' and '切り込み' need to be translated, translation terms have not yet been unified. I suggest '縱長板(long plate)' and '홈(groove)' as alternative terms.

In China, wooden tablets and bamboo strips are classified by re-using ancient terms combining shape and function, while classification by function and classification by shape using type numbers are given separately in Japan. Therefore, it is difficult to unify them into one or to make correspond to each other. However, if the Korean Society for the Study of Wooden Documents makes general rules and glossary, the standardization of terms can be pursued in Korea, and Korean terminology and classification will be easily recognized abroad.

▶ Key words: wooden documents, wooden tablet, bamboo strip, form classification, standardization of terms, general rules and glossary

20세기 이래의 秦漢 관문서 간독 형태와 명칭에 관한 연구[*]

리잉춘(李迎春)[**]

방국화(方國花) 譯[***]

Ⅰ. 머리말

Ⅱ. 간독의 형태와 기능 및 명칭

Ⅲ. 간독의 규격

Ⅳ. 簡과 牘의 차이점

Ⅴ. 20세기 이래의 간독 문서 형태에 관한 주요 연구성과

Ⅵ. 맺음말 —진한 관문서 간독의 형태 연구에 존재하는 주요 문제—

〈국문초록〉

　　문화재의 하나로 봐야 한다는 속성은 간독의 주요 특징이 된다. 20세기 이후 중국 간독의 명명에는 두 가지 경향이 있다. 주로 전래 문헌의 기록 또는 간독에 적힌 글에 의해 명명을 하거나, 간독의 모양 또는 그 기능과 사용 방식에 의해 명명을 한다. 간독의 형태에 대한 연구는 '形'뿐만 아니라 이에 관한 제도에도 주의를 기울여야 한다. 秦나라는 문서 작성에 관한 세밀한 제도적 규범이 있으며, 이는 漢나라에 계승되었을 것이다. 前漢 중기 이후에는 간독의 길이에 대한 규범이 형성되었다. 대나무와 나무로 되어 있는 서사 매체를 簡牘이라 부르는 것은 주로 위진, 수, 당나라 사람들의 습관이었다. 종합적 개념인 簡牘은 간독 사용 시대에 있어서 사람들의 간과 독에 대한 명확한 구별이 아니라 후대의 개념이었다. '후대'의 후대로서 우리는 '후대'의 종합적인 개념을 경계가 명확한 개념으로 사용하는 데 익숙하여 간, 독의 재질과 형태에 관한 연구

* 본고는 "韓·中·日 古代 木簡의 名稱에 대한 종합적 검토"를 주제로 한 한국목간학회 제16회 국제학술대회(2022년 9월 23일)에서 발표한 내용을 바탕으로 수정 및 가필한 것이며 中國國家社科基金重點項目 "國家治理視闆中西北漢代官文書簡牘形製硏究" (22AZS001) 성과의 일부분이다. 이 글을 완성함에 있어서 한국 경북대학교 인문학술원 오준석 선생님, 중국 西北大學의 程帆娟 박사, 중국 人民大學의 孫寧 박사의 도움을 받았고 한국어 번역은 경북대학교 인문학술원 방국화 선생님이 담당을 하셔서 이 자리를 빌려 감사의 뜻을 표한다.

** 西北師範大學 簡牘硏究院 교수

*** 경북대학교 인문학술원 HK연구교수

에 혼란을 초래하게 되었다. 간과 독은 초기에는 주로 재질의 차이였는데 재질에 따라 제작 방법이 다르기 때문에 폭에 있어서도 차이가 생기게 되었다. 秦漢 이후에는 재질 상의 차이가 분명하지 않게 되었다. 後漢 사람들은 점차 재질이 아닌 넓이의 측면에서 이들을 구분했다. 근대 이후, 秦漢 간독의 형태, 제작, 사용, 명명, 그리고 간독의 형태를 토대로 한 관문서 분류와 기층 행정 운영에 관한 많은 연구성과가 공개되었다. 그러나 여전히 관문서 간독의 길이에 관한 규범, 일부 특수 형태의 간독 기능, 사용 방식에 대한 연구가 불충분하고, 전래 문헌에 대한 연구와 분석도 불충분하며, 연구의 파편화, 규칙 및 이론에 관한 탐구가 부족한 등의 문제가 있다.

▶ 핵심어: 秦漢, 官文書, 簡牘, 형태, 재질

I. 머리말

문서행정은 秦漢 시기의 국가 통치와 일상 관리의 기본 형식이다. 간독을 주요 매체로 하는 관문서는 국가행정을 유지하고 政令을 원활하게 하는 연결체였다. 행정기능의 차이로 인해 서로 성격이 다른 관문서 간독의 형태와 사용방식은 제각기 다르다. 20세기 이래, 일본·한국·중국 모두 대량의 관문서 간독이 출토되었다. 행정 매체로 사용된 간독은 형태와 제도에 공통점이 있지만 시대, 지역, 행정기구, 운영방식이 다름에 따라 일정한 차이가 있을 수 있다. 간독의 명명 방식에 관해서도 세 나라의 학계는 통일되어 있지 않다. 한국목간학회는 교류 활성화를 위해 "한중일 고대 목간 명칭 종합 검토 학술회"를 개최하여 간독의 형태·명칭의 공통점과 차이점을 논의하였다. 필자는 이 기회에 중국 서북지방에서 출토된 한나라의 간독을 위주로 20세기 이래로 발표된 秦漢 관문서 간독의 형태·명명에 관한 연구 상황을 정리하고, 한중일 학계의 간독 형태에 관한 차이점을 분석하여 향후 교류와 연구에 힘을 보태고자 한다.

II. 간독의 형태와 기능 및 명칭

1. 중국 간독의 명명과 분류 방식

서사 매체로서 사용된 간독은 문자자료이기 전에 문화재이다. 문화재의 하나로 봐야 한다는 점이 바로 간독의 진정한 가치이며 전래 문헌과의 가장 본질적인 차이이기도 하다. 문화재라는 간독의 이러한 속성을 가장 직접적으로 보여주는 것이 바로 형태이다. 간독의 형태는 간독의 제작 및 사용 방법과 밀접한 관련이 있다. 蔡邕의 『獨斷』에 기록된 "文多, 用編兩行, 文少, 以五行."[1]을 보면 글자의 수량에 따라 간독의 크기를

---

1) [東漢]蔡邕, 2013, 『獨斷』, 『新編漢魏叢書』 第1冊 수록, 鷺江出版社, p.641.

정하고 있다.

간독을 주요 서사 매체로 사용했던 시기는 이미 오래전에 지났고, 20세기 이전에 이미 간독 서적과 문서를 접할 기회가 없었기 때문에 간독의 형태는 오랫동안 주목을 받지 못했다. 20세기에 간독이 출토된 이후, 다양한 형태의 간독이 등장하면서 연구의 필요성에 의해 간독을 분류하고 명명해야 했다. 하지만 어떻게 명명해야 하는지, 일선에 있는 정리 담당자는 고민이 많았다. 예를 들어 居延 漢簡의 주요 정리자인 勞榦은 "돈황 한간과 거연 한간에는 많은 목간의 종류가 있다. 이 많은 종류의 목간에 대해 고대인들은 서로 다른 명칭을 사용하였다. 종류가 다르기에 일정한 기준이 없으며 명명에도 차이가 있다."[2]라고 지적했다. 구체적인 명명 방법에는 많은 이견이 있지만 간독의 시각적 형태와 전래 문헌에 기록된 명칭이 주요 검토 대상이었다.

1912년, 王國維는 敦煌에서 스타인이 漢晉 목간을 발견한 것을 알고 「簡牘檢署考」를 저술했다. 簡·牘·檢·署·觚를 포함한 간독의 형태와 간독의 서사·편련·봉인 방식을 연구하여 근대 간독 형태 연구의 시초를 열었다. 동시에 이후의 간독 명명 연구의 토대를 마련하였다. 거연 한간이 출토된 후, 勞榦은 「居延漢簡考證」에서 우선 먼저 간독의 형태에 관한 제도(簡牘之制)에 대해 고증했다. 勞榦은 거연 한간의 길이, 너비, 刻書 유무, 편련 유무, 홈 또는 구멍 유무, 목피 유무, 글자 유무 등 시각적 형태에 따라 거연 한간을 10가지로 분류했다. 簡, 冊, 符, 牘(또는 板), 函(信函, 상부에 있는 글씨는 檢이라고 함), 檢, 觚, 杙(또는 橛), 柿, 朴으로 분류했는데[3] 그 명칭은 형태, 기능 및 역사적 전통을 종합한 것이다.

간독의 형태를 간독의 주요 명명 근거로 삼는 것은 오늘날 간독 연구자들이 개척한 것이 아니며, 고대인들이 간독을 제작하고 사용할 때에 이미 형태를 간독 명명의 기준 중 하나로 삼았다. 현천한간에는 아래와 같은 기록이 있다.

詔書必明白大書, 以兩行著故恩澤詔書. 無嘉德, 書佐方宜以二尺兩行與嘉德長短等者以便宜從事, 毋令刺史到, 不謹辦致案, 毋忽.

Ⅱ0114○3: 404[4]

위의 기록을 보면 詔書는 二尺 길이의 兩行에 옮겨 적어야 한다고 적혀 있다. 兩行은 漢나라 시기에 주로 사용한 간독 형태의 하나이다. 서로 다른 형태의 간독은 중국 고대에 서로 다른 명칭이 있었다. 『周禮』, 『爾雅』, 『論衡』, 『釋名』, 『史記』, 『漢書』 등 전래 문헌자료에 簡, 牘, 版, 札, 牒, 冊, 方, 觚, 兩行 등 간독 형태에 관한 명칭이 보이며 해석도 되어 있다.

이러한 명칭 외에도 고대 중국에는 기능과 사용 방식에 기반한 간독 명칭도 있다. 예를 들어 통관 증거

---

2) 勞榦, 1957(1992年 3月 景印1版), 「居延漢簡圖版之部序」, 『居延漢簡圖版之部』, 中硏院歷史語言硏究所專刊21, p.7.

3) 위의 논문, pp.7-8.

4) 胡平生·張德芳, 2001, 『敦煌懸泉漢簡釋粹』, 上海古籍出版社, p.2.

서류로 사용되는 傳(공적인 전과 사적인 전을 포함)은 사람들이 멀리 외출할 때 縣邑侯國의 關津을 통과하려면 이것을 가지고 다녀야 하기 때문에 사람의 출행과 傳의 유전은 동반한다고 할 수 있다. 이른바 "轉移所在, 執以為信"[5]이라고 하여 傳이라고 부른다. 또한 이러한 문서에는 종종 "移過所縣道河津關毋苛留止"(肩水金關漢簡 73EJT5: 72), "移過所河津關毋苛留止"(73EJT10: 210A) 등 용어가 포함되어 있어 "過所"로 불리기도 한다. 傳(過所) 외에 符, 檢, 楬 등도 이러한 명명 방식에 속한다.

형태에 의한 명명과 사용 방법에 의한 명명은 서로 다르지만 본질은 같다. 편리하게 사용하는 것을 목적으로 여러 모양을 설계하고, 사용 방식에 따라 구체적인 모양을 고안하기 때문이다. 명명은 형태와 사용 방법의 특성을 단순하고 명확한 단어로 요약할 수 있어야 한다. 서사를 주요 목적으로 하는 사용 방식이 특수하지 않고 형태가 비교적 간단한 간독은 三尺, 兩行 등과 같이 길이와 너비를 나타내는 용어로 표현할 수 있다. 특별한 사용 목적과 특정 사용 방법을 가진 간독은 모양이 복잡한 경우가 많으며 홈, 구멍 등의 가공이 필요하다. 이런 종류의 간독은 간결한 언어로 그 모양의 특징을 묘사하기 어렵기 때문에 주로 그 기능에 의해 명명해야 했다. 물론 오랜 세월에 걸쳐 일반화되고 인정된 명칭은 옛날과 현대인 모두가 형태와 연결할 수 있다. 일정 기간 동안 유지되면 이러한 기능에 의해 명명된 이름도 간독 형태로 분류된다. 한나라 시기의 사람인 史游의 『急就篇』에 보이는 "簡札檢署椠牘家"[6]는 기능을 나타내는 檢署와 형태로 분류한 명칭인 簡, 札, 椠, 牘을 함께 사용하고 있어 형태와 기능의 경계가 모호하다. 그후 王國維도 「簡牘檢署考」에서 檢署와 같은 기능에 의한 명칭과 簡·牘을 함께 나열하였는데, 이는 『急就篇』의 영향을 받은 것으로 보인다. 林劍鳴의 저서 『簡牘槪述』의 "간독의 형식과 명칭" 章에는 "간독의 형식"이라는 節이 있는데 이 절에서는 간독의 일반적인 형태와 명칭을 길이, 너비 등의 측면에서 소개하고 "간독의 명칭과 역할"이라는 절에서는 檢, 楬, 符, 柹 등을 소개했다. 檢, 楬, 符 등의 기능에 관한 명칭을 "형식과 명칭" 장에 넣은 것은 이러한 간독의 형식, 용도 및 기능적 연관성을 인정한 것이다.[7] 薛英群은 『居延漢簡通論』의 '簡牘制度' 장 "간독의 형태와 분류" 절에서 거연 출토 목간에 서사된 명칭(自書 명칭)에 의해 분류를 했는데 牒, 檢, 板, 檄, 札, 椠, 簡, 兩行, 觚, 冊, 符, 傳, 過所, 柹 등 14가지 명칭은 형태와 기능에 의한 명칭이 병존하고 있다.[8] 駢宇騫·段書安의 『二十世紀出土簡帛綜述』은 "簡牘, 帛書의 형태" 장의 "簡牘의 名稱" 절에서 簡, 牘, 牒, 方, 柧(觚), 檄, 札, 椠, 箋, 版(板), 檢, 楬, 冊(策), 兩行, 柴, 符, 傳, 過所 등 18종의 간독을 분석하고 檢, 楬, 符, 傳 등 기능에 의한 명칭이 비교적 고정된 형태의 의미를 가지고 있음을 인정하였다.[9]

이상의 내용을 통해 20세기에 간독이 대규모로 출토된 후 중국의 간독 명명에 두 가지 특징이 있다는 것을 알 수 있다. 첫째, 간독 명명은 주로 전래 문헌기록이나 간독에 서사된 어휘 즉 自書에 의한다. 다시 말하면 출토 실물의 명명은 역사 전적 기록에 대응해야 하며, 역사 전적에서 명칭을 찾는 경향이 있다. 둘째, 간

---

5) [漢]劉熙, 『釋名』 卷6, 釋書契, [清]畢沅疏證·王先 謙補, 2008, 『釋名疏證補』, 中華書局, p.205.

6) [西漢]史游, 『急就篇』, 管振邦 譯注, 2009, 『顏注急就篇譯釋』, 南京大學出版社, p.147.

7) 林劍鳴 編譯, 1984, 『簡牘槪述』, 陝西人民出版社, pp.35-47.

8) 薛英群, 1991, 『居延漢簡通論』, 甘肅教育出版社, pp.128-142.

9) 駢宇騫·段書安, 2006, 『二十世紀出土簡帛綜述』, 文物出版社, pp.50-64.

독의 형태라는 것은 시각 상의 형태뿐만 아니라 기능과 용도도 고려해야 한다.

2. 중·일 간독 명명 방식의 차이점

이런한 명명 방식은 일본 출토 목간에 대한 일본 학계의 명명 방식과 차이가 있다. 일본 목간학회는 고대 목간의 형태를 중시하고 유형번호의 형식을 채택하여 간독의 형태적 특성을 직관적으로 묘사하고 있다. 특정적인 시각적 형태를 지칭하기 위해 특정 번호를 사용하고 목간 형태의 정보를 식별하기 위해 가장 간단한 숫자를 사용하는 방법은 학술 교류에 도움이 되며 편리하다. 중국 학계도 이것을 참고하여 학술 교류 차원에서 시도할 수 있다. 그러나 중국에서는 이 방법을 간독 형태의 묘사에는 사용할 수 있으나 간독의 정식 명명에는 사용하기 어렵다. 그 이유는 다음과 같다.

첫째, 간독은 역사에 존재하는 서사 매체로서 고대 중국과 오늘날의 중국을 연결하는 유물이며 그 자체가 역사적 기억이다. 고대의 서사 매체로서 이런 유물을 연구하는 것은 본질적으로 어떤 역사적 기억을 구축하고 복원하는 것이다. 중국은 매우 풍부한 典籍 자료를 가지고 있으며 간독의 형태와 기능 및 명칭에 대해서도 풍부한 기록이 남아 있다. 오늘날의 간독 연구는 문헌 연구일 뿐만 아니라 문화재 연구이기도 하며 역사적 맥락에서 전개되어야 한다. 따라서 전승된 명명 방식을 버리고 단순히 시각적 형태로 명명한다는 것은 본질적으로 간독 연구의 목적에 위반된다.

둘째, 간독의 형태는 기능에 의해 결정되며 형태는 기능의 구현일 뿐이다. 대부분의 경우 구체적인 형태가 특정 기능에 대응하지만 동일한 형태가 여러 기능에 대응하거나 동일한 기능이 여러 형태에 대응할 수도 있다. 이때 단순히 형태로 명명하게 되면 기능에 대한 무관심으로 이어지며, 이는 또한 간독 연구의 목적과 부합하지 않고 깊이 있는 연구를 할 수 없게 된다. 예를 들어 封泥槽는 주로 봉니를 넣는데 사용된다. 그러나 봉니를 첨부하는 목적은 다양하다. 봉인함으로써 타인의 열람 또는 내용 교체를 금하는 것을 목적으로 하는데 이에는 衣橐檢, 封檢 등이 있다. 『釋名』 釋書契에 보이는 기록 "璽, 徙也, 封物使可轉徙而不可發也"[10]는 인장의 "不可發" 기능을 강조한다. 또한 문서의 합법성과 권위를 표시하는 목적도 있다. 예를 들어 檄, 傳 등이 이에 속한다. 『釋名』 釋書契에는 "印, 信也, 所以封物為信驗也"[11]라고 기재되어 있는데 이것은 신용의 증표로 하는 기능과 관련된다. 전자는 일반적으로 檢이라고 한다. 그러나 후자는 禁의 의미가 있는 檢으로 부르기에는 적절하지 않다.[12]

---

10) [漢]劉熙, 앞의 책, p.204.

11) 위의 책, p.204.

12) 西北漢簡의 "偃檢" 사용 방식은 傳과 일정한 관련이 있는 듯하다. 다만 "偃檢"의 실제 형태에 관해서는 아직 알려져 있지 않으며 그 기능, 형태, 사용 방식에 대해서도 학계에 통일된 관점이 없다. 따라서, "偃檢"으로 이 견해를 부정할 수 있는지에 대해서는 아직 확실하지 않아 향후의 과제로 삼고자 한다. "偃檢"에 대해서는 肖從禮, 2012, 「西北漢簡所見"偃檢"蠡測」, 『甘肅省第二屆簡牘學國際學術研討會論文集』, 張德芳 主編, 上海古籍出版社; 劉欣寧, 2016, 「漢代"傳"中的父老與裏正」, 『早期中國史研究』 第8卷第2期; 郭偉濤, 2018a, 「漢代的傳與肩水金關」, 『簡帛研究二〇一八 春夏卷』, 廣西師範大學出版社; [日]鷹取祐司, 2017, 「肩水金関遺址出土の通行証」, 『古代中世東アジアの関所と交通制度』, 汲古書院, p.229 참조.

이와 상반되는 것은 꼬리표인 楬이다. 한대 서북지역 국경에서 출토된 楬은 호형 또는 제형의 윗부분에 구멍을 뚫은 것이 가장 흔한데, 구멍을 뚫은 목적은 끈을 끼워서 꼬리표인 楬과 물품을 같이 묶기 위해서이다. 그러나 일부는 좌우 양끝에 홈을 파서 끈을 매는 경우도 있다. 里耶秦簡의 楬은 주로 두 개의 구멍이 있다. 장사 주마루 오간의 楬에는 홈이 파이는 경우가 많다. 구멍이 하나 또는 두개, 그리고 홈을 판 것, 가공형식은 다르지만 목적은 모두 끈을 고정시켜 꼬리표와 짐을 연결하기 위한 것이다. 이러한 꼬리표로서 사용된 간독을 標識의 뜻을 갖고 있는 명칭인 楬로 통일하는 것은 단순히 형태로서 명명하는 것보다 훨씬 편리하다. 마찬가지로 통관증명서가 되는 符는 符合이란 뜻의 符로 명명한 것인데, 주로 合符(刻齒의 일치 여부를 식별) 방식을 통해 증빙서 기능을 한다. 그러나 晉簡의 사례를 보면 封泥를 첨부함으로써 신용의 증표로 하는 간독도 符라고 한다.[13] 甲渠候官(A8) 유적에서 출토한 후한 초기의 간독에도 封符라는 용어가 자주 등장한다. 符와 封은 동일한 면도 있다. 당시에 이미 봉니를 첨부하여 증표 기능을 부여하는 현상이 있었을 것이며, 이러한 刻齒 간독의 형태와 전혀 다른 간독도 符라고도 하였다. 하여 당시 사람들에 대해서는 형태보다 기능이 더 중요한 명명 방식이었음을 알 수 있다.

III. 간독의 규격

간독은 형태에 대해 주목해야 할 뿐만 아니라 형태에 대한 규격이 제도 또는 관습으로 되어 있는지에 대해서도 고려해야 한다. 특정 지역 내의 제도 및 규범과 관련 있는 형태만이 특정 간독을 명명하는 근거로 삼을 수 있다. 중국 간독학계에서는 주로 간독의 형태가 제도화되어 있는지를 중요시한다. 예를 들어 간독의 길이 규격에 관한 검토와 논쟁은 거의 100년 이상 지속되고 있다.

1. 20세기 중국 학계의 간독 규격에 관한 토론

프랑스의 중국학 학자인 샤반느는 이른 시기에 이미 "秦나라 經書制는 2尺4寸이고, 漢나라는 이에 따른다.", "한나라 사람이 사용한 간독은 옛것을 따른 것이다."라고 지적했다.[14] 王國維의 「簡牘檢署考」는 중국 학계에서 처음으로 간독 길이 규격에 대한 문제를 제기한 글인데 여기서 그 유명한 '分数倍数'설이 제기되었다. 王國維는 "진나라와 한나라의 간독 길이에는 모두 비율이 있다. 簡은 2尺4寸에서 2등분, 3등분, 4등분한 것이며, 牘은 3尺(檄), 2尺(檄), 1尺5寸(傳信), 1尺(牘), 5寸(門關의 傳)이다. 모두 24의 약수이고, 모두 5의 배수이다.", "簡의 길이는 모두 24의 약수이고, 牘은 모두 5의 배수이다. 간은 진나라의 제도이고, 독은 한나

---

13) 樂遊·譚若麗, 2016, 「敦煌一棵樹烽燧西晉符信補釋——兼說漢簡中"符"的形態演變」, 『中國歷史文物』, pp.62-71. 이외에 『周禮·司市』 鄭玄 注에는 "璽節印章, 如今門關封矣"라고 기록되어 있으며 胡平生·馬月華는 "璽節"를 일종의 두겡이 있는 璽印의 符節로 보고 加蓋印璽方式의 증빙자료로 되는 符節은 확실히 존재했다고 보고 있다(胡平生·馬月華, 2004, 『簡牘檢署考校注』, 上海古籍出版社, p.89).

14) [法]沙畹 著/馮承鈞 譯, 1931, 「紙未發明前之中國書」, 『圖書館學季刊』 第5卷第1期, pp.47-65.

라의 제도라는 뜻이 아닌가?"라는 견해를 제시했다.[15] 그후 馬衡, 傅振倫, 勞榦, 陳夢家, 錢存訓, 馬先醒, 胡平生은 모두 이 견해를 이어받아 다양한 각도에서 王國維의 설을 수정하고 보완하였다.

馬衡은 "周나라 시기에 六經·紀·傳 및 國史를 쓴 簡은 24의 약수를 사용하였다. 漢나라 시기에 이르러 그 제도가 약간 변경되었다."라고 하면서 王國維의 간독 길이 규격에 관한 설을 수정하고 秦나라와 漢나라의 구별이 아닌 周나라와 漢나라의 구별이라고 하였다.[16] 陳夢家는 "한나라 시기 사람들이 經典을 적은 簡策의 길이는 漢尺으로 2尺4寸이다.", "先秦시기 列國의 簡書도 길이가 같다."라고 하면서 王國維의 견해를 기본적으로 찬성하는 한편 王國維의 秦制를 선진시기로 연장했다.[17] 錢存訓은 "武威「儀禮」간이 54㎝로 漢尺 약 2尺4寸에 해당한다."는 것에 의해 한나라 시기에 "기다란 간독에 유가경전을 서사하는 尊孔 제도"가 확실히 있었다고 추정하고, "고대 간독의 길이는 일정한 규칙이 있으며 그 용도와 중요성에 따라 다르다."고 주장했다.[18] 馬先醒은 「簡牘形制」에서 "간독 제도는 시대에 따라 변환한다."라고 하고 "선진시기에 출토된 실물은 모두가 같은 것은 아니다. 簡의 길이는 75㎝에서 13.3㎝까지로 다양하고 임의로 작성된 것이며 제도가 있는 것으로 볼 수 없다."라고 하면서 王國維가 제기한 "分数倍数" 설은 존재하지 않는다고 비판하였다.[19] 한편 선진시기의 '分数倍数' 설을 부정하면서도 2尺4寸은 한무제 이후의 제도이며, 周·秦·漢 초기의 經籍 서사에는 一尺제가 있었다고 한다. 또한 한나라 시기 牘의 길이는 '5의 배수'라는 법칙은 없으나 확실히 3尺, 2尺, 1尺, 6寸, 5寸의 규격은 존재하며 牘을 만드는 재료가 3尺인 槧이기 때문에 이를 등분한 결과이며, 고의로 5의 배수로 한 것은 아니라는 견해를 제기하였다.[20] 胡平生은 「簡牘製度新探」이란 글에서 실물 자료를 전면적으로 수집하고 여러 시대의 遣策, 문서 簡冊, 서적류 간독, 율령류 간독을 종합적으로 고찰함으로써 "策의 크기를 書의 尊卑로 한다."는 결론을 내렸다.[21]

이상과 같은 간독 길이의 규범에 대한 논의가 있는 동시에, 너비에 제한이 있는지에 대해서도 논의되고 있다. 王國維는 전래 문헌 기록으로부터 方을 형태와 관련이 있는 것으로 보고 "한나라 시기의 牘은 넓은 것과 좁은 것으로 분류되며 넓은 것은 牘, 좁은 것은 奏"라고 하며 "牘의 폭은 대체로 길이를 3등분한 것이다."라고 추정했다.[22] 그중에서 "좁은 牘이 奏"라는 견해는 주목할 만하다. 劉國鈞은 王國維의 견해를 답습하여 "版의 너비는 통상 그 길이의 3분의 1에 해당하지만 정사각형의 版도 있는데 이를 方이라고 한다."라고 했다.[23] 하지만 勞榦은 폭이 簡(폭 1㎝~1.5㎝ 또는 7~8㎜, 한 줄 또는 두 줄의 글자가 쓰인 것)보다 넓은 것은

15) 王國維, 2004, 「簡牘檢署考」, 『簡牘檢署考校注』, 胡平生·馬月華, 上海古籍出版社, p.58.

16) 馬衡, 1926, 「中國書籍制度變遷之研究」, 『圖書館學季刊』 第1卷第2期(1977, 『凡將齋金石叢稿』, 中華書局, pp.261-275에 재수록).

17) 陳夢家, 2005, 「由實物所見漢代簡冊制度」, 『武威漢簡』, 甘肅省博物館·中國科學院考古研究所 編, 中華書局, p.55.

18) 錢存訓, 2004, 『書於竹帛, 中國古代的文字記錄』, 上海書店出版社, p.83.

19) 馬先醒, 1980a, 「簡牘形製」, 『簡牘學要義』, 簡牘學會, pp.87-118.

20) 위의 글, p.109.

21) 胡平生, 2000, 「簡牘制度新探」, 『文物』 2000年第3期, pp.66-73.

22) 王國維, 2004, 앞의 논문, pp.61-63.

23) 劉國鈞, 1962, 「簡策制度」, 『中國古代書籍史話』, 中華書局, pp.31-36.

너비가 어떻게 되든 길이와 상관없이 모두 牘(또는 板)으로 불러야 한다는 주장을 했다.[24] 馬先醒은 거연 한 간의 길이, 너비에 대한 분석을 통해서 "牘의 너비는 길이의 10분의 1도 되지 않는다."라고 하면서 王國維의 견해를 부정했다.[25] 錢存訓은 "간독의 너비는 길이와 같이 문헌자료에 명확한 기록이 없다."라고 하면서 당시의 실물 자료로부터 "簡의 너비는 대체로 2㎝ 이하이다."라는 결론을 제시했는데[26] 간독 너비에 관해서는 엄격한 제도가 없는 것으로 보고 있다.

이상, 간독 형태에 관한 중요한 논설을 소개했다. 王國維의 '分数倍数' 설 외에도 馬先醒의 牘의 길이와 '槩의 약수'의 관계에 대한 논설, 錢存訓의 용도와 중요성으로 簡冊의 길이를 논한 견해, 胡平生의 "策의 크기를 書의 尊卑로 한다."는 관점 모두가 중요하다. 그런데 형태에 관한 제도가 관습에 의해 규범화된 것인지, 아니면 국가의 의지를 나타내는 제도인지에 대해서는 별로 주목되지 않고 있다. 간독 제도의 형성 과정에 대한 논의도 충분하지 않다. 王國維는 간·독의 제도를 진·한 제도와 연관시켜 24의 약수로 되는 策은 진나라 시기의 "6을 기율로 한다."라는 제도와 관련 있는 것으로 보고 있는데[27] 여기서의 제도는 국가 제도일 것이다. 그러나 다른 학자들은 주로 사용 습관으로 논하고 있다. 현재 우리는 더 풍부한 자료를 접할 수 있어 이 문제에 대해 더 많은 견해를 가질 수 있다.

2. 규범인가 제도인가: 중국 간독 규격에 관하여

간독은 오랫동안 사용되어 왔으며 교류에 사용되는 도구로서 특정 시대와 특정 지역을 기반으로 일부 규범이 형성되는 것은 당연하다. 따라서 간독 제도에는 관습에서 비롯된 규범이 적지 않을 것이다. 그러나 이미 오랜 시간이 흘렀고 문헌자료가 풍부하지 않아 오늘날 우리가 간독 사용에서 규범과 제도의 접점을 찾는 것은 쉬운 일이 아니다.

胡平生은 "策의 크기를 書의 尊卑로 한다."라는 규범을 제시했는데, 그중 "文書 簡冊: 사건의 경중을 策의 크기로 한다.", "書籍類 간독: 策의 크기를 書의 尊卑로 한다.", "律令類 간독: 三尺法과 一尺法"은 규범인지 제도인지 판단하기 어렵다. 그런데 "戰國楚墓遣策: 묘주의 존비를 策의 크기로 한다."라는 규범은 喪葬 제도와 관련되고 禮制에 의한 것이기 때문에 단순히 관습에 의한 규범은 아닐 것이다. "遣策의 사용은 강력한 禮制의 특색을 보여주고 있으며, 상장 과정에서의 선진 시대 예제 문명을 생생하게 표현하고 있다."[28] 『儀禮』 旣夕禮에는 "知死者贈, 知生者賵. 書賵於方, 若九, 若七, 若五. 書遣於策, 乃代哭如初."[29]와 같은 장례에서 사용하는 遣策에 대한 기록이 많이 보인다. 劉國勝의 연구에 의하면 "현재 보이는 초나라 견책은 대부분이 大夫나 下大夫의 묘지에 부장"되어 있으며 士의 묘지에는 보이지 않는다. 따라서 그는 「旣夕禮」에 언급된 賵方·

24) 勞榦, 1957, 앞의 논문, p.8.

25) 馬先醒, 1980a, 앞의 논문, p.111.

26) 錢存訓, 2004, 앞의 책, p.84.

27) 王國維, 2004, 앞의 논문, p.58.

28) 馬媛媛, 2014, 「帶往陰間的通關文書」, 『貴州文史叢刊』 2014年第3期, p.72-77.

29) [東漢]鄭玄 注/[唐]賈公彦 疏, 『儀禮注疏』 卷39, 旣夕禮, 阮校, 1980, 『十三經注疏』, 中華書局, p.1153.

遺策을 사용한 士는 계급이 높은 士일 것이라고 보고 "현재 戰國 시기의 중소형 초나라 묘가 5000기 넘게 발굴되었는데 그중 遺策이 발견되는 사례가 많지 않은 것을 보면 전국 시기에 있어서 遺策을 사용하는 것은 보편적으로 초나라 중등 귀족 이상일 것이며, 초나라의 士와 같은 하등 계층은 일반 서민과 마찬가지로 遺策을 쓰지 않거나 제한되어 있었을 것이다."라는 견해를 제시했다.[30] 禮制의 제약 하에서 遺策의 사용은 신분 등급을 명확하게 식별하는 특성을 가지고 있다. 또한 『儀禮』 旣夕禮에는 아래와 같은 내용이 기록되어 있다.

> 主人之史請讀賵. 執筭從, 柩東, 當前束, 西麪, 不命毋哭, 哭者相止也, 唯主人·主婦哭. 燭在右, 南麪. 讀書, 釋筭則坐. 卒, 命哭, 滅燭. 書與筭執之以逆出. 公史自西方東麪. 命毋哭. 主人·主婦 皆不哭. 讀遣. 卒, 命哭, 滅燭. 出.[31]

讀賵, 讀遣은 모두 장례식을 할 때에 공개적으로 진행하는 중요한 의례이다. 鄭玄의 注에 의하면 "公史, 君之典禮書者; 遣者, 入壙之物. 君使史來讀之, 成其得禮之正以終也."[32]라고 기재되어 있다. 主人의 史가 讀賵하고 君이 파견한 公史가 讀遣하는 것으로 되어 있어 讀遣이 중요한 禮儀임을 알 수 있다. 따라서 公史가 읽는 遣의 규격에 묘주의 신분 등급에 관한 예의 제도가 반영되지 않을 수 없다. 楚墓의 遺策 중 묘장의 규모와 묘주의 신분 및 遺策의 길이가 대응하는 것으로부터 알 수 있다시피 "戰國楚墓遺策: 묘주의 존비를 策의 크기로 한다."[33]라는 규범 아래에는 국가 예제가 있었던 것이다.

睡虎地秦墓竹簡의 「秦律十八種」은 일반적으로 전국시대 秦나라의 법률로 여겨지고 있다.[34] 司空에는 다음과 같이 기록되어 있다.

> 令縣及都官取柳及木楘(柔)可用書者, 方之以書; 毋(無)方者乃用版. 其縣山之多荓者, 以荓纚書; 毋(無)荓者以蒲·藺以枲131荊(繫)之. 各以其檃〈獲〉時多積之. 司空132[35]

秦律은 서사 매체를 선택할 때 版을 사용해야 하는지 方을 사용해야 하는지, 그리고 그 서사 매체를 매는

---

30) 劉國勝, 2005, 「楚遣策制度述略」, 『楚文化研究論集』 第6集, 楚文化研究會 編, 湖北教育出版社.

31) [東漢]鄭玄 注/[唐]賈公彥 疏, 『儀禮注疏』 卷39, 旣夕禮, 阮校, 1980, 앞의 책, p.1154. 標點은 楊天宇, 2004, 『儀禮譯注』, 上海古籍出版社, p.387에 의함.

32) [東漢]鄭玄 注/[唐]賈公彥 疏, 『儀禮注疏』 卷39, 旣夕禮, 阮校, 1980, 앞의 책, p.1154.

33) 胡平生, 2000, 앞의 논문, pp.66-73; 胡平生·馬月華, 2004, 앞의 책, pp.14-18 참조.

34) 睡虎地 秦律의 時代에 관해서는 여러 견해가 있다. 『秦簡牘合集』 編者의 설에 의하면 "睡虎地 11號 秦墓에서 출토한 율령과 「爲吏之道」는 墓主 喜가 秦王政三年 '揄史' 이후에 수집 또는 옮겨 적은 것일 가능성이 크다(陳偉, 2014, 「序言」, 『秦簡牘合集(壹)』, 武漢大學簡帛研究中心 等 編, 武漢大學出版社, p.3)". 「秦律十八種」의 시대에 관한 논쟁은 武漢大學簡帛研究中心 等 編, 2014, 『秦簡牘合集(壹) 上冊』, 武漢大學出版社, pp.41-42 참조.

35) 위의 책, p.120.

끈은 어떤 재질을 사용해야 하는지에 대해서도 명확한 규정이 있다. 따라서 전국시대 각국의 문서 작성에는 제도적 제약이 있었음을 추측할 수 있다.

진나라가 통일을 한 이후 다양한 분야에서 표준화하는 경향이 있었다. 문화 방면에서는 문자와 도량형을 통일하고 표준화하였다. 嶽麓書院藏秦簡「卒令丙」에는 牒의 편련, 署의 서사, 檢의 안치, 심지어 牘의 행수, 너비, 두께에 대한 명확한 규정이 있다. 이를 통해 진나라 시기에 간독 제작 및 서사에 대한 명확한 제도가 있었음을 알 수 있다. 이 제도의 전체 내용에 관해서는 아직 완전히 알 수 없지만 그 치밀함과 엄격함은 짐작할 수 있다. 이 제도가 한나라에 의해 계승되었는지는 현재 판단하기 어렵다. 다만 출토 간독 중 진·한 관문서의 일부 명칭이 유사한 것으로 보아 부분적으로 계승되었을 가능성이 있다고 본다.

劉國鈞은 "전국시대에 著作이 번성했고, 簡策의 사용이 광범위했으며 일정한 제도로 발전하여 秦과 兩漢 시기에도 활용되었다."라고 한다.[36] 전국 시기에 이미 서적 분야의 서사에 관한 제도가 있었고 秦漢이 이를 계승했다고 보고 있다. 하지만 이 점은 아직 증명하기 어렵다. 전국 시기에는 官學이 쇠퇴하고 私學이 번창했으며, 經學이 존중되지 않고 子學이 번창했다. 諸子가 서로 다투어 책을 저술했는데, 이러한 書籍 簡의 길이는 관습에 의한 것일 가능성이 있다. 하지만 반드시 엄격한 제도 규정이 있었다고는 할 수 없다. 근년에 발견된 郭店楚簡, 淸華簡, 上博簡, 安大簡 등 간독의 길이를 보면 "書"류 문헌과 "詩"는 일반적으로 길이가 약 40㎝이며 『老子』 등 子書는 상대적으로 짧다. 이것은 胡平生의 "策의 크기를 書의 尊卑로 한다."라는 설이 전국 시기에도 적용됨을 증명하며, 전국 문헌은 전한 중기 이후의 典籍처럼 2尺4寸, 1尺2寸, 8寸 등 제도를 엄격하게 시행하지 않았다는 것을 보여준다.

馬先醒은 王國維의 '分数倍数' 설을 분석하고 "많은 사람들은 經書를 二尺四寸의 簡에 서사하는데 이것은 周·秦 시기부터 시작되었다. 하지만 근거 자료는 후한 시기의 것이다."[37]라고 하면서 각종 經書와 『孝經』, 『論語』를 서사한 簡이 2尺4寸, 1尺2寸, 8寸이란 것을 기록한 자료는 대부분 전한 중기 이후의 문헌임을 밝혔다. 이 발견은 매우 중요하며 기본적으로 고고학적 발견과 일치한다. 예를 들어 武威 磨嘴子 M6에서 출토한 「儀禮」의 甲種은 평균 길이가 55.5~56㎝이고 丙種은 길이가 56.5㎝인데 陳夢家는 이 길이가 2尺4寸과 부합된다고 보고 있다.[38] 定縣 八角廊『論語』는 길이가 약 16.2㎝로 기본적으로 8寸 제도에 부합한다. 특히 주목할 만한 것은 『漢書』 藝文志의 기록이다.

劉向以中古文校歐陽·大小夏侯三家經文, 「酒誥」脫簡一, 「召誥」脫簡二. 率簡二十五字者, 脫亦二十五字, 簡二十二字者, 脫亦二十二字, 文字異者七百有余, 脫字数十.[39]

36) 劉國鈞, 1962, 앞의 논문, pp.31-36.
37) 馬先醒, 1980a, 앞의 논문, p.101.
38) 陳夢家, 2005, 앞의 논문, p.56.
39) [漢]班固, 1962, 『漢書』 卷30, 藝文誌, 中華書局, p.1706.

이상의 기록으로부터 전한 成帝 中古 시기의 텍스트인 『尙書』의 「酒誥」, 「召誥」 簡의 글자는 기본적으로 25자 또는 22자였음을 알 수 있다. 이 글자수는 오늘날 출토된 2尺4寸 簡의 글자수보다 훨씬 적다. 陳夢家는 武威 「儀禮」簡의 글자수를 집계하여 "甲本 목간 7편의 글자수가 가장 많고, 대부분이 60자이다. … 「泰射」 1편 114간이 가장 엄밀하며, 대부분이 60자이고 59자 또는 61자인 것도 있다. 「少牢」 1편의 첫 41간은 1매당 글자수가 60자보다 약간 많고 70자를 넘지 않는다. 「特牲篇」 41~53편의 13편만이 舊簡을 이용한 것으로 7편 중 다른 부분과 다르다."라고 하며, "武威 「儀禮」는 2尺4寸의 긴 簡을 사용하고 1매당 약 60자를 서사했다. 한나라 시기의 五經은 모두 이에 해당한다."라는 결론을 내렸다.[40] 이로부터 2尺4寸의 簡에는 일반적으로 60자 정도 쓸 수 있으나, 中古 시기의 텍스트인 『尙書』의 길이는 결코 2尺4寸이 아니며 2尺4寸의 절반 길이도 되지 않는다는 것을 알 수 있다. 이는 中古 시기의 텍스트인 『尙書』의 형성 시기에는 經書 2尺4寸의 제도가 없었음을 보여준다. 또한 經書 2尺4寸의 제도 형성은 經學의 지위가 향상된 후에, 특히 表章六經 이후에 형성된 규정이라는 것을 보여준다. 이러한 규정은 큰 영향을 미쳤고, 전한 정부가 經學을 제창한 것을 고려하면 국가 제도 차원에서의 행정 개입의 가능성을 배제할 수 없다.

IV. 簡과 牘의 차이점

1. 簡牘의 명칭

한국과 일본에서 일반적으로 사용하는 木簡과 달리, 중국 학계에서는 魏晉 시기 이전의 대나무와 나무에 글을 쓴 서사 매체를 簡牘이라고 한단. 이는 중국의 簡牘은 나무와 대나무 모두를 사용하기 때문이며, 중국의 전래 문헌에 흔히 "簡牘"이 등장하기 때문이다. 그러나 주의해야 하는 것은 簡牘을 대나무와 목재로 된 서사 매체의 통칭으로 보는 것은 간독을 실제로 사용한 시대의 보편적인 습관이 아니며, 간독이 주요 서사 매체로서 사용된 역사 무대에서 퇴출한 후, 魏晉 시기 특히 당나라 시기의 사람들이 역사를 기록할 때에 형성된 명칭이다.

진한시기 이전에는 주로 竹帛으로 書籍을 지칭했다. 한나라 시기의 簡牘에 관한 기록은 『論衡』의 기록인 "恐其廢失, 著之簡牘"에만 보인다.[41] 簡札은 『急就篇』, 『釋名』, 『後漢書』 黨錮列傳에 보이는데 사용 빈도가 簡牘보다 높다. 晉나라 시기에는 杜預의 『春秋經傳集解』 序에 "諸侯亦各有國史, 大事書之於策, 小事簡牘而已."라는 기록이 남아 있다.[42] 하지만 총적으로 簡牘은 아직 보편적인 용어가 아니었다. 『爾雅』에 보이는 기록 '簡謂之畢'은 郭璞에 의해 '今簡扎也'로 해석되었다.[43] 簡札이 서사 매체의 총칭으로 되어 있는데 남북조 시기

---

40) 陳夢家, 2005, 앞의 논문, p.62·63.

41) [東漢]王充, 『論衡』 卷29, 對作篇, 黃暉, 1990, 『論衡校釋』, 中華書局, p.1183.

42) [西晉]杜預 集解/[唐]孔穎達 正義, 『春秋左傳正義』 卷1, 春秋序, 阮校, 1980, 앞의 책, p.1704.

43) [東晉]郭璞 注/[北宋]邢昺 疏, 『爾雅注疏』 卷5, 釋器, 阮校, 1980, 앞의 책, p.2600. "扎"은 "札"의 訛字일 것이다.

이후에는 簡牘 사용이 점차 늘어난다. 南齊 武帝 永明6년(488) 2월에 沈約이 저술한 『宋書』에 보이는 기록 "竊惟宋氏南麪, 承歷統天, 雖年窮八主, 年減百載, 而兵車亟動, 國道屢屯, 垂文簡牘, 事數繁廣.",[44] 梁나라의 簡文帝 大寶3년(552)에 蕭繹가 侯景을 토벌할 때의 기록 "簡牘屢彰, 彭生之魂未弭."[45]을 보면 簡牘은 모두 史書를 지칭하는 용어로 사용되었다.

梁나라 蕭統이 편찬한 『文選』序에 보이는 기록 "槪見墳籍, 旁出子史, 若斯之流, 又亦繁博, 雖傳之簡牘, 而事異篇章.",[46] 劉勰의 『文心雕龍』書記에 보이는 기록 "書者, 舒也. 舒布其言, 陳之簡牘, 取象於夬, 貴在明決而已.",[47] 顔之推의 『顔氏家訓』에 보이는 기록 "西台陷歿, 簡牘湮散.",[48] 北齊시기의 魏收가 저술한 『魏書』李彪傳에 보이는 기록 "載筆逐寢, 簡牘弗張.",[49] 李元護傳에 보이는 기록 "頗覽文史, 習於簡牘."[50] 등 이러한 기록에 보이는 簡牘은 모두 書籍을 가리킨다.

唐나라 시기 이후에는 簡牘 명칭을 더욱 널리 사용하게 된다. 여러 역사서, 五經 正義·疏등 모두에 簡牘이 사용되고 있다. 『晉書』桓玄傳의 기록 "玄好逞僞辭, 塵穢簡牘",[51] 『史記』張丞相列傳의 張守節 正義에 보이는 '古用簡牘',[52] 『漢書』張良傳의 기록 '出一編書'에 대한 顔師古의 注 "編謂聯次之也. 聯簡牘以爲書, 故雲一編."[53]에 보이는 簡牘은 모두 서사 매체를 가리킨다. 『漢書』高帝紀上의 "歲竟, 此兩家常折券棄責."에 대한 顔師古의 注 "以簡牘爲契券, 旣不征索, 故折毀之, 棄其所負."[54]에 보이는 簡牘은 契券과 같은 특수한 형태의 서사 매체를 가리킨다. 宋나라 시기의 程大昌이 저술한 『演繁錄』에 보이는 "古無紙, 專用簡牘."[55]이라는 기록에는 簡牘과 종이가 동시에 등장한다. 近世에 簡牘이 西北 변경 지역에서 출토된 후, 王國維가 발표한 '簡牘檢署' 설은 영향력이 아주 크다. 이에 의해 중국 학계에 簡牘이란 용어가 나무나 대나무로 된 서사 매체를 통칭하게 되었다.

簡과 牘은 평면이 직사각형으로 된 비교적 잘 다듬어진 나무나 대나무 조각을 말한다. 고대인이 簡과 牘을 위진 시기 이전의 나무나 대나무 재질의 서사 매체를 지칭하는 용어로 택한 것으로부터 簡과 牘은 광범위하게 사용되었다는 것을 알 수 있다. 하지만 簡과 牘이 나무나 대나무 재질의 서사 매체를 지칭하게 된 것은 그 재질의 차이에 중점을 둔 것일까? 아니면 그 너비에 차이를 둔 것일까? 다시 말해서 簡과 牘의 차이점은 재질에 있을까 아니면 형태에 있을까? 이는 심사숙고해야 할 문제이다.

---

44) [梁]沈約, 1974, 『宋書』卷100, 自序, 中華書局, p.2467.

45) [唐]姚思廉, 1973, 『梁書』卷5, 元帝紀, 中華書局, p.123.

46) [梁]蕭統, 1986, 『文選·序』, 上海古籍出版社, p.3.

47) [南朝]劉勰, 『文心雕龍』卷5, 書記, 範文瀾, 1958, 『文心雕龍注』, 人民文學出版社, p.455.

48) [北朝]顔之推, 『顔氏家訓』卷2, 慕賢, 王利器, 1993, 『顔氏家訓集解』, 中華書局, p.133.

49) [北齊]魏收, 1974, 『魏書』卷62, 李彪傳, 中華書局, p.1395.

50) [北齊]魏收, 1974, 『魏書』卷71, 李元護傳, 中華書局, p.1585.

51) [唐]房玄齡, 1974, 『晉書』卷99, 桓玄傳, 中華書局, p.2593.

52) [漢]司馬遷, 1982, 『史記』卷96, 張丞相列傳, 中華書局, p.2678.

53) [漢]班固, 앞의 책, 卷40, 張良傳, p.2024.

54) 위의 책, 卷1上, 高帝紀上, p.2.

55) [北宋]程大昌, 『演繁錄』卷5, 注疏箋傳條 愛如生中國基本古籍庫「淸嘉慶十年虞山張氏照曠閣刻學津討原本」, p.16.

2. 簡과 牘의 차이점과 공통점

簡과 牘은 일반적으로 나무나 대나무 재질의 서사 매체를 가리키는데, 이는 종합적인 개념이며 간독을 사용한 시기에 있어서의 簡과 牘 등 서사 매체를 명확히 구분한 것이 아니다. 하지만 우리는 역사 연구를 할 때에 서사 매체의 종합적인 개념으로 사용된 용어를 구분하려고 하고 있다. 따라서 簡과 牘의 재질과 형태를 이해함에 있어서 여러 문제가 일어나고 있다.

簡과 牘의 차이점에 관해서는 학계에 여러 견해가 있다. 재질이 다르다고 보는 견해가 있는데 이 견해에 의하면 簡은 부수가 竹이기에 재질은 대나무이고, 牘은 木을 절반 쪼갠 글자인 片을 부수로 하기에 재질은 목재이다. 『漢書』 周勃傳에 보이는 기록 "以千金與獄吏, 獄吏乃書牘背示之."에 대한 顔師古의 注를 보면 "牘, 木簡, 以書辭也."[56]라고 기재되어 있고, 『急就章』의 顔師古 注를 보면 "竹簡, 以為書牒也. 札者, 木牒, 亦所以書之也."[57]라고 적혀 있다. 이 두 기록에는 대나무와 나무를 확실히 구별하고 있다. 송나라의 程大昌은 "簡則以竹為之, 牘則以木為之."[58]라고 하고, 청나라 시기의 학자 段玉裁는 "簡, 竹為之; 牘, 木為之."[59]라고 하며, 王國維도 "用竹者曰'冊'……曰簡……用木書者曰'方'……曰'版'……曰牘……竹木通謂之'牒', 亦謂之'札'."[60]이라고 하면서 簡과 牘의 차이를 재질의 차이로 보고 있다. 劉國鈞은 "가장 좁은 牘은 한 줄만 쓸 수 있는데, 이것은 실제로 목재의 簡이다."라고 한다.[61] 馬先醒은 "현재까지 출토한 牘은 한 줄 외에 두 줄도 있다."라고 했다.[62] 劉國鈞, 馬先醒 두 사람은 가장 좁은 牘은 한 줄만 쓸 수 있다고 보고 簡과 牘을 구분하는 것은 행수의 많고 적음이 아니라고 주장하고 있다.

한편 형태로 簡과 牘을 구분해야 한다고 보는 견해도 있다. 細長形이고 글자를 한 줄 또는 두 줄 쓸 수 있는 것은 簡, 폭이 넓고 여러 줄의 글자를 쓸 수 있는 것은 牘으로 보고 있다. 簡은 상대적으로 좁고 牘은 상대적으로 넓다는 것이다. 당나라 시기의 孔穎達은 "簡, 札, 牒, 畢, 同物而異名. 單執一札謂之為簡, 連編諸簡乃名為策."이라고 하면서 '同物'이기에 材質로서 구분하는 것이 아니라고 하며, "簡之所容, 一行字耳. 牘乃方版, 版廣於簡, 可以並容數行. 凡為書, 字有多有少. 一行可盡者, 書之於簡; 數行乃盡者, 書之於方; 方所不容者, 乃書於策."[63]이라고 한다. 簡, 牘, 方, 策의 차이를 재질이 아닌 너비로 보고 있다는 것이다. 勞榦은 居延漢簡을 예로 목재이지만 한 줄 또는 두 줄로 서사한 것은 簡으로 볼 수 있다고 한다.[64] 목재도 簡으로 부르는 것으로 보아 너비로 簡과 牘을 구분하고 있음을 알 수 있다.

---

56) [漢]班固, 앞의 책, 卷40, 周勃傳, p.2056. 顔師古는 "木簡"으로 "牘"을 해석하고 있다. 이외에 卷63 武五子傳에는 "簪筆持牘", 卷92 遊俠傳·原涉에는 "削牘為疏", 卷97下, 外戚傳下·孝成趙皇後에는 "手書對牘背" 등 기록도 보인다(p.2767·p.3716·p.3991).

57) 管振邦, 2009, 『顔注急就篇譯釋』, 南京大學出版社, p.147.

58) [北宋]程大昌, 앞의 책, p.16.

59) [東漢]許慎 著/[清]段玉裁 注, 1981, 『說文解字注』, 上海古籍出版社, p.190.

60) 王國維, 2004, 앞의 논문, pp.2-8.

61) 劉國鈞, 1962, 앞의 논문, pp.31-36.

62) 馬先醒, 1980a, 앞의 논문, p.110.

63) [西晉]杜預 集解/[唐]孔穎達 正義, 1980, 『春秋左傳正義』 卷1, 春秋序, 阮校, 1980, 앞의 책, p.1704.

64) 勞榦, 1957, 앞의 논문, pp.7-8.

이상의 두 관점은 다른 것 같지만 사실은 서로 통하기도 한다. 대나무와 나무는 재질이 다름에 따라 간독으로 만드는 방식도 다르다. 속이 비어 있는 대나무는 서사 재료로 만들 때 "截竹爲筒, 破以爲牒",[65] 즉 대나무를 잘라서 筒을 만들고, 筒을 다시 잘라서 세장형의 簡(牒)을 만들어야 한다. 대나무 통은 둥글고 곡도가 있다. 하지만 글씨를 쓸 때는 평면에 쓰는 것이 좋기에 너비가 넓지 말아야 한다. 한편, 속이 꽉 차있는 나무는 서사 재료로 제작할 때 "斷木爲槧, 析之爲板",[66] 즉 목재를 길이와 두께가 규격에 맞는 판자로 자른 후, 일정한 너비의 나무 조각을 만든다. 이 과정에 있어서 길이, 너비, 두께를 모두 마음대로 설계할 수 있으며 재료에 의한 제약이 없다. 편의상 글자를 많이 쓸 수 있으며 재단 공정이 적은 나무 조각, 즉 너비가 약간 넓은 나무 조각을 만들 수 있다. 따라서 재질 면에서 보았을 때, 簡은 초기에 주로 좁은 대나무 편을 가리켰으며, 재료로 인하여 좁아졌고 주로 글자수가 많은 書籍을 편련하는데 사용했다. 牘(또는 版)은 초기에는 주로 넓은 나무 조각을 가리켰고 각종 행정 문서의 서사에 사용되었다.[67]

簡과 牘을 재질로 구분하는 방법은 전한 시기 이전에는 아마도 보편적이었을 것이다. 현재 출토한 秦律은 牘을 각종 문서의 서사 재료로 사용하도록 규정하고 있으며 簡에 대한 언급은 거의 없다. 서북 지역에서 출토한 수만 매의 한나라 시기 관문서는 기본적으로 목재로 되어 있으며 札, 牒, 檄이 쓰여있어 이러한 명칭으로 自稱했다고 할 수 있지만 簡이라고 자칭하는 사례는 없다. 선진·진한 시기의 주요 서사 매체로 사용된 簡은 전래 문헌에는 많이 등장하며, 한나라 시기에 유행했던 『急就篇』을 보면 '簡札檢署版牘家'와 같이 여러 서사 매체 중 가장 앞에 놓여 있는데, 수만 매에 달하는 秦簡이나 서북 한간에는 전혀 보이지 않는다. 이러한 현상은 우연이 아닐 것이며, 秦簡이나 서북 한간이 주로 목재로 된 문서 간독이고 죽간 서적이 거의 없는 것과 관련이 있을 것이다. 따라서 나무 재질의 문서는 簡이라고 하지 않으며 이는 진나라 시기와 전한 시기의 관례였을 것으로 생각된다. 『詩經·小雅·出車』에 보이는 "豈不懷歸? 畏此簡書" 기록의 簡書는 周나라 시기의 것일 가능성이 있으며 일반적인 행정문서로 볼 수 없다. 「毛傳」의 "簡書, 戒命也. 鄰國有急, 以簡書相告, 則奔命救之."[68]에 보이는 簡書는 西周 시기의 이웃 나라에게 급한 사항을 전하는 戒命을 뜻한다. 이것은 대나무로 된 簡에 서사한 것으로 추정된다.

진한 시기 이후, 문자 서사의 수요가 점점 늘어나면서 각 지역은 실정에 맞게 서사 재료를 택하게 되면서 簡과 牘의 재료 상의 차이가 없어져 갔다. 특히 후한 초기에는 製紙 기술이 개량되어 더 저렴하고 휴대가 편리하며 고품질의 서사 매체인 종이가 역사의 무대에 등장하게 되었다. 종이는 휴대성이 좋아 서적 분야

---

65) [東漢]王充, 앞의 책, 卷12, 量知篇, p.551.

66) 위의 책, 卷12, 量知篇, p.551.

67) 대나무 재료의 서사 매체는 일반적으로 좁다. 하지만 그렇지 않은 경우도 있다. 대나무로 폭이 넓은 "牘"을 제작하면 아치형으로 되기에 서사에 적합하지 않으나 실제로 큰 대나무 서사재료도 존재한다. 절단을 해서 폭이 넓은 면을 만들어 木牘으로서 사용하는 경우도 있다. 예를 들어 鳳凰山 168號墓에서 이러한 竹牘이 출토된 바 있다. 그러나 이는 보편적인 현상이 아니다. 이 竹牘의 앞면은 다섯 줄로 다듬어져 있는데 이것은 표면이 아치형으로 되어 있는 문제를 해결하기 위해서이다. 따라서 竹牘은 개별적인 사례이며 簡·牘에 대한 전반적인 인식에 영향이 없는 것으로 생각한다.

68) [西漢]毛亨 傳/[東漢]鄭玄 箋/[唐]孔穎達 正義, 1980, 『毛詩正義』 卷9-4 出車, 阮校, 1980, 앞의 책, p.416.

에서 신속하게 簡을 교체하게 되었다. 실제로 후한 시기의 문헌 중에는 종이에 서사한 서적이 많은데 이러한 사례가 증명이 되며,[69] 또한 현재 발견된 簡牘의 서적 대부분이 戰國이나 前漢 시기이며, 後漢 시기 이후로는 거의 없다는 사실도 방증으로 볼 수 있다. 이와 달리 문서는 휴대성에 대한 수요가 낮고 문서 행정 제도가 簡牘 제도에 기반을 두고 있으므로 단기간에 변경하기 어렵다. 따라서 행정 문서의 작성 분야에서는 오랫동안 簡牘의 사용을 유지했다. 簡牘이 짧은 시기 내에 서적 서사 매체로서의 기능에서 벗어나게 되면서, 대나무 재질의 簡과 나무 재질의 牘이 서적·문서 서사에 있어서의 분담 역할도 없어졌다. 따라서 후한 사람은 점차 簡과 牘을 재질의 차이로 간주하지 않고 너비로서 구별하게 되었다. 그래서 『論衡』의 "截竹爲簡, 破以爲牒", 『說文』의 "簡, 牒也."와 같은 해석이 생기게 되었다.[70] 부수 '片'이 달린 '牒'으로서 부수 '竹'을 가진 '簡'을 해석하게 된 것이다. 馬先醒은 『爾雅』 釋器의 "簡, 筆也."와 『說文』 竹部의 "簡, 牒也."의 차이에 주목하여 "『爾雅』의 성립 시기는 비교적 이르다. 그때에는 아직 簡을 부수 竹을 가진 筆이라고 하였다. 許愼과 王充은 모두 후한 시기의 사람으로 그때의 簡은 목재가 많았다. 따라서 『說文』은 簡을 牒이라고 했다."[71]고 하며, 許愼과 王充이 簡과 牒의 재질을 혼용하고 있는 것은 그들이 생활한 시대의 영향을 받은 것으로 보고 있다.

3. 간독의 너비에 관한 규정

簡과 牘의 구별에 관한 논의는 진한 시기 사람들의 간독 너비의 규격에 관한 인식과 관련된다. 후한 시기 이후, 사람들은 재질의 차이에 주목하지 않게 된다. 전래 문헌과 출토 문헌에 진나라 시기와 전한 시기의 간독 너비에 의한 명칭이 보여 이에 대해 검토하도록 하겠다.

孔穎達은 "單執一札謂之簡, 連編諸簡乃名爲策."이라고 하는데 이 설은 기본적으로 정확하다. 대나무는 주로 서적 서사에 사용되는데 주로 한 줄로 되어 있는 것을 簡이라고 하고 편련한 것은 冊 또는 策이라고 한다.

문서 목간 중 목재로 된 서사 매체는 그 명칭이 약간 복잡하다. 특수한 용도로 사용되는 廣大札 (EPT59:132)[72] 외에 牒, 札은 주로 글을 한 줄로 쓸 수 있는 작은 나무 조각을 가리키는데 이것으로 帳簿, 疏書 등을 만들었다. 『漢書』 路溫舒傳의 顏師古에 의한 注를 보면 "小簡曰牒"이라고 적혀 있고,[73] 『漢書』 郊

---

69) 예를 들어 『續漢書』 百官誌3 少府條에 "守宮令一人, 六百石. 本注曰, 主御紙筆墨, 及尚書財用諸物及封泥", "(尚書)右丞假署印綬, 及紙筆墨諸財用庫藏"이라는 기록이 보여 皇帝나 尚書가 사용하는 書寫材料에는 모두 종이(紙)가 포함되어 있다는 것을 알 수 있다. 『後漢書』 卷36, 賈逵傳의 "書奏, 帝嘉之, 賜布五百匹, 衣一襲, 令逵自選「公羊」嚴·顏諸生高才者二十人, 教以「左氏」, 與簡紙經傳各一通."(中華書局, 1965年 5月版, p.1239)은 章帝 元和 연간의 기록이다. 이외에 『後漢書』 皇后紀, 『後漢書』 列女傳, 『竇融傳附玄孫章傳』 章懷 注는 馬融의 『與竇伯向書』를 인용하고 『延篤傳』 章懷 注에 인용된 『先賢行狀』에도 관련 기록이 보인다.

70) [漢]許愼 撰/[宋]徐鉉 校定, 1963, 『說文解字』, 中華書局, p.95.

71) 馬先醒, 1980b, 「簡牘釋義」, 『簡牘學報』 第7期, 簡牘學會編輯部 主編, p.1.

72) 肖從禮, 2016, 『居延新簡集釋(五)』, 甘肅文化出版社, p.138.

73) [漢]班固, 앞의 책, 卷51, 路溫舒傳, p.2367.

祀誌上의 顔師古에 의한 注를 보면 "札, 木簡之薄小者."[74]라고 기록되어 있다. 양자의 차이는 진나라 시기와 한나라 초기에 札을 사용하는 경우가 비교적 적고 牒을 위주로 한 것에 있다. 악록진간에 보이는 牒의 용법은 서북 한간의 札과 큰 차이가 없다. 악록진간 185/1737호 간독을 보면 "制曰: 吏上請 乚, 對 乚, 奏者, 皆傳牒牘數. 節(即)不具而卻, 複上者, 令其牒牘毋與前同數. 以為恒. 廷卒乙."[75]과 같이 牒과 牘이 병기되어 있는데, 이것은 모두 흔히 사용되는 문서의 서사 재료일 것이다. 전한 시기 중후기에 이르면 札이 많이 사용되는데 그 용법은 대체로 진간 중의 牒과 동일하다. 문자가 있는 문서를 가리키는 한편, 아무 것도 적혀 있지 않는 미사용 서사 재료를 가리키기도 한다. 하지만 牒은 주로 "如牒"와 같은 문서의 상용 문구에 사용되며 서사가 완료된 帳簿를 가리키는 경우가 많다. 한나라 시기의 札과 牒의 길이는 漢尺 1尺에 해당하는 경우가 많다. 額濟納漢簡에는 아래와 같은 내용이 기록되어 있다.

　　　　三月　錢四百
　　出　　　　　入兩行二百　居攝二年正月壬戌省卒王書付門卒蔡愔
　　　　財用　橛廿三尺札百(오른쪽 상단에 刻齒가 3곳이 있다.)　　　　　　　　99ES17SH1:2[76]

　　이 간독은 財用을 분배하는 기록간인데 尺札, 兩行, 橛이 병기되어 있다. 이 세 종류의 간독은 한나라 시기 서북 지역에서 자주 사용된 서사 매체이다. 札과 牒은 일반적으로 목재를 가리키는데 진한 시기에는 대나무에 문서를 서사한 특수한 경우가 있었다. 이런 대나무의 札을 竹札이라고 부른다. 거연 한간 EPS4T2:128A호 간독에 "竹札歷日"가 보이는데 이것은 대나무에 歷日을 서사한 것이다.[77] 서북 한간 중 대나무로 만든 名籍은 竹札일 가능성이 있다.

　　두 줄로 서사할 수 있는 간독은 서북 한간에서는 兩行으로 불리며 주로 通行 公文을 서사하는 데 사용된다. 兩行과 함께 札도 한대 서북 지역에서 흔히 쓰이는 서사 매체로, 출토된 실물로 보았을 때 폭은 약 2.5㎝이다. 진간에서는 二行牒이라고 불린다(악록진간 120/1848).

　　두 줄 이상의 글자를 쓸 수 있는 것을 牘이라고 한다. 嶽麓秦簡과 懸泉漢簡 모두에 牘이 적혀 있는데 서북한간과 五一廣場 東漢簡에는 櫝으로 쓴 사례가 있다. 비교적 넓은 간독은 版(板)이라고도 한다. 『周禮』 天官·宮伯에 "宮伯掌王宮之士庶子, 凡在版者."라고 기록되어 있는데, 孫怡讓은 『論衡』의 "析之為板"이란 기록을 참고로 "版即牘之未甚刮削者"[78]라는 설을 제기했다. 앞서 소개한 睡虎地 진간 「秦律十八種·司空」의 "取柳及木柔可用書者"에 보이는 方과 版의 제작 규격, 그리고 한간에 자주 보이는 1丈, 8尺, 7尺, 6尺 板의 기록으로부터 板은 주로 판재를 가리키고 여러 용도로 사용되며 서사 매체로 사용되는 것은 그중 하나의 기능임을

---

74) [漢]班固, 앞의 책, 卷25上, 郊祀誌 上, p.1227.
75) 陳松長 主編, 2017, 『嶽麓書院藏秦簡(五)』, 上海辭書出版社, p.129.
76) 額濟納漢簡研讀班, 2007, 「額濟納漢簡釋文校正」, 『額濟納漢簡釋文校本』, 孫家洲 主編, 文物出版社, p.19.
77) 張德芳, 2016, 『居延新簡集釋(七)』, 甘肅文化出版社, pp.712-713.
78) [清]孫怡讓, 1987, 『周禮正義』 卷7, 中華書局, p.229.

알 수 있다. 판재로 제작한 비교적 넓은 간독을 板(版)이라고도 한다. 한나라 시기의 중앙 정부가 거연·돈황 지역에 하달한 명령은 "中御府板詔令第卌四"(73EJT31:142)[79], "丞相板詔令第五十三"(73EJC:590),[80] "大司農版詔令"(Ⅰ91DXT0309③: 281)[81]이라고 하며 "北邊板急令備塞法"(玉門關漢簡Ⅱ98DYT5:39)[82]으로 칭하는 사례도 있다. 이 '令'은 비교적 넓고 긴 간독에 쓴 명령을 가리키는 것으로 생각된다. 흔히 보이는 板檄도 板과 일정한 관계가 있는 것으로 보인다.

일반 版牘보다 넓고 많은 글을 쓸 수 있는 간독은 문헌에 기록된 方이다. 『儀禮』 旣夕禮에는 "書賵于方, 若九, 若七, 若五."라고 적혀 있고, 鄭玄注에는 "方, 板也. 每板若九行, 若七行, 若五行."[83]이라고 적혀 있다. 鄭玄은 板으로 方을 해석하고 있는데 이것은 板(版)과 方의 차이를 무시한 것이다. 앞서 소개한 睡虎地 秦簡 「秦律十八種·司空」을 보면 "毋(无)方者乃用版"이란 기록이 있어 당시의 方과 版은 명확히 구분되었다는 것을 알 수 있다. 악록진간의 秦令에는 牘의 크기와 행수에 관한 상세한 규정이 기록되어 있다.

> 用牘者, 一牘毋過五行, 五行者, 牘廣一寸九分寸八, 115/1718 四行者, 牘廣一寸泰半寸, ·三行者, 牘廣一寸半寸. ·皆謹調護〈護〉好浮書之, 尺二寸牘一行毋過廿六字. ·尺116/1729牘一行毋過廿二字. 117/1731
>
> 不從令及牘廣不中過十分寸一, 皆貲二甲. 119/1814請: 自今以來, 諸縣官上对, 請書者, 牘厚毋下十分寸一∟, 二行牒厚毋下十五分寸一, 厚過程者, 毋得各過120/1848其厚之半. 为程, 牘牒各一∟. 不從令者, 貲一甲∟. 御史上議: 御牘尺二寸∟, 官券牒尺六寸. ·制曰: 更尺一寸牘121/1852牒. ·卒令丙四122/1702[84]

"用牘者, 一牘毋過五行, 五行者, 牘廣一寸九分寸八."이라는 규정이 보이기에 牘보다 넓은 方은 행수가 다섯 줄을 초과할 것이며 너비도 '一寸九分寸八'을 초과할 것이다. 五行 즉 다섯 줄을 方의 행수의 하한선으로 삼는 것은 『儀禮』 旣夕禮에 보이는 "書賵于方, 若九, 若七, 若五." 기록과도 일치하여 이 제도가 진나라 시기뿐만 아니라 더 오래전부터 있었음을 알 수 있다. 『卒令丙』에 보이는 牘의 너비에 관한 규정은 五行, 四行, 三行에 대한 것으로 二行에 대한 규정은 보이지 않는다. 진나라 시기에 牘과 二行牒은 구분되어 있었던 것이다. 진나라 시기의 二行牒은 한나라 시기의 兩行에 해당한다. 한나라 시기의 兩行은 札과 같으나 진나라 시기에는 이것을 二行牒이라고 하기에 진나라의 牒은 한나라의 札과 같다고도 할 수 있다. 이상으로부터 진나라 시기의 문서 서사에 있어서 한 줄로 되어 있는 것은 牒, 두 줄로 되어 있는 것은 二行牒이라고 하며 세

---

79) 甘肅簡牘博物館 等 編, 2013, 『肩水金關漢簡(叁) 中冊 』, 中西書局, p.228.

80) 위의 책, p.240.

81) 甘肅簡牘博物館 等 編, 2020, 『懸泉漢簡(貳)』, 中西書局, p.403.

82) 張德芳·石明秀 主編, 2019, 『玉門關漢簡』, 中西書局, p.180.

83) [東漢]鄭玄 注/[唐]賈公彦 疏, 1980, 『儀禮注疏』卷39, 旣夕禮, 阮校, 1980, 앞의 책, p.1153.

84) 陳松長 主編, 2017, 앞의 책, p.106·107.

줄에서 다섯 줄 쓰여 있는 것은 牘이라고 하고 다섯 줄 이상은 方이라고 했다는 것을 알 수 있다. 한나라 시기에 들어서서는 한 줄은 札, 두 줄은 兩行, 세 줄 이상은 牘 또는 板(版)이라고 했다.

이상, 근대 이래의 簡牘에 관한 제도와 簡과 牘의 차이에 대해 논술했다. 관문서 간독의 실물에는 흔히 보이는 형태인 簡과 牘 외에 특수한 형태도 있다. 檢, 楬, 觚, 檄, 傳, 符 등과 같은 비교적 특수한 형태의 간독은 대부분 구체적인 용도와 사용 방식이 있다. 이러한 특수한 형태의 관문서 간독에 관해서는 학계에서도 비교적 많은 학문적 성과가 있다. 본고에서는 지면 제한 관계로 이러한 간독에 관한 연구사와 사용 방식 및 형태적 특성에 대한 전면적인 논술은 생략하도록 하겠다. 아래에는 20세기 이래의 간독의 관문서 형태 연구에서 얻은 주요 성과 및 문제에 대하여 소개하도록 하겠다.

V. 20세기 이래의 간독 문서 형태에 관한 주요 연구성과

20세기 이래, 약 60000매의 서북 관문서 간독이 출토되었다. 그 내용은 한나라 시기의 敦煌郡, 張掖郡 居延·肩水 都尉府 등 변경 지역의 행정 운영과 관련된 것으로 한나라 시기의 국가 통치를 연구하는 중요한 자료로 된다. 이러한 간독의 형태는 출토 초기부터 학계의 주목을 받았다. 王國維가 1912년과 1914년에 쓴 「簡牘檢署考」과 『流沙墜簡』「屯戍叢殘考釋」에는 檢·檄 등 형태에 대해 논술되어 있는데 그 영향은 아주 크다. 그후에 居延과 懸泉 漢簡, 里耶秦簡, 走馬樓吳簡, 五一廣場 東漢簡 등 자료가 출토됨에 따라 관문서 간독 형태 또는 그 명칭에 대한 연구는 현저한 성과를 거두었다. 간단히 요약하면 주로 다음 네 가지로 나눌 수 있다.

첫 번째, 간독의 작성, 형태 및 편련에 대한 포괄적인 연구와 간독의 작성 및 사용 규범에 대한 연구 성과가 풍부하다. 간독은 문화재로서의 속성을 갖고 있기에 그 형태와 제작 방식도 주목받게 된다. 勞榦은 『居延漢簡·考證之部』의 「簡牘之製」, 「公文形式與一般製度」라는 제목의 글에서 封檢 형식, 檢署와 露布(포고문), 版書, 符券, 契據(계약증서), 간독 편련 제도, 詔書 등에 대해 전면적으로 검토했다. 1959년에 출토한 武威 磨嘴子 漢簡에 대해서는 陳夢家의 「由實物所見漢代簡冊製度」에 재료, 길이, 가공, 편련 등의 관점에서 간독 제도를 정리하였다. 그후, 馬先醒의 「簡牘通考·質材形製考」(1976, 『簡牘學報』 第4期), 「簡牘形製」, 「簡牘學要義·簡牘形製」, 駢宇騫의 「簡帛文獻概述」, 程鵬萬의 「簡牘帛書格式研究」 등의 논저도 간독 형태에 관해 체계적인 분류를 하였다. 최근에는 侯旭東의 「西北所出漢代帳簿冊書簡的排列與複原」, 馬智全의 「從簡冊編繩看漢簡冊書編聯制度」 등의 글이 새롭게 발견된 편철 간독에 대해 깊이 있는 검토를 하였다.[85] 馬怡의 「扁書試探」에서는 간독의 편련 방식을 분석하고 공고 역할을 한 扁書와 보통 편련 간독의 차이점에 대해 논술했다.[86] 王國維에 의해 '倍數分數說'이 제기된 이후로 간독의 길이에 규격이 있는지에 대해서는 간독 형태 연

---

85) 侯旭東, 2014, 「西北所出漢代簿籍冊書簡的排列與複原」, 『史學集刊』 2014年第1期; 馬智全, 2020, 「從簡冊編繩看漢簡冊書編聯制度」, 『簡帛研究二〇一九 秋冬卷』, 廣西師範大學出版社.

구에 있어서 중요한 화두가 되었다. 陳夢家는 居延·武威 漢簡으로서 王國維의 설을 계승했다. 馬先醒, 劉洪石 등의 학자는 王國維의 설에 대해 의문시하기 시작했으며, 간독의 길이에 규격이 있는지에 대해 회의를 가지게 되었다. 李學勤은 발전적인 관점에서 간독의 길이를 논해야 한다고 제기하고 한나라 시기 초기에는 체계적인 규격이 없다고 하였다. 胡平生은 「簡牘制度新考」에서 100년동안 이어진 간독의 길이 규격에 관한 연구 성과를 정리하고 간독을 종류별로 나누어서 성격, 시대에 따라 분류를 해야 한다고 제기했다. 또한 "策의 크기를 書의 尊卑로 한다."라는 관점을 제시하고 이에 관한 연구를 크게 추진시켰다.[87] 이에 관한 구체적인 성과는 본문의 제2장에서 논술하였기에 더 이상 언급하지 않겠다.

두 번째, 檢, 楬, 檄, 傳, 符, 券과 같은 특수한 형태의 간독에 대한 관심이 지속되고 있다. 檢은 封檢이라고도 부르며, 간독의 특수한 형태 중 가장 먼저 학계의 주목을 받았고 연구도 가장 많다. 王國維는 전래 문헌 중에서도 특히 역대 封禪에 사용된 玉檢, 玉牒, 石函 封緘 방식에 대한 기록에 주목하여 스타인이 尼雅 유적에서 발견한 카로스티 문자의 封檢 실물과 비교하면서 封檢의 형태, 기능, 사용 방식에 대한 상세한 연구를 진행하여 근대 封檢 연구의 시작을 열었다.[88] 그후 王獻唐, 原田淑人, 勞榦, 侯燦, 永田英正, 李均明, 大庭脩, 孫慰祖, 汪桂海 등의 학자들이 封檢 사용 방식에 대해 심도 있는 논술을 했는데, 주로 檢의 분류와 형태의 변화, 題署, 봉함 사용 방식 등에 대해 주목했다.[89] 논쟁의 초점은 封泥槽가 없는 平板檢(이를 函封으로 칭하는 연구자도 있다)을 어떻게 인식하느냐에 관해서인데, 특히 이 平板檢이 단독으로 사용되었는지 아니면 封泥匣 또는 封檢과 함께 사용되었는지, 일반적인 사용 방법인지 아니면 書囊에 사용했는지를 놓고 격론이 벌어졌다. 里耶 진간 출토 후, 서북 한간의 平板檢과 형태가 유사하지만(封泥槽가 없음), 사용 방식이 반드시 일치하지 않는 밑부분을 뾰족하게 깎은 題署 木板이 발견되었다. 이러한 題署 木板의 출토는 封檢과 封緘 방식에 대한 학계의 논의를 더욱 격화시켰다.[90] 그후에 五一廣場 東漢簡 등의 자료가 공개되면서 封檢에 대한

---

86) 馬怡, 2006, 「扁書試探」, 『簡帛』 第1輯, 上海古籍出版社.

87) 앞서 서술한 陳夢家·馬先醒·胡平生의 설에 대해서는 앞의 글 참조(劉洪, 1999, 「從東海尹灣漢墓新出土簡牘看我國古代書籍制度」, 『尹灣漢簡綜論』, 連雲港市博物館·中國文物研究所 編, 科學出版社).

88) 王國維, 2004, 앞의 논문, pp.75-106.

89) 王獻唐, 1963, 『臨淄封泥文字敘目』, 山東省立圖書館; [日]原田淑人, 1936, 「關於中國古代簡牘的編綴法」, 『東方學報』 6; 勞榦, 1960, 「居延漢簡考證」, 『居延漢簡·考釋之部』, 中研院歷史語言研究所專刊之四十; 侯燦, 1989, 「勞榦〈居延漢簡考釋·簡牘之製〉平議」, 『秦漢簡牘論文集』, 甘肅省文物考古研究所 編, 甘肅人民出版社, pp.256-284; [日]永田英正, 1996, 「書契」, 『漢代の文物』, 林已奈夫 編, 朋友書店; 李均明, 1990, 「封檢題署略考」, 『文物』 1990年第10期; [日]大庭脩 著/徐世虹 譯, 2001, 『漢簡研究·再論檢』, 廣西師範大學出版社, pp.176-204; 孫慰祖, 2002, 『封泥, 發現與研究』, 上海書店出版社; 汪桂海, 1999, 『漢代官文書制度』, 廣西教育出版社 참조.

90) 張春龍, 2009, 「里耶一號井的封檢和束」, 『湖南考古專輯』 第8集, 嶽麓書社; 陳偉, 2013, 「關於秦文書制度的幾個問題」, 『中國新出資料學的展開, 第四回日中學者中國古代史論壇論文集, 汲古書院(수정본은 陳偉等 著, 2017, 『秦簡牘整理與研究』, 經濟科學出版社, pp.12-18에 수록); [日]冨谷至 著/劉恒武·孔李波 譯, 2013, 『文書行政的漢帝國』, 江蘇人民出版社; [日]青木俊介, 2014, 「封檢の形態發展―「平板檢」の使用方法の考察から―」, 『文獻と遺物の境界II』, 東京外國語大學; 姚磊, 2015, 「〈里耶秦簡[壹]〉所見 "檢"初探」, http://www.bsm.org.cn/show_article.php?id=2407; 李超, 2019, 「秦封泥與封檢制度」, 『考古與文物』 2019年第4期; 吳方基, 2019, 「里耶秦簡 "檢"與 "署"」, 『考古學集刊』 第22集, 社會科學文獻出版社; 程帆娟, 2020, 「秦漢文書檢研究」, 西北師範大學 碩士學位論文.

연구가 더욱 진전되었고, 謝雅妍의「從長沙出土東漢簡牘看"封檢"類文書的形製與轉變」과 같은 보다 거시적인 시야를 가진 논저들이 등장하였다.[91]

檄과 檢, 觚는 그 형태에 유사성이 있다. 王國維는 이를 '露布不封之書'라고 칭하고 있다.[92] 勞榦은 이들의 '不封緘', '用觚爲之', '有封泥' 등 특성에 주목하여 露布라고 부르고 있다.[93] 傅振倫은 檄은 보고나 통보에 쓰이는 공문이라고 하였다.[94] 薛英群은 한나라 문서 중 檄과 札이 병기된 사례가 있는 점, 觚와 형태가 비슷한 점에 주목하여 그 형태에는 의미가 있다고 했다. 그리고 이를 板檄, 合檄, 觚書 檄文으로 분류했다.[95] 李均明은 檄을 통용되는 문서 양식의 하나로 보고 문장이 급박하고 논리가 투철하여 권고, 훈계, 경고의 효과가 있다고 주장했다.[96] 大庭脩는 漢簡의 문서 형태로부터 편철간을 복원하고 檄書와 檢, 符, 致의 형태 특징에 대해 검토했다.[97] 이외에 樓祖詒, 連劭名, 魯惟一, 角谷常子, 鷹取祐司도 檄에 대한 전문적인 검토를 한 바가 있다.[98] 특히 藤田勝久의「漢代檄的傳遞方法及其功能」, 冨谷至의「檄書考」는 檄이 서사 재료와 문서 양면의 성격을 갖고 있다는 점에 주목하여 露布의 특성에 대해 지적했다.[99] 陳直, 於豪亮, 鄔文玲, 何佳, 黃樸華는 合檄에 관한 연구를 추진시켰다.[100]

檢, 檄, 觚이 모두 간독의 自稱인 것과 달리, 楬은 아직 출토 문헌에서 확인할 수 없다. 오늘날의 간독학계에서는 관습적으로 꼬리표 간독을 楬이라고 부르고 있는데, 이는 일본과 한국 학계의 하찰목간·부찰목간과 유사하다.[101]『周禮』秋官·職金의 "辨其物之微惡, 與其數量, 楬而璽之"에 대하여 鄭玄은 "今時之書有所表識, 謂之楬櫫"[102]로 해석하고 있는데, 아마도 이 기록이 오늘날에 楬을 꼬리표 간독 명칭으로 한 기원일 것이다. 출토된 실물과 鄭玄의 주석을 비교한 것은 王國維에 의한 것이다. 그의『流沙墜簡·屯戍叢殘·器物類』

91) 謝雅妍, 2019,「從長沙出土東漢簡牘看"封檢"類文書的形製與轉變」,『東漢的法律·行政與社會, 長沙五一廣場東漢簡牘探索』, 黎明釗·馬增榮·唐俊峰 編, 三聯書店(香港)有限公司.

92) 羅振玉·王國維 編著, 1993,『流沙墜簡』, 中華書局, p.111.

93) 勞榦, 1960, 앞의 논문, p.3.

94) 傅振倫, 1982,「東漢建武塞上烽火品約考釋」,『考古與文物』1982年第2期.

95) 薛英群, 1991, 앞의 책, pp.180-181.

96) 李均明·劉軍, 1996,『簡牘文書學』, 廣西敎育出版社, p.260.

97) [日]大庭脩 著/徐世虹 譯, 2001,『漢簡硏究·檄書的複原』, 廣西師範大學出版社, pp.91-104.

98) 樓祖詒, 1963,「漢簡郵驛資料釋例」,『文史』第3輯, 中華書局, p.138; [英]魯惟一, 1983,「漢代的一些軍事文書」,『簡牘硏究譯叢 第1輯』, 中國社會科學院歷史硏究所戰國秦漢史硏究室 編, 中國社會科學出版社; 連劭名, 1989,「西域木簡中的記與檄」,『文物春秋』1989年第1期; [日]角谷常子, 2010,「中國古代下達文書的書式」,『簡帛硏究 二〇〇七』, 廣西師範大學出版社; [日]鷹取祐司, 2015,『秦漢官文書の基礎的硏究·漢代官文書の種別と書式』, 汲古書院.

99) [日]藤田勝久, 2012,「漢代檄的傳遞方法及其功能」,『甘肅省第二屆簡牘學國際學術硏討會論文集』, 張德芳 編, 上海古籍出版社; [日]冨谷至 著/劉恒武·孔李波 譯, 2013, 앞의 책.

100) 陳直, 1986,「居延漢簡解要」,『居延漢簡硏究』, 天津古籍出版社; 於豪亮, 1985,「居延漢簡釋叢」,『於豪亮學術文存』, 中國社會科學院歷史硏究所戰國秦漢史硏究室 編, 中華書局, pp.180‐181; 鄔文玲, 2010,「"合檄"試探」,『簡帛硏究 二〇〇八』, 卜憲群·楊振紅 編, 廣西師範大學出版社; 何佳·黃樸華, 2013,「東漢簡"合檄"封緘方式試探」,『齊魯學刊』2013年第4期.

101) 賈麗英, 2022,「韓國附札木簡與中國簡牘的變遷」,『中國社會科學報』.

102) [東漢]鄭玄 注/[唐]賈公彦 疏, 1980,『周禮注疏』卷36, 阮校, 1980, 앞의 책, p.881.

에는 81매에 달하는 한간이 수록되어 있는데 현재의 기준으로 보았을 때 楬에 속하는 것은 13매이다. 그의 게재 번호로 말하자면 3, 5, 6, 13, 15, 16, 17, 18, 19, 22, 23, 33, 43의 13매가 이에 해당한다. 하지만 王國維는 3, 5번의 두 간독은 簿之本制이며 그 기능은『左傳』의 杜預 注에 기재되어 있는 班 또는 玉笏과 동일하다고 하면서 구멍을 뚫은 것은 같은 종류의 간독을 편련하기 위해서라고 추정했다.[103] 하지만 이 판단은 잘못된 것이다. 6번 간독에 관해서 그는 "簡의 형태가 5번 간독과 유사하지만 그보다 작고 구멍이 뚫려 있다."라고 하면서 아래와 같은 지적을 하고 있다.

> 弩에 매단 것으로 추정된다. 『周禮』典絲에는 "以其賈楬之."라고 기록되어 있고「職金」의 "楬而璽之"에 대한 鄭玄 注에는 "楬書其數量以箸其物也. 今時之書有所表識, 謂之楬櫫."라고 적혀 있고『廣雅』에는 "楬櫫杙也."라고 적혀 있다. 이러한 簡은 끈으로 묶는 것이며 땅에 박는 말뚝(杙)이 아니다. 하지만 끈이든 말뚝이든 모두 그것을 表識하는 것이다. 아래의 13, 15, 16, 17, 18, 22, 23, 7번 간독은 모두 동일하다.[104]

이 추정은 같이 묶은 간독의 특수한 형태와 서사된 문자의 내용에 의한 것으로 탁견이라고 할 수 있다. 이외에 王國維는 19, 23, 43번 간독은 상기 간독의 행렬에 넣지 않았지만 출토 지점을 소개할 때 木楬이라고 했다.[105] 따라서 13매의 간독 중, 王國維가 楬이라고 한 것은 11매이며 3, 5번의 두 간독은 그 형태가 楬과 유사하다는 점을 인증하는 한편 簿라는 글자가 쓰여 있어 簿之本制로 잘못 이해했다. 그것은 초기의 연구자들은 楬을 병기 등 실물에 매단 것으로만 이해하고, 문서 帳簿를 바구니나 상자에 넣어서 楬을 매단다는 사실을 몰랐기 때문이다. 하지만 11매의 楬로 인증한 사례만으로도 王國維가 楬의 기능이나 형태에 대해 잘 파악하고 있었다는 것을 알 수 있다. 그의 이 연구는 그후의 楬에 관한 연구의 토대로 되었다.

그후에 陳直는『廣雅』釋室의 "楬, 杙也"에 의하여 楬은 곧고 짧은 나무라고 하며 楬을 꼬리표와 연계시키지 않았다.[106] 範祥雍은 王國維의 설을 계승하여 "簡册은 종종 木版을 끈으로 매다는 경우가 있다. 거기에 글을 적은 것이 楬 또는 楬櫫인데 이것으로 器物을 標識한다"라고 했다.[107] 林劍鳴은 楬을 오늘날의 꼬리표에 해당하는 것으로 보고 "어떤 물품의 종류, 명칭을 적어서 그 위에 올려놓았다."고 하며 馬王堆 1호묘 출토유물 중 부장품의 명칭을 표시한 죽간, "두 조각을 합쳐서 사용하고 윗부분에는 그물 모양의 무늬가 있으

---

103) 羅振玉·王國維 編著, 1993, 앞의 책, pp.171-172. 도판은 pp.44-49.

104) 위의 책, p.172.

105) 위의 책, p.175·177·183.

106) 陳直, 1986, 앞의 논문, p.306.

107) 範祥雍, 1980,「略論古竹木簡書的書法」,『書法硏究』第三輯,『書法』編輯部 編, p.27. 範祥雍은『流沙墜簡』의 圖錄 卷二十二下「稾矢」簡을 楬의 實例로 보고 있다. 하지만 이 도록의 대부분 도판은 모두 오늘날 楬이라고 하는 것이지만 판독문에 "稾(藁)矢"라고 적혀 있는 간독(王國維 일련번호 "器物類"20)만은 封泥槽가 있어 王國維가 말하는 楬에 해당하지 않는다(羅振玉·王國維 編著, 1993, 앞의 책, p.46 참조).

며", "표면에 爐名과 賬簿를 적은" 簡은 모두 楬이라고 하였다.[108] 형태가 楬과 같지만 표면에 賬簿가 적힌 간독도 楬로 보고 있는데, 이 연구는 楬을 文書楬과 實物楬로 분류하는 연구의 효시로 되었다. 그후에 李均明, 劉軍, 駢宇騫, 段書安 등의 연구자는 각종 楬의 형태 특징과 사용 방식 및 변경의 물자를 관리함에 있어서의 역할을 분석하여 이에 관한 연구를 추진시켰다.[109]

신세기에 들어서서 里耶 진간, 五一廣場 東漢簡, 海昏侯墓 간독이 출토한 후, 楬에 대한 연구는 더욱 심화되었다. 恩子健은 「海昏侯墓"第廿"木楬釋文補正——兼談簽牌的性質」에서 長沙國 漁陽墓의 명세서와 같은 木楬을 비교함으로써 海昏侯墓 정리자가 遣册으로 분류한 꼬리표는 어느 정도 꼬리표의 기능을 넘어 장부의 용도를 갖고 있다는 설을 제기했다.[110] 이는 楬의 용도에 관한 연구에 새로운 방향성을 제공했다. 董飛은 「里耶秦簡"笥牌"讀札」에서 里耶 진간 중 문서를 넣은 바구니(笥)에 매달린 楬을 笥牌라고 칭하고 '具此中'과 '已事'가 적힌 笥牌의 수납 및 보관 용도에 대해 논의하고 文書楬에 관한 연구를 추진시켰다.[111] 韓藝娜의 「〈周禮〉中的楬文書」는 楬의 재산 통계 문서 형성, 그리고 그후의 검증·대조 단계에서의 역할에 대해 논의하고 楬과 檢, 題의 관계성에 대해 검토했다.[112]

符와 傳은 서로 다른 형태의 통관 문서이다. 勞榦, 陳槃, 傅振倫, 陳直, 何智霖, 薛英群, 李均明, 徐樂堯, 程喜霖, 汪桂海, 楊建, 黃艷萍, 伊藤瞳, 冨谷至, 藤田勝久, 楊振紅, 郭偉濤 등의 학자와 필자는 符·傳의 고찰을 통해 漢代의 通關 제도에 관한 연구를 추진시켰다.[113] 鷹取祐司는 『秦漢官文書の基礎的研究·漢代官文書の種

108) 林劍鳴 編譯, 1984, 앞의 책, pp.45-46. 林劍鳴은 楬을 2매의 간독이 합쳐서 사용된 것이라고 하는데 이는 이런 간독의 경우 앞뒤 양면에 글자가 쓰여 있으나 앞뒷면이라는 것을 밝히지 않아서 생긴 오해일 것이다.

109) 李均明·劉軍, 1996, 앞의 책; 駢宇騫·段書安, 2006, 앞의 책; 李均明, 2020, 「漢簡所見木楬與封檢在物資管理中的作用」, 『出土文獻研究』 第19輯, 中國文化研究院 編, 中西書局.

110) 恩子健, 2021, 「海昏侯墓"第廿"木楬釋文補正——兼談簽牌的性質」, 『秦漢研究』 第15輯, 徐衛民·王永飛 主編, 西北大學出版社, pp.1-7.

111) 董飛, 2020, 「里耶秦簡"笥牌"讀札」, 『寶雞文理學院學報(社會科學版)』 2020年第6期, pp.22-27.

112) 韓藝娜, 2017, 「〈周禮〉中的楬文書」, 『通化師範學院學報(人文社會科學)』 2017年第5期, pp.133-138.

113) 勞榦, 1960, 앞의 논문, pp.3-5; 陳槃, 2009, 「漢晉遺簡偶述」"符傳"條·「漢晉遺簡偶述之續」"漢符傳六寸本古製"條, 『漢晉遺簡識小七種』, 上海古籍出版社, pp.42-43·81; 傅振倫, 1980, 「西漢始元七年出入六寸符」, 『文史』 第10輯, 中華書局; 陳直, 1986, 「居延漢簡綜論·漢晉過所通考·符傳通考」, 『居延漢簡研究』, 天津古籍出版社, pp.35-43; 何智霖, 1980, 「符傳述略——簡牘制度舉隅」, 『簡牘學報』 第7期, pp.283-292; 薛英群, 1983, 「漢代符信考述(上)(下)」, 『西北史地』 1983年第3·4期; 薛英群, 1983, 「漢代的符與傳」, 『中國史研究』 1983年第4期; 李均明, 2012, 「漢簡所見出入符·傳與出入名籍」, 『文史』 第19輯, 中華書局, pp.27-35; 徐樂堯, 1984, 「漢簡所見信符辨析」, 『敦煌學輯刊』 1984年第2期; 程喜霖, 2000, 『唐代過所研究』, 中華書局, pp.7-11; 汪桂海, 2002, 「漢符餘論」, 『簡牘學研究』 第3輯, 甘肅人民出版社, pp.295-300; 楊建, 2010, 『西漢初期津關制度研究, 附〈津關令〉簡釋』, 上海古籍出版社; 黃艷萍, 2015, 「漢代邊境的家屬出入符研究——以西北漢簡爲例」, 『理論月刊』 2015年第1期; [日]大庭脩 著/徐世虹 譯, 1989, 「漢代的符和致」, 『中國史研究』 1989年第3期(2001, 『漢簡研究』, 廣西師範大學出版社, pp.134-149에 재수록); [日]大庭脩 著/林劍鳴 等 譯, 2017, 『秦漢法製史研究』, 中西書局, pp.496-499; [日]伊藤瞳, 2012, 「漢代符の形態と機能」, 『史泉』 第116號, pp.1-17; [日]冨谷至 著/劉恒武·孔李波 譯, 2013, 앞의 책, pp.253-257; [日]藤田勝久, 2014, 「肩水金關漢簡與漢代交通——傳與符之用途」, 『金塔居延遺址與絲綢之路歷史文化研究會會議論文集』, 中共金塔縣委·金塔縣人民政府·酒泉市文物管理局·甘肅簡牘博物館·甘肅敦煌學會 編, 甘肅教育出版社, pp.606-614; 楊振紅, 2019, 「秦漢時期"符"的尺寸及其演變——兼論嶽麓秦簡肆〈奔警律〉的年代」, 『簡帛研究二〇一八 秋冬卷』, 中國社會科學院簡帛研究中心 等 編, 廣西師範大學出版社; [日]鷹取

別と書式」이란 책에서 符를 쪼개는 符와 쪼개지 못하는 符로 나누고 傳을 도중에 개봉하지 않는 傳과 반복적으로 개봉하는 傳으로 분류하여 符·傳의 형태에 관한 연구를 발전시켰다.[114] 胡平生, 籾山明, 邢義田 등의 학자는 出入券 刻齒의 구체적인 형태와 그 의의를 분석함으로써 漢代의 물자 관리 연구를 심화시켰다.[115] 張俊民의 「懸泉漢簡刻齒文書槪說」은 懸泉 漢簡에 보이는 물품 출입, 田畝, 馬匹, 계약 관련 각종 刻齒를 전면적으로 분석한 글인데, 여기서는 새롭게 발견한 過書刺 刻齒에 주목하여 관련 분야의 연구를 깊이 있게 하였다.[116] 李均明의 「簡牘缺口與印信」에서는 '以印爲信' 간독의 특수한 형태에 주목하여 그전에 학계에서 주목하지 못했던 缺口 간독에 대해 논의했다.[117]

세 번째, 간독 형태와 관문서의 분류에 관한 연구가 학계의 주목을 받고 있다. 문서 분류는 문서 제도의 기본 내용이 된다. 勞榦의 「居延漢簡·釋文之部」는 文書를 書檄, 封檢, 符券, 刑訟으로 분류하고 간독 형태로서 문서를 분류하는 방법을 개척했다. 何雙全의 「居延漢簡硏究」는 관문서의 분류에 簡牘形式이란 항목을 넣어 7000여매에 달하는 甲渠候官에서 출토한 居延新簡을 4類 7種으로 분류했는데 이는 簡, 牘, 觚, 檢, 緘, 簽, 籌 등 형태가 지닌 의미와 길이에 대한 전문적인 연구로 자료성이 강하다.[118] 李均明·劉軍의 「簡牘文書學」, 李均明의 「秦漢簡牘文書分類輯解」, 汪桂海의 「漢代官文書制度」는 모두 간독 관문서의 분류를 중요시하고 내용을 주요 분류 기준으로 하는 동시에 檢, 楬, 符, 券, 檄, 傳 등 특수 형태가 지니고 있는 文書學적 의의를 논했다. 李天虹의 「居延漢簡帳簿分類硏究」는 주로 帳簿簡을 분류한 것이지만 出入券齒, 楬, 符, 傳, 致 등 通關 문서의 형태에 대해서도 논술했다.

네 번째, 간독 형태에 주목하여 漢代의 행정 운용을 검토하는 것은 간독 형태에 관한 연구가 발전해 나갈 연구 방향이다. 간독 형태는 관문서의 기능과 사용 연구에 도움이 된다. 최근에 간독의 사용 방식으로부터 기층의 행정 운영 규칙을 탐색하는 좋은 연구성과가 나오고 있다. 張德芳의 「懸泉漢簡中的'傳信簡'考述」은 懸泉 漢簡 중 公務에 사용된 傳의 형태, 분류, 사용에 관하여 전면적인 연구를 한 것이다.[119] 侯旭東의 「西北漢簡所見'傳信'與'傳'」은 公務에 사용된 傳의 정리를 통하여 황제가 국가 통치를 함에 있어서의 역할을 분석한 것이다.[120] 이것은 간독 관문서를 이용한 일상 통치사 연구의 모범적인 논저라고 할 수 있다. 孫寧의 「從金關漢簡私傳申請程序簡化看西漢後期縣尉職能的弱化」에서는 通關 절차에 관한 검토에서 기층 행정 기구의

祐司, 2017, 앞의 논문, pp.175-335; 郭偉濤, 2018b, 「漢代的出入關符與肩水金關」, 『簡牘學硏究』 第7輯, 甘肅人民出版社, pp.98-113.

114) [日]鷹取祐司, 2015, 앞의 책.

115) 胡平生, 1992, 「木簡出入取予券書制度考」, 『文史』 第36輯, 中華書局(2012, 『胡平生簡牘文物論稿』, 中西書局, pp.52-64에 재수록); [日]籾山明 著/胡平生 譯, 1998, 「刻齒簡牘初探——漢簡形態論」, 『簡帛硏究譯叢』 第2輯, 中國社會科學院簡帛硏究中心 編著, 湖南人民出版社, pp.152-166; 邢義田, 2011, 「一種前所未見的別券」, 『地不愛寶: 漢代的簡牘』, 中華書局.

116) 張俊民, 2015, 「懸泉漢簡刻齒文書槪說」, 『敦煌懸泉置出土文書硏究』, 甘肅敎育出版社.

117) 李均明, 1996, 「簡牘缺口與印信」, 『中國文物報』 1996年6月23日第3版.

118) 何雙全, 2001, 「居延漢簡硏究」, 『雙玉蘭堂文集』, 蘭台出版社.

119) 張德芳, 2005, 「懸泉漢簡中的'傳信簡'考述」, 『出土文獻硏究』 第7輯, 中國文化遺産硏究院 編, 上海古籍出版社.

120) 侯旭東, 2008, 「西北漢簡所見"傳信"與"傳"——兼論漢代君臣日常政務的分工與詔書·律令的作用」, 『文史』 2008年第3輯, 中華書局, pp.5-53.

기능에 대한 調整 문제까지 폭넓게 논의했다.[121] 邢義田의『漢代簡牘公文書的正本·副本·草稿和簽署問題』는 간독의 형태와 문서 텍스트 형태를 비교한 것으로, 이는 간독 형태 연구의 영역을 넓혔다.[122] 籾山明·佐藤信이 엮은『文獻と遺物の境界』에서는 관문서 간독의 제작, 폐기, 재활용 및 행정 운영의 관계에 대해 검토했다. 그중 青木俊介의「封檢の形態発展」, 山中章의「匣付木簡の製作技法と機能に関する一考察」은 封檢, 封泥匣의 제작, 형태 변화와 행정 관리의 관계에 대해 논한 것이다.[123]

VI. 맺음말 −진한 관문서 간독의 형태 연구에 존재하는 주요 문제−

100여 년의 연구 축적에 의해 간독의 형태와 문서 행정, 국가 통치의 관계는 점차 주목을 받고 있으며 많은 연구 성과를 내고 있다. 하지만 객관적으로 보면 다음과 같은 문제도 있다.

첫 번째, 관문서 간독의 길이, 너비의 규격에 관한 연구가 불충분하다. 간독의 길이 규격에 관해서는 비교적 많은 연구가 이루어지고 있으나 書籍簡을 대상으로 하는 연구가 대부분이며 公文·帳簿 등 文書 목간의 길이에 대한 정확하면서도 전면적인 통계나 심도 있는 분석은 아직 결핍한 상황이다. 간독의 너비, 行數와 서사된 문서 내용의 관계에 대한 연구도 미흡하다. 따라서 서로 다른 종류의 관문서, 또는 종류는 같으나 텍스트의 형식이 다른 부류, 같은 기관의 관문서인데 너비, 行數, 서식이 다른 부류에 대해 연구가 추진되기를 기대하는 바이다.

두 번째, 檢, 檄, 券, 符, 傳 등 특수 형태의 간독 연구가 비록 비교적 많은 성과를 이루긴 했으나, 일부 형태의 기능이나 사용 방식에 대해서는 아직 상세한 복원이 되지 않고 있다. 예를 들어 檢과 檄의 차이, 檢과 楬의 관계, 檄과 板檄·合檄의 관계, 산가지(算籌)의 사용방식, 記의 종류와 구체적인 형태, '以印為信' 缺口簡의 사용 방식 등 문제는 아직 논의의 여지가 남아 있다. 특히 오늘날의 구체적인 형태에 관한 많은 결론은 모두 그전에 발견된 간독을 기반으로 한다는 점을 유의해야 한다. 고고학의 발굴 및 연구가 추진됨에 따라 많은 간독 자료가 지속적으로 발굴되어 새로운 자료를 제공하고 있지만, 한편 새로운 문제도 발생하고 있으며 심지어 기존의 결론에 대해 재검토해야 할 부분을 제기하고 있어 끊임 없이 새로운 과제에 대응해 나가야 한다. 100년 이상의 연구가 축적되어 오늘날의 우리는 남아 있는 문제가 없는 것이 아니라, 탐구해야 할 미지의 영역이 점점 더 많아지고 더 많은 결론을 수정해 나가야 한다고 말할 수 있다. 예를 들어, 최근에 공개된 烏程 한간에는 구멍이 뚫린 것과 홈이 패여 있는 문서 간독이 많은데, 이러한 구멍과 홈의 역할은 도대체 무엇인지, 기존의 인식과 다른 부분은 없는지 등의 문제를 자세히 검토해 봐야 한다. 烏程 한간의 일부 封檢은 형태와 서사 형식이 이전에 소개된 封檢과 다르다. "□□大守關中侯陳府君"이라고 쓰여있는 92호

---

121) 孫寧, 2019,「從金關漢簡私傳申請程序簡化看西漢後期縣尉職能的弱化」,『簡牘學研究』第8輯, 甘肅人民出版社.

122) 邢義田, 2011,『漢代簡牘公文書的正本·副本·草稿和簽署問題』, 中研院歷史語言研究所集刊第82本第4分.

123) [日]籾山明·佐藤信 編, 2011,『文獻と遺物の境界, 中國出土簡牘史料の生態的研究』, 六一書房.

간독을 보면 그 형태는 전에 소개된 판재형 封檢과 크게 차이가 없지만, 이상하게도 글자는 封泥槽 위쪽 정면(封泥槽가 있는 면을 정면으로 간주함)에 적혀 있지 않고, 그 뒷면에 쓰여 있다.[124] 수신 관련 문자가 눈에 띄지 않는다면 무슨 의미가 있을까, 간독의 문자는 어떻게 이해해야 하고, 이러한 封檢은 어떻게 사용했는지 등 새로운 문제가 발생하게 된다. 현재 차례로 발표되고 있는 懸泉 한간에는 綠緯書, 瓤署에 관한 내용이 적지 않고 II90DXT0113② 133호 간독과 같은 "入□署緯完葦匣州牧印□□四角敝不見□"[125] 내용이 서사된 간독이 있는데, 綠緯書와 같은 書囊은 어떻게 봉함하고, 瓤署는 무엇을 가리키고 어떻게 사용되며, 書囊과는 어떤 관계가 있고 葦匣은 무엇을 가리키며, 書囊 봉함에 어떤 역할을 하는지 등의 문제는 거연 한간만으로는 해결할 수 없지만 현천 한간이 대량으로 발표되면서 해결할 가능성이 생기게 되었다. 또한 嶽麓 진간이 발표된 후, 진율령에는 문서의 제작, 사용, 전송, 보관 등에 관한 내용이 적지 않게 포함된다는 것을 알 수 있게 되었다. 里耶 진간, 그리고 현재 공개가 시작된 胡家草場 한간, 懸泉 한간 등의 행정문서와 비교 연구할 수 있다면 관문서 간독에 대한 새로운 연구 성과를 얻을 수 있게 될 것이다.

세 번째, 구체적인 간독 형태의 명칭에 대해서도 전래 문헌자료와 출토 문자자료 중, 간독에 기록된 명칭의 대응 관계가 어떻게 되는지에 대해서도 논의할 여지가 남아 있다. 예를 들어 檄은 전래 문헌자료에는 일종의 문체나 문서 내용으로 기록되어 있으나, 居延·敦煌 漢簡에서는 주로 札, 兩行과 병렬 관계에 있는 간독 형태의 하나를 가리킨다. 이러한 차이점은 특수한 형태의 간독 명칭을 정하고 이를 정확하게 파악하는 데 어려움이 되기도 한다. 또한 이러한 차이점이 생기는 원인은 우리가 이후에 곰곰이 생각해 봐야 하는 문제이기도 하다. 이외에 대부분 학자들은 檢의 封禁 역할을 인정하고 檢의 형태가 封泥槽에 대응되어야 한다고 생각하고 있지만, 모든 封泥槽를 檢(예를 들어 檄, 傳과 같은 공개 문서의 封泥槽)이라고 부를 수 있는지, 里耶 秦簡과 같은 실제로 봉함에 사용되지만 封泥槽가 없고 밑부분이 뾰족한 목판을 무엇으로 부를지, 檢이라고 불러야 하는지 아니면 署라고 불러야 하는지 등과 같은 형태 및 명명 문제는 아직 많이 남아 있으며 계속해서 고민할 필요가 있다.

네 번째, 간독 명명 연구에 사용된 전래 문헌에 대해서도 재분석할 필요가 있다. 현재 사용하고 있는 간독의 각종 형태에 관한 명칭은 간독에 쓰여 있는 것도 있거니와 진한 시기 이전의 문헌자료에도 보이며 위진 시기 이후의 학자에 의한 부분도 있다. 위진 시기나 수당 시기의 학자들은 일상 생활에서 종이를 많이 사용하고 간독을 연구하지 않으며 출토 간독에 대해 명명해야 할 임무도 없기에 논술을 할 때 일반적으로 간독과 종이의 차이에 대해서만 구별을 하고 간독 내부의 각종 차이에 대해서는 소홀히 다루었을 것이다. 따라서 전래 문헌에 보이는 기록으로서 간독 사용 시대의 서사 재료 명칭을 논하는 것은 여러 혼란을 일으키게 된다. 근래에 간독이 대량으로 출토하면서 연구 상의 수요로 문헌 자료에 보이는 명칭을 사용하지만, 우리가 일반적으로 사용하는 문헌 자료는 일반적으로 간독 사용 시대가 종료된 이후의 학자에 의한 것으로서, 간독의 형태와 명명에 관한 연구는 더욱 복잡하게 되어 가고 있으며 많은 문제에 부딪치고 있다. 따라

---

124) 中國美術學院漢字文化硏究所 編, 2022, 『烏程漢簡』, 上海書畵出版社, p.92.
125) 甘肅簡牘博物館 等 編, 2020, 앞의 책.

서 이후에는 전래 문헌에 대해 전면적으로 재검토해야 한다. 구체적인 결론은 간독 사용 시대의 학자가 사용한 표현이나 간독 자체에 서사된 용어를 바탕으로 해야 하며, 위진 시기 이후의 학자에 의한 서술은 참고로 하되 진한 시기 이전의 문헌을 부정하는 자료로서 적극적으로 사용해서는 안된다.

다섯 번째, 현재의 연구는 흩어져 있는 상황이며 지역과 시기를 불문하고 거시적인 시점에서 비교 연구한 연구가 비교적 적다. 서북 관문서 간독에 있어서도 형태에 대한 개별적인 연구가 이루어지고 있으나 관문서 간독 전체의 형태나 변경 지역의 행정 운영과 관련 지어서 체계적으로 고찰한 연구가 부족하다. 행정 운영은 일관성이 있고 체계적이며 다양한 종류의 관문서를 종합적으로 사용해야 실현된다. 어느 한 형태의 관문서에만 관심을 갖고 다른 관문서와의 관계를 고려하지 않으면 문서 제도나 행정 관리 제도의 전체 모습을 파악하기 어렵다.

여섯 번째, 현상에 관한 연구에 집중되어 있고 규칙이나 이론 탐색이 부족하다. 간독 형태로서 기능이나 사용 방식을 논하는데 만족하고 국가 통치 방식이나 행정 운영 방식의 이론 탐색이 부족한 것이다. 侯旭東은 傳信簡에 관한 연구를 한나라 君臣의 일상적 업무 분업과 詔書 律令의 역할을 논한 연구로 심화시키고 그 속에서 '일상 통치사' 등에 관한 이론적 패러다임을 추려냈는데 이러한 연구는 아직 너무 적다.

이상의 문제에 대하여 우리는 새로운 자료를 적극적으로 활용하면서 간독 사용 시기가 종료된 이후의 학자의 견해에 대해서 세심히 분석하고, 문서 행정과 국가 통치의 시각에서 진한 시기 관문서 간독의 형태, 기능, 사용 방식을 전면적으로 고찰함으로써 국가, 특히 변방의 통치 방식을 복원해 나가야 한다. 연구내용은 간독의 길이, 너비, 편철 규격과 관문서의 성격·유형과의 대응 관계가 포함되어야 하며, 檢·檄·楬·符·傳·券 등 특수한 형태의 간독 문서와 행정 기능, 사용 방식 등도 포함되어야 한다. 특히 간독 형태로 접근한 관문서 제도·通關 제도·물자관리 제도와 변경의 형정 운영 연구를 중요시해야 한다. 이를 통해 檢·楬·檄·符·傳·券 등 특수한 형태의 간독의 사용 방식과 기층에서의 행정 운영, 변경의 관리에 어떠한 영향을 끼쳤는지 등의 문제를 밝힐 수 있게 된다. 또한 간독 형태로부터 서북 변경 지역의 정보 전달, 정무 考課, 물자관리, 통관 제도 등의 문제도 해결할 수 있게 된다.

투고일: 2022.11.17   심사개시일: 2022.12.12   심사완료일: 2022.12.15

1. 사료 및 발굴보고서

甘肅簡牘博物館 等 編, 2013, 『肩水金關漢簡(叁) 中冊』, 中西書局.

甘肅簡牘博物館 等 編, 2020, 『懸泉漢簡(貳)』, 中西書局.

孔穎達 正義, 『毛詩正義』, 阮校, 1980, 『十三經注疏』, 中華書局.

郭璞 注/邢昺 疏, 『爾雅注疏』, 阮校, 1980, 『十三經注疏』, 中華書局.

管振邦, 2009, 『顔注急就篇譯釋』, 南京大學出版社.

杜預 集解/孔穎達 正義, 『春秋左傳正義』, 阮校, 1980, 『十三經注疏』, 中華書局.

劉勰, 『文心雕龍』, 範文瀾, 1958, 『文心雕龍注』, 人民文學出版社.

劉熙, 『釋名』, 畢沅 疏證/王先謙 補, 2008, 『釋名疏證補』, 中華書局.

武漢大學簡帛研究中心 等 編, 2014, 『秦簡牘合集(壹)』, 武漢大學出版社.

班固, 1962, 『漢書』, 中華書局.

房玄齡, 1974, 『晉書』, 中華書局.

司馬遷, 1982, 『史記』, 中華書局.

史遊, 『急就篇』, 管振邦 譯注, 2009, 『顔注急就篇譯釋』, 南京大學出版社.

肖從禮, 2016, 『居延新簡集釋(五)』, 甘肅文化出版社.

蕭統, 1986, 『文選』, 上海古籍出版社.

孫怡讓, 1987, 『周禮正義』, 中華書局.

顔之推, 『顔氏家訓』, 王利器, 1993, 『顔氏家訓集解』, 中華書局.

楊天宇, 2004, 『儀禮譯注』, 上海古籍出版社.

姚思廉, 1973, 『梁書』, 中華書局.

額濟納漢簡研讀班, 2007, 「額濟納漢簡釋文校正」, 『額濟納漢簡釋文校本』, 孫家洲 主編, 文物出版社.

王充, 『論衡』, 黃暉, 1990, 『論衡校釋』, 中華書局.

魏收, 1974, 『魏書』, 中華書局.

張德芳, 2016, 『居延新簡集釋(七)』, 甘肅文化出版社.

張德芳·石明秀 主編, 2019, 『玉門關漢簡』, 中西書局.

程大昌, 『演繁錄』, 愛如生中國基本古籍庫「淸嘉慶十年虞山張氏照曠閣刻學津討原本」.

鄭玄 注/賈公彦 疏, 『儀禮注疏』, 阮校, 1980, 『十三經注疏』, 中華書局.

中國美術學院漢字文化研究所 編, 2022, 『烏程漢簡』, 上海書畫出版社.

陳松長 主編, 2017, 『嶽麓書院藏秦簡(五)』, 上海辭書出版社.

沈約, 1974, 『宋書』, 中華書局.

蔡邕, 2013, 『獨斷』, 『新編漢魏叢書 第1冊』, 鷺江出版社.

許慎 著/段玉裁 注, 1981, 『說文解字注』, 上海古籍出版社.

許慎 撰/徐鉉 校定, 1963, 『說文解字』, 中華書局.

2. 저서

大庭脩 著/徐世虹 譯, 2001, 『漢簡研究』, 廣西師範大學出版社.

大庭脩 著/林劍鳴 等 譯, 2017, 『秦漢法製史研究』, 中西書局.

李均明·劉軍, 1996, 『簡牘文書學』, 廣西教育出版社.

林劍鳴 編譯, 1984, 『簡牘概述』, 陝西人民出版社.

馬衡, 1977, 『凡將齋金石叢稿』, 中華書局.

籾山明·佐藤信 編, 2011, 『文獻と遺物の境界, 中國出土簡牘史料の生態的研究』, 六一書房.

駢宇騫·段書安, 2006, 『二十世紀出土簡帛綜述』, 文物出版社.

冨谷至 著/劉恒武·孔李波 譯, 2013, 『文書行政的漢帝國』, 江蘇人民出版社.

薛英群, 1991, 『居延漢簡通論』, 甘肅教育出版社.

孫慰祖, 2002, 『封泥, 發現與研究』, 上海書店出版社.

楊建, 2010, 『西漢初期津關制度研究』, 上海古籍出版社.

汪桂海, 1999, 『漢代官文書制度』, 廣西教育出版社.

王獻唐, 1963, 『臨淄封泥文字敍目』, 山東省立圖書館.

鷹取祐司, 2015, 『秦漢官文書の基礎的研究』, 汲古書院.

錢存訓, 2004, 『書於竹帛, 中國古代的文字記錄』, 上海書店出版社.

程喜霖, 2000, 『唐代過所研究』, 中華書局.

陳槃, 2009, 『漢晉遺簡識小七種』, 上海古籍出版社.

陳偉等 著, 2017, 『秦簡牘整理與研究』, 經濟科學出版社.

陳直, 1986, 『居延漢簡研究』, 天津古籍出版社.

何雙全, 2001, 『雙玉蘭堂文集』, 蘭台出版社.

邢義田, 2011, 『地不愛寶: 漢代的簡牘』, 中華書局.

邢義田, 2011, 『漢代簡牘公文書的正本·副本·草稿和簽署問題』, 中研院歷史語言研究所集刊第82本第4分.

胡平生·馬月華, 2004, 『簡牘檢署考校注』, 上海古籍出版社.

胡平生·張德芳, 2001, 『敦煌懸泉漢簡釋粹』, 上海古籍出版社.

胡平生, 2012, 『胡平生簡牘文物論稿』, 中西書局.

3. 논문

賈麗英, 2022, 「韓國附札木簡與中國簡牘的變遷」, 『中國社會科學報』.

角谷常子, 2010, 「中國古代下達文書的書式」, 『簡帛研究 二〇〇七』, 廣西師範大學出版社.

郭偉濤, 2018a, 「漢代的傳與肩水金關」, 『簡帛研究二〇一八 春夏卷』, 廣西師範大學出版社.

郭偉濤, 2018b, 「漢代的出入關符與肩水金關」, 『簡牘學研究』第7輯, 甘肅人民出版社.

董飛, 2020, 「里耶秦簡"笱牌"讀札」, 『寶雞文理學院學報(社會科學版)』2020年第6期.

藤田勝久, 2012, 「漢代檄的傳遞方法及其功能」, 『甘肅省第二屆簡牘學國際學術研討會論文集』, 張德芳 編, 上海
    古籍出版社.

藤田勝久, 2014, 「肩水金關漢簡與漢代交通――傳與符之用途」, 『金塔居延遺址與絲綢之路歷史文化研究會會議
    論文集』, 中共金塔縣委·金塔縣人民政府·酒泉市文物管理局·甘肅簡牘博物館·甘肅敦煌學學會 編, 甘肅教育
    出版社.

羅振玉·王國維 編著, 1993, 『流沙墜簡』, 中華書局.

樂遊·譚若麗, 2016, 「敦煌一棵樹烽燧西晉符信補釋――兼說漢簡中"符"的形態演變」, 『中國歷史文物』.

連劭名, 1989, 「西域木簡中的記與檄」, 『文物春秋』1989年第1期.

勞榦, 1957(1992年3月景印1版), 「居延漢簡圖版之部序」, 『居延漢簡圖版之部』, 中研院歷史語言研究所專刊 21.

勞榦, 1960, 「居延漢簡考證」, 『居延漢簡·考釋之部』, 中研院歷史語言研究所專刊之四十.

樓祖詒, 1963, 「漢簡郵驛資料釋例」, 『文史』第3輯, 中華書局.

魯惟一, 1983, 「漢代的一些軍事文書」, 中國社會科學院歷史研究所戰國秦漢史研究室 編, 『簡牘研究譯叢』第1
    輯, 中國社會科學出版社.

劉國勝, 2005, 「楚遣策制度述略」, 『楚文化研究論集』第6集, 楚文化研究會 編, 湖北教育出版社.

劉國鈞, 1962, 「簡策制度」, 『中國古代書籍史話』, 中華書局.

劉欣寧, 2016, 「漢代"傳"中的父老與里正」, 『早期中國史研究』第8卷第2期.

劉洪, 1999, 「從東海尹灣漢墓新出土簡牘看我國古代書籍制度」, 『尹灣漢簡綜論』, 連雲港市博物館·中國文物研
    究所 編, 科學出版社.

李均明, 1990, 「封檢題署考略」, 『文物』1990年第10期.

李均明, 1996, 「簡牘缺口與印信」, 『中國文物報』1996年6月23日第3版.

李均明, 2012, 「漢簡所見出入符·傳與出入名籍」, 『文史』第19輯, 中華書局.

李均明, 2020, 「漢簡所見木楬與封檢在物資管理中的作用」, 『出土文獻研究』第19輯, 中國文化研究院 編, 中西
    書局.

李超, 2019, 「秦封泥與封檢制度」, 『考古與文物』2019年第4期.

馬先醒, 1980a, 「簡牘形製」, 『簡牘學要義』, 簡牘學會.

馬先醒, 1980b, 「簡牘釋義」, 『簡牘學報』第7期, 簡牘學會編輯部 主編.

馬怡, 2006, 「扁書試探」, 『簡帛』第1輯, 上海古籍出版社.

馬媛媛, 2014, 「帶往陰間的通關文書」, 『貴州文史叢刊』2014年第3期.

馬智全, 2020, 「從簡冊編繩看漢簡冊書編聯制度」, 『簡帛研究二〇一九 秋冬卷』, 廣西師範大學出版社.

馬衡, 1926, 「中國書籍制度變遷之研究」, 『圖書館學季刊』第1卷第2期.

籾山明 著/胡平生 譯, 1998,「刻齒簡牘初探——漢簡形態論」,『簡帛研究譯叢』第2輯, 中國社會科學院簡帛研究中心 編著, 湖南人民出版社.

範祥雍, 1980,「略論古竹木簡書的書法」,『書法研究』第三輯,『書法』編輯部 編.

傅振倫, 1980,「西漢始元七年出入六寸符」,『文史』第10輯, 中華書局.

傅振倫, 1982,「東漢建武塞上烽火品約考釋」,『考古與文物』1982年第2期.

沙畹 著/馮承鈞 譯, 1931,「紙未發明前之中國書」,『圖書館學季刊』第5卷第1期.

謝雅妍, 2019,「從長沙出土東漢簡牘看"封檢"類文書的形製與轉變」,『東漢的法律·行政與社會, 長沙五一廣場東漢簡牘探索』, 黎明釗·馬增榮·唐俊峰 編, 三聯書店(香港)有限公司.

徐樂堯, 1984,「漢簡所見信符辨析」,『敦煌學輯刊』1984年第2期.

薛英群, 1983,「漢代符信考述(上)(下)」,『西北史地』1983年第3·4期.

薛英群, 1983,「漢代的符與傳」,『中國史研究』1983年第4期.

肖從禮, 2012,「西北漢簡所見"偃檢"蠡測」,『甘肅省第二屆簡牘學國際學術研討會論文集』, 張德芳 主編, 上海古籍出版社.

孫寧, 2019,「從金關漢簡私傳申請程序簡化看西漢後期縣尉職能的弱化」,『簡牘學研究』第8輯, 甘肅人民出版社.

楊振紅, 2019,「秦漢時期"符"的尺寸及其演變——兼論嶽麓秦簡肆〈奔警律〉的年代」,『簡帛研究二〇一八 秋冬卷』, 中國社會科學院簡帛研究中心 等 編, 廣西師範大學出版社.

於豪亮, 1985,「居延漢簡釋叢」,『於豪亮學術文存』, 中國社會科學院歷史研究所戰國秦漢史研究室 編, 中華書局.

永田英正, 1996,「書契」,『漢代の文物』, 林巳奈夫 編, 朋友書店.

鷹取祐司, 2017,「肩水金関遺址出土の通行証」,『古代中世東アジアの関所と交通制度』, 汲古書院.

吳方基, 2019,「里耶秦簡"檢"與"署"」,『考古學集刊』第22集, 社會科學文獻出版社.

姚磊, 2015,「〈里耶秦簡[壹]〉所見"檢"初探」, http, //www.bsm.org.cn/show _article.php?id=2407

王國維, 2004,「簡牘檢署考」,『簡牘檢署考校注』, 胡平生·馬月華, 上海古籍出版社.

汪桂海, 2002,「漢符餘論」,『簡牘學研究』第3輯, 甘肅人民出版社.

鄔文玲, 2010,「"合檄"試探」,『簡帛研究 二〇〇八』, 卜憲群·楊振紅編, 廣西師範大學出版社.

恩子健, 2021,「海昏侯墓"第廿"木楬釋文補正——兼談簽牌的性質」,『秦漢研究』第15輯, 徐衛民·王永飛 主編, 西北大學出版社.

伊藤瞳, 2012,「漢代符の形態と機能」,『史泉』第116號.

原田淑人, 1936,「關於中國古代簡牘的編綴法」,『東方學報』6.

張德芳, 2005,「懸泉漢簡中的"傳信簡"考述」,『出土文獻研究』第7輯, 中國文化遺產研究院編, 上海古籍出版社.

張俊民, 2015,「懸泉漢簡刻齒文書概說」,『敦煌懸泉置出土文書研究』, 甘肅教育出版社.

張春龍, 2009,「里耶一號井的封檢和束」,『湖南考古專輯』第8集, 嶽麓書社.

程帆娟, 2020,『秦漢文書檢研究』, 碩士學位論文, 西北師範大學.

陳夢家, 2005,「由實物所見漢代簡冊制度」,『武威漢簡』, 甘肅省博物館·中國科學院考古研究所 編, 中華書局.

陳偉, 2013, 「關於秦文書制度的幾個問題」, 『中國新出資料學の展開, 第四回日中學者中國古代史論壇論文集』, 汲古書院.

青木俊介, 2014, 「封檢の形態發展—「平板檢」の使用方法の考察から—」, 『文獻と遺物の境界Ⅱ』, 東京外國語大學.

何佳·黃樸華, 2013, 「東漢簡"合檄"封緘方式試探」, 『齊魯學刊』 2013年第4期.

何智霖, 1980, 「符傳述略——簡牘制度舉隅」, 『簡牘學報』 第7期.

韓藝娜, 2017, 「〈周禮〉中的楬文書」, 『通化師範學院學報(人文社會科學)』 2017年第5期.

侯旭東, 2008, 「西北漢簡所見"傳信"與"傳"——兼論漢代君臣日常政務的分工與詔書·律令的作用」, 『文史』 2008年第3輯, 中華書局.

侯旭東, 2014, 「西北所出漢代簿籍冊書簡的排列與複原」, 『史學集刊』 2014年第1期.

侯燦, 1989, 「勞幹〈居延漢簡考釋·簡牘之製〉平議」, 『秦漢簡牘論文集』, 甘肅省文物考古研究所編, 甘肅人民出版社.

胡平生, 2000, 「簡牘制度新探」, 『文物』 2000年第3期.

黃艷萍, 2015, 「漢代邊境的家屬出入符研究——以西北漢簡為例」, 『理論月刊』 2015年第1期.

⟨Abstract⟩

A Study on the Form and Naming of Official Document Bamboo Slips of Han Dynasty unearthed from Northwest China since the 20th Century

Li, Yingchun

The attribute of cultural relics is the core feature of bamboo slips. Since the 20th century, there have been two trends in the naming of Chinese bamboo slips. First, it is mainly based on the records of handed-down documents or named after itself; Second, pay attention to the shape of bamboo slips as well as the function and use mode behind them. The study on the form of bamboo slips should pay attention not only to the "shape" but also to the "system". In Qin Dynasty, there was a detailed system and standard in the producing and writing of document bamboo slips, which may was inherited by the Han Dynasty. After the middle of the Western Han Dynasty, the standard about the length of book bamboo slips was formed. Generally calling the bamboo and wooden writing carrier as "Bamboo Slips" was mainly the habit of Wei, Jin, Sui and Tang people. The collective concept of "Bamboo Slips" is not a specific definition of bamboo or wood slips in the era when they were used, but the idea of later generations. As the descendants of "later generations", we are accustomed to regard the concept of writing carrier collection of "later generations" as a definite concept to use, which leads to the confusion in the study on the material and form of bamboo or wood slips. In the early period of bamboo or wood slips, the main difference is material. However, different materials lead to different ways of production, which also determines the difference in width and narrowness. After the Qin and Han Dynasty, the difference in material tended to fade. The Eastern Han people gradually did not distinguish them from material, but from width and narrowness. Since modern times, there have been fruitful studies on the form, production, use and naming of the Han bamboo slips unearthed from Northwest China, as well as the classification of official documents and the grassroots administrative operation, which are based on the form of bamboo slips. However, there are still some problems remaining, such as insufficient research on the length and width of official document bamboo slips, as well as the function and use mode of some bamboo slips with special forms. Besides, the handed-down documents being used need further discernment and analysis, the research are fragment, and the law refinement and theoretical exploration are deficient.

▶ Key words: Han Dynasty bamboo slips from Northwest China, official documents, Bamboo Slips, form, material

일본 고대목간의 형식 분류와 기능적 분류

三上 喜孝[*]
하시모토 시게루 역[**]

I. 머리말
II. 출토사례 증가에 따른 형식번호의 추가 -封緘목간-
III. 부찰목간의 형식과 그 기능
IV. 角柱狀목간
V. 맺음말

〈국문초록〉

이 글은 일본 고대 목간의 형식 분류나 기능적 분류의 현상에 대해 소개하고 그것을 동아시아 목간 문화 속에서 어떻게 파악해야 하는지에 대해 고찰해 본다.

일본 고대 목간의 특징적인 형태로는 ①短冊型, ②短冊型 材 상하 양단 또는 일단에 홈을 판 것, ③재의 일단을 칼끝 모양으로 뾰족하게 만든 것 등이 있다. 이 이외에 목제품에 묵서한 것이나 목간 표면에서 깎아낸 박편(삭설)에 남은 묵서도 목간이다. 이들은 "형식번호"라는 분류로 포괄된다. 이는 목간의 형태적 특징에 주목하여 분류한 것이다. 내용을 통한 분류가 아니라 형태적 특징에 의한 분류를 우선한 것은 목간을 고고 자료로 취급한다는 일본 목간 연구의 자세를 표명한 것이라고 할 수 있다.

다음에 내용에 따른 분류를 검토해 보면 크게 나눠서 a.문서목간, b.부찰목간, c.기타로 나뉜다. "문서목간"은 다시 발신인과 수신인이 명백한 협의의 "문서"와 물품 출납을 기록한 "기록(장부)"으로 나눌 수 있고 "부찰"은 세 등을 공진할 때 매달리는 "공진물하찰"과 물품 관리용으로 매달리는 "물품부찰"로 나눌 수 있다. "기타"에는 나무 조각에 전적 일부를 서사하거나 같은 글자를 반복해서 써서 글자를 연습했다고 생각되는 "습서"나 주술의 글자나 기호를 쓴 "주부" 같은 목간이 포함된다.

목간의 형태는 내용과 관련되는 경우가 많다. "문서목간"은 ①의 형태가 대부분이고 "부찰"은 ②③ 형태

---

* 日本 国立歴史民俗博物館 教授
** 경북대학교 인문학술원 HK연구교수

에 대응된다. 먼저 목간 형식을 파악하고 그다음에 목간 기능에 대해 고찰한다는 절차를 밟는 것이 중요하다.

형식번호에 바탕을 둔 분류는 매우 유효한 수단이지만 문제가 없는 것이 아니다. 예를 들어 04로 시작되는 형식번호는 구체적으로 봉함목간을 상정하고 있어 목간의 기능(내용)에서 형식번호가 생긴 사례라고 할 수 있다. 또 한국에 출토사례가 많은 각주상목간은 일본에서는 출토사례가 적어서 형식번호가 없고 011형식(短冊型), 065형식(용도 미상 목제품에 묵서가 있는 것), 081형식(파손, 부식 때문에 원형을 알 수 없는 것) 등 형식번호가 일정하지 않다. 목간의 형식번호를 정하는 작업에는 어려운 문제도 많다. 먼저 그것을 전제로 한 후에 목간 분류나 형식에 대해 동아시아 여러 지역 목간에 대해서도 의논해 나가야 할 것이다.

▶ 핵심어: 형식번호, 봉함목간, 부찰목간, 각주상목간

I. 머리말

이 글은 일본 고대목간의 형식분류와 기능적 분류의 현황에 대해 소개하여 그것을 동아시아 목간 문화 속에서 어떻게 파악할 수 있는지에 대해 고찰해보겠다.

현재까지 일본에서 출토된 가장 오래된 목간은 7세기 전반경의 것이다. 7세기는 일본 고대국가가 중앙집권적인 관료제 국가를 지향한 시기이며 7세기 후반에는 중국의 율령제도를 도입한 율령체제가 구축되었다. 이러한 관료제 국가에 반드시 필요한 것이 문자를 통한 기록이나 명령이다. 목간의 사용은 국가체제 정비와 불가분의 관계에 있다고 할 수 있다. 실제로 일본 고대 목간은 8~9세기에 가장 활발하게 사용되었고 10세기 이후에는 이용이 줄어들었다. 율령국가의 성쇠와 호응하고 있다.

율령국가는 문서행정을 주체로 하는 관료제 국가이며 거기서는 다양한 행정문서가 작성되었다. 그 기반이 된 것이 목간이다. 목간은 종이와 비교하면 견고하다는 특징이 있고, 정보 내용이나 분량에 맞추어서 형태나 크기를 가공할 수 있으니 일상적인 政務에서 쓰기 편한 정보 전달 방법으로 많이 사용되었다. 그래서 목간에는 다양한 기능이 부여되어 그에 따라 여러 형태로 만들어졌다.

일본 고대목간의 특징적인 형태로는 ①短冊(글씨를 쓰기 위한 조붓한 장방형 종이-옮긴이)型, ②短冊型材의 상하 양단 또는 일단에 홈('切込)을 판 것, ③재의 일단을 칼끝 모양(劍先型)으로 뾰족하게 만든 것 등이 있다. 이 이외에 목제품에 묵서한 것이나 목간 표면에서 깎아낸 박편(削屑)에 남아 있는 묵서도 목간이다.

일본 목간의 분류로 이른바 "형식번호"가 있다(그림 1). 이는 목간의 형태적 특징에 주목하여 분류한 것이다. 목간의 第一義的인 분류는 이 "형식번호"로 분류된다. 내용에 따른 분류 말고 형태적 특징으로 인한 분류를 제일로 한 것은 목간을 고고자료로 본다는 일본 목간 연구의 자세를 표명한 것이라고 할 수 있다.

일본 목간학회 등에서 채용하고 있는 형식번호는 다음과 같다.

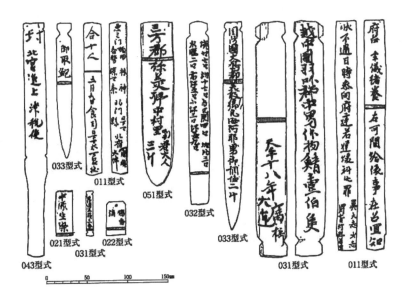

그림 1. 목간의 형식분류

011형식　短冊型

015형식　短冊型으로 측면에 구멍을 뚫은 것

019형식　일단이 方頭이고 다른 일단은 파손, 부식으로 원형을 잃은 것

021형식　소형 矩形인 것

022형식　소형 구형인 材의 일단을 圭頭로 한 것

031형식　장방형 재의 양단 좌우에 홈을 판 것

032형식　장방형 재의 一端 좌우에 홈을 판 것

033형식　장방형 재의 일단에 홈을 파고 다른 일단을 뾰족하게 한 것

039형식　장방형 재의 일단 좌우에 홈을 팠지만 다른 일단은 파손, 부식 등으로 원형을 잃
　　　　　은 것

041형식　장방형 재의 일단 좌우를 깎아 羽子板 자루 모양으로 만든 것

043형식　장방형 재의 일단 좌우를 깎아 羽子板 자루 모양으로 만들고 나머지 부분 좌우에
　　　　　홈을 판 것

049형식　장방형 재의 일단 좌우를 깎아서 羽子板 자루 모양으로 만드는데 다른 일단은 파
　　　　　손, 부식 등으로 원형을 잃은 것

051형식　장방형 재의 일단을 뾰족하게 만든 것

059형식　장방형 재의 일단을 뾰족하게 만들고 다른 일단은 파손, 부식 등으로 원형을 잃
　　　　　은 것

061형식   용도가 명백한 목제품에 묵서가 있는 것

065형식   용도를 알 수 없는 목제품에 묵서가 있는 것

081형식   파손, 부식 등으로 원형을 알 수 없는 것

091형식   削屑

　다음에 내용에 따른 분류를 검토한다. 크게 나눠 a.文書木簡, b.付札木簡, c.기타로 분류된다. "문서목간"
은 다시 발신인과 수신인이 명백한 협의의 "문서"와 물품 출납 등을 기록한 "기록(장부)"으로 나눌 수 있고,
"부찰"은 稅 등을 공진할 때 매달리는 "貢進物荷札"과 물품관리용으로 물건에 매달리는 "物品付札"로 나눌
수 있다. "기타"로는 나무 조각에 典籍 일부를 서사하거나 같은 글자를 반복해서 써서 글자 연습을 한 것으
로 보이는 "習書"나 주술의 글자나 기호를 쓴 "呪符"같은 목간이 포함된다.

종류	내용	형태적 특징
문서목간	협의의 문서목간(발신인과 수신인이 명백한 목간) 기록간(장부 등)	① 短冊形
부찰목간	공진물하찰목간(공진물에 매달리는 하찰) 물품관리용부찰(물푼의 정리 보관용)	② 상단이나 하단 좌우에 홈이 있다 ③ 재 일단을 칼끝 모양으로 뾰족하게 만든다
기 타	습서목간 주부목간(부적찰) 등	

　목간의 형태는 내용과 관련되는 경우가 많다. "문서목간"은 ①의 형태가 대부분이고 "부찰"은 ②③형태
에 대응된다. "부찰"은 끈을 맺어 물품에 매달기 위해 短冊型 재에 홈을 파서 끈을 걸기 쉽게 하거나 재 일
단을 칼끝 모양으로 뾰족하게 만들어서 꽂기 쉽게 한다. 문서는 그러한 가공을 할 필요가 없고 오히려 필요
한 정보를 정확하게 상대방에게 전달할(또는 기록에 남길) 필요가 있기 때문에 규격성이 높은 短冊型 목간
으로 만들어졌다.

　목간은 출토된 유구 조건으로 많은 경우에 불완전한 형태이거나 묵서가 잘 남아있지 않은데 목간의 형
태와 내용이 대응되기 때문에 이것이 문서목간인지 아니면 부찰목간인지 어느 정도 추정할 수 있다. 이로
인해 목간 내용을 어느 정도 복원할 수 있다. 일본 목간연구는 오랫동안 축적된 형태나 기능 분류작업을 바
탕으로 하고 있다고 할 수 있다. 그렇기 때문에 목간의 형식 분류는 기재내용을 검토하기 전에 해야 하는
중요한 작업이라고 할 수 있다.

　이 글에서 검토하는 과제는 일본 고대목간의 형식이나 내용면의 분류 현상을 바탕으로 그것이 동아시아
목간에서 어떤 공통성 또는 차이성을 가지고 있는지를 검토하는 것이다. 이하 필자의 관심에 따라 일본 고
대목간의 분류와 명칭 문제를 몇 가지 구체적인 사례를 들면서 검토하겠다.

II. 출토사례 증가에 따른 형식번호의 추가 -封緘목간-

　일본 목간의 형식번호는 1979년의 목간학회 설립 당시부터 현재까지 기본적으로 거의 변함이 없다. 하지만 목간 출토사례 증가로 새로 설정된 형식번호가 하나만 있다. 그것이 04로부터 시작되는 형식번호이다.

　　　041형식　장방형 재의 일단 좌우를 깎아 羽子板 자루 모양으로 만든 것
　　　043형식　장방형 재의 일단 좌우를 깎아 羽子板 자루 모양으로 만들고 나머지 부분 좌우에
　　　　　　　　홈을 판 것
　　　049형식　장방형 재의 일단 좌우를 깎아 羽子板 자루 모양으로 만들고 다른 일단은 파손,
　　　　　　　　부식 등으로 원형을 잃은 것

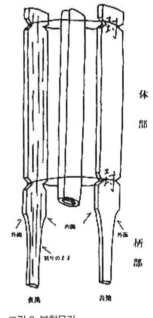

그림 2. 봉함목간

　이러한 설명만으로는 어떤 유형의 목간을 상정하고 있는지 이해하기 어렵지만 이들은 구체적으로는 "封緘목간"이라고 불리는 종이 문서를 봉함하기 위해 사용되는 목제품을 상정하고 있다(그림2). 그러한 목제품 중에 어느 정도의 비율로 글자가 있는 것이 있고 그것을 봉함목간으로 분류하고 있다.

　형식번호 설명 속에 있는 "羽子板(하고이타)"란 장방형 판자 하부를 깎아 자루 모양으로 만든 것을 뜻한다. 문서를 봉함할 때에는 장방형 판자 부분을 세로 방향으로 쪼개어 그 사이에 종이 문서를 끼워 넣고 끈으로 맺어서 봉한다. 끈으로 맺을 때에 장방형 판재 좌우에 홈을 판 경우도 있다. 이것이 043형식이다.

　그래서 043형식은 일견하면 좌우에 홈을 판 하찰목간과 형태적으로는 비슷하다. 하지만 하부가 자루 모양으로 성형되고 있는 등 다른 특징으로 인하여 하찰목간이 아니라 봉함목간으로 분류할 수 있다.

　그러면 왜 이런 형태로 지금까지 없었던 형식번호를 새로 추가하게 된 것일까. 그 계기가 된 것이 1994년에 니이가타현(新潟縣)에서 열린 목간학회 특별연구집회였다. 니이가타현의 하치만바야시(八幡林)유적은 8세기 전번부터 9세기에 걸친 지방관아 유적으로 추정되는데 그 유적에서 지방관아의 실태를 보여주는 수많은 목간이 출토되었다. 그중에서도 특징적이었던 것이 봉함목간이다. "羽子板" 모양 판자에 "上郡殿門" "上大領殿門" 같이 군 장관에게 보낸다는 뜻의 進上文言이 적혀 있어 이것을 통해 지방관아에서 봉함목간을 사용한 종이문서를 주고받았다는 것을 알 수 있었다.

　이 점에 주목한 것이 사토 마코토(佐藤信) 씨였다.[1] 사토 씨는 비슷한 형태의 목간을 집성하여 헤이조쿄

(平城京)를 비롯하여 각지에서 출토된 사례가 있다는 것을 지적하여 새로운 목간 형식 분류를 제창한 것이다.

『木簡研究』17호(1995년)까지는 04로 시작되는 형식번호는 범례에 없었지만 18호(1996년)부터 04로 시작되는 형식번호가 정식으로 채용되었다.

이 04로 시작되는 형식번호는 일부 예외를 제외하면[2] 대부분이 봉함목간을 상정한다고 할 수 있다. 일반적으로 목간의 형식번호와 그 목간의 용도나 기능은 따로 생각해야 할 경우가 많은데 이 04로부터 시작되는 형식번호에 관해서는 그 형식과 목간 용도가 거의 일치한다. 그런 뜻으로 03로 시작하는 형식번호를 가지는 목간의 대부분이 부찰목간으로 상정할 수 있는 것과 비슷한 발상인 것으로 생각된다.

그런데 더 엄밀하게 생각하면 봉함을 "용도가 명확한 목제품"으로 간주하여 거기에 묵서가 있다고 보고 061형식으로 분류할 수 있는 가능성도 있다. 이에 대해서는 해석이 엇갈릴 것이다.

예를 들면 특징적인 형태의 목간으로 "題籤軸"이라는 것이 있다(그림 3). 문서를 감기 위해 축 상부를 폭이 넓은 장방형으로 만들고 거기에 문서 정보를 쓰는 "제첨축" 목간이 각지에서 출토되었다. 많은 경우 긴 축 부분이 파손된 상태로 출토되기 때문에 축 상부에 있는 작은 장방형 부분만이 출토되는데 제첨축을 염두에 둔 형식번호를 설정하는 것도 불가능하지 않다. 그런데 현재 형식 분류로는 061형식 즉 "용도가 명확한 나무 제품에 묵서된 것"으로 파악된다. 목간 형태를 어디까지 "형식"으로 인식할 것인지, 또는 목간의 속성을 어떻게 파악하는지(목간으로 보는지, 나무 제품의 묵서로 보는지 등)는 엄격하게 생각하려고 하면 매우 어려운 문제라는 것을 이러한 사례를 통해 알 수 있다.

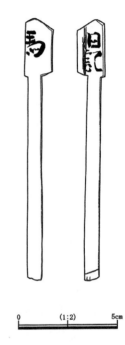

그림 3. 제첨축(이와테현(岩手縣) 야나기노고쇼(柳之御所) 유적 출토 목간)

III. 부찰목간의 형식과 그 기능

다음에 03로 시작하는 형식번호에 포함되는 부찰목간에 대해 검토한다.

상단부 또는 하단부에 좌우에서 홈을 판 부찰목간은 중국 晉簡에도 보이고 한국에서는 성산산성목간에

---

1) 佐藤信, 1997, 「封緘木簡考」, 『日本古代の宮都と木簡』, 吉川弘文館(초판: 1995).
2) 미야기현(宮城縣) 센다이시(仙台市) 고오리야마(郡山)유적 출토 목간은 장방형 하부를 자루 모양으로 만든 형태로 04로 시작하는 형식이지만 그 용도는 寫經用 자로 추정된다.

대표되는 6세기대 목간에 이미 확인된다. 일본열도에서는 목간이 처음 시작되는 7세기 단계에 널리 사용되었고 목간의 사용과 동시에 부찰로 사용되기 시작한 것이 의심의 여지가 없다. 일본에서는 고대목간뿐만 아니라 근세 에도(江戸)시대에 이르기까지 1000년 이상 계속적으로 비슷한 형태의 하찰목간이 널리 사용되었다. 하찰로 기능하기 위해 극히 유효한 형태인 것을 알 수 있다.

"좌우에서 홈을 팠다"라는 특징적인 형태를 가진 부찰(하찰)목간에 관해서 최근에는 더 미세한 형태에 주목하여 연구되고 있다. 다음에 최근의 연구를 소개하여 부찰(하찰)목간 연구의 가능성을 추구해 본다.

부찰(하찰)목간의 형태적특징은 좌우 홈 이외에 단부를 直頭(方頭) 모양, 尖頭 모양으로 성형한 것이나 하단부를 칼끝 모양으로 성형한 것 등이 있다.

이러한 형태적인 차이에 어떤 의미가 있는지에 대해서는 의논이 있는 부분인데 상세히 분석한 도모다 나나미(友田那々美) 씨에 따르면 단부 형태는 목간을 만든 사람의 개성에 따른 것이 크고 하찰 기능과 본질직인 관련이 없는 요소라고 한다.[3]

도모다 씨는 또한 하단부를 칼끝 모양으로 만든 하찰목간이 공진물인 쌀, 소금의 하찰로 특화된 형태인 것을 지적했다. 다만, 칼끝 모양으로 만든 것의 의미를 섬 등 짐에 매달린 새끼 사이에 꽂기 쉽도록 한 것이라고 막연하게 생각되었던 것에 대해 재검토의 여지가 있다고 지적하고, 하나의 가능성으로 쌀이나 소금 같은 공진물 안에 넣기 위하여 하단을 뾰족하게 만들고 꽂기 쉽도록 한 것으로 추정하였다. 즉 물품 바깥에 붙이는 것이 아니라 물품 안에 넣는 것으로 상정한 것이다.

이른바 하찰목간이라고 불리는 것 중에 물품 바깥쪽에 매달리고 글자 그대로 하찰의 역할을 한 것과 쌀 가마나나 소금 바구니 속에 넣고 품질을 보증하는 역할을 한 것이 있다는 견해가 근년에 주장되어 있다.[4] 이는 종래 하찰목간 연구에 없었던 관점이며 계승해야 할 시각이라고 할 수 있다.

특히 한국 출토 목간과 관련해서는 성산산성 출토 하찰 목간에 대해서도 같은 시각에서 다시 검토해야 할 것이다. 성산산성목간에는 내용이 같은 하찰 목간이 많이 발견되는데 앞으로 한반도와 일본열도에서 공통적인 사용법이 인정될 가능성이 있다는 것을 지적하고 싶다.

또 재의 좌우에 홈이 있는 "부찰목간"에는 이른바 공진물에 매달린 "하찰목간"과 "물품관리용 부찰" 두 가지가 있다는 가장 기본적인 분류에도 되돌아가야 한다. 한국 출토 목간의 사례로는 성산산성 출토 부찰목간은 대부분이 각지에서 산성으로 운반된 "공진물부찰" 즉 "하찰"이고, 경주 월지에서 출토된 부찰목간은 발효식품 등의 용기에 매달린 "물품관리용 부찰"이다. 이는 일본의 부찰목간이 상정하고 있는 기능분류와 공통성이 보인다. 이들은 형식번호만으로는 알 수 없는 성질이며 형식분류와 더불어 용도나 기능 분류를 하는 것의 중요성을 보여준다.

---

3) 友田那々美, 2003, 「古代荷札の平面形態に関する考察」, 『木簡研究』 25.

4) 平川南, 2003, 「木簡と農業」, 『古代地方木簡の研究』, 吉川弘文館; 鈴木景二, 2004, 「古代の俵の札のはなし」, 『木簡研究』 26; 馬場基, 2018, 「荷札と荷物の語るもの」, 『日本古代木簡論』, 吉川弘文館(초판: 2008).

IV. 角柱狀목간

일본 고대목간과 한국 출토 목간의 형태 비교를 생각할 때 현저한 차이가 보이는 것은 한국에서는 사각주 4면에 문서 또는 기록을 쓴 角柱狀목간이 많다는 점이다. 원래 중국에서도 각주상목간은 출토 사례가 있고 그들은 "觚"라고 불린다.

한국의 각주상목간은 주로 문서목간이나 기록간, 그리고 논어를 서사한 목간으로 이용된 것이 많다. 예를 들면 다음과 같은 것들이 있다.

    [문서목간]
    ○함안 성산산성 출토 4면목간
        ·三月中眞乃滅村主憹怖白
        ·□城在弥即尒智大舍下智前去白之
        ·即白先節本日代法稚然
        ·伊毛羅及伐尺采言□法卅代□今卅日食去白之

전체 내용은 미상이지만 제1면에 이 목간을 보낸 발신인 "眞乃滅村主"가 명기되고 제2면에 이 목간을 받는 수신인이며 大舍 관위를 가지는 관원의 이름이 적혀 있다.

이 목간에는 "白"자가 반복해서 사용된다. 제1면 마지막에는 "憹怖白"이라고 해서 "두려워하면서 아룁니다"라는 뜻일 것이다. 제2면 마지막에는 "前去白之"이라고 하여 "대사님 앞에 아룁니다"라는 뜻일 가능성이 당연히 생각된다. 이들 표현은 일본 7세기 목간에 특징적인 "某 앞(前)에 아뢰다(白)"라는 기재양식을 가진 "前白木簡"과 공통되어 이 목간이 문서목간임을 뜻한다.

문서를 쓴 각주상 목간은 이 이외에 경주 월성해자, 경기도 하남시 이성산성 등에서도 출토되었다.

    [기록간]
    ○부여 능산리사지 출토 목간
        ·支藥児食米記　初日食四斗　二日食米四斗小升一　三日食米四斗×
        ·五日食米三斗大升　六日食米三斗大二　七日食三斗大升二　九日食米四斗大×
        ·□道使□□次如逢使猪耳其耳其身如黑也　道使□□弾耶方牟氏牟殿殿耶×
        ·×又十二石又十二石又十二石又十二石又十二石又十二石又十二石 (위아래 거꾸로 되어 있음)

사각주 4면에 기재가 있고 일부 습서로 생각되는 부분도 있지만 "支藥兒"의 식미 지급을 매일 기록한 목간으로 생각된다.

[논어목간]

○김해시 봉황동지구 출토 목간

　·×不欲人之加諸我吾亦欲无加諸人子×

　·×文也子謂子産有君子道四焉其×

　·×已□□□色旧令尹之政必以告新×

　·×違之何如子曰清矣□仁□□曰未知×

(209)×19×19

○인천광역시 계양산성 출토 목간

　·賤君子〔　　　　　〕

　·吾斯之未能信子□

　·□不知其仁也求也

　·〔　　　　　　　〕

　·〔　　　　〕子曰吾

(138)×18.5

○충북 부여군 쌍북리 출토 목간

　□子曰学而時習之不亦説□〔乎〕

　有朋自遠方來。不亦樂□〔乎〕

　人不知而不慍。不亦□〔君〕

　子乎有子曰其爲人也

　　각주상 4면에 문서 또는 기록을 쓴 목간은 일본 고대목간에는 거의 없고 한반도에 특징적인 형태이다. 고대일본의 경우 문서목간이나 기록간은 대부분이 장방형 판자상 재의 앞면 또는 앞뒤 양면에 쓴 것이며 논어의 습서목간에 관해서도 그렇다.

　　그럼 왜 한국에서는 각주상 목간이 널리 사용되었을까. 그 배경으로 세 가지 가능성을 지적하고 싶다.

　　첫째, 한반도 출토 목간의 재는 소나무 가지를 이용하는 것이 많아 봉상 가지를 각주로 만들고 글자를 효율적으로 4면에 배치했다고 생각된다. 즉 한반도의 植生이나 목간의 樹種에 규정된 가능성이다.

　　둘째, 중국의 冊書(編綴簡)의 영향을 상정하는 것이다. 각주상 목간은 폭이 좁은 면에 각 1행씩 글자를 배치하는 것을 원칙으로 하는데 이 글자가 있는 면을 전개하면 마치 책서(편철간)처럼 된다. 각주상 목간을 발상한 원점에는 중국의 책서의 영향이 있다고 생각할 수도 있다.

　　셋째, 한반도 목간문화가 비석문화의 영향을 받은 가능성이다. 광개토왕비를 비롯하여 고구려나 신라 비석에는 다면체로 만든 석재 각면에 글자를 새긴 사례가 많다. 각주상 목간도 그러한 한반도 비석 양식의 영향을 받았을 가능성은 없을까.

　　중국의 "觚"와 형태는 비슷하지만 한반도 출토 각주상 목간은 그와 다른 기능이 있는 점이나 다음에 설명하는 일본 고대목간과도 다른 점은 한·중·일의 목간(간독문화)의 비교연구를 하는 데 좋은 소재가 될 것이다.

다음에 고대일본의 각주상 목간에 대해 검토한다. 고대일본에서는 문서목간이나 기록간이 각주상 목재에 쓰이는 것은 초기 단계부터 거의 없다. 장방형 판자상의 한 면 또는 양면에 쓰는 것이 일반적이다. 한국 출토목간과 공통되는 것으로는 도쿠시마현(德島縣) 간논지(觀音寺)유적 출토 "논어목간"이 사각주상 목재를 이용해서 논어를 서사하는데 이는 한반도 논어목간의 영향을 받았을 가능성이 있다.

○도쿠시마현(德島縣) 간논지(觀音寺)유적 출토 목간
·□□依□□乎□止□所中□□□
·子曰　学而習時不孤□乎□自朋遠方来亦時樂乎人不□亦不慍
·□□□□乎
·［　　　］用作必□□□□人［　　　　　］□□□

(635)×29×19　081형식

문서목간에 해당하는 각주상 목간으로는 다음과 같은 목간도 있다.

○가고시마현(鹿児島縣) 교덴(京田)유적 출토 목간
·告知諸田刀□〔祢?〕等　勘取□田二段九条三里一曽□□ (제1면)
·右件水田□□□子□〔息?〕□□□□□□□ (제2면)
· 嘉祥三年三月十四日　大領薩麻公 (제3면)
· 擬小領 (제4면)

(400)×26×28　081형식

모두에 "告知"라고 있듯이 이 목간은 논의 권리를 명시하는 것을 나타내는 내용이다. 하단을 뾰족하게 만들었으니 애초부터 땅에 곶아 세워놓은 말뚝으로 사용되었는데 상단에도 뾰족하게 만든 흔적이 있으므로 나중에 위아래를 거꾸로 해서 다시 말뚝으로 전용한 것으로 생각된다.

○이와테현(岩手縣) 도노우에(道上)유적 출토 목간(그림 4)
　　禁制田参段之事　字垂楊池□〔側?〕
　　右田公子廣守丸進田也而□□酒□□
　　件田由被犯行者□□役主◇之契状□〔并?〕
　　白于禁制如件
　　　　　［　　　］
　　　　　□永□二□二□

463×44×42　061형식

이것도 교덴유적 출토 목간과 같이 하단을 뾰족하게 만든 것이며 땅에 곶아 말뚝으로 사용한 것으로 추정된다. 내용은 역시 논의 권리에 관한 것이며 땅 영유나 경계를 나타내는 곳에 말뚝을 세워 거기에 땅 권리를 주장한 문언을 쓰는 것이 널리 있었던 가능성이 엿보인다.

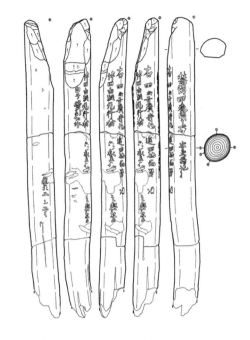

○이시카와현(石川縣) 사시에(指江)B유적 출토 목간

　　大國別社□ [　　　] 略〓祓集厄第 [
] 佐□阿加□ [　　　] 田 [　　] 穗根
　　　　　　　　857×30×24　011형식

그림 4. 이와테현 도노우에유적 출토 목간

　장대한 목간이며 형태로 봐서 땅에 세워서 경계를 표시하기 위해 사용된 것으로 생각된다. "大國別社" "祓集厄" 같은 내용으로 경계 제사와 관련된 목간일 가능성이 있다.

　이들 사례로 공통되는 점이 각주상 목재에 글자를 쓰는 경우 고대일본에서는 땅의 권리나 경계를 시각적으로 보이기 위한 목적으로 말뚝 같은 목제품에 쓰는 경우가 많다고 생각되는 점이다. 한국에서 최근에 출토된 경산시 소월리 출토 목간이 이와 비슷하다고도 생각되는데[5] 고대일본에서는 각주상 목간이 극히 한정적으로 사용되었다는 것을 여기서는 확인해 두고 싶다.

　그런데 필자가 조사한 사례로 이와는 전혀 성격이 다른 각주상 목간도 있다. 그것이 아키타현(秋田縣) 아키타성(秋田城)터에서 출토된 十干十二支를 나열한 목간이다.

○아키타현(秋田縣) 아키타성(秋田城)터 출토 목간(●는 구멍)
　　·□□●□□□丙寅●丁卯●戊辰●□□庚□●□□□●壬□□□酉●
　　·□□●乙□●□子●□□●□□□●己□●庚□●辛巳●壬午◇癸未
　　·□□●□□□丙戌●丁□●□子●己丑●庚寅●辛卯●壬辰●□□
　　·□午　乙未　丙申　丁酉　戊戌　己亥　庚子　□□　壬寅　癸□

5) 橋本繁, 2022, 「慶山·所月里木簡の性格」, 『고대한국과 일본의 문자문화와 서사재료』, 경북대학교 인문학술원 HK+사업단·国立歴史民俗博物館공동학술대회.

·□□ 乙□ □午 丁未 戊申 □□ □□ □□ 癸□
·□□ □卯 □□ □□ □□ 己未 庚申 □酉 壬戌
·□□ □□ □□ □□ 戊辰 □□ 庚□ □□ 壬申 □酉

277×27×27　065형식

이 목간은 각주상 목간 7면에 "甲子"부터 "癸亥"까지 六十干支를 쓰고 간지 아래에는 가는 막대기를 꽂는 구멍이 뚫려 있다. 이는 날짜가 바뀔 때마다 그날 간지 아래 구멍 부분에 막대기를 꽂아 그날의 간지를 알기 위한 도구였다고 추정된다.[6] 그런데 실제로 사용되었는지는 알 수 없고 試作品이나 未製品의 가능성이 있다.

이와 비슷한 목간은 19세기 초에 스가에 마스미(菅江真澄)라는 紀行家가 아키타를 방문했을 때 화산 분화로 매몰된 헤이안(平安)시대 집에서 발견된 것으로 소개하였으며(그림 5) 형태는 이와 거의 같다.

각주상 각면에 간지를 쓴 사례는 중국의 觚에도 사례가 있고 그것과 유사하지만 이 목간이 중국의 고의 영향을 직접적으로 받은 것인지는 단정하기 어렵다.

그림 5. 스가에 마스미 "干支六十字方柱"

이상 일본 고대 각주상 목간을 검토해 봤는데 이들을 형식번호라는 관점에서 다시 검토해 보면 011형식(短冊型), 065형식(용도를 알 수 없는 목제품에 묵서가 있는 것), 081형식(파손, 부식 등으로 원형을 알 수 없는 것) 등 그 형식번호는 제각각이다. 비슷한 형태의 각주상 목간이라고 해도 그것이 목간의 기능에 따라 그런 형태로 만든 것인지, 아니면 목제품에 묵서한 것으로 봐야 하는지에 따라 형식번호에 차이가 난다. 이렇듯이 목간의 형태로 형식번호를 매기는 작업은 조사담당자의 해석이 들어갈 가능성이 있어 실은 매우 어려운 문제가 있다. 일단 그것을 전제로 한 뒤에 목간의 분류나 형식에 관해서 동아시아 여러 지역의 목간에 관해서도 의논해 나가야 한 것이다.

---

6) 三上喜孝, 2013, 「古代地方社会における暦―その受容と活用をめぐって」, 『日本古代の文字と地方社会』, 吉川弘文館(초판: 2001).

V. 맺음말

이상 일본 고대목간에서 封緘목간, 付札목간, 角柱狀목간 같은 사례를 들면서 형식 분류와 기능적 분류에 관한 과제를 고찰해봤다.

지금까지 검토해봤듯이 일본 목간의 형식 분류는 목간 내용과는 별개로 목간의 원형이나 현재 형태에 특화해서 하고 있는 것이다.

그러나 예를 들면 06으로 시작되는 "목제품에 묵서가 있는 것"이라는 형식은 엄밀하게 하면 그 묵서 내용이 목제품에 관련된 것인지 아니면 목제품을 목간으로 전용한 것인지에 따라서 그 성격이 매우 달리진다. 일의적인 형식 분류만으로는 한계가 있고 조사담당자나 연구자가 개별 사례를 통해서 목간 관찰이나 분석을 해야 한다는 당연한 결론에 이르게 된다. 동아시아에서 목간 형식 분류를 통일하려고 하는 시도에는 그러한 어려운 문제가 있는 것이다.

투고일: 2022.11.01 　　　심사개시일: 2022.11.21 　　　심사완료일: 2022.11.29

橋本繁, 2022, 「慶山·所月里木簡の性格」, 『고대한국과 일본의 문자문화와 서사재료』, 경북대학교 인문학술 원 HK+사업단·国立歴史民俗博物館공동학술대회.

鈴木景二, 2004, 「古代の俵の札のはなし」, 『木簡研究』 26.

馬場基, 2018, 「荷札と荷物の語るもの」, 『日本古代木簡論』, 吉川弘文館(초판: 2008).

三上喜孝, 2013, 「古代地方社会における暦—その受容と活用をめぐって」, 『日本古代の文字と地方社会』, 吉川弘文館(초판: 2001).

友田那々美, 2003, 「古代荷札の平面形態に関する考察」, 『木簡研究』 25.

佐藤信, 1997, 「封緘木簡考」, 『日本古代の宮都と木簡』, 吉川弘文館(초판: 1995).

平川南, 2003, 「木簡と農業」, 『古代地方木簡の研究』, 吉川弘文館.

〈Abstract〉

Type and Functional Classification of Ancient Japanese wooden tablets

MIKAMI Yoshitaka

In this report, I will introduce the current state of the type classification and functional classification of ancient Japanese wooden tablets, and attempt to make some considerations as to how they should be understood in the East Asian wooden tablet culture.

The characteristic forms of ancient Japanese mokkan include: ① strip-shaped, ② strip-shaped material with notches on both the top and bottom ends or at one end, and ③ one end of the material is sharpened into a sword tip shape. be. In addition, ink writing on wooden products and ink writing remaining on thin pieces (shavings) scraped from the surface of wooden tablets are also wooden tablets. These are subsumed under the category of "model number". This classification focuses on the morphological characteristics of wooden tablets. It can be said that the categorization based on morphological characteristics, rather than the contents, was the primary focus of the study of wooden tablets in Japan, which treats them as archaeological materials.

Next, looking at the classification according to the content, it can be roughly divided into (a) document wooden tablet, (b) tag wooden tablet, and (c) others.

The shape of a wooden tablet is often related to its contents. Most of the "documents wooden strips" have the shape of ①, and the "tags" correspond to the shapes of ② and ③. It is important to first understand the model of the wooden tablet and then consider the function of the wooden tablet.

Classification based on model number is a very effective tool, but it is not without problems. For example, the model number starting with 04 specifically assumes a sealed wooden tablet, and it can be said that the model number was born from the function (content) of the wooden tablet. In addition, prismatic wooden tablets, which are often excavated in South Korea, are rarely excavated in Japan, so there is no model number. There are many difficult problems in the process of assigning model numbers to wooden tablets. Based on this premise, we will have to discuss the classification and types of wooden tablets, as well as wooden tablets from various regions of East Asia.

▶ Keywords: model number, sealed wooden tablet, tag wooden tablet, prismatic wooden tablets

논문

변한·가야의 문자 관련 고고 자료와 그 의의[*]

김도영[**]

〈국문초록〉

이 글에서는 변한과 가야에서 출토된 문자 관련 자료를 분석하였다. 변한과 가야의 문자 관련 자료는 문방구, 화폐, 동경, 동정, 명문토기, 명문대도를 들 수 있다.

漢 문화가 한반도와 일본열도로 확대되면서 변한에서도 일부 소수의 특정 계층 사람이 문자를 이해하고 점차 쓸 수 있게 된 것으로 보인다. 벼루를 포함한 문방구와 이외의 문자 관련 자료가 증가한다면 변한을 비롯한 삼한의 문자사용 실태에 대해 더욱 구체적으로 접근할 수 있을 것이다. 4세기 이후 성립된 가야의 문자사용 실태에 대해서는 대가야의 자료를 통해 구체적으로 접근할 수 있다. 특히 주목되는 것이 2점의 명문대도이다. 지금까지 발굴 사례로 보아 2점의 명문대도는 대가야에서 제작되었을 가능성이 큰데 이는 대가야의 높은 문자 수준만이 아니라 일본열도의 문자사용에도 큰 영향을 끼쳤다는 것을 방증하는 자료로 평가할 수 있다는 점에서 중요하다. 문헌에서 확인되는 '縣' 관련 기록에 더하여 大王명토기, 下部思利利토기로 보아 5세기 후엽 영역국가까지 발전한 대가야에서도 일정 수준의 문서 행정이 이루어진 것으로 추정된다.

▶ 핵심어: 변한, 가야, 문자, 문방구, 명문토기, 명문도검

---

* 이 논문은 2019년 대한민국 교육부와 한국연구재단의 지원을 받아 수행된 연구임 (NRF-2019S1A6A3A01055801).
** 경북대학교 인문학술원 HK교수

I. 머리말

중원에서 사용된 문자가 한반도 남부까지 전해진 시기를 명확히 짚어내는 것은 어렵다. 다만 현재 남은 고고 자료로 추정컨대 대략 서기 전후한 시기로 볼 수 있다. 오수전, 한경 등 문자가 적힌 중국 漢代의 문물이 한반도의 여러 지역에서도 확인되고 있기 때문이다. 이처럼 한반도에 문자가 전래될 수 있었던 배경에 서기전 108년 한반도 북부에 설치된 한사군을 떠올리는 것은 크게 무리가 없어 보인다. 이후 삼한을 기반으로 백제, 신라라는 여러 정치체가 성장, 발전을 거듭하는 가운데 고등종교인 '불교'와 함께 '문자'가 율령국가의 형성에 지대한 영향을 끼쳤을 것이라는 점에 대해서는 이미 선학들에 의해 여러 차례 지적된 바이다.

이 글에서 살펴볼 변한과 가야의 사정 역시 별반 다르지 않았을 것이다. 다만 안타깝게도 변한과 가야의 문자 자료는 신라, 백제와 비교하면 턱없이 부족해 당시 문자의 역할과 위상 등을 쉽게 파악할 수 없는 실정이다. 변한·가야인이 자신의 역사를 직접 글로 남긴 사례가 없으므로 얼마 되지 않은 문자 관련 고고 자료를 바탕으로 당시의 시대상을 단편적으로나마 복원해 보는 것이 현재로서 취할 수 있는 최선의 방법이라 하겠다. 이 글에서는 이처럼 아직 부족한 변한과 가야의 문자 관련 자료를 종합적으로 살펴봄으로써 그 역사적 의미와 변한·가야 사회의 일면을 어렴풋하게나마 그려보고자 한다. 글의 전개 순서는 다음과 같다. 우선 II장에서는 변한·가야의 문자 관련 연구사를 시대순으로 정리한다. III장에서는 변한과 가야의 관계를 설명하는 관점인 전사론과 전기론을 간단히 소개한다. IV장에서는 변한과 가야의 문자 관련 고고 자료를 소개하고 마지막 V장에서는 문자 관련 자료가 지니는 역사적 의미에 대해 살펴본다.

II. 연구사

변한과 가야 고분에서 출토된 문자 자료는 수량은 적지만 비교적 일찍부터 연구가 시도되었다. 여기서는 변한·가야의 문자 자료를 종합적으로 다룬 대표적인 연구 성과를 연대순으로 간략하게 살펴본다.

김창호는 가야지역에서 발견된 금석문 자료 가운데 창녕 교동11호분 명문대도, 합천 저포리고분군 명문 토기, 합천 매안리비를 소개하고 각각에 대해 간단한 고찰을 시도하였다.[1] 가야지역의 금석문을 종합적으로 고찰한 초기의 논문이라는 점에서 의미가 있다.

1992년에 간행된 『역주 한국고대금석문』에는 가야 문자 자료 개요와 판독문, 해석 및 역주가 실려 있다.[2] 앞선 논고에서 언급되지 않은 안동 임하동11호분 출토 금동판 명문이 추가된 점이 주목된다.[3]

이후 국립중앙박물관과 지방의 국립·시립박물관에서 고대 문자에 관한 특별전이 개최되면서 가야의 문

---

1) 金昌鎬, 1989, 「伽耶지역에서 발견된 金石文 자료」, 『鄕土史硏究』 1, 韓國鄕土史硏究全國協議會.
2) 駕洛國史蹟開發硏究所, 1992, 『譯主 韓國古代金石文 II(신라1·가야 편)』.
3) 형태로 보아 청동제 허리띠장식으로 생각되며 공반 유물로 추정컨대 신라제일 가능성이 크므로 연구 대상에서 제외하였다.

자자료가 소개된다.[4] 또 백승옥은 가야의 언어와 문자를 서술하는 가운데 특히 그동안 가야 고분에서 출토된 명문토기를 간단히 개관하였다.[5]

최근 국립김해박물관에서는 가야문화권에서 발견된 문자 관련 자료를 집성한 후 그 개요와 각각의 자료가 지니는 역사적 의의에 대해 고찰하였다.[6] 현재까지 알려진 가야의 문자와 관련된 자료를 총 집성하였을 뿐만 아니라 최근 연구 동향과 논쟁거리까지 비교적 상세히 기술되어 있어 변한과 가야의 문자 관련 자료를 이해하는데 필수서로 여겨진다. 이듬해에는 '문자로 본 가야'라는 주제로 가야학술제전을 열고 이 학술제전에서 발표된 내용을 학술총서로 발간하였다.[7] 합천 매안리비를 대가야의 비로 보는 견해나 좌서로 쓰인 '大王'명 토기를 중국 남조와 관련지어 보는 견해, '下部思利利'명 토기를 대가야의 부체제와 관련지어 보는 견해 등이 인상적이다. 국립김해박물관에서 진행된 학술제전과 학술총서는 변한·가야 고분에서 출토된 문자 관련 자료를 깊게 이해할 수 있다는 점에서 그 의미가 작지 않다.

이상 연구사를 통해 변한과 가야에서 발견된 문자 관련 고고 자료는 어느 정도 파악할 수 있다. 문자 관련 자료를 둘러싼 쟁점과 역사적 중요성에 대해 살펴보기 전에 글의 전개상 필요한 전기론과 전사론에 대해 간단히 살펴보도록 하겠다.

III. 전기론과 전사론

변한과 가야는 발전도 상에서 전후 시기에 연속한 정치체로 단순하게 인식되는 경우가 있다. 그러나 학계에서는 크게 '前期論'과 '前史論'이라는 이름 아래 양자의 관계를 다양하게 이해한다. 이 글의 연구 대상이 문자이기는 하나 변한과 가야라는, 시기를 달리하면서도 서로 연관된 정치체를 다루는 만큼 전사론과 전기론에 대해 간략하게만 그 내용을 살펴봄으로써 이 글의 입장을 정리한다.

'전기론'과 '전사론'이 학계에 처음 제기된 것은 1990년대 문헌사학계이다. 3세기대의 변한과 4세기 이후 가야의 관계를 어떻게 이해할 것인가에 대해 '전기론'과 '전사론'이라는 해석 틀로 설명하고자 한 것이다.[8] 가야를 한국 고대사 속에 제대로 위치시키기 위해 가야사의 시간적 범위를 제대로 설정해야 하는데 가야 세력이 소멸하는 것은 562년이므로 하한에 대해서는 이론이 없으나 가야사의 출발을 언제로 삼느냐에 따라 가야사 전체에 대한 이해가 달라지기 때문이다.

---

4) 부산광역시립박물관, 1997, 『유물에 새겨진 古代文字』; 국립청주박물관, 2000, 『한국 고대의 문자와 기호유물』; 국립중앙박물관, 2011, 『문자, 그 이후』.

5) 백승옥, 2014, 「가야의 언어와 문자, 제사, 음악, 습속」, 『가야문화권 실체 규명을 위한 학술연구』, 가야문화지역발전 시장·군수 협의회.

6) 국립김해박물관, 2018, 『가야문화권의 문자자료』.

7) 국립김해박물관, 2020, 『문자로 본 가야』.

8) 朱甫暾, 1995, 「序說-加耶史의 새로운 定立을 위하여」, 『加耶史硏究 -대가야의 政治와 文化』, 춘추각.

우선 전기론에서는 신라와 가야의 母胎로 여긴 진·변한을 신라·가야사의 前期로 이해한다. 즉 신라·가야를 진·변한의 연장선상에서 이해하면서 양자의 계승성을 강조한다. 『三國史記』 초기기사와 기년을 신빙하고 전사론에서 중시하는 3세기 말~4세기 초 동아시아의 변동에 큰 비중을 두지 않는다는 점이 공통적이다.

한편 전사론에서는 신라와 가야의 母胎로 여긴 진·변한을 신라·가야사의 前史로 본다. 즉 진·변한과 신라·가야를 분리하여 이해하면서 양자의 차이점을 강조한다. 가야라고 불리는 제 정치세력이 구체적으로 모습을 드러내는 것을 4세기 전후로 보고 이를 기준으로 삼한과 가야를 구분하려 한다. 이를 따른다면 가야사의 실제적인 시작은 4세기 초가 되는 셈이다. 이처럼 전사론에서는 3세기 말~4세기 초를 큰 획기로 인식하는데 그 배경으로 동아시아의 정세를 꼽는다. 한반도 북부에 설치된 낙랑군과 대방군의 멸망하자 그 파동이 한반도 남부의 삼한 사회까지 영향을 끼쳤고 기존 교역체계 상의 변화와 이에 따른 정치적 변동으로 인해 새로운 정치세력인 백제, 신라, 가야가 출현하였다는 것이다. 실제로 3세기 전반 『三國志』에는 삼한이, 『晉書』에는 3세기 후반 중국과 통교하는 정치세력으로 변한과 진한이 보이며 이후 100년이 지나 광개토왕릉비에서 백제, 신라, 임나, 가라, 안라 등이 보이므로 3~4세기 삼한에서 정치적인 변동이 있었고 그 결과 가야 세력이 출현한 것으로도 볼 수 있다.

이상으로 살펴본 '전기론'과 '전사론'은 이후 가야사를 전공하는 여러 역사학자와 고고학자 사이에 이따금 인용되었다. 단정하기는 어려우나 역사학자는 전자, 고고학자는 후자의 입장을 취하는 경향이 강하다.[9] 앞서 언급한 것처럼 후자의 견해를 취하면 가야의 시작은 4세기 이후가 된다. 이 글에서도 여러 고고학자의 지지를 얻는 '전사론'의 입장에서 3세기 이전에는 변한이 존재하였으며 4세기 이후에 가야가 성립된 것으로 간주하고 각각의 문자 관련 고고 자료를 검토하기로 한다.

IV. 변한·가야의 문자 관련 고고 자료

현재까지 보고된 변한·가야의 문자 관련 자료는 문방구, 화폐, 동경, 동정, 비석, 명문토기, 명문대도로 나눌 수 있다(표 1). 아래에서는 개별 사례의 명문과 개요에 대해 살펴본다.

1. 문방구

1) 창원 다호리1호분
흑칠을 한 붓 5점과 환두도자가 1점 출토되었다.[10] 붓의 잔존 길이는 19.6~21.5㎝이며 양 끝에 붓털이

---

9) 이동희, 2019, 「고고 자료로 본 변한과 가야의 구분 -금관가야를 중심으로-」, 『韓國考古學報』 112, 韓國考古學會.
10) 이건무·이영훈·윤광진·신대곤, 1989, 「창원 다호리유적 발굴조사보고(I)」, 『고고학지』 1, 한국고고미술연구소.

달려 있다. 중국의 붓은 한쪽 끝에만 붓털을 끼워서 사용하므로 다호리1호분 붓은 현지에서 직접 제작된 것으로 보는 견해도 있다.[11] 붓대의 양단과 가운데 구멍이 있는데 걸어 놓거나 휴대하기 위한 용도로 보인다. 또 환두도자는 붓과 함께 출토된 것으로 보아 죽간이나 목간에 쓴 글자를 깎는 지우개 용도의 삭도로 생각된다. 漢代의 '刀筆之吏'를 연상케 하는 조합으로 한반도의 문자 도입과 관련하여 항상 언급되는 자료에 속한다.

자료가 부족한 관계로 당시 변한인들이 이미 이 당시부터 문자를 이해하고 자유롭게 구사할 수 있었다고는 단언하기는 어려우나 우리나라에서 발견된 문자 관련 자료 가운데 가장 이르다는 점에서 그 의의가 적지 않다.

2) 사천 늑도B지구 가-245호 주거지

늑도 B지구 245호 주거지에서 길이 14㎝의 판상 석제품이 출토되었다. 보고서가 간행되지 않아 상세한 정보를 알 수 없으나 낙랑, 후쿠오카현(福岡縣) 야쿠시노우에(藥師ノ上)유적에서 출토된 벼루와 형상이 유사하여 벼루로 보기도 한다.[12]

표 1. 변한·가야의 문자 관련 고고 자료

유물	지역	유구	문자자료	연대	명문	표2
동정	김해	양동리322호분	동정(1)	전한 전기(*부장은 3세기?)	西△宮鼎 容一斗 幷重十七斤七兩 七	1
동경	밀양	교동17호분	이체자명대경(1)	서기전1세기 중엽	內淸質以昭明 光輝象而夫日月 心忽揚而願忠 然壅塞而不泄	2
	창원	다호리119호분	이체자명대경(1)	서기전1세기 후엽~1세기 전엽	家常貴富	3
	-	(전)김해 양동리	방격규구사신경(1)	1세기 중엽	子丑寅卯辰巳午未申酉戌亥尙 方作竟(=鏡)眞大△, 上有仙人不 知老, 渴次(=飮)玉泉飢食棗, 浮 由天下敖三(=四)海	4
	남원	두락리32호분	부조식수대경(1)	5세기 4/4분기	宜子孫	5
화폐	사천	늑도C지구 패총	반량전(4), 오수전(1)	서기전2세기~서기 전후	半兩 五銖	6
	창원	다호리1호분	오수전(3)	서기전1세기 중엽~후엽	五銖	7
	창원	다호리104호분	반량전(1)	서기전1세기 중~후엽	半兩	8
	창원	성산패총	오수전(1)	서기전1세기 중~후엽	五銖	9
	김해	회현리패총(Ⅵa층)	화천(1)	1세기 전~중엽	貨泉	10
문방구	사천	늑도B지구 가-245호 주거지	벼루(1)	?	-	11
	사천	늑도CⅠ지구 수혈2호	벼루(1)	서기전 2세기	-	12
	사천	늑도CⅠ지구 주거지11호	벼루(1)	서기전 2세기	-	13

---

11) 국립김해박물관, 2018, 앞의 책, p.12.
12) 위의 책, p.17.

유물	지역	유구	문자자료	연대	명문	표2
	함안	신음리 원삼국시대 2호 구상 유구	벼루(1)	기원전후~2세기	-	14
	창원	다호리1호분	칠붓(5), 삭도(1)	서기전1세기 중엽~후엽		15
	김해	봉황토성 북구 2호 주거지	벼루(1)	5세기 말~6세기 초	-	16
명문대도	창녕	교동11호분	명문대도(1)	5세기 후엽	□音先人□貴賞刀	17
	-	(전)한반도 출토품 (도쿄국립박물관 소장품)	유명(有銘)환두대도(1)	5세기 4/4~6세기 1/4분기	□□不限也□令此刀主福貴高遷財物多也	18
비석	합천	매안리비	비석(1)	6세기 전반	□亥年□月□日□□村卅六千支	19
명문토기	합천	저포리E지구 4-1호분	단경호(1)	6세기 중엽	下部思利利	20
	산청	하촌리 I B지구 7호 주거지	파수부완(1)	5세기 말~6세기 초	二淂知	21
	-	(충남대학교 소장)	유개장경호(1)	6세기 중엽	大王	22

【범례】 (?) : 미보고로 알 수 없음 (-) : 無 (□) : 未詳

표 2. 변한·가야의 문자 관련 고고 자료 수록 보고서

1	東義大學校博物館, 2000, 『金海良洞里古墳文化』, 東義大學校博物館學術叢書 7.
2	密陽大學校博物館, 2004, 『密陽校洞遺蹟』, 密陽大學校博物館 學術調査報告 第7冊.
3	國立金海博物館, 2013, 『昌原 茶戸里遺蹟 -10차 발굴조사보고서-』, 國立金海博物館學術調査報告書 第11冊.
4	朴敬源, 1970, 「金海地方出土 靑銅遺物」, 『考古美術』 106·107, 韓國美術史學會.
5	全北大學校博物館, 2015, 『南原 酉谷里 및 斗洛里32號墳』, 全北大學校博物館 叢書 第57冊.
6	東亞大學校博物館, 2003, 『發掘遺蹟과 遺物』.
7	이건무·이영훈·윤광진·신대곤, 1989, 「창원 다호리유적 발굴조사보고(Ⅰ)」, 『고고학지』 1, 한국고고미술연구소.
8	국립가야문화재연구소·국립김해박물관 2014, 『昌原 茶戸里 遺蹟 -11차 발굴조사보고서-』, 學術調査報告 第63輯.
9	文化公報部 文化財管理局, 1976, 『馬山外洞城山貝塚發掘調査報告』.
10	國立金海博物館, 2014, 『김해 회현리패총』, 日帝强占期 調査報告 製9輯·國立金海博物館 學術調査報告書 第13冊.
11	미보고
12	東亞大學校博物館, 2005, 『泗川勒島 CⅠ』, 古蹟調査報告 第三十九冊.
13	東亞大學校博物館, 2005, 『泗川勒島 CⅠ』, 古蹟調査報告 第三十九冊.
14	慶南研究院 歷史文化센터, 2021, 『함안 신음리 취락유적』, 慶南研究院 歷史文化센터 調査研究報告書 第161冊.
15	이건무·이영훈·윤광진·신대곤, 1989, 「창원 다호리유적 발굴조사보고(Ⅰ)」, 『고고학지』 1, 한국고고미술연구소.
16	慶南考古學研究所, 2005, 『鳳凰土城』, 慶南考古學研究所 遺蹟發掘調査報告書.
17	韓永熙·李相洙, 1990, 「昌寧 校洞 11號墳 出土 有銘圓頭大刀」, 『考古學誌』 第2輯, 韓國考古美術研究所.
18	東京國立博物館, 1992, 『修理報告 有銘環頭大刀』.
19	金相鉉, 1989, 「陜川 梅岸里 古碑에 對하여」, 『新羅文化』 6, 東國大學校 新羅文化研究所.
20	釜山大學校博物館, 1987, 『陜川苧浦里E地區遺蹟』, 釜山大學校博物館 遺蹟調査報告 第11輯.
21	慶南發展研究院 歷史文化센터, 2011, 『산청 하촌리유적 -Ⅰ지구-』, 慶南發展研究院 歷史文化센터 調査研究報告書 第88冊.
22	미보고

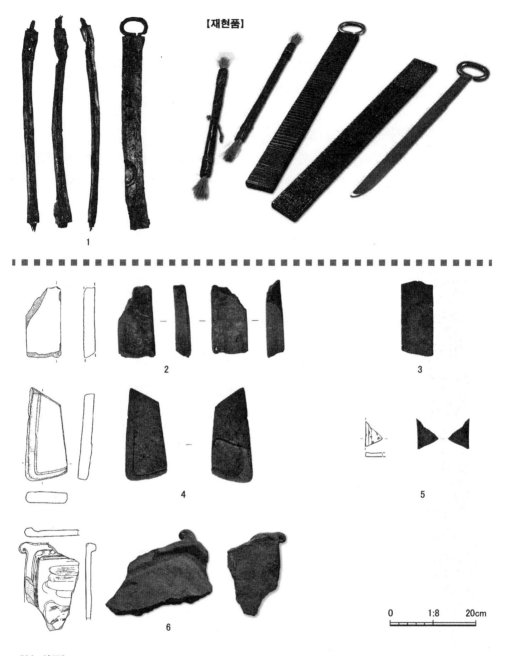

【재현품】

【붓, 삭도】
1 김해 다호리1호분 (재현품 : 국립김해박물관 2018)
【벼루】
2 사천 늑도 CⅠ-11호 주거지   3 사천 늑도 B지구 가-245호 주거지   4 사천 늑도 CⅠ-2호 수혈   5 함안 신음리 취락유적 원삼국시대 2호 구상유구   6 김해 봉황토성 북구 2호 주거지

그림 1. 변한 · 가야 문자 관련 고고자료 : 붓, 삭도, 벼루

3) 사천 늑도 CⅠ 지구 수혈2호

자갈색 사암제 편평석이 파손된 것으로 보고서에 따르면 숫돌, 연석, 벼루의 가능성을 지적한다.[13] 그러면서도 표면과 측면의 마연 흔적을 감안하면 숫돌로 판단할 수 있으나 가장자리에 홈을 파서 구획 지운 점과 마연흔이 섬세한 것을 참조하면 벼루의 가능성도 있다.

4) 사천 늑도 CⅠ 지구 주거지 11호

자갈색 사암제로 장방형이다. 상하좌우면에 마연 흔적이 있으나 보고서에 따르면 지석보다는 연석으로 사용된 것으로 추정한다.[14] 표면 연마 상태, 흑색 부착물의 존재 여부 등 벼루임을 밝히기 위해 앞으로 정밀한 조사가 필요하다.

5) 김해 봉황토성

북구 2호 주거지에서 벼루 1점이 출토되었다. 연질 소성품이며 한쪽 모서리 부분만 남아 있는데 평면 형태는 장방형으로 보인다. 태토는 사립이 소량 혼입된 점토이며 전체적으로 주황색을 띤다. 모서리에는 점토띠가 고사리 손 모양으로 말려 장식되어 있다. 형태로 보아 벼루로 추정된다.[15]

6) 함안 신음리 취락유적 원삼국시대 2호 구상유구

벼루로 추정되는 석재편이 1점 출토되었다. 측면이 포함된 신부 일부가 남아 있다. 두께 0.9㎝ 정도의 석재를 사용하여 측면과 상하면을 모두 마연하였다. 상면에는 가장자리에서 0.7㎝ 정도 떨어져 0.7㎝ 범위의 얕은 홈이 파여있다. 보고서에서 불명석기로 보고된 만큼 벼루로 단정하기는 어렵다.[16]

2. 화폐

1) 창원 다호리 1호분

관 아래 요갱의 대나무 상자에서 오수전 3점(穿上橫文五銖錢, 四角決文五銖錢, 無特徵錢)이 서로 중첩된 상태로 발견되었다.[17] 사각형의 穿孔을 기준으로 오른쪽에 '五', 왼쪽에 '銖'라는 글자가 주출되었으며 지름은 2.5㎝이다.

---

13) 東亞大學校博物館, 2005, 『泗川勒島 CⅠ』, 古蹟調査報告 第三十九冊, p.56.

14) 위의 책, p.87.

15) 慶南考古學研究所, 2005, 『鳳凰土城』, 慶南考古學研究所 遺蹟發掘調查報告書.

16) 慶南研究院 歷史文化센터, 2021, 『함안 신음리 취락유적』, 慶南研究院 歷史文化센터 調査研究報告書 第161冊.

17) 이건무·이영훈·윤광진·신대곤, 1989, 앞의 논문.

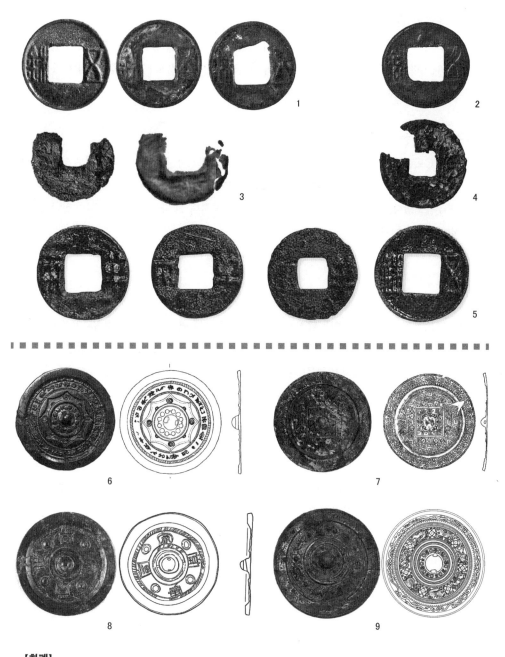

【화폐】
1 창원 다호리1호분   2 창원 성산패총   3 창원 다호리104호분   4 김해 회현리패총   5 사천 늑도 C지구 패총 상충

【동경】
6 밀양 교동17호분   7 전 김해 양동리   8 창원 다호리119호분   9 남원 두락리32호분

그림 2. 변한 · 가야 문자 관련 고고자료 : 화폐, 동경

2) 창원 다호리104호분

동전 1점이 출토되었다. 타원형의 동전으로 반이 결실되었다. 결실이 심해 왼쪽 한 글자의 일부만 확인된다. 무게는 3g이다. 보고서에서는 ① 절반 가량이 결실되었음에도 무게가 3g인 점, ② 남아 있는 전문이 '銖'보다 '兩'과 유사하므로 반량전으로 추정한다.[18)]

3) 창원 성산패총

서남구 패총 C트렌치의 패설층 하단에서 오수전이 1점 출토되었다. 직경 2.4㎝의 동제로 사각형 穿孔의 구획선 상부에 점이 2개 있어 穿上半星文五銖錢으로 추정된다.[19)] 穿孔을 기준으로 오른쪽에 '五', 왼쪽에 '銖'라는 글자가 주출되었다. '五'자는 세로획이 X자 모양으로 교차하며 '銖'자는 '金'변의 상단이 삼각형을 이루고 4개의 점이 길게 그어져 있다.

4) 김해 회현리패총

제Ⅵa층의 현지표 아래에서 화천 1점이 출토되었다. 청동제로 지름 2.3㎝, 두께 0.1㎝, 무게 2.4g이다. 화천은 사각형 穿孔을 기준으로 오른쪽의 '貨'자는 육안으로 확인되나 왼쪽에 '泉'자는 결실되어 X-ray 사진을 통해 확인할 수 있다. 화천 전면 천곽의 오른쪽 내곽에 주조 지느러미가 남아 있어 쌍합범을 통해 제작된 것을 알 수 있다. 또 표면에 흑색의 탄화물이 수착되어 있어 불에 그을린 것으로 보이며 형태도 뒤틀려 있다.[20)] 일부러 깨기 위해 찍은 흔적이 확인되어 보고서에서는 의례와 관련된 행위가 있었을 것으로 추정된다.

5) 사천 늑도C지구 패총

C지구 패총의 상층에서는 半兩錢 4점과 五銖錢 1점이 출토되었다.[21)] 반량전의 지름은 2.3~2.5㎝으로 사주반량전으로 추정된다. 사각형의 穿孔을 기준으로 오른쪽에 '半', 왼쪽에 '兩'이라는 글자가 새겨져 있다. 특히 '兩'자의 아래 획을 '十'자처럼 새겼다. 반량전은 4점에 새겨진 '半兩' 서체는 조금씩 다르다. 오수전은 지름이 2.5㎝이며, 사각형의 천공을 기준으로 오른쪽에 '五', 왼쪽에 '銖'자가 주출되어 있다.

---

18) 국립가야문화재연구소·국립김해박물관, 2014, 『昌原 茶戶里 遺蹟 -11차 발굴조사보고서-』, 學術調査報告 第63輯.

19) 文化公報部 文化財管理局, 1976, 『馬山外洞城山貝塚發掘調査報告』.

20) 國立金海博物館, 2014, 『김해 회현리패총』, 日帝强占期 調査報告 製9輯·國立金海博物館 學術調査報告書 第13册.

21) 東亞大學校博物館, 2003, 『發掘遺蹟과 遺物』.

3. 동경

1) 밀양 교동17호분

이체자명대경이 1면 출토되었다. 주연부 일부가 결실되었고 지름은 10.2㎝이다. 중앙에는 반원형뉴가 있고 그 주위에 3개씩 4쌍의 연주문대와 돌대가 돌아간다. 돌대 바깥에는 8개의 연호문을 가진 내행화문과 연호문이 돌아가고 그 외곽에는 명문대가 배치되어 있다. 명문의 내외로 즐치문이 있다. 명문은 아래와 같다.[22]

內淸質以昭明 光輝象而夫日月 心忽揚而願忠 然壅塞而不泄

2) 창원 다호리119호분

이체자명대경이 1면 출토되었다. 지름은 8.0㎝이다. 경면을 비롯해서 전체적으로 파손이 심하다. 동경의 중앙에 돌기된 뉴의 형태는 반구형뉴이며 뉴좌는 원뉴좌이다. 원뉴좌 외측에 즐치문이 있으나 지워졌다. 경면은 마연하여 광택이 있다. 주문양대를 중심으로 안쪽과 바깥쪽에 櫛齒文帶를 두었고 그사이에는 4개의 小乳가 있다. 소뉴 사이에 '家常貴富'이 시계 방향으로 배치되어 있다. '家'·'常'·'富' 세 글자는 뉴쪽으로 향해 있으나 '貴'자는 주연 쪽을 향해 있어 글자 방향에 일치감이 없다. '家'자는 전서체이고 '常'·'富'·'貴'자는 예서체이다.[23]

3) (전)김해 양동리 출토품

1969년 김해 주민이 수습한 방격규구사신경이다.[24] 지름 20.1㎝로 비교적 대형에 속한다. 중앙에는 반원형의 뉴를 중심으로 방형의 문양대가 위치하며, 그 내부에 四葉座와 '子', '丑', '寅', '卯', '辰', '巳', '午', '未', '申', '酉', '戌', '亥'라는 12支銘이 시계 방향으로 주출되어 있다. 명문 사이에는 小形乳를 배치하였다. 방형 바깥쪽의 주문양대에는 T, L, V의 기하학적인 문양과 뉴가 결합된 8개의 연호문좌를 배치하고 그사이에 청룡, 주작, 백호, 현무, 8마리의 상서로운 동물을 표현하였다. 주문양대의 바깥에는 28자의 명문이 새겨져 있고 주연부에 거치문과 운문이 표현되었다. 명문 판독에 관해서는 견해가 다양한데 최근 국립김해박물관의 성과를 참고하면 아래와 같다.[25]

尙方作竟(=鏡)眞大△, 上有仙人不知老, 渴次(=飮)玉泉飢食棗, 浮由天下敖三(=四)海

---

22) 密陽大學校博物館, 2004, 『密陽校洞遺蹟』, 密陽大學校博物館 學術調查報告 第7冊.

23) 國立金海博物館, 2013, 『昌原 茶戶里遺蹟 –10차 발굴조사보고서-』, 國立金海博物館學術調查報告書 第11冊.

24) 朴敬源, 1970, 「金海地方出土 靑銅遺物」, 『考古美術』 106·107, 韓國美術史學會.

25) 국립김해박물관, 2018, 앞의 책.

4) 남원 두락리 32호분

직경 17.45㎝의 부조식수대경이다. 경면은 광택이 있고, 약하게 볼록하다. 중앙부에 원형뉴가 있고 주위에 원형으로 구획한 뉴좌가 돌아간다. 내구에는 원형단으로 구획한 9개의 돌기가 등간격으로 돌아가고 돌기 사이에는 기하학문과 '宜', '子', '孫'자가 배치되어 있다. 명문은 문양과 돌기 2개 사이에 하나씩 위치하는데 중앙의 뉴를 바라보는 방향이며 시계 방향으로 돌아간다. 외구는 4엽문으로 장식한 7개의 돌기가 등간격으로 배치되어 있고 그사이에 서수문을 배치하였다.[26]

4. 동정

김해 양동리322호분에서 문자가 새겨진 銅鼎이 1점 출토되었다. 높이가 17.5㎝이고 구경은 16.1㎝이다. 동체는 半球形이며 동체의 중상위에 돌대가 1줄 돌아간다. 다리는 3개로 獸脚形이다. 뚜껑받이턱과 돌대 사이에는 명문이 가로로 쓰여 있다. 세부 사진으로 보아 거푸집에 미리 문자를 새긴 후 주출한 것이 아니라 완성된 제품의 표면에 철제끌과 같은 도구로 새긴 것으로 추정된다. 명문은 아래와 같다.[27]

西△宮鼎, 容一斗, 幷重十七斤七兩, 七

5. 비석

1989년 5월 당시 동국대 교수였던 김상현 교수에 의해 합천군 가야면에서 발견된 비석으로 합천 매안리 비라 불린다. 높이 265㎝, 최대 폭 56㎝, 글자 크기는 약 5.5㎝이다. 자연석을 이용하였는데 전·후면과 양 측면을 매끈하게 다듬었다. 글자는 전면의 우측 상단과 후면의 하단 중앙에 남아 있다. 문자는 비석의 표면이 심하게 마모되어 읽어내기 쉽지 않다. 논란이 있는 글자도 있으나 지금까지 견해를 참고로 최근 국립김해박물관에서 제시한 판독문은 아래와 같다.

△亥年△月△日△△村卄六干支

어떤 큰 사건(위기)으로 26명의 수장이 이에 공동 대응하기 위하여 이 □□村에 모여 회합을 가지고 거기서 결정된 사항을 비석에 새겨 맹세하였다는 내용으로 해석된다.[28]

매안리비의 건립 시기, 작성 주체와 관련해서 여러 논란이 있다. 이와 관련하여 명문 중에 주목되는 것이 '△亥年', '△△村', '干支'이다. 익히 알려져 있듯이 신라 관등의 표기 방식과 관련하여 550년에서 561년 사이 '干支'에서 '支'가 탈락하는 변화가 있었던 것으로 추정된다.[29] 매안리비에는 아직 '干支'라는 표현이 사용되

---

26) 全北大學校博物館, 2015, 『南原 酉谷里 및 斗洛里32號墳』, 全北大學校博物館 叢書 第57冊.

27) 東義大學校博物館, 2000, 『金海良洞里古墳文化』, 東義大學校博物館學術叢書 7.

28) 이현태, 2020, 「합천 매안리비의 분석과 건립 배경」, 『문자로 본 가야』, 국립김해박물관.

西△宮鼎, 容一斗, 幷重十七斤七兩, 七

△亥年△月△日△△村廿六干支

1 김해 양동리322호분　2 합천 매안리비

그림 3. 변한 · 가야 문자 관련 고고자료 : 동정, 비석

고 있으므로 비는 561년 이전에 건립된 것에는 여러 연구자가 동의한다. 문제는 『日本書紀』에 의하면 가야에서는 주로 '干支'를 '旱岐'로 표기한 반면 신라에서는 6세기 금석문 상에서 거의 예외 없이 '干支'라는 표기를 사용하였으므로 이를 가야비로 단정할 수 없다는 것이다. '△△村'이라는 역시 신라에서 사용된 지역 단위 또는 행정 단위이다. 이외에 가야에 비석이 세워진 사례가 없음에도 대가야의 변두리 지역에서 큰 규모의 비석이 세워진 점을 들어 이 비를 세운 주체 세력을 신라로 보아야 한다는 견해가 있다.[30] 이와 달리 발견된 당시부터 가야비로 소개된 이래 신라비로 보는 근거가 대부분 희박하므로 6세기 전엽 대가야에서 세운 유일한 비석이라는 견해도 엄존한다.[31]

한편 제작 연대를 나타내는 '△亥年'의 후보로 아래 경우를 들 수 있다.

辛亥年 : 471년, 531년, 591년
癸亥年 : 483년, 543년, 603년
乙亥年 : 495년, 555년
丁亥年 : 507년, 567년
己亥年 : 519년, 579년

이 가운데 대가야가 멸망한 562년보다 늦은 567년, 579년, 591년, 603년이라면 신라에서 세운 비석으로, 그 이전이라면 가야의 비석으로 볼 수 있을 것이다. 명문 해석에 논란이 많아 비의 건립 주체를 신라 또는 대가야로 단정하기는 현재로서 쉽지 않다.

6. 명문토기

1) 합천 저포리E지구 4-1호분

무덤의 연도 좌측에 있는 상단 호석 곁에서 옆으로 누운 채로 단경호가 발견되었다. 소성이 양호한 도질 토기로 구연과 肩部의 3/4 정도가 결실되었다. 기벽 내에 기포가 많고 동체부와 저부가 일그러졌으나 평저이면서 방형 동체에 구연이 다소 외반하는 대가야계의 단경호이다. 頸部가 조금 긴 편이고 견부가 다소 넓으면서 1조의 돌대가 돌아간다. 구연과 저부에는 짚흔이 있고 구연 내측에 '下部思利利' 명문이 음각되어 있다.[32]

'下部思利利'에서 下部는 부의 명칭, 思利利는 인명으로 보는 것이 일반적이다. '下部'를 백제와 관련된 것

---

29) 朱甫暾, 2000, 「咸安 城山山城 出土 木簡의 基礎的 檢討」, 『韓國古代史研究』 19, 韓國古代史學會.

30) 주보돈, 2014, 「가야사 새로 읽기」, 『가야문화권 실체 규명을 위한 학술연구』, 가야문화권 지역발전 시장·군수협의회.

31) 이현태, 2020, 앞의 논문.

32) 釜山大學校博物館, 1987, 『陜川苧浦里E地區遺蹟』, 釜山大學校博物館 遺蹟調査報告 第11輯.

으로 보는 견해도 있으나 백제 지역에서 유사한 형태의 토기가 드물어 가야와 관련짓는 견해가 우세한 듯하다. 즉 '下部思利利' 토기는 대가야에도 상부, 하부의 '부체제'가 존재한 것을 뒷받침하는 자료이며 나아가 6세기 대가야의 국가 발전 단계를 보여주는 단적으로 보여주는 자료로 평가된다.

2) 산청 생초면 하촌리 ⅠB지구 7호 주거지

파수부완은 소성이 양호한 도질토기로 구연부 일부가 결실되었으나 원래 기형을 충분히 알 수 있다. 배신은 3개의 돌대에 의해 4단으로 나누어져 있으며 하단을 제외한 상·중단에 9치구의 파상문을 새겼다. 배신 상위에 손잡이가 2개 부착되었다. 전형적인 대가야계의 파수부완으로 5세기 말~6세기 초로 편년된다.[33] 내면에는 '二得知'가 거꾸로 새겨져 있다. 이로 보아 형태가 완성된 토기를 뒤집은 후 내면에 문자를 새긴 것으로 추정된다. 또 획 주위에 문자를 새길 때 밀리면서 남은 점토로 보아 소성하기 전에 문자를 새겼을 것이다. 이득지는 인명으로 보는 견해가 일반적이다.

3) 대왕명 유개장경호(충남대박물관 소장)

1976년 윤무병 교수가 대구의 한 골동품점에서 구매한 것으로 현재 충남대학교 박물관에 소장되어 있다. 장경호와 개가 세트인데 각각에 '大王'이 새겨져 있다. 장경호는 기고 16.8㎝이며 직선적인 경부와 둥근 동체는 그 비율이 1:1에 가깝다. 경부는 직선적이고 돌대에 의해 2단으로 나누어지는데 각 단에는 10조의 파상문을 새겨져 있다. 개의 구경은 10.8㎝, 꼭지는 乳頭形이고 외면에 침선이 1줄 돌아간다. 유사한 형태의 유개장경호는 고령, 합천 등 대가야권역의 분묘에서 확인되므로 대왕명 유개장경호는 역시 6세기 전반 대가야에서 제작된 것으로 추정된다.

'大王'이라는 문자는 밀린 점토로 보아 토기가 완전히 건조되기 이전 새긴 것으로 보인다. 흥미로운 점은 같은 장경호에 새긴 '大王'은 바르게 쓴 우서인 반면 개에 쓴 '大王'은 좌서, 즉 좌우가 바뀐 문자라는 점이다. 이와 관련해 문자의 좌우를 뒤집어서 쓰는 좌서의 시원을 중국 남조의 능침제도와 관련짓는 견해가 주목된다. 즉 망자의 입장에서 보면 좌우가 바뀐 좌서가 오히려 문자를 똑바로 볼 수 있으므로 중국 남조의 서사문화가 대가야까지 유입되었다는 것이다.[34]

한편 대왕명토기를 근거로 대가야의 왕이 내외적으로 大王이라는 칭호를 사용하였으며 대가야 권역 내에서 가라가 직접 지배하는 지역의 범위도 넓어졌을 것으로 보는 견해도 주목된다.[35]

---

33) 慶南發展研究院 歷史文化센터, 2011, 「산청 하촌리유적 - Ⅰ지구-」, 慶南發展研究院 歷史文化센터 調查研究報告書 第88冊.

34) 이동주, 2020, 「대가야 '대왕'명 유개장경호의 문자 새로 보기」, 『문자로 본 가야』, 국립김해박물관.

35) 李熙濬, 1995, 「토기로 본 大伽耶의 圈域과 그 변천」, 『加耶史研究-대가야의 政治와 文化』, 춘추각.

1 합천 저포리E지구 4-1호분   2 충남대학교 박물관 소장품   3 산청 하촌리 | B지구 7호 주거지

그림 4. 변한 · 가야 문자 관련 고고자료 : 명문토기

7. 명문대도

1) 창녕 교동11호분 원두대도

　1919년 창녕 교동고분군에서 발굴된 명문대도로 오랫동안 도쿄국립박물관에 소장되었으나 한일기본조약 체결 후 한국으로 반환되었다. 잔존 길이는 80.5㎝이며 환두가 둥근 원두대도로 분류된다. 1984년 X선 투과 사진 촬영에 의해 도신에 명문에 새겨진 사실이 밝혀졌다.[36] 명문은 아래와 같이 판독된다.

　　□音先人□貴賞刀[37]

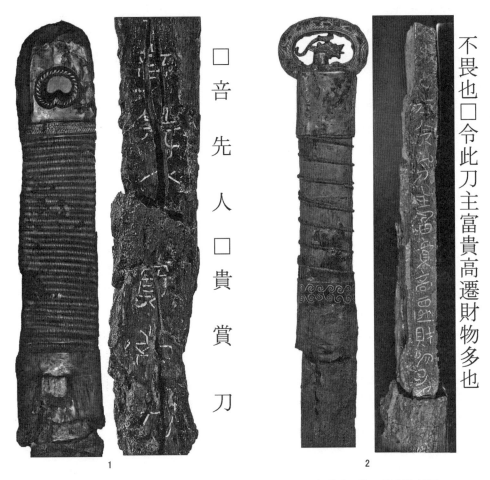

1 창녕 교동11호분 원두대도　　　**2 도쿄국립박물관 소장 한반도 출토 유명환두대도**

그림 5. 변한 · 가야 문자 관련 고고자료 : 명문대도

---

36) 韓永熙·李相洙, 1990, 「昌寧 校洞 11號墳 出土 有銘圓頭大刀」, 『考古學誌』 2, 韓國考古美術研究所.

계보 및 제작지에 관해서는 '□音'를 고구려 또는 백제의 '上部'로, '先人'을 고구려의 최하 관등으로 보고 일찍 고구려제로 보는 견해[38]가 제기된 이래 지금까지 지속되고 있으나[39] 신라,[40] 백제,[41] 대가야[42] 등 다른 견해도 존재한다.

2) 유명(有銘)환두대도

도쿄국립박물관에서 보관 중인 명문대도로 한반도 출토(傳창녕)로 전해진다. 1989년 X선 투과사진 촬영을 통해 도신에 새겨진 문자를 확인하였다.

외환은 철제로 X선 촬영 결과에 의하면 외환과 환두경을 일체로 주조하여 제작하였을 가능성이 크다.[43] 외환은 가로 5.0㎝, 세로 3.4㎝, 두께 1.2㎝이며 단면은 반원형이다. 철로 주조한 외환은 얇은 은판으로 덮어씌운 것으로 보인다. 외환에는 2마리의 용이 서로를 향해 마주 보면서 날아가고 있는, 소위 筋交形의 용 모습이 鑄出되어 있다. 외환 내의 환내장식은 금동제의 단용이다. 환내장식을 따로 만들어 외환에 삽입한 것으로 별주식이다.

남은 도신의 길이는 27.5㎝이다. 도신 등 부위에 은으로[44] '不畏也□令此刀主富貴高遷財物多也'라는 문자가 은상감되어 있다. '이 칼을 지니고 있으면 어떠한 것도 두렵지 않고 많은 재물을 가질 것'이라는 내용의 길상구로 보인다.

8. 그 외 관련 자료

이외 가야지역에 발견된 문자 관련 자료로 개석, 목간, 명문토기 등을 들 수 있다.

1) 개석

일제강점기 때 조사된 함안 말이산5호분(구30호분)의 개석에서 문자가 발견되었다. 이마니시류(今西龍)는 이 글자를 '壽下王'로 판독하였다. 이후 국립창원문화재연구소(현재 국립가야문화재연구소)에서 탁본 실측과 사진 촬영을 통해 '奇下三' 또는 '下三奇'로 재판독하였다. 실제로 이 고분 아랫동네를 '下三奇洞' 또는

---

37) 홍승우, 2021, 「창녕 교동11호분 출토 명문대도 재검토」, 『한국고대사연구』 101, 한국고대사연구회.

38) 李永植, 1993, 「昌寧校洞11號墳出土環頭大刀銘」, 『宋甲鎬教授 停年退任記念論文集』, 記念論文集發行委員會; 李永植, 2006, 「가야와 고구려의 교류사 연구」, 『韓國史學報』 25, 高麗史學會.

39) 남재우, 2020, 「가야, 기록과 문자」, 『문자로 본 가야』, 국립김해박물관; 이형기, 2020, 「下部思利利'銘 토기와 대가야」, 『문자로 본 가야』, 국립김해박물관.

40) 홍승우, 2021, 앞의 논문.

41) 홍성화, 2013, 「古代 韓日의 龍鳳紋環頭大刀 고찰」, 『동양예술』 20, 한국동양예술학회.

42) 金宇大, 2012, 「韓牛島出土圓頭·圭頭大刀의 系譜」, 『義城 大里里二號墳Ⅱ -B봉토·주변유구·A-5호』, 경상북도문화재연구원.

43) 東京國立博物館, 1992, 『修理報告 有銘環頭大刀』.

44) 성분 분석 결과 거의 100%에 가까운 은이라고 한다(西山要一, 1999, 「東アジアの古代象嵌銘文大刀」, 『文化財學報』 第17集, 奈良大學文學部文化財學科).

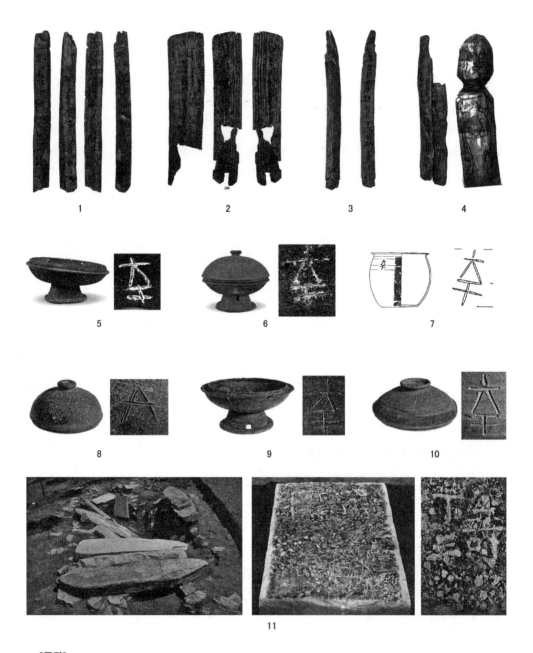

【목간】
1 김해 봉황동 저습지유적   2 부산 배산성지   3 김해 양동산성 집수지 유적   4 창녕 화왕산성 연지
【명문토기】
5·6 창녕 계성 Ⅱ지구8호분   7 창녕 계성A지구 6호분 옆 옹관묘
8 창녕 계성 Ⅰ지구26호분   9 창녕 계성 Ⅰ지구20호분   10 창녕 계성 Ⅰ지구5호분
【개석】
11 함안 말이산5호분 (구30호분)

그림 6. 가야지역 출토 문자 관련 고고자료 (재검토 필요)

'아랫삼기'라고 지금도 이 지역민들이 부르고 있으므로 아라가야와는 아무런 관계없는 것으로 이해된다.[45] 起筆과 收筆 등 문자 획의 표현이 5~6세기대 비석에 새겨진 문자 수준이 아닌 것으로 보아 후대의 낙서일 가능성이 커 보인다.

2) 목간

김해 봉황동 저습지유적의 조사 확장부의 Ⅱpit에서 목간이 출토되었다. 잔존 길이는 20.6㎝, 폭은 좁은 곳이 1.5㎝, 넓은 곳은 2.1㎝이다. 목간의 양단은 모두 결실되었으며 각 면은 칼로 다듬었다. 단면이 정사각형으로 4면 모두 묵서되어 있다. 53~57자 정도이며 내용은 『논어』 「공야장」의 일부이다.[46] 동일 층위에서 출토된 토기가 6세기 후엽~7세기 초로 비정되어 가야의 목간으로 보기는 어렵다. 이외에 김해 양동산성,[47] 부산 배산성,[48] 창녕 화왕산성[49] 등 한때 가야의 고지에서 발견된 목간은 분석 결과 대부분 6세기 말 이후에 작성된 신라 목간으로 밝혀졌으므로 가야의 문자 자료에서 제외해야 마땅하다.

3) 명문토기

창녕 계성고분군(A·B·C지구, Ⅰ·Ⅱ지구), 김해 예안리고분군에서 '大干', '辛', '井勿' 등이 적힌 명문토기가 출토되었다. 지금까지 가야의 문자 자료로 언급되었으나 토기 형태로 보아 해당지역이 신라에 편입되고 난 이후 제작된 신라 토기로 보이므로 가야의 문자 자료로 보기 어렵다.

V. 문자로 본 변한, 가야 사회

전사론의 입장에서 변한과 가야 사회를 문자 관련 자료로 그려보고자 한다.

1. 변한의 문자와 사회

변한의 문자 관련 고고 자료로 문방구, 화폐, 동경, 동정을 들 수 있다. 유물의 제작 및 부장 연대에 관해서는 연구자마다 견해차가 있지만 크게 보아 대략 서기전 1세기대부터 1세기를 전후한 시기로 비정되는 것들이 대부분이다. 오수전, 화천 등 화폐와 동경 등은 진·변한지역에서 생산된 철을 매개로 漢과 교역하는 과정에서 유입된 것으로 여겨진다. 이처럼 漢의 제품이 한반도 동남부까지 이입될 수 있었던 배경 중 하나로 앞서 언급한 한사군을 빼놓을 수 없다.

---

45) 國立昌原文化財研究所, 2004, 『咸安 道項里古墳群Ⅴ』, 學術調査報告 第26輯.

46) 釜山大學校博物館, 2007, 『金海 鳳凰洞 低濕地遺蹟』, 釜山大學校博物館 研究叢書 第33輯.

47) 大成洞古墳博物館, 2020, 『김해 양동산성 집수지 유적』, 大成洞古墳博物館, 學術研究叢書 第23冊.

48) 釜山博物館, 2019, 『盃山城址Ⅰ -2017년 1차 발굴조사 보고서-』, 부산박물관 학술연구총서 제61집.

49) 慶南文化財研究院, 2009, 『昌寧 火旺山城內 蓮池』, 學術調査研究叢書 第74輯.

평양 정백동 364호분에서는 초원 4년(서기전 45년) 낙랑군 25개현의 호구 수와 전년도 통계 증감 여부 및 그 증감치를 기재한 호구부가 출토되었다. 이를 통해 낙랑군에서도 내지의 다른 군현과 마찬가지로 호적을 작성하고 현별 호구를 집계한 문서 행정이 이루어진 사실이 밝혀졌다.[50] 문서 행정을 통한 지역민의 통제와 관리에 문자를 이해하고 구사할 수 있는 능력은 필수적인 조건이었으며 나아가 당시 낙랑 사회에서 문자를 쓰고 이해할 수 있는 능력은 일종의 권력과도 같았을 것으로 추정된다.

진·변한지역의 문자 수준을 동시기 낙랑군과 동일한 것으로 단정하기는 어렵다. 다만 앞서 소개한 자료로 보아 적어도 낙랑을 거쳐 들어온 문자 자료를 차츰 접하기 시작하면서 문자에 관한 정보를 받아들이기 시작한 것은 분명해 보인다. 변한의 문자사용 수준과 관련하여 『삼국지』 위서 동이전 한조 마한조에 인용된 『위략』의 廉斯鑡의 조공 기사는 주목된다.

진한의 右渠帥였던 염사치는 王莽 地皇年間(서기 20~23)에 낙랑의 토지가 기름지고 백성이 잘 산다는 말을 듣고 그곳에 귀화하려고 가던 도중 戶來라는 漢人을 만난다. 그리고 호래와 함께 낙랑군에 도착한 후 한인 나포 사실을 보고하여 포로 刷還 임무를 맡는다. 진한으로 돌아온 염사치는 진한인 15,000명과 牟韓 布 1만 5,000필을 얻어 낙랑군에 돌아간다. 그는 이 공로로 冠幘과 田宅을 받았으며 자손 대대로 賦役과 租 稅 면제의 특권까지 받았다고 한다. 낙랑을 동경한 나머지 스스로 군현에 조알하였으며 한인 포로를 송환하는 한편 다대한 교역 성과를 군현에 제공한 것이다.[51]

염사치를 필두로 한 낙랑과 삼한의 교역 기사는 당시 진한 읍락의 지배자였던 염사치가 漢語에 능통하였다는 사실과 함께 문자를 구사하는 수준이 이미 상당할 정도로 진전되었음을 입증하여 주는 사실로 여겨진다.[52] 진한의 이야기이기는 하나 雜居하고 있었을 변한의 문자사용 수준 역시 이와 크게 다르지 않을 것으로 추정하여도 무방할 터이다.

다만 낙랑을 거쳐 한반도로 전해진 문자를 당시 진·변한인이 완벽하게 이해하고 구사하였으리라고는 보기 어렵다. 염사치와 같은 읍락의 지배자를 중심으로 漢의 문물에 익숙해진 일부 소수의 특정 계층 사람만이 문자를 이해하고 점차 쓸 수 있게 되기 시작한 것으로 보인다.

이처럼 한사군을 관문으로 확산되기 시작한 漢의 문자 문화는 한반도를 거쳐 야요이시대 일본열도까지 다다랐던 것으로 추정된다. 시카노시마(志賀島)에서 발견된 한위노국왕 金印을 비롯하여 나라현(奈良縣) 도다이지야마고분(東大寺山古墳)에서 출토된 중평명철도, 일본열도 전역에서 출토된 漢鏡은 이를 방증하는 문자 자료로 볼 수 있다. 또 한반도과 일본열도에서 출토된 문자 관련 자료의 분포로 보아 해안가나 큰 강의 지류 등 주로 수로를 매개로 문자 문화의 확산이 이루어졌을 공산이 크다. 이처럼 漢의 물질문화가 동아시아 전역으로 東漸하는 가운데 변한지역에도 문자 관련 자료가 남게 된 것으로 볼 수 있다.

한편 변한의 문자사용 수준과 관련하여 주목되는 자료가 벼루이다. 사천 늑도에서 출토된 벼루는 공반

---

50) 尹龍九, 2007, 「새로 발견된 樂浪木簡」, 『韓國古代史研究』 46, 韓國古代史學會.

51) 尹龍九, 2004, 「三韓과 樂浪의 교섭」, 『韓國古代史研究』 34, 韓國古代史學會.

52) 朱甫暾, 2001, 「新羅에서의 漢文字 定着 過程과 佛教 受容」, 『嶺南學』 創刊號, 慶北大學校嶺南文化研究院.

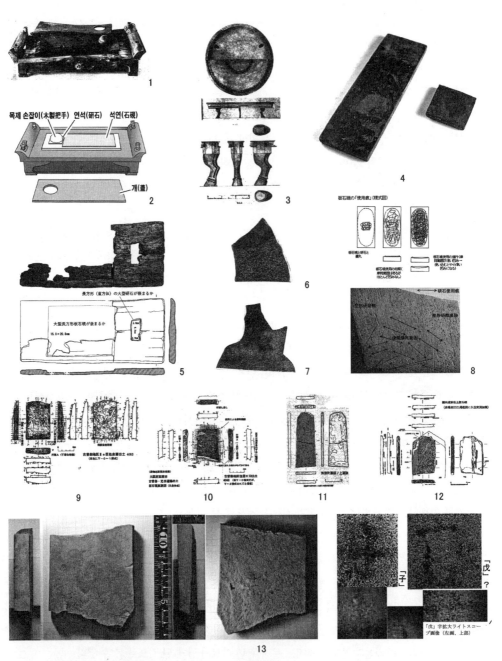

1 낙랑 채협총 硯研臺   2 채협총 硯研臺 복원도(大阪府立近つ飛鳥博物館 2011)   3 평양 석암리6호분 연석   4 도쿄대학 소장 낙랑 왕우묘(대동 석암리205호분) 장방형판석연(久住 2021)   5 후쿠오카현(福岡縣) 이마주쿠고로에유적(今宿五郎江遺蹟)(久住 2021)   6~7 시마네현(島根縣) 다와야마유적(田和山遺蹟)(大阪府立近つ飛鳥博物館 2011)   8 판석연 '사용흔' 모식도(久住 2021)   9~10 오사카부(大阪府) 고소베시바타니유적(古曾部·芝谷遺蹟)(久住 2021)   11 후쿠오카현(福岡縣) 야쿠시노우에유적(藥師ノ上遺蹟)(久住 2021)   12 나라현(奈良縣) 마키무쿠유적(纒向遺蹟)(久住 2021)   13 시마네현(島根縣) 다와야마유적(田和山遺蹟)(久住 2021)

그림 7. 낙랑·일본열도 출토 판석연(板石硯)

된 점토대토기로 보아 서기전 2세기대로 비정된다. 함안 신음리의 구상유구 또한 기원 전후에서 2세기대로 비정된다. 물론 앞서 소개한 벼루는 제품의 표면을 다듬기 위한 숫돌이나 갈돌로 사용되었을 수도 있어 그 기능을 단정하기 쉽지 않다. 그러나 前漢代부터 유행한 '長方形板石硯'과 硏石이 평양 석암리6호분, 채협총(남정리116호분), 왕우묘에서 확인되고 또 최근 사례가 늘어나고 있는 야요이시대 판석연과[53] 후쿠오카현(福岡縣) 이마주쿠고로에유적(今宿五郞江遺蹟)에서 출토된 목제의 硯硏臺(그림 7-5)까지 고려한다면 '대륙'과 '열도'를 이어주면서 가교역할을 담당한 '반도'에서 판석연과 같은 벼루가 출토되는 것은 하등 이상한 일이 아니다. 이미 지적된 것처럼[54] 왜왕이 京都, 帶方, 諸韓國으로 사신을 보낼 때 나루터(津)에서 '문서'와 물품을 검사하여 서로 섞이는 착오가 생기지 않도록 하였다는 『三國志』 위서 동이전 왜인전의 기록으로 보아 한반도에도 판석연이 존재하였을 가능성은 충분하다.[55]

앞서 소개한 사례가 실제로 벼루로 사용되었다면 변한에서도 먹을 갈아 문자를 쓰는 서사 행위가 이루어졌다는 결정적인 증거가 되는 셈이다. 벼루 표면에 남은 연마 흔적(그림 7-8)이나 먹의 흔적을 세심히 관찰하여 그것이 실제로 벼루로 사용되었는지 판단할 수 있는 새로운 연구가 시도된다면 변한을 비롯한 삼한의 문자사용 실태에 대해 접근할 수 있으리라 기대된다.

2. 가야의 문자와 사회

건립 주체에 논란이 있는 합천 매안리비와 김해 봉황토성 출토 벼루 한 점을 제외하면 가야의 문자 관련 고고자료는 대체로 5세기 후반부터 6세기 전반의 대가야권 자료로 한정된다. 명문대도와 명문토기를 중심으로 그 의의에 대해 살펴보고자 한다.

우선 주목되는 자료가 2점의 명문대도이다. 이 가운데 한반도에서 출토된 것으로 전해지는 有銘환두대도는 현재 도쿄국립박물관에 소장되어 있다. 1989년 도쿄국립박물관에서 실시한 X선 촬영을 통해 명문이 발견되었는데 그 중요성을 고려해 이듬해 2월 도쿄국립박물관에서 간행하는 잡지 『MUSEUM』 467호에 조속히 보고되었다.[56] 이후 도노하루유키(東野治之)에 의한 판독문과 함께 정식 수리보고서가 발간되었다.[57] 당시까지 한반도에서 발견된 명문도검이 칠지도와 창녕 교동 11호분 출토품 이외에는 없었던 터라

---

53) 일본열도에서는 야요이시대 중기 전반에 중국 前漢 前半期의 '방형판석연'을 모방한 板石硯이 처음으로 출현한다. 현재까지 자료 상황으로 보아 후쿠오카현과 시마네현을 중심으로 많이 분포하지만 서일본 각지 및 이시카와현, 기후현, 미에현 등 각지에서 판석연이 확인된다. 이후 고훈시대 후기까지 판석연이 제작되는데 기나이(畿內)에서는 야요이시대 중기 후반에 판석연이 등장하고 후기 이후에 많이 발견되며 고훈시대에는 마키무쿠유적(纏向遺蹟)과 후루유적(布留遺蹟)에서 출토된다. 현재까지 일본열도에서 발견된 판석연은 200점을 상회한다(久住猛雄, 2021, 앞의 논문).

54) 위의 논문.

55) 평범한 형태로 인해 벼루로 인식하지 못하고 보고에서 누락된 사례도 다수 있었을 것이다. 한편 일본 야요이시대로 비정한 벼루에 문자가 적혀 있어 학계의 이목을 끌었는데(위의 논문) 조사 결과 유성펜 자국이라는 에피소드도 있는 만큼 墨痕은 과학적인 조사도 병행할 필요가 있다.

56) 早乙女雅博·東野治之, 1990, 「朝鮮半島出土の有銘環頭大刀」, 『MUSEUM』 467, 東京國立博物館美術誌.

57) 東京國立博物館, 1992, 앞의 책.

한국 역사학자들의 관심을 끌기 충분했다.

문제는 정식 수리보고서에서 한반도 출토라고 명기한 이 유명환두대도가 과연 한반도 내의 어디에서 제작되었는가 하는 점이었다. 일찍이 국내에서는 칠지도의 '此刀'와 동일한 구절, '聖音'과 유사한 종교적 용어가 존재하는 것을 근거로 백제에서 만들어졌을 것으로 보는 견해가 제기된 적이 있다.[58] 유사한 명문대도가 확인된 구마모토현(熊本縣) 에타후나야마고분(江田船山古墳)에서 백제계의 금동관과 금동식리가 출토된 사실 역시 유명환두대도의 계보를 백제로 보는 중요한 근거로 작용하였다.[59]

한편 이와 달리 자료가 공개된 직후 6세기 초 이전의 가야제품일 것이라는 견해도 제기되었다.[60] 명문을 판독한 도노하루유키 역시 이 대도가 戰前의 구입품이며 소장 경위와 출토 정황은 알 수 없으나 가야에서 출토되었다고 하였다.[61] 이후 유사한 형태의 대도가 옥전 M3호 고분에서 출토되어 5세기 후반 이후 가야에서 제작되었을 것이라는 견해가 이어지고 있다.[62]

이처럼 유명환두대도의 제작지는 크게 백제설과 가야설로 양분되어 있다. 다만 외환이 두 마리 용이 서로 교차하는 筋交形인 점, 외환과 환내장식을 따로 만든 후 결합한 별주식인 점, 외환을 주조로 제작한 점 등 유명환두대도의 주요 특징이 고령과 합천을 중심으로 하는 대가야의 용봉문환두대도에서 주로 확인된다(그림 8). 이뿐만 아니라 병연금구에 상감된 두 조의 파상문, 손잡이에 은선을 성기게 감은 기법 등이 합천 옥전M3호분 용문장환두대도, 옥전70호분 상감대도에서 확인되는 것을 고려하면 유명환두대도는 대가야(고령 혹은 합천)에서 제작된 후 대가야권역 내의 고분에 부장되었다가 이후 도굴되어 일본까지 반출되었을 가능성이 크다.[63]

한편 창녕 교동11호분 출토 명문대도의 제작 후보지는 앞서 언급한 것처럼 고구려, 백제, 대가야, 신라 등 다양하다. 지금까지 가장 유력시된 후보지는 고구려와 백제였다. 명문의 1·2자인 上部를 고구려, 백제와 관련짓고[64] 실제로 유사한 圓頭의 환두가 공주 송산리고분군에서도 출토되었기 때문이다.[65] 다만 손잡이와 병연금구의 부품에 주목하면 반드시 백제로 단정하기는 어렵다. 삼국시대의 원두대도를 모두 집성·분석한 김우대는 교동11호분에서 출토된 명문대도의 능삼문 문양띠에 주목한다. 병연금구와 손잡이의 단부에 사용된 이 능삼문의 문양띠는 대가야의 용봉문환두대도에 많이 사용된 의장이고 대가야 마구에서도

58) 金昌鎬, 1990, 「韓半島 出土의 有銘龍文環頭大刀」, 『伽倻通信』 19·20, 伽倻通信編輯部.

59) 홍성화, 2013, 「古代 韓日의 龍鳳紋環頭大刀 고찰」, 『동양예술』 20, 한국동양예술학회.

60) 李文基, 1992, 「日本 東京博物館 所藏 環頭大刀 銘文」, 『譯註 韓國古代金石文 제2권 (신라1·가야 편)』, 財團法人 駕洛國史蹟開發研究院.

61) 東野治之, 2004, 『日本古代金石文の研究』, 岩波書店.

62) 李承信, 2008, 「加耶 環頭大刀 研究」, 弘益大學校大學院 碩士學位論文; 朴天秀, 2012, 「東京國立博物館 所藏 傳 加耶地域 出土 銘文環頭大刀가 題記하는 諸問題」, 『백제와 주변세계』, 성주탁 교수 추모논총 간행위원회 編, 진인진.

63) 김도영, 2019, 「일본 도쿄국립박물관 '有銘環頭大刀'의 역사적 의미와 복원 의의」, 『일제강점기 유출 우리문화재의 현황과 환수 과제』, (사)한국국외문화재연구원.

64) 李永植, 1993, 앞의 논문.

65) 崔鍾圭, 1992, 「濟羅耶의 文物交流 -百濟金工Ⅱ-」, 『百濟研究』 23, 忠南大學校 百濟研究所.

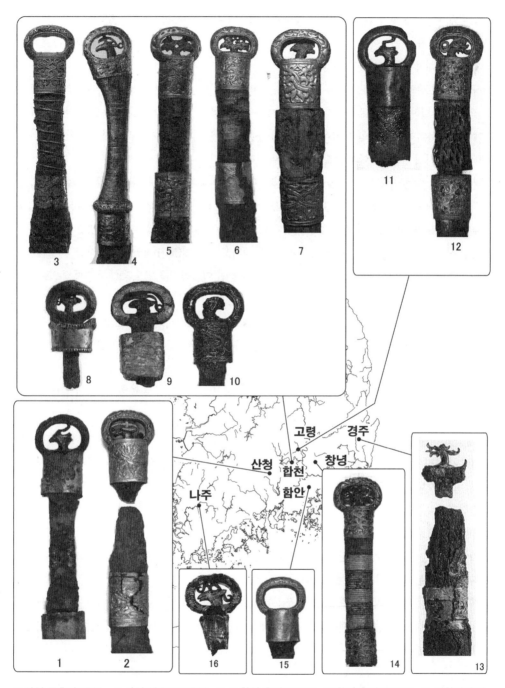

1 산청 중촌리3호분   2 산청 생초M13호분   3~6 합천 옥전M3호분   7 합천 옥전M6호분   8~9 합천 옥전
M4호분   10 합천 옥전35호분   11 고령 지산동73호분   12 고령 지산동47호분   13 경주 호우총   14
창녕 교동10호분   15 함안 도항리54호분   16 나주 신촌리9호 을관

그림 8. 삼국시대 용봉문환두대도의 분포

확인되는 '대가야'적 장식이라는 것이다. 따라서 환두대도의 기술적 계보는 백제에 있었다고 할지라도 대가야에서 제작되었을 가능성이 큰 것으로 결론짓는다.[66] 이 연구 성과를 중시한다면 창녕 교동11호분 출토 명문대도 역시 대가야에서 제작된 셈이다.

이상과 같이 2점의 명문대도가 모두 5세기 후반부터 6세기 전반에 걸쳐 대가야에서 제작되었다고 한다면 그 의미는 각별하다. 백제로부터 이전받은 문자 상감기술을 가장 적극적으로 이용한 지역이 다름 아닌 대가야이기 때문이다. 길상구를 도신에 새길 만큼 높은 수준을 유지한 대가야의 문자 상감기술이 더욱 중요한 이유는 동시기 일본열도에서도 확인되기 때문이다.

일본열도에서 발견된 명문도검 8점 가운데 5세기 후엽(고훈시대 중기), 즉 대가야에서 명문대도가 만들어진 시기에 제작된 명문도검은 모두 3점이다. 그중에서도 구마모토현(熊本縣) 에타후나야마고분(江田船山古墳) 은상감대도와 사이타마현(埼玉縣) 이나리야마고분(稻荷山古墳)에서 출토된 신해명철검(471년)은 문자를 새긴 상감의 기술적 분석 결과 대가야와[67] 관련 깊다.[68] 기나이(畿內)정권에서 제작한 후 일본열도의 東과 西로 하사하였다는 점에서 열도지배와 관련되었을 뿐만 아니라 일본열도 내에서 자체적으로 문자를 사용하기 시작한 증거이자 나아가 일본열도의 '문명화'[69]를 강력하게 뒷받침하는 자료로까지 평가되고 있는 고훈시대 중기 명문도검에 대가야의 상감기술이 적용된 것은 중요하다. 열도 모든 지역의 호족이 왜왕의 왕궁에 직접 봉사하는 체제가 성립된 것을 증명하는 자료인 명문도검에 대가야의 문자 기술이 적용되었기 때문이다(그림 9).

주지하듯이 명문도검이 출토된 고훈시대 중기는 제철, 금공, 마사, 製陶 등 한반도로부터 일본열도로 선진기술이 대거 이입된 '기술혁신'의 시대로 평가된다. 대한해협을 건너온 다양한 도래계 문물 가운데 대가야인이 소유한 문자의 상감기술은 기나이정권 입장에서도 중요시하였던 최첨단기술 중 하나였던 셈이다.

대가야의 문자 상감기술이 일본열도까지 영향을 미칠 수 있었던 배경에 대가야의 내재적인 발전을 들 수 있다. 고고 자료로 보아 명문대도가 제작된 5세기 후반을 전후하여 대가야와 주변의 가라 세력은 연맹에서 간접지배로 그 관계가 변화한다. 5세기 말에는 대가야가 영역 국가로 성장하며 6세기 초에는 지방을 직접지배한 것으로 이해된다.[70] 『三國史記』 가야금조의 '省熱縣', 『日本書紀』에 기록된 가라국의 '縣'으로 보아 대가야에는 이미 縣도 존재한 것으로 보인다. 그런 점에서 479년 남제로부터 '輔國將軍本國王'으로 책봉된 가라국왕 荷知는 역시 대가야의 왕일 가능성이 크다.

'왕중의 왕'이라는 뜻을 지닌 대왕명토기의 좌서를 남조의 서사 문화와 관련짓는 견해는 이런 관점에서 볼 때 흥미롭다. 대가야에도 왕이 존재하였을 가능성과 함께 중국왕조와의 교섭을 통해 선진문물을 적극적으

66) 金宇大, 2012, 앞의 논문.

67) 에타후나야마고분 출토 은상감철도의 상감에는 백제의 영향도 엿보인다(김도영, 2022, 「명문도검으로 본 고대 한일관계」, 『동서인문』 19, 경북대학교 인문학술원).

68) 위의 논문.

69) 朴天秀, 2012, 앞의 논문.

70) 李熙濬, 1995, 앞의 논문; 朱甫暾, 1995, 앞의 논문.

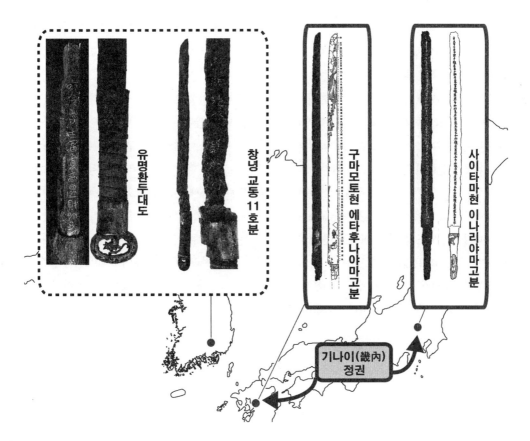

그림 9. 5세기대 한·일 출토 명문도검

로 수용하고자 한 대가야의 의도까지 엿볼 수 있기 때문이다. '下部思利利' 토기의 '下部'가 대가야의 部이므로 대가야에도 부체제가 존재하였으며 이는 곧 대가야의 높은 정치발전 수준을 보여주는 것이라는 견해[71] 역시 유사한 맥락에서 이해할 수 있다. 이처럼 5세기 후반 이미 영역국가 수준에 도달한 대가야에서는 문자를 이용한 '문서행정'이 이루어진 것이 아닐까.[72]

VI. 맺음말

변한과 가야인은 자신의 역사를 문자로 남기지 못했다. 삼한, 가야사 사료 가운데 당대인이 직접 남긴 기록은 모두 타자의 입장에서 쓰여졌다. 가야사가 왜곡된 것은 자신의 기록을 스스로 정리하지 못한 채 멸망

---

71) 盧重國, 1995, 「大伽耶의 政治·社會構造」, 『加耶史硏究-대가야의 政治와 文化』, 춘추각.
72) 백승옥, 2019, 「영·호남 경계지역 가야 정치체의 성격」, 『百濟學報』 30, 百濟學會.

했기 때문이다.[73] 변한사, 가야사를 복원하는데 당시 쓰여진 문자 관련 고고 자료가 중요한 이유는 이 때문이다. 그러나 안타깝게도 변한·가야의 문자 관련 자료는 턱없이 부족하다. 내용도 소략하고 단편적이라 당시의 사회상을 문자로 추적하기란 쉽지 않다.

이 글에서는 이렇게 부족하나마 변한·가야에서 출토된 문자 관련 자료를 분석하여 각 사회의 일단을 그려보고자 했다. 漢 문화가 반도와 열도로 확대되면서 변한에서도 일부 소수의 특정 계층 사람이 문자를 이해하고 점차 쓸 수 있게 된 것으로 보인다. 벼루를 포함한 문방구와 이외의 문자 관련 자료가 증가한다면 변한을 비롯한 삼한의 문자사용 실태에 대해 더욱 구체적으로 접근할 수 있으리라 기대된다. 한편 4세기 이후 성립된 가야의 문자사용 실태에 대해서는 대가야의 자료를 통해 접근할 수 있다. 주목되는 것이 2점의 명문대도이다. 앞서 살펴본 것처럼 명문대도 2점이 모두 대가야에서 제작되었다면 대가야의 문자 수준만이 아니라 일본열도의 문자사용에도 큰 영향을 끼쳤다는 것을 방증하는 자료로 평가할 수 있기 때문이다. 문헌에서 확인되는 '縣' 관련 기록에 더하여 대왕명토기, 하부사리리토기로 보아 5세기 후엽 영역국가까지 발전한 대가야에서도 문서 행정이 이루어졌을 것으로 추정된다. 많지 않은 자료를 무리하게 해석하다 보니 논지 전개상 억측도 많았으리라 생각된다. 부족한 점은 향후 과제로 삼고자 한다.

투고일: 2022.10.25	심사개시일: 2022.11.16	심사완료일: 2022.12.01

---

73) 주보돈, 2014, 앞의 논문.

1.국문

駕洛國史蹟開發研究所, 1992, 『譯主 韓國古代金石文Ⅱ(신라1·가야 편)』.

국립김해박물관, 2018, 『가야문화권의 문자자료』.

국립김해박물관, 2020, 『문자로 본 가야』.

국립청주박물관, 2000, 『한국 고대의 문자와 기호유물』.

국립중앙박물관, 2011, 『문자, 그 이후』.

김도영, 2019, 「일본 도쿄국립박물관 '有銘環頭大刀'의 역사적 의미와 복원 의의」, 『일제강점기 유출 우리문
　　화재의 현황과 환수 과제』, (사)한국국외문화재연구원.

김도영, 2022, 「명문도검으로 본 고대 한일관계」, 『동서인문』 19, 경북대학교 인문학술원.

金宇大, 2012, 「韓半島出土圓頭·圭頭大刀의 系譜」, 『義城 大里里二號墳Ⅱ -B봉토·주변유구·A-5호』, 경상북
　　도문화재연구원.

金昌鎬, 1989, 「伽耶지역에서 발견된 金石文 자료」, 『鄕土史研究』 1, 韓國鄕土史研究全國協議會.

＿＿＿, 1990, 「韓半島 出土의 有銘龍文環頭大刀」, 『伽倻通信』 19·20, 伽倻通信編輯部.

남재우, 2020, 「가야, 기록과 문자」, 『문자로 본 가야』, 국립김해박물관.

盧重國, 1995, 「大伽耶의 政治·社會構造」, 『加耶史研究-대가야의 政治와 文化』, 춘추각.

朴敬源, 1970, 「金海地方出土 靑銅遺物」, 『考古美術』 106·107, 韓國美術史學會.

朴天秀, 2012, 「東京國立博物館 所藏 傳 加耶地域 出土 銘文環頭大刀가 題記하는 諸問題」, 『백제와 주변세
　　계』, 성주탁 교수 추모논총 간행위원회 編, 진인진.

백승옥, 2019, 「영·호남 경계지역 가야 정치체의 성격」, 『百濟學報』 30, 百濟學會.

＿＿＿, 2014, 「가야의 언어와 문자, 제사, 음악, 습속」, 『가야문화권 실체 규명을 위한 학술연구』, 가야문화
　　지역발전 시장·군수협의회.

부산광역시립박물관, 1997, 『유물에 새겨진 古代文子』.

尹龍九, 2004, 「三韓과 樂浪의 교섭」, 『韓國古代史研究』 34, 韓國古代史學會.

＿＿＿, 2007, 「새로 발견된 樂浪木簡」, 『韓國古代史研究』 46, 韓國古代史學會.

이동주, 2020, 「대가야 '대왕'명 유개장경호의 문자 새로 보기」, 『문자로 본 가야』, 국립김해박물관.

이동희, 2019, 「고고 자료로 본 변한과 가야의 구분 -금관가야를 중심으로-」, 『韓國考古學報』 112, 韓國考
　　古學會.

李文基, 1992, 「日本 東京博物館 所藏 環頭大刀 銘文」, 『譯註 韓國古代金石文 제2권 (신라1·가야 편)』, 財團法
　　人 駕洛國史蹟開發研究院.

李承信, 2008, 「加耶 環頭大刀 研究」, 弘益大學校大學院 碩士學位論文.

李永植, 1993, 「昌寧校洞11號墳出土環頭大刀銘」, 『宋甲鎬教授 停年退任記念論文集』 記念論文集發行委員會.

_____, 2006, 「가야와 고구려의 교류사 연구」, 『韓國史學報』 25, 高麗史學會.

이현태, 2020, 「합천 매안리비의 분석과 건립 배경」, 『문자로 본 가야』, 국립김해박물관.

이형기, 2020, 「'下部思利利'銘 토기와 대가야」, 『문자로 본 가야』, 국립김해박물관.

李熙濬, 1995, 「토기로 본 大伽耶의 圈域과 그 변천」, 『加耶史研究-대가야의 政治와 文化』, 춘추각.

朱甫暾, 1995, 「序說-加耶史의 새로운 定立을 위하여」, 『加耶史研究 -대가야의 政治와 文化』, 춘추각.

_____, 2000, 「咸安 城山山城 出土 木簡의 基礎的 檢討」, 『韓國古代史研究』 19, 韓國古代史學會.

_____, 2001, 「新羅에서의 漢文字 定着 過程과 佛教 受容」, 『嶺南學』 創刊號, 慶北大學校嶺南文化研究院.

_____, 2014, 「가야사 새로 읽기」, 『가야문화권 실체 규명을 위한 학술연구』, 가야문화권 지역발전 시장·
    군수협의회.

崔鍾圭, 1992, 「濟羅耶의 文物交流 -百濟金工Ⅱ-」, 『百濟研究』 23, 忠南大學校 百濟研究所.

韓永熙·李相洙, 1990, 「昌寧 校洞 11號墳 出土 有銘圓頭大刀」, 『考古學誌』 第2輯, 韓國考古美術研究所.

홍성화, 2013, 「古代 韓日의 龍鳳紋環頭大刀 고찰」, 『동양예술』 20, 한국동양예술학회.

홍승우, 2021, 「창녕 교동11호분 출토 명문대도 재검토」, 『한국고대사연구』 101, 한국고대사연구회.

2. 일문

久住猛雄, 2021, 「弥生時代における「板石硯」と文字使用の可能性について」, 『나무에서 종이로 -서사매체
    의 변화와 고대 동아시아』, 경북대학교 인문학술원 HK+사업단 제4회 국제학술대회.

東野治之, 2004, 『日本古代金石文の研究』, 岩波書店.

西山要一, 1999, 「東アジアの古代象嵌銘文大刀」, 『文化財學報』 17, 奈良大學文學部文化財學科.

早乙女雅博·東野治之, 1990, 「朝鮮半島出土の有銘環頭大刀」, 『MUSEUM』 467, 東京國立博物館美術誌.

3. 보고서

(표 2 참조)

〈Abstract〉

The letter relic and significance of Byeonhan(弁韓) and Gaya(加耶)

Kim, Do-young

In this paper, letter relic excavated from Byeonhan(弁韓) and Gaya(加耶) were analyzed. The letter relic of Byeonhan(弁韓) and Gaya(加耶) include four treasures of the study, currency, mirrors, cooking vessel(銅鼎), inscription pottery, and inscription sword.

As the culture of the Han(漢) Dynasty expanded to the Korean Peninsula and the Japanese archipelago, only some people in Byeonhan(弁韓) could understand and use the letters.

Among the letter relic of Gaya, two inscription words are important. It is highly likely that the two inscription words were produced in Daegaya(大加耶). This shows the high level of writing in Daegaya. It also shows that it has had a great influence on the use of letters in the Japanese archipelago.

Considering the pottery of '大王', '下部思利利', it is possible that a certain document administration was also carried out in Daegaya, which developed into a territorial state in the late 5th century.

▶ Key words: Byeonhan(弁韓), Gaya(加耶), letter relic, four treasures of the study, inscription pottery, inscription sword

고구려 卷雲紋 명문 와당 연구

고광의[*]

Ⅰ. 머리말
Ⅱ. 고구려 권운문 명문 와당 검토
Ⅲ. 고구려 권운문 명문 와당의 편년과 유형 분류
Ⅳ. 맺음말

〈국문초록〉

고구려 권운문 명문 와당을 중심으로 문양과 판독문 및 서체를 검토하여 유형을 분류하고 편년을 제시해 보았다.

4세기에 들어서면 고구려 권운문 명문 와당의 전형적인 모습이 나타난다. 이 중 '大吉/△申'명(312), '大吉/甲戌'명(314), '大/戊子'명(328), '己/丑'명(329), '己丑'명(329), '泰/戊戌'명(338) 와당은 간지가 있어 연대를 비정할 수 있으며 A형으로 분류할 수 있다. '月造記'명은 '泰/戊戌'명과 문양 및 서체 풍격이 유사하여 비슷한 시대에 제작된 것으로 추정할 수 있다.

'太寧四年'명과 '丁巳'명은 연호와 간지로 보아 각각 326년과 357년으로 비정되며 유형은 B형과 C형으로 분류할 수 있다.

고구려 권운문 명문 와당의 형태 변화는 4세기 중반에 이르러 비교적 확연하게 나타나고 있다. 355년으로 편년되는 '乙卯年癸(酉)'명을 비롯하여 이와 비슷한 시기에 제작된 것으로 보이는 '十谷民造'명, '千谷民造'명 권운문 와당이 이러한 유형에 속하는데 D형으로 분류할 수 있다.

마지막으로 4세기 후반경에 축조된 것으로 보이는 천추총 출토 권운문 부호 와당을 E유형으로 분류할 수 있다.

고구려에서 권운문 명문 와당은 4세기 초 무렵에 출현하여 4세기 중반경까지 집중적으로 제작되어 사용

---

* 동북아역사재단 책임연구위원

되었으며 4세기 후반경에는 점차 쇠퇴하였음을 알 수 있다.

▶ 핵심어: 고구려, 권운문 명문 와당, 문양, 판독, 편년, 유형

Ⅰ. 머리말

기와는 가옥의 지붕을 덮는 건축 부재로써 수키와와 암키와의 기본 기와를 비롯하여 각 부위에 적합하게 제작된 특수 기와로 구분한다. 와당은 처마와 추녀 끝에 사용되는 기와이며 암·수키와의 끝에 연결된 부분을 가리킨다.[1]

고구려 시기의 와당은 그 형태에 따라 원형 와당과 반원형 와당으로 구분할 수 있다. 원형와당은 무늬를 기준으로 권운문와당, 연화문와당, 인동문와당, 귀면문와당, 법륜문와당, 중권문와당, 인면문와당, 연주문와당, 기타 와당 등으로 분류된다.[2] 시기는 권운문 와당이 가장 이르고 이어 연화문 와당이 등장하여 다양한 형태로 발전하였다.

권운문 와당은 점토질 바탕흙에 진한 회색을 띠는 것이 대부분이고 직경은 대략 12~16㎝ 정도이다. 와당 중앙에는 볼록하게 튀어나온 중방부가 있고 양각 명문을 새기는 경우가 많다. 중방부를 중심으로 같은 간격의 구획선이 주연부로 이어져 와당의 면적을 4등분, 5등분 또는 8등분으로 구획하고 그 안에 권운문이나 삼각형 문양을 시문하였다. 복선과 주연이 만나는 넓은 접점 사이를 안쪽을 향하는 호선으로 이은 연호부와 주연에는 간지, 제작자, 길상구 등이 새겨진 것들이 있다.

본 논문에서는 고구려 권운문 명문 와당을 중심으로 살펴보겠다. 권운문 명문 와당은 주로 집안 지역의 도성 건축물과 왕릉급 고분에서 출토되고 있으며 그 연대가 4세기에 집중되어 있다는 점에 주목하면서 기존의 판독문을 검토하고 편년을 제시한 후 와당의 유형을 분류해 보려고 한다.

Ⅱ. 고구려 권운문 명문 와당 검토

1. '大吉/甲戌'명, '(大吉)/△申'명

2001년 국내성 남쪽에 위치한 집안시 제2소학교에서 권운문 문자 와당 2점이 출토되었다.[3] 이 와당은 회색을 띠고 8등분으로 된 연호부가 있으며 직경은 12㎝이다. 그중 표본 번호 2001JGDRX擾:4〈도 1·2〉는

---

1) 백종오, 2005, 「高句麗의 기와 研究」, 단국대학교 박사학위논문, pp.20-35 참조.
2) 王飛峰, 2013, 「高句麗 瓦當 硏究」, 고려대학교 박사학위논문, p.101.
3) 吉林省文物考古硏究所·集安市博物館, 2004a, 『國內城-2000~2003年集安國內城與民主遺址試掘報告』, 文物出版社, pp.99-101.

도 1. '大吉/大歲甲戌九月造作' 와당(2001JGDRX擾:4) (『國內城』, 圖版四一1)	도 2. '大吉/大歲甲戌九月造作' 와당(2001JGDRX擾:4) 탁본 (『國內城』, 圖五八2)	도 3. '大歲…九' 와당(2001JGDRX擾:5) 탁본 (『國內城』, 圖五八4)

주연부와 연호부 일부가 훼손되기는 하였지만 와당의 전체적인 형태 파악에는 문제가 없다. 서체는 예서에서 해서로 변화되는 과도적 양상을 보인다.

중방부에는 '大吉' 2자가 세로로 양각되었다. '大'자는 가로획보다 삐침과 파임이 강조되어 양쪽으로 넓게 펼쳐지고 그 사이에 '吉'자의 상부를 감싸는 형태이다. '吉'자의 '士'는 위의 가로획을 아래 가로획보다 짧게 처리하였는데, 이는 서대묘에서 발견된 '大吉'명 각석의 '吉'자와 비슷하다. 하부의 '口'자를 옆으로 길게 늘여 글자가 상부에 비해 하부가 지나치게 커졌다. 하부가 비대화된 이러한 자형은 광개토태왕비에서도 나타나고 있어[4] 그 영향 관계를 생각해 볼 수 있다.

각각의 연호부에 한 글자씩 양각되어 있으며 보고서에는 '大歲△△年造瓦九'로 판독하였다. '大'자의 삐침과 파임은 해서의 서사법이다. '歲'자에서 '止'의 양측을 하부의 획과 연결하여 '山'자처럼 쓴 것은 고구려의 독특한 결구로써 천추총에서 발견된 '千秋萬歲永固'명 벽돌이나 광개토태왕비 등에서도 나타난다. 판독 불가로 처리한 두 글자는 비록 오른쪽 부분이 훼손되었지만 '甲戌'로 읽는 데 문제가 없어 보인다. 그럼에도 불구하고 읽지 못한 것은 아마도 '月'자를 '瓦'자로 확정함으로써 문맥이 통하지 않았기 때문일 것이다. 이 와당의 명문에 대해서는 필자가 중방부의 '大吉'을 중심으로 먼저 시계 방향으로 '大歲甲戌'을 읽고, 다시 반시계 방향으로 '九月造作'을 읽음으로써 '大吉/大歲甲戌九月造作'으로 판독문을 제시한 적이 있다.[5] 같은 종류인 2001JGDRX擾:5(圖五八3[6])〈도 3〉은 와당 전체의 1/3 정도만 남아있는 잔편이다. 중방부는 떨어져 나갔고 권운부와 연호부가 3개 정도 남아있으며 명문은 '大歲…九'로 판독된다.

---

4) 下部肥大字는 광개토태왕비에서 '帝'. '爲', '掃', '歸', '帶', '賓'자 등을 들 수 있다(박진석, 1993, 『호태왕비와 고대조일관계연구』, 연변대학출판사, pp.112-113 참조).

5) 고광의, 2005, 「高句麗 書體의 形態 演變 硏究-4世紀 以後 銘文 檢討를 中心으로-」, 『고구려문화의 역사적 의의』, 고구려연구재단, pp.223-224; 耿鐵華, 2005, 「集安新出土卷雲紋瓦當硏究」, 『고구려문화의 역사적 의의』, 고구려연구재단, p.312; 기경량, 2016, 「집안 지역 출토 고구려 권운문 와당 명문의 판독과 유형」, 『高句麗渤海硏究』 56, pp.56-58 참조.

6) 본문에서는 제시하지 않았지만 보고서에 수록된 圖 번호, 이하 같음.

도 4. '(大吉)/大歲△申四月造作' 와당(JGN-1987) (『集安出土高句麗文物集粹』, p.55)	도 5. '(大吉)/大歲△申四月造作' 와당(JGN-1987) 탁본 (『高句麗瓦當研究』, p.143)

한편 이와 함께 살펴보아야 할 것이 1987년 국내성 남문에서 발견된 JGN-1987〈도 4·5〉이다.[7] 와당의 직경은 14.1㎝이며 집안시 제2소학교에서 출토된 2001JGDRX擾:4보다는 약간 크지만 전체적인 형태와 문양이 비슷하다. 다만 연호부 명문의 주연부를 따라 기울어진 것이 아니라 필획이 수직과 수평을 이루고 있는 점이 다르다.

이 와당이 처음 출토되었을 때는 중방부의 글자는 읽지 못하고 연호부 글자만 '太寧△年四月造作'으로 판독하였다.[8] 그런데 2001년에 001JGDRX擾:4가 출토됨으로써 이들을 상호 비교하여 연호부에서 '寧'자를 '歲'자로, '年'자를 '申'자로 수정하였고, 또 중방부의 명문을 '(大吉)'로 추정할 수 있게 되었다.

전체 명문은 중방부의 '(大吉)'을 중심으로 우측 상부에서 시계방향으로 '大歲△申'을 먼저 읽고, 다시 좌측 상부에서 시계 반대 방향으로 '四月造作'을 읽어 '(大吉)/大歲△申四月造作'으로 판독할 수 있다.

2. '太寧四年'명

'太寧四年'명 와당은 모두 2점이 알려져 있다. 그중 JSB-J2933〈도 6·7〉은 1963년 집안현에서 鴨綠江浴池를 건설하던 중에 출토되어 현재 길림성박물원에 소장되었다.[9] 직경은 12.5㎝이며 중방부에는 반구형 유돌이 있고 주연부와 사이에 4등분의 권운문을 시문하였다, 주연부 안쪽에는 양각 좌서로 '太寧四年大歲

---

7) 吉林省文物考古研究所·集安市博物館·吉林省博物院 編, 2010, 『集安出土高句麗文物集粹』, 科學出版社, p.55; 耿鐵華, 2014, 『高句麗瓦當』, 吉林大學出版社, p.41·p.240.

8) 耿鐵華·尹國有, 2001, 『高句麗瓦當研究』, 吉林人民出版社, p.37·p.143.

9) 集安縣文物保管所, 1984, 「集安高句麗國內城址의 調査與試掘」, 『文物』 1984-1, p.49; 集安縣文物志編委會, 1984, 앞의 책, pp.254-255; 李殿福, 1984, 「集安卷雲紋瓦當考辨」, 『社會科學戰線』 1984-4; 林至德·耿鐵華, 1985, 「集安出土的高句麗瓦當及其年代」, 『考古』 1985-7; 吉林省博物館, 1992, 『吉林省博物館(中國博物館叢書 第11卷)』, 文物出版社, 圖版37·p.172; 耿鐵華·尹國有, 2001, 앞의 책, pp.56-57·pp.137-138; 耿鐵華, 2005, 앞의 논문, pp.299-300; 耿鐵華, 2007, 「集安出土卷雲紋瓦當研究」, 『東北史地』 2007-4; 기경량, 2016, 앞의 논문, pp.48-50·p.53.

| 도 6. '太寧四年' 와당(JSB-J2933)
(『吉林省博物館』 中國博物館叢書
第11卷, 圖版37) | 도 7. '太寧四年'
와당(JSB-J2933) 탁본
(『高句麗瓦當研究』, p.137) | 도 8. '(寧)四年大歲乙'
와당(JYD-1980) 탁본
(『高句麗瓦當研究』, p.138) |

乙酉閏月六日己巳造吉保子宜孫'이라고 판독되는 20자의 명문이 있고, 그 바깥쪽에는 다시 거치문이 둘러져 있다.

1980년에도 집안시 영화관 길 서쪽에서 같은 종류의 잔편 JYD-1980〈도 8〉이 출토되었다.[10] 이 와당은 원래 크기의 1/3 정도이고 '(寧)四年大歲乙'자 부분이 남아있으며 현재 집안시박물관에 소장되어 있다.

명문의 '寧'자는 '心'을 2개의 짧은 세로획으로 대체하고 가로획 2개를 1개로 생략하였다. '年'자는 제1획과 제2획을 'ㄴ' 형태로 연결하여 서사하였고 그 아래의 가로획은 보통 3개를 긋는데 여기서는 2개만 나타난다. '歲'자는 '止'를 '山'자로, 그 아래는 '冂'과 '十' 형태로 필획을 생략하여 자형을 변형시켰다. 이러한 자형 결구는 천추총 명문전이나 광개토태왕비 또는 금속기 및 고분묵서의 형태와는 또 다른 것으로 고구려에서 다양한 이체자가 사용되었음을 보여주는 것이다.

이 와당의 명문을 판독한 李殿福은 '大歲'자 다음 두 글자를 '(在)'와 미상자로 처리하였다.[11] 이 부분은 글자 사이에 작은 흙덩이가 붙어있어 필획의 일부를 가리긴 했지만 남아있는 자획을 통해 '乙酉'로 읽을 수 있다. '乙'자를 보면 필획의 기필 부분이 약간 들린 'ㄱ'자로 시작하여 다시 'ㄴ'자로 이어지는 형태로 예서나 행서의 서사법으로 볼 수 있는데 JYD-1980에서도 확인된다. 그 다음 글자의 상부가 흙으로 가려졌지만 우하부의 필획이 비교적 명료하게 나타나고 있어 '酉'자로 읽는데 별 문제가 없다. 또한 '大'자를 '太'자로 읽는 경우도 있으나[12] 두 와당에서 모두 마지막 점획이 없고 '太寧'의 '太'자와도 뚜렷하게 구분되는 만큼 '大'자가 분명하다. '巳'자의 마지막 획은 정서로 되돌린 상태에서 보면 우하향으로 살짝 내려가다가 필획의 마지막 부분에서 파책이 형성되는 팔분의 서사법이다. '造'자의 '辶'은 글자의 아래쪽에 짧은 가로획으로 처리하였는데 필획의 기필 부분이 상대적으로 가늘어 초서의 운필과 비슷하다. 그리고 우측 '告'는 예서나 해서의 결

---

10) 耿鐵華·尹國有, 2001, 앞의 책, p.36·p.138.

11) 李殿福, 1984, 앞의 논문, p.68.

12) 林至德·耿鐵華, 1985, 앞의 논문, p.644; 耿鐵華, 2007, 앞의 논문, p.14.

구에 가까워 같은 글자 내에서도 두 가지 이상의 서체가 함께 나타난다. '保'자는 '呆'자의 이체자로 보기도 하였는데[13] 'ㅓ'변을 식별하지 못했기 때문이다. 이 글자는 'ㅓ'을 '呆'보다 위쪽으로 올려 서사함으로써 좌우 변이 어긋나 보이는데 이러한 좌상우하의 결구는 5세기 초반의 덕흥리벽화분 현실 동벽 '此人與七寶俱生是故儉喫知之' 묵서[14]의 '俱'자에서도 나타나고 있다.

이 와당 명문에는 팔분, 해서, 행서, 초서 등의 서서법이 혼재되어 있어 당시 고구려 서체 변화 발전의 과도기적 양상을 살펴볼 수 있게 해준다.

3. '大/戊子'명, '己/丑'명, '己丑'명, 미상자명

2003년 서대묘에서 출토된 권운문 와당 중 03JMM500:10·12·16·17·21·38 등 6점에서 명문이 확인

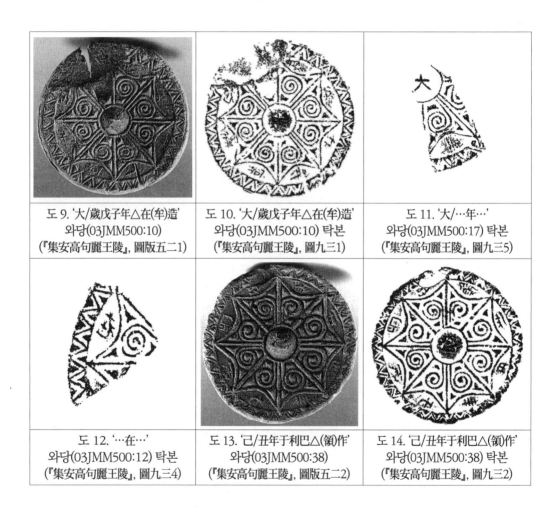

도 9. '大/歲戊子年△在(牟)造'
와당(03JMM500:10)
(『集安高句麗王陵』, 圖版五二1)

도 10. '大/歲戊子年△在(牟)造'
와당(03JMM500:10) 탁본
(『集安高句麗王陵』, 圖九三1)

도 11. '大/…年…'
와당(03JMM500:17) 탁본
(『集安高句麗王陵』, 圖九三5)

도 12. '…在…'
와당(03JMM500:12) 탁본
(『集安高句麗王陵』, 圖九三4)

도 13. '己/丑年于利巴△(領)作'
와당(03JMM500:38)
(『集安高句麗王陵』, 圖版五二2)

도 14. '己/丑年于利巴△(領)作'
와당(03JMM500:38) 탁본
(『集安高句麗王陵』, 圖九三2)

---

13) 기경량, 2016, 앞의 논문, pp.48-49 각주12).
14) 고광의, 1999, 「4~7세기 고구려 벽화고분 묵서의 서예사적 의의」, 『高句麗硏究』 7, p.209.

된다.[15] 명문은 대부분 좌서 양각이며 내용에 따라 3종류로 구분할 수 있다.

먼저 '大'자 명문은 모두 3점으로 이러한 종류의 권운문 문자 와당은 집안 지역에서 처음 출토된 것이다. 03JMM500:10(圖九二3)〈도 9·10〉의 지름은 14㎝이며 중방부에 '大'자가 새겨져 있는데 연호부의 글자보다도 크다. 원래 8개의 연호부에 각각 하나씩 명문이 있었으나 '大'자 좌상 부위의 연호부가 떨어져 나가 7자가 남아있다. 03JMM500:17〈도 11〉의 중방부에도 '大'자가 뚜렷하게 나타나고 있어 서로 같은 종류로 볼 수 있다. 03JMM500:12〈도 12〉는 권운부 일부와 온전한 연호부가 하나 있는데 양각 좌서된 '在'자가 명료하게 나타나고 있어 역시 같은 종류로 볼 수 있다.

보고자는 이 와당의 명문을 '大/△歲在△△年造△'라고 판독하였다. 하지만 이는 글자의 배열과 맞지 않는다. 이에 耿鐵華는 중방부의 '大'자를 중심으로 우상부에서 먼저 시계방향으로 4자를 읽고 다시 좌상부 쪽

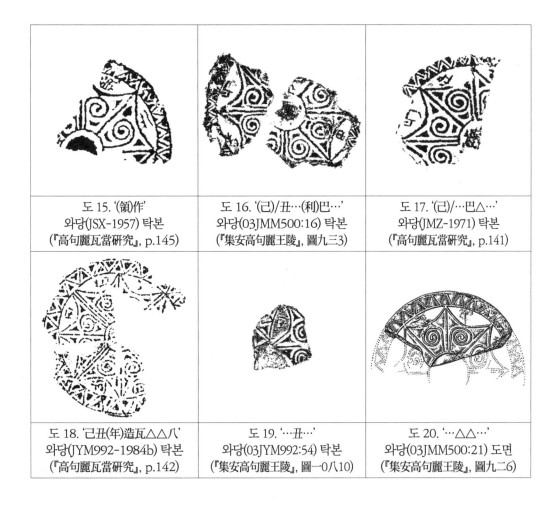

도 15. '(領)作' 와당(JSX-1957) 탁본 (『高句麗瓦當研究』, p.145)	도 16. '(己)/丑…(利)巴…' 와당(03JMM500:16) 탁본 (『集安高句麗王陵』, 圖九三3)	도 17. '(己)/…巴△…' 와당(JMZ-1971) 탁본 (『高句麗瓦當研究』, p.141)
도 18. '己丑(年)造瓦△△八' 와당(JYM992-1984b) 탁본 (『高句麗瓦當研究』, p.142)	도 19. '…丑…' 와당(03JYM992:54) 탁본 (『集安高句麗王陵』, 圖一0八10)	도 20. '…△△…' 와당(03JMM500:21) 도면 (『集安高句麗王陵』, 圖九二6)

15) 吉林省文物考古研究所·集安市博物館, 2004b, 『集安高句麗王陵-1990~2003年集安高句麗王陵調查報告』, 文物出版社, pp.112-116, 圖九二1·2·3·4·6, 圖九三1·2·3·4·5, 圖版五二1·2.

에서 반시계 방향으로 4자를 읽는 방식으로 '大/歲戊子年△在牟造'로 판독하였다.[16] '牟'자는 사진과 탁본에서는 전체적인 자형이 잘 파악되지 않지만 도면에는 비슷하게 모사되었다.

또 다른 종류로는 '己丑'명 와당 2점이 출토되었다. 03JMM500:38(圖九二2)〈도 13·14〉은 지름이 14.5㎝이며 명문은 양각 좌서이다. 중방부에는 '己'자로 보이는 필획이 나타나고 연호부의 명문 하나가 약간 훼손되었다. 보고서에는 이를 '己/己丑年△△于利作'으로 판독하였다. 필자는 1957년 집안 승리촌 소방대 부근에서 출토되어 그동안 '頡作'[17]으로 판독된 권운문 명문 와당 JSX-1957〈도 15〉과 이 와당이 동일한 것으로 보아 '頡'자를 추가하여 '己/己丑年△頡于利作'[18]으로 읽은 바 있다. 耿鐵華는 중방부의 글자를 '吉'자로 판독하고 앞서 설명한 '大'자 와당과 결합시켜 '大吉'로 읽음으로써 이 고분의 서측 계단석에 각획된 '大吉'[19] 명문과도 부합된다고 하며, 두 와당이 짝으로 제작된 것으로 보았다. 하지만 耿鐵華가 '吉/己丑年于利頡作瓦'로 제시한 판독은 받아들이기 어렵다. 보고서와 필자가 미상자로 남겨둔 것을 '丑'자로 판독하고 오히려 '丑'자가 명확해 보이는 글자를 '瓦'자로 읽었는데 이는 실제 필획과 부합되지 않는다. 글자의 판독 순서를 중방부의 '吉'자에서 시작하여 우하 방향의 연호부의 '己丑'으로 읽고 건너편의 '年于利'로 가서 다시 이미 읽은 '己丑' 두 자를 건너뛰어 '頡作瓦'로 이어진다는 독법도 자연스럽지 않다.

이와 관련하여 최근 기경량이 제시한 판독이 주목된다.[20] 중방부의 '己'자를 중심으로 4시 방향의 '丑'자로 이어져 시계 방향으로 읽음으로써 '己/丑年于利巴△頡作'으로 판독한 것이다. 그동안 이 와당 판독의 난점은 중방부와 연호부에서 동시에 '己'자 형태의 자형이 있다는 것이었는데, 연호부의 '己'자 형태의 상부에 나타나는 점을 실획으로 보아 '巴'자로 판독하고 '頡'자를 '頷'자로 읽음으로써 문맥이 비교적 잘 통하게 되었다. 이 판독에 따르면 잔편 2개로 된 03JMM500:16(圖九二1)〈도 16〉을 '(己)/丑…(利)巴…'로 읽을 수 있다.

이에 의하면 1971년 집안 마선중학 서북쪽 50미터 지점에서 발견된 권운문 명문 와당 JMZ-1971〈도 17〉에 대한 재검토가 가능해 진다. 이 와당은 1957년 승리촌 소방대 부근에서 출토된 와당과는 다른 종류로 취급하여 명문을 '吉好'[21] 또는 '己丑'[22]으로 판독하였다. 하지만 이 와당 역시 서대묘 출토 03JMM500:38명과 같은 유형으로 '(己)/…巴△…'로 판독된다. 그동안 별개로 파악하여 각기 다른 형식으로 분류하였으나 같은 종류임을 알 수 있다.

한편 1984년 집안 우산992호분에서 출토된 권운문 명문 와당 2점 중 JYM992-1984b〈도 18〉는 원래 크기의 3/4 정도가 남아있으며 형태, 문양, 크기는 함께 발견된 '泰'자 와당과 비슷하지만 명문의 내용이 다르

16) 耿鐵華, 2005, 앞의 논문, p.312; 耿鐵華, 2006, 「集安新出土文字瓦當及釋讀」, 『北方文物』 2006-4, p.31.

17) 이 와당은 李殿福이 '照行'(李殿福, 1984, 앞의 논문, p.67)으로 판독하였으나 林至德·耿鐵華가 '頡作'(林至德·耿鐵華, 1985, 앞의 논문, p.647; 耿鐵華·尹國有, 2001, 앞의 책, p.37·p.145)으로 수정한 후 대부분 이를 따르고 있다.

18) 고광의, 2005, 앞의 논문, p.224.

19) 吉林文物考古硏究所·集安市博物館, 2004b, 앞의 책, p.98·圖八0·八一.

20) 기경량, 2016, 앞의 논문, pp.46-47·66-68.

21) 李殿福, 1984, 앞의 논문, p.67.

22) 林至德·耿鐵華, 1985, 앞의 논문, p.647.

다. 중방부의 절반 정도가 떨어져 나가 그곳에 문자가 있었는지는 확인할 수 없지만 연호부의 명문은 '己丑 (年)造瓦△△八'로 판독된다.[23] 우산992호분에서는 2003년에도 '…丑…'(03JYM992:54)〈도 19〉자만 남아있 는 권운문 명문 와당이 발견되었는데 같은 종류이다.

서대묘에서 출토된 권운문 문자 와당 중에서 세 번째 종류로 분류할 수 있는 것은 03JMM500:21〈도 20〉이다. 이 와당은 연호부 2개 부분이 잔존하고 그 안에 한 글자씩의 명문이 있지만 판독하기 어렵다. 다 만 남겨진 필획의 형태가 '大'자 와당이나 '己丑'명 와당과는 달라 또 다른 종류일 가능성이 있다.

보고서에는 서대묘 출토 권운문 와당 명문의 서체를 일괄하여 隸書에 가깝다고 하였다.[24] 하지만 이들 와당 명문의 자형이 장방형 형태를 하는 등 전체적인 체세가 예서에서 해서로의 과도적 양상을 띠고 있다. 명문에서 '歲', '在', '造'자 등은 오히려 해서에 보다 가깝다고 할 수 있다. 특히 '在'는 제3획의 시작 부분에서 가늘게 시작되어 'ㄱ'자 형태로 꺾이는 필획이 나타나고 있는데 이는 붓의 봉망을 노출하듯이 기필하는 전 형적인 해서의 서사법이다.

4. '泰/戊戌'명, '月造記'명

'泰'자 권운문 와당은 2차 세계대전 이전에 舊滿洲兵舍(현재 집안시 梨樹園子 남쪽 유적) 부지에서 1점이 출토된 바 있다. 이 와당은 회색으로 직경이 14.5㎝이며 8개의 연호부 가운데 하나가 파손된 상태이며 명문 은 양각 좌서이다. 1966년에 梅原末治가 편저한『朝鮮古文化綜鑑』에서 탁본 도판〈도 21〉이 처음 소개되었 고 판독문을 '歲△戌年造瓦(戶+攵)記'로 제시하였다.[25] 1982년에 田村晃一이 동일한 도판과 판독문을 재차 수록하여 언급하였다.[26]

중국에서는 1983년에 傅佳欣이 요녕성박물관에서 수장품 번호 93(LSB-J93)으로 등록된 이 와당을 발견 하여 그 이듬해 발행된『集安縣文物志』에 '"泰"字瓦當' 항목으로 설명과 함께 판독문을 '歲△戌年造瓦(后+ 攵)記'로 수록하였다.[27] 1984년에는 李殿福이 8개의 연호부가 모두 존재하는 완정한 탁본 도판〈도 22〉을 제시하며 깨어진 연호부 글자를 '戌'자로 읽었고, 또 일본 학자들이 '(戶+攵)'로 본 글자를 '啓'자로 수정하여 판독문을 '泰/歲戊戌年造瓦啓記'로 제시하였다.[28]

여기서 궁금한 점은 梅原末治와 李殿福이 제시한 탁본의 외형이 서로 다르다는 것이다. 후자의 탁본에서 연호부의 잔편이 병합된 상태로 탁출된 것으로 보아 잔편 부분이 함께 출토되었고 아마도 요녕성박물관에 보관되었을 것으로 생각된다. 梅原末治가 소개한 탁본은 병합되지 않은 상태에서 탁출한 것으로 보인다.

---

23) 耿鐵華·尹國有, 2001, 앞의 책, p.37·p.142; 耿鐵華, 2005, 앞의 논문, p.301; 耿鐵華, 2007, 앞의 논문, p.15.

24) 吉林省文物考古研究所·集安市博物館, 2004b, 앞의 책, p.112.

25) 梅原末治, 1966,『朝鮮古文化綜鑑 第四卷』, 養德社, pp.35-36 第七圖 輯安出土瓦當紋拓影(2/3).

26) 田村晃一, 1982,「高句麗積石冢の構造と分類について」,『考古學雜誌』68-1, p.38 第6圖 1.「歲△戌年」銘瓦當(集安「舊滿洲兵 舍」敷地出土).

27) 集安縣文物志編寫組, 1984, 앞의 책, p.172; 耿鐵華, 2006, 앞의 논문, p.29.

28) 李殿福, 1984, 앞의 논문, pp.67-69 圖1卷雲紋瓦當拓片1.

도 21. '泰/歲△戊年造瓦故記'
와당(LSB-J93) 탁본
(『朝鮮古文化綜鑑 第四卷』, p.36
第七図 輯安出土瓦當紋拓影(2))

도 22. '泰/歲戊戌年造瓦故記'
와당(LSB-J93) 탁본
(「集安卷雲紋銘文瓦當考辨」, 『社會
科學戰線』 1984-4, pp.67-69
圖1卷雲紋瓦當拓片1)

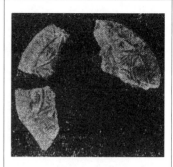

도 23. '戊'·'年'·'造'
와당(JYM992-1979) 사진
(「集安出土的高句麗瓦當及其年代」,
『考古』 1985-7, p.646 圖二 瓦當
2.''字瓦當)

도 24. '△/△戊戌年造瓦△△'
와당(JYM992-1984a) 탁본
(『高句麗瓦當研究』, p.140)

도 25. '泰/歲△△年造瓦故記'
와당(03JGTYCF2:1)
(『國內城』, 文物出版社, 版四一2)

도 26. '泰/歲△△年造瓦故記'
와당(03JGTYCF2:1) 탁본
(『國內城』, 文物出版社, 圖七六1)

도 27. '泰/歲戊戌年造瓦故記'
와당(03JYM992:42)
(『集安高句麗王陵』, 圖版五四1)

도 28. '泰/歲戊戌年造△故記' 와당
(03JYM992:42) 일부 결실 탁본
(『集安高句麗王陵』, 圖一0七5)

도 29. '泰/歲戊戌年造瓦故記'
와당(03JYM992:45)
(『集安高句麗王陵』, 圖版五四2)

| 도 30. '泰/歲戊戌年造瓦故記'
와당(03JYM992:45) 탁본
(『集安高句麗王陵』, 圖一0七1) | 도 31. '泰/歲(戊)△△△造瓦故記'
와당(03JYM992:46)
(『集安高句麗王陵』, 圖版五四3) | 도 32. '泰/歲(戊)△△△造瓦故記'
와당(03JYM992:46) 탁본
(『集安高句麗王陵』, 圖一0七2) |

| 도 33. '泰/△△△△(造)瓦故記'
와당(03JYM992:47) 탁본
(『集安高句麗王陵』, 圖一0七8) | 도 34. '泰/△△△△△△故記'
와당(03JYM992:50) 탁본
(『集安高句麗王陵』, 圖一0七7) | 도 35. '△/△戊戌△△△△△'
와당(03JYM992:48) 및 탁본
(『集安高句麗王陵』, 圖版五四1·
圖一0七3) |

| 도 36. '△/△△戊年造△△△'
와당(03JYM992:53) 탁본
(『集安高句麗王陵』, 圖一0八4) | 도 37. '…月造記…'
와당(JYY-1963) 탁본
(『高句麗瓦當研究』, p.144) |

1979년 12월 30일, 우산992호분에서 같은 종류의 와당(JYM992-1979)〈도 23〉세 조각이 출토되었다.[29] 보고자들은 논고에서 이 와당 조각들을 동일한 와당의 잔편으로 보았으나 최근 같은 종류의 와당 편이 다수 출토된 것으로 보아 서로 다른 와당의 잔편일 가능성이 있다. 각각의 연호부에는 '戊', '年', '造' 등의 글자가 남아있다고 한다.

1984년에도 우산992호분에서 권운문 명문 와당 2개가 추가로 출토되었다. 그중 JYM992-1984a〈도 24〉는 중방부를 포함해 와당의 절반 정도가 파손되었지만 남아있는 연호부에 '…戊戌年造瓦…'라는 명문을 읽을 수 있어 '泰'자 권운문 와당과 같은 종류임을 알 수 있다.[30]

이러한 '泰'자 권운문 와당은 2003년에 국내성 체육장 유적의 폐기물 퇴적지에서 1점[31] 그리고 우산992호분에서 23점[32]이 대거 출토되었다. 그런데 보고서에는 체육장 유적에서 출토된 03JGTYCF2:1(圖七二1)〈도 25·26〉을 '泰/△△年造瓦故記歲'로, 또 우산992호분에서 출토된 것들의 전체 판독문을 '泰/戊戌年造瓦故記歲'로 이전과 다르게 제시하고 있다. 기존 판독문에서 순서를 바꾸고 '啓'자를 '故'자로 본 것이다.

우산992호분에서 출토된 03JYM992:42〈도 27·28〉는 크고 작은 2개의 잔편을 복원한 것으로 비교적 온전한 형태이다.[33] 03JYM992:45(圖一〇一·圖一〇六2)〈도 29·30〉·46(圖一〇六3)〈도 31·32〉·47〈도 33〉·50〈도 34〉는 중방부가 완정한 상태로 남아있어 상호 비교를 통해 '泰'자의 자형을 살펴볼 수 있다. '泰'자는 양각이며 연호부의 명문보다 2~3배 정도 크다.[34] 연호부의 명문은 좌서로서 03JYM992:46〈도 32〉에서 '歲', '造', '瓦', '故', '記'자, 03JYM992:48(圖一〇六4)〈도 35〉에서 '戊', '戌'자, 03JYM992:53〈도 36〉에서 '年'자가 분명하게 나타난다. 故자의 경우 일부에서는 여전히 '啓'자의 이체 형태로 파악하려는 경향이 있으나 자형이 분명한 만큼 '故'자로 보고자 한다.[35]

판독 순서는 '泰'자를 기준으로 우하 방향의 '歲'자로 이어 읽는 것이 글자의 배치나 전체 문장의 의미로도 합리적으로 보인다.[36] 전체 명문은 '泰/歲戊戌年造瓦故記'로 판독되고 무술년은 338년으로 비정할 수 있다.

---

29) 林至德·耿鐵華, 1985, 앞의 논문, p.646 '圖二瓦當 2."泰"字瓦當'; 耿鐵華, 2005, 앞의 논문, p.300; 耿鐵華, 2007, 앞의 논문, p.15.

30) 耿鐵華·尹國有, 2001, 앞의 책, p.140; 耿鐵華, 2005, 앞의 논문, p.301; 耿鐵華, 2007, 앞의 논문, p.15; 耿鐵華, 2006, 앞의 논문, p.29.

31) 吉林省文物考古研究所·集安市博物館, 2004a, 앞의 책, p.116·圖七二1·圖七六1·圖版四一2.

32) 吉林省文物考古研究所·集安市博物館, 2004b, 앞의 책, pp.132-134·圖一〇六1~4·圖一〇七·圖一〇八·圖版五四1~4.

33) 보고서에서 와당의 글자 현황을 기술한 부분과 도판에 착오가 있다. 예컨대 03JYM992:42의 경우 제시된 탁본에는 '瓦'자 부분이 깨어져서 보이지 않는데 잔존한 것으로 기술하였고, '戌', '年'자는 자적이 남아있는데 없는 것으로 기술하였다. 또한 '圖版五四'는 '1'과 '3'이 뒤바뀌었고, 우산 992호에서 발견된 권운문 와당의 문자는 모두 양각 좌서인데 제시된 03JYM992:48의 도면과 탁본(圖一〇六4, 圖一〇七3)은 正書로 나타나고 있다.

34) 이 와당의 제시된 대부분 탁본과 사진에서 '泰'자의 첫 번째와 두 번째 가로획에 비해 세 번째 가로획이 상대적으로 길고 특히 03JYM992:46의 경우는 중간 부분이 약간 위로 올라가며 수필 부분이 두터워지고 있어 전형적인 잠두안미 필획처럼 보인다. 연호부의 명문이 좌서로 되어 있다는 점에서 일단 중방부의 '泰'를 좌서로 보았지만 정서일 가능성도 배제할 수 없다. 그렇다면 이는 전형적인 팔분의 자형이라 할 수 있다.

35) '所'자로 판독한 견해가 있다(백종오, 2005, 앞의 논문, p.98).

36) 기경량, 2016, 앞의 논문, pp.46-47·pp.74-75 참조.

표 1. 집안 지역 출토 '泰'자 권운문 와당[37]

연번	출토 시기	출토지	표본	참고 도판	명문
1	2차대전 이전	우산992호분	LSB-J93	梅原末治 1966, 李殿福 1984	泰/歲△戊年造瓦故記
2	1979	우산992호분	JYM992-1979	林至德·耿鐵華, 1985	'戊', '年', '造'
3	1984	우산992호분	JYM992-1984a	耿鐵華·尹國有, 2001	…戊戌年造瓦…
4	2003	국내성 체육장	03JGTYCF2:1	圖七二1·圖七六1·圖版四一2	泰/歲△△年造瓦故記
5	2003	우산992호분	03JYM992:41	圖一０七4	泰/歲△△△造瓦故記
6	2003	우산992호분	03JYM992:42	圖一０七5·圖版五四1	泰/歲戊戌年造△故記
7	2003	우산992호분	03JYM992:43	圖一０八3	泰/△△△年造△△△
8	2003	우산992호분	03JYM992:45	圖一０一·圖一０六2·圖一０七1·圖版五四2	泰/歲戊戌年造瓦故記
9	2003	우산992호분	03JYM992:46	圖一０六3·圖一０七2·圖版五四3	泰/歲戊△△造瓦故記
10	2003	우산992호분	03JYM992:47	圖一０七8	泰/△△△△△瓦故記
11	2003	우산992호분	03JYM992:48	圖一０六4·圖一０七3·圖版五四4	△/△戊戌△△△△
12	2003	우산992호분	03JYM992:50	圖一０七7	泰/△△△△△△故記
13	2003	우산992호분	03JYM992:51	圖一０七9	△/△△戊年△△△△
14	2003	우산992호분	03JYM992:52	圖一０八8	△/歲戊△△△△記
15	2003	우산992호분	03JYM992:53	圖一０八4	△/△戊年造△△△
16	2003	우산992호분	03JYM992:55	圖一０八5	△/△△△△△瓦故△
17	2003	우산992호분	03JYM992:56	圖一０八13	△/△△戊年△△△△
18	2003	우산992호분	03JYM992:57	圖一０六1	泰/△△戊年△瓦故記
19	2003	우산992호분	03JYM992:60	圖一０八6	△/△△△△△故記
20	2003	우산992호분	03JYM992:61	圖一０七6	泰/歲戊△△△△記
21	2003	우산992호분	03JYM992:65	圖一０八9	△/△△△△△△故△
22	2003	우산992호분	03JYM992:66	圖一０八12	△/歲△△△△△△
23	2003	우산992호분	03JYM992:67	圖一０八11	△/△△△△△瓦△△
24	2003	우산992호분	03JYM992:68	圖一０八1	△/△△△年△△△△
25	2003	우산992호분	03JYM992:69	圖一０八2	△/△△戊年△△△△
26	2003	우산992호분	03JYM992:70	圖一０八7	△/△△戊年△△△△
27	2003	우산992호분	03JYM992:71	圖一０八14	△/△戊△△△△△△

이와 관련하여 1963년 집안현 鴨綠江浴池 건설 때 '太寧四年'명 와당과 함께 발견된 '月造記'명〈도 37〉 권운문 와당을 살펴볼 필요가 있다. JYY-1963으로 편호된 이 와당은 회색을 띠며 직경 14㎝이다. 와당 면을

---

37) JYM992-1979는 3조각으로 되어 있어 서로 다른 와당의 잔편일 가능성이 있다. 그렇다면 현재까지 집안 지역에서 출토된 '泰'자 권운문 와당은 모두 29건으로 집계된다.

8등분하여 권운문과 삼각형 문양을 시문하고 연호부에는 양각 좌서 명문이 있다. 李殿福은 이 명문을 '(歲)△△(年)△月造記'로 판독하였으나 추독이 심하다. 와당 잔편에는 '月', '造', '記' 부분의 연호부와 해당 명문은 온전하지만 나머지 글자 부분이 결실되어 보이지 않을 뿐만 아니라 '十一'월과 '十二'월의 가능성을 상정하지 않은 점도 문제이다. 문양을 비롯하여 명문의 '造', '記'자의 결구와 서체가 '泰/戊戌'명 권운문 와당과 유사하며 제작 주체나 시기가 비슷할 것으로 보인다.

5. '丁巳'명

1961년 길림성박물관에서 조직한 輯安考古工作隊가 우산3319호분을 조사하던 중 무덤 앞쪽에서 절반 이상 남아있는 권운문 문자 와당(표본 JYM3319-2935a)〈도 38·39〉을 채집하였다. 현재 길림성박물원에 소장된 이 와당은 회색을 띠고 직경 16㎝, 두께 2.5㎝이다. 명문은 주연부에 정서로 양각되었으며 조사를 담당하였던 李殿福은 '丁巳△△△△歲△△△△△△萬世太歲在丁巳五月廿四'으로 판독하였다.[38]

1983년에도 우산JYM3319호분의 돌무더기에서 같은 종류의 권운문 명문 와당 1점(JYM3319-2935b)〈도 40·41〉이 발견되었다. 이 와당은 2/5 정도 결실된 상태이며 현재 집안박물관에 소장되어 있다. 명문은 李殿福이 '…萬歲△△△△△△△時二時興誌△△△…造.'[39]라 판독하였고, 林至德과 耿鐵華는 두 판독문을 대조하여 '…四時興詣△△△△萬世太歲在丁巳五月廿日'[40]로 읽었다. 전체 명문인 30여 자 중에서 6자를 제외한 나머지 글자가 중복되지만 명문의 상태가 좋지 않아 판독에 한계가 있었다.

그러던 중 2003년에 민간에서 소장하던 같은 종류의 권운문 문자 와당〈도 42·43〉편이 1점 더 알려졌다. 이 와당은 3/5 정도가 떨어져 나갔는데 잔존하는 명문은 비교적 잘 남아있다. 와당을 소개한 張福有는 李殿福의 자문을 받아 명문을 '…日爲中郞(及)夫人造盖墓瓦又作民四千…'으로 판독하고, 1962년과 1983년에 발견된 2점을 함께 검토하여 전체 명문을 '太歲在丁巳五月廿日, 爲中郞(及)夫人造盖墓瓦. 又作民四千, 餟盦(禾+又)用, (盈)時興詣, 得(享)萬世.'[41]라고 제시하였다. 내용은 대략 정사년 5월 20일(기원 357년 6월 23일)에 중랑과 그 부인을 위하여 무덤을 덮는 기와를 만들었으며, 또 4천의 작민에게 장례와 제사 등에 쓰일 각종 기물이나 용품을 제공하게 함으로써 때에 맞추어 제사를 지내도록 한다는 것이다.

---

38) 李殿福은 이 와당의 채집 당시에는 '丁巳△△△△歲△△△△△△萬世太歲在丁巳五月廿日'(李殿福, 1962, 「一九六二年春季吉林輯安考古調査簡報」, 『考古』 1962-11, p.567)로 판독하였으나, 1980년 발표 논고에서는 '丁巳△△△△歲△△△△△△萬世太歲在丁巳月廿四日'(李殿福, 1980, 「集安高句麗墓硏究」, 『考古學報』 1980-2, p.172)로 제시하였다. 1984년에 다시 1980년 논고에서 '五'자를 빠뜨렸다고 하고 '…丁巳△△△△歲△△△△△△萬世太歲在丁巳五月廿四…'(李殿福, 1984, 앞의 논문, p.68)로 수정하였다. 이 와당의 발견 시기에 대해서 이전복은 1962년 6~7월경이라 하였으나 손인걸이 집필한 우산3319호분의 발굴보고서에는 1961년 10월로 기술하고 있어 차이를 보인다(吉林省文物考古硏究所·集安市博物館, 2005, 「通溝古墓群禹山墓區 JYM3319號墓發掘報告」, 『東北史地』 2005-6, p.19).

39) 李殿福, 1984, 앞의 논문, p.68.

40) 林至德·耿鐵華, 1985, 앞의 논문, p.644.

41) 張福有, 2004, 「集安禹山3319號墓卷雲紋瓦當銘文識讀」, 『東北史地』 2004-1, p.42; 張福有, 2004, 「集安禹山3319號墓卷雲紋瓦當銘文考證與初步硏究」, 『社會科學戰線』 2004-3, p.144.

도 38. '太歲在丁巳五月廿日…千饌盒(禾+又)用(盈)時興詣得(享)萬世' 와당(JYM3319-2935a)(『東北史地』 2005-6, 張福有 撮 圖版二 1. 1961年10月出土 "丁巳"瓦當)	도 39. '太歲在丁巳五月廿日…千饌盒(禾+又)用(盈)時興詣得(享)萬世' 와당(JYM3319-2935a) 탁본 (『東北史地』 2005-6, 圖版三 1)	도 40. '…造盖墓瓦△△(民)四千△△(禾+又)用(盈)時興詣得(享)萬世' 와당(JYM3319-2935b)(『東北史地』 2005-6, 張福有 撮 圖版二 2. 1983年出土的 "丁巳"瓦當)

도 41. '…造盖墓瓦△△(民)四千△△(禾+又)用(盈)時興詣得(享)萬世' 와당(JYM3319-2935b) 탁본 (『東北史地』 2005-6, 圖版三 2)	도 42. '…日爲中郎(及)夫人造盖墓瓦又作民四千…' 와당(민간소장) (『東北史地』 2005-6, 張福有 撮 圖版二 3. 2003年張福有民間 發現的"丁巳"瓦當)	도 43. '…日爲中郎(及)夫人造盖墓瓦又作民四千…' 와당(민간소장) 탁본 (『東北史地』 2005-6, 圖版三 3)

　와당 실물과 탁본 사진을 보면 '饌盒(禾+又)用', '(盈)時', '得(享)'자 등은 다소 무리하게 확정하거나 추독한 느낌이 있고, 피장자와 직접적인 관계가 있는 '中郎(及)夫人[42]' 부분은 자획이 명확하지 않아 보인다. 명문의 일부 자형이 해서의 체세를 띠기도 하지만 '四'자는 전서의 자형이고 '世', '丁巳', '作民'자 등은 전형적인 위진시기 예서의 형태이다.

6. '乙卯年癸(酉)'명

　1997년 5월 우산3319호분에서 '乙卯年癸(酉)'명 권운문 명문 와당〈도 44·45〉 1점이 출토되었다.[43] 이

---

42) 보고서는 '中郎及夫人' 또는 '中郎將大人'으로 판독하였다(吉林省文物考古研究所·集安市博物館, 2005, 앞의 논문, p.24).

43) 위의 논문, p.23·圖版五.2 및 표지 사진(集安禹山3319号墓乙卯年癸酉瓦當 張福有 撮); 吉林省文物考古研究所, 2009, 『吉林集安高句麗墓葬報告集』, 科學出版社, p.261·圖三2.

도 44. '乙卯年癸(酉)' 와당(97JYM3319:31) (『東北史地』 2005-6, 集安禹山 3319号墓乙卯年癸酉瓦當 張福有 撮)	도 45. '乙卯年癸(酉)' 와당(97JYM3319:31) 탁본 (『東北史地』 2005-6, 圖版五.2)

와당은 2001년 출간된 耿鐵華·尹國有 공저 『高句麗瓦當研究』에 소개된 적이 있는데 보고서와는 달리 1998년에 국내성 건축 유적에서 출토된 것으로 기술하였고, 이어 耿鐵華는 2005년과 2007년 자신의 논고에서는 표본 JGJY-1998로 소개하였다.[44] 2016년 기경량은 이를 근거로 '乙卯年癸(酉)'명 권운문 와당을 두 종류로 파악하고 C형으로 분류하여 각각의 탁본을 제시[45]하였으나 이는 동일 와당의 이형 탁본이다.

2005년에 정식 발간된 보고서는 97JYM3319:31로 편호하였으며 일부 파손된 부분이 있으나 와당의 전체적인 형태를 파악하는 데는 문제가 없다. 와당은 회색이며 직경 15.5㎝로 얕은 부조처럼 되어 와범의 조각 상태가 깊지 않음을 알 수 있다. 주연은 거치문으로 장식되었으며 원형의 중방과 사이에 복선을 그어 전체를 4등분으로 나누었다. 각각의 공간 안에는 마주보는 권운문이 있고 이 권운문과 주연 사이의 연호부에는 양각된 명문이 있는데 그 중 하나가 '乙卯年癸(酉)'로 판독되고 나머지 3개의 연호부 명문은 판독하기 어렵다. '乙'자와 '卯'자는 예서의 자형으로 간독 서사의 풍격과도 유사한 면이 있다. 각 쌍의 권운문 사이에도 한 글자씩 양각된 명문이 있는데 '大', '明', '寺', '造'[46] 또는 '一', '二', '三', '四'[47]로 판독하기도 한다.

7. '十谷民造'명, '千谷民造'명

'十谷民造'명 권운문 문자 와당은 2차 대전 이전에 舊滿洲兵舍(현재 집안시 梨樹園子 남쪽 유적) 부지에서

---

44) 耿鐵華·尹國有, 2001, 앞의 책, p.38·148; 耿鐵華, 2005, 앞의 논문, p.302·310·317; 耿鐵華, 2007, 앞의 논문, p.15. 이러한 경철화 등의 관련 기술은 보고서와 달라 필자가 발굴보고서 집필자(孫仁杰)에게 문의한 바(2020년 7월 6일 오후) 집안 지역에서 '乙卯年癸(酉)'명 권운문 명문 와당은 1점이 출토되었고 『高句麗瓦當研究』의 기술이 착오라고 한다.

45) 기경량, 2016, 앞의 논문, p.78.

46) 耿鐵華, 2005, 앞의 논문, p.310; 耿鐵華, 2007, 앞의 논문, p.18.

47) 張礼艶·張毅博, 2017, 「集安出土高句麗瓦當文字及特點研究」, 『中國文字研究』 第25輯, p.106.

도 46. '十谷民造' 와당(LSB-J1) 탁본 (『朝鮮古文化綜鑑 第四卷』, p.36 第七図 輯安出土瓦當紋拓影(3))	도 47. '十谷民造' 와당 탁본 (『高句麗瓦當研究』, p.149)	도 48. '千谷民造' 와당 탁본 (『東北史地』 2005-6, 圖版五 1. 1984年採集 "千谷民造"瓦當拓片)

'泰'명 권운문 와당과 함께 발견되었다〈도 46〉.[48] 이 와당은 요녕성박물관에 소장되어 LSB-J1으로 편호되었다. 원래 크기의 1/4 정도의 잔편으로 직경은 15㎝이고 회색을 띤다.

명문은 양각으로 梅原末治 등에 의해 '十谷氏造'로 판독되었으나 李殿福이 '氏'자를 '民'자로 수정[49]한 후 대부분이 이를 따르고 있다. '谷'자는 제1획과 제3획, 제2획과 제4획이 평행을 이루고 있으며 비슷한 형태가 광개토태왕비 등에서도 나타난다. '造'자의 '辶'은 'ㄴ'처럼 한 획으로 연결된 행서나 초서의 서사법이다. '谷民'은 모두루묘지에서도 보이는데 城民과 구별되고 주로 山谷에서 생활하며 농경과 수공업에 종사하는 사람들로 추정된다. 권운문 사이에는 연호부 명문보다 큰 글자가 양각되었으며 이 글자를 李殿福은 '吉'자의 고식 자형이 변형된 형태로 보았지만 하단의 가로획이 독립된 필획으로 보여 '夫一'로 판독하는 것이 무난해 보인다.

한 가지 짚어 보아야 할 점은 그동안 '十谷民造'명 권운문 와당으로 소개된 탁본이 두 종류라는 것이다. 하나는 위에서 살펴본 梅原末治와 李殿福이 제시한 탁본 도판이고, 또 다른 하나는 2001년 耿鐵華·尹國有가 공저한 『高句麗瓦當研究』에 해방 전 梨樹園子 남쪽 유적에서 출토되어 현재 요녕성박물관에 소장된 것으로 소개한 탁본 도판[50]〈도 47〉이 그것이다.

梅原末治가 『朝鮮古文化綜鑑』에서 제시한 탁본은 4등분 권운문 문자 와당이며 이와 같은 도판이 1982년 田村晃一의 논고에도 게재[51]되었다. 1984년 李殿福이 「集安卷雲紋銘文瓦當考辨」을 통해 일본 학자들의 판독문을 검토하면서 같은 탁본 도판을 제시[52]하였고 그 이듬해 林至德과 耿鐵華가 공동으로 집필한 논고에도 소개[53]되었다. 그런데 이 탁본에 보이는 권운부의 각도는 약 90도이고 이에 해당하는 주연부에 시문된

---

48) 梅原末治, 1966, 앞의 책, p.35-36 第七図 輯安出土瓦當紋拓影(2/3).

49) 李殿福, 1984, 앞의 논문, p.69; 集安縣文物志編委會, 1984, 앞의 책, pp.256-257.

50) 耿鐵華·尹國有, 2001, 앞의 책, p.38·p.149.

51) 田村晃一, 1982, 앞의 논문, p.38 第6図 2. 「歲△戌年」銘瓦當(集安「舊滿洲兵舍」敷地出土).

52) 李殿福, 1984, 앞의 논문, p.69 圖1 卷雲紋瓦當拓片 7.

53) 林至德·耿鐵華, 1985, 앞의 논문, p.645 圖一 瓦當拓本 3. "十谷民造"瓦當.

거치문의 수가 9개인데 비해 2001년 발행된 『高句麗瓦當研究』에 게재된 탁본에는 권운부의 각도가 약 68도이고 거치문은 7개로써 서로 다른 형태이다. 후자의 경우 권운부 크기가 약간씩 차이가 있을 수 있다는 점을 감안하면 원래 5개의 권운부가 있는 와당일 것으로 보인다. 지금까지 『高句麗瓦當研究』에 소개된 '十谷民造'명 권운문 문자 와당에 대해서는 연구자들이 모두 4등분 와당으로 분류하였다. 하지만 고구려 연화문 와당이 4연판, 5연판, 6연판, 7연판, 8연판, 9연판, 10연판, 11연판, 12연판, 15연판까지 다양하게 출토[54] 되는 것으로 보아 권운문 와당 또한 4등분, 8등분 이외도 5등분 와당이 존재할 가능성은 충분하다.

그리고 함께 살펴보아야 할 것으로 최근 소개된 '千谷民造'명 권운문 와당이 있다. 이 와당은 1984년 집안시박물관이 우산3319호분 부근의 인면석각에서 울타리 공사를 하던 중 채집되었다고 한다〈도 48〉.[55] 탁본 사진을 보면 이 와당의 권운문 사이에도 연호부 명문보다 큰 '夫'자가 양각되었고 그 하부는 탈락되었다. 와당의 권운부 각도가 직각에 가까운 4등분 와당으로 이수원자 남쪽 유적에서 출토된 '十谷民造'명 권운문 와당과 문양을 비롯하여 권운부와 연호부에 해당하는 주연 부분의 삼각 거치문까지도 8개로써 같다. 전체적인 문양의 형태가 특히 梅原末治와 李殿福이 소개한 '十谷民造'명 권운문 와당과 매우 닮아 있다. 보고자는 문양의 형태가 기존의 '十谷民造'명 권운문 와당과 흡사하지만 명문을 다르게 판독하여 서로 별개의 것으로 본 것이다.

한편 한국 학계에서는 이 두 와당을 동일한 종류로 보기도 한다.[56] '千'자의 첫 번째 획은 우측으로 치우쳐 자형이 자연스럽지 않다는 이유로 이를 흠집으로 보고 '十'으로 판독하였다.

판독의 관건은 첫 번째 글자의 '十'자 위쪽에 나타나는 가로획이 실획인지 아닌지 여부이다. 이 가로획만 제외하면 양자는 일견 같아 보이기도 하여 동범 와당으로 착각할 소지가 있다. 하지만 권운문이나 점 등에서 형태가 명확하게 차별성이 드러날 뿐만 아니라 '谷'의 상부 점획처럼 보이는 짧은 삐침이나 하부 '口'자를 비롯하여 '造'자의 좌변 'ㄴ'형 결구와 필획의 간격 등 또한 미세하게 차이를 보여 동범 와당으로 보기 어렵다.

여기서는 첫 번째 글자 상단에서 필획으로 볼 수 있는 흔적이 비교적 명확하게 나타난다는 점에서 '千'자로 보고자 한다.

8. 부호명

천추총 권운문 와당 중에는 '#', 'x'형 등의 부호가 새겨진 것들이 있다.[57] 03JMM1000-104(圖一六七3·圖一六九2), 03JMM1000-294〈도 49〉는 구획선이 3개인 권운문과 중방부 등이 비교적 잘 남아있으며 원형

---

54) 王飛峰, 2013, 앞의 논문, p.126-143 참조.

55) 吉林省文物考古研究所·集安市博物館, 2005, 앞의 논문, p.19. 圖版五1.1984年採集 "千谷民造"瓦當拓片.

56) 여호규, 2010, 「1990년대 이후 고구려 문자자료의 출토현황과 연구동향」, 『韓國古代史研究』 57, p.87; 기경량, 2016, 앞의 논문, p.64. 기경량은 우산3319호분와 梨樹園子 남쪽 유적에서 출토된 것을 동범 와당으로 보았다.

57) 吉林文物考古研究所·集安市博物館, 2004b, 앞의 책, p.207·p.210·圖一六七3·圖一六九2·圖一六九8·圖一六七2·圖一六八11·圖版七五3·圖一六八1.

도 49. '#' 와당(03JMM1000-294) 탁본 (『集安高句麗王陵』, 圖一六九8)	도 50. '#' 와당(03JMM1000-288) 탁본 (『集安高句麗王陵』, 圖一六八11)	도 51. '井', '×' 와당(03JMM1000-108) 탁본 (『集安高句麗王陵』, 圖一六八1)

의 중방부에 '#'형 부호가 양각되었다. 03JMM1000-288(圖一六七2·圖版七五3)〈도 50〉은 직경 13.6㎝의 8
등분 와당이며 일부가 파손되었지만 전체적인 형태를 가늠하기에는 충분하다. 이 와당의 각 쌍의 권운문
사이에 3개의 구획선이 있고 각각의 연호부에는 삼각형 문양, 새 문양 및 부호가 양각으로 새겨져 있다. 이
부호에 대해서 쌍으로 된 '×'라고 하는 견해가 있으나[58] 획이 서로 겹친 형태여서 '#'형 부호에 가깝다.
03JMM1000-108〈도 51〉은 직경 13㎝이며 권운부와 연호부의 일부만 남아있다. 이 와당은 4등분 권운문
문자 와당으로 특이하게 연호부가 구획선 사이보다도 좁게 설계되었다. 연호부와 구획선 사이의 공간에는
'囗' 안쪽에 각각 '#'와 '×'가 양각으로 새겨져 있는데 주연부를 따라 반복되었을 것으로 보인다. 이들 '#'형
부호는 한쪽으로 약간 기운 형태로서 광개토태왕 호우에 나타나는 것과 거의 같고 와당의 경우 주로 천추
총에서 발견된다.

　　고구려에서 '#'자형 부호는 기와나 토기 등 기물의 제작 과정에서 주로 도구를 이용하여 새긴 각획 상태
로 발견된다. 이에 반해 천추총 출토 권운문 와당에서는 처음부터 와범의 도안으로 설계되어 그 제작 방식
이 확연히 다르다. 이러한 부호의 용도에 대해서는 천추총 서변 1단 4층 축석의 좌하각에서 음각 각획 상태
로 발견된 '#'형 부호(圖一四二)의 사례를 들어 능묘의 축조를 위해 정교하게 설계했던 증거라고 보기도 한
다.[59] 하지만 03JMM1000-294(圖一六九8)에서 보듯이 '#'형 부호가 와당의 중심인 중방부에 독립된 소재
로 나타나고 있는 점으로 보아 단순히 능묘 축조와 관련된 공정을 표시하기 위한 것으로만 보이지는 않는
다. 따라서 어떤 상징성 부호로 사용하였던 것이 아닐까 생각해 볼 수도 있겠는데 그동안 태양을 상징한다
거나 광개토태왕의 문장이라고 하는 설이 있었고 최근에는 王侯의 무덤을 상징하는 표지라는 견해가 제기
되기도 하였다.[60] 하지만 이 '#'형 부호는 무덤이 아닌 곳에서도 출토되고 특히 한강변 일대의 군사시설인

---

58) 耿鐵華, 2005, 앞의 논문, pp.304-305.

59) 吉林文物考古研究所·集安市博物館, 2004b, 앞의 책, p.177.

60) 박찬규, 2005, 「集安지역에서 최근 발견된 고구려 문자 자료」, 『高句麗硏究』 19, p.190.

보루의 생활 용기에서도 다수 발견되어 수긍하기 어렵다.

III. 고구려 권운문 명문 와당의 편년과 유형 분류

고구려 권운문 명문 와당 중에서 간지가 있는 비교적 이른 시기의 것으로는 2001년 국내성 남쪽에 위치한 집안시 제2소학교에서 발견된 '大吉/大歲甲戌九月造作'명을 들 수 있다. 중방부의 '吉'자는 상부 '士'에 비해 하부 '口'가 옆으로 긴 장방형이며 이러한 하부비대형 자형 결구는 광개토태왕비에서도 나타난다. 연호부 명문은 필획의 방향이 수직과 수평을 이루어 예서에 가깝고 파책은 명확하지 않아 해서로의 과도적 양상도 함께 보인다. '歲'자의 경우도 상부와 하부의 결구가 한 획으로 연결되었으며 이러한 자형 결구는 천추총 명문전과 광개토태왕비 등에서도 나타나고 있어 서체의 유사성이 강하게 나타난다. 따라서 이 와당의 제작 연대는 천추총의 축조나 광개토태왕비의 건립 시기를 넘지는 않을 것으로 보여 '甲戌'은 254년, 314년, 374년 중의 하나로 추정할 수 있다. 여기서는 권운문 와당의 발전 단계와 서체로 보아 일단 314년으로 추정한다.

이와 비슷한 문양과 서체가 나타나는 것으로는 1987년 국내성 남문에서 발견된 '大吉/大歲(壬)申四月造作'명 권운문 명문 와당이 있다. 연호부의 명문은 여타 권운문 문자 와당들과는 달리 주연부에 맞추어 글자의 중심축이 기울어지지 않고 수직이 되도록 새겼다. 필획의 방향이 수평이고 전체적인 자형이 옆으로 퍼지는 형태를 하는 등 예서의 체세를 보여 광개토태왕비의 자형과도 비슷하다. 와당의 제작 연도를 미천왕 25년(324) 甲申에서 고국원왕 6년(336)인 丙申 사이로 추정하기도 하는데[61] 문양과 명문의 배열이 2001년 집안시 제2소학교에서 출토된 '大吉/大歲甲戌九月造作'명과 같다는 점을 고려하면 壬申年인 312년 즉 미천왕 13년일 가능성이 더 많아 보인다.[62] 이들 와당은 출토 지점이 국내성 남쪽으로 같고 제작 시기도 비슷한 것으로 보아 특정 건축물에 거의 동시에 사용되었던 것으로 추정된다.

고구려 권운문 문자 와당 중에서 연대가 비교적 확실한 것으로는 '太寧四年'명 와당이다. '太寧' 연호는 역사상 세 차례 사용되었는데 東晉 明帝·成帝 재위 기간인 323~326년, 後趙 石虎 349년, 北齊 武成帝 561년 등이다. 그런데 석호와 무성제는 '太寧'이라는 연호를 각각 4개월과 2개월밖에 사용하지 않았기 때문에 후조와 북제의 연호는 될 수 없고 동진 시대의 연호로 볼 수 있다. 李殿福은 이 시기에 윤달은 325년 8월이고 6일이 己巳라는 점을 들어 태녕 4년은 태녕 3년의 착오로 보았다.[63] 이에 동조한 林至德과 耿鐵華는 공동 논고에서 판독문의 연간지 부분을 325년의 간지인 '(乙酉)'로 보정하기도 하였다. 耿鐵華는 이후 단독 논고에서 이를 철회하였는데 출토된 두 와당에서 모두 '四'자가 명료하게 나타나고 있어 착오로 보기 어렵다 하

---

61) 耿鐵華, 2005, 앞의 논문, p.317.

62) 기경량, 2016, 앞의 논문, pp.54-55.

63) 李殿福, 1984, 앞의 논문, p.70.

고, 명제 사후 성제가 즉위하여 326년 2월에 개원하기 전 1개월 동안 여전히 태녕 연호를 사용했다는 점에 착안하여 '太寧四年'을 인정하여 이 와당의 편년을 326년 즉 고구려 미천왕 27년으로 보았다.[64]

2003년 서대묘에서는 모두 3종의 권운문 명문 와당이 출토되었다.

이 중 '大/歲戊子年△在(牟)造'명 권운문 와당은 그동안 집안 지역에서 알려지지 않았던 새로운 종류의 와당이다. 耿鐵華는 명문의 '在牟'를 인명으로 파악하였는데 '在'자를 '再'와 통한다 하고 미천왕이 즉위하기 전 함께 소금 장사를 했던 東村 사람 再牟로 보아[65] 무자년을 미천왕 29년 328년으로 비정하였다.

또 다른 종류는 기존에 '己/己丑年△頡于利作'[66]명으로 판독되었던 것이다. 이 와당은 1957년 집안 승리촌 소방대 부근에서 출토되어 '頡作'으로 읽었던 권운문 명문 와당 JSX-1957과 동일한 유형으로 필자가 '頡'자를 추가하여 읽은 바 있다. 최근 기경량이 己/丑年于利巴△頡作'으로 판독문을 새로 제시함으로써 1971년에 麻線中學 부근에서 발견되어 '吉好' 또는 '己丑'으로 읽었던 JMZ-1971 또한 JSX-1957과 같은 종류라는 사실을 알게 되었고 '(己)/…巴△…'으로 판독문을 수정할 수 있게 되었다. 명문의 기축년은 329년으로 비정할 수 있으며 미천왕 30년이 된다. 서대묘는 미천왕릉으로 알려졌는데[67] 이 두 종류의 와당을 통해 적어도 왕이 서거하기 2~3년 전부터 왕릉이 조성되기 시작하였을 가능성도 상정해 볼 수 있다.

한편 1984년 우산992호분에서 출토된 권운문 명문 와당 중에는 '己丑(年)造瓦△△八'(JYM992-1984b)으로 판독되는 것이 있다. 2003년에도 이 무덤에서 '…丑…'자만 있는 권운문 명문 와당(03JYM992:54) 편이 발견되었으며 역시 같은 종류로 보인다. 이들 기축년 또한 명문의 유사성으로 인해 329년으로 비정할 수 있으며 고구려 미천왕 29년에 해당한다.

이 외에도 서대묘에서는 연호부 2개 부분에 각각 한 글자씩 잔존하는 권운문 명문 와당(03JMM500:21)이 출토되었다. 이 권운문 명문 와당은 '大'자명이나 '己丑'명 권운문 와당과는 또 다른 유형으로 보인다.

'泰'자 권운문 명문 와당은 2차 세계대전 이전에 舊滿洲兵舍(현재 집안시 梨樹園子 남쪽 유적) 부지에서 1점이 알려진 이후 근년에 체육장 유적과 우산992호분에서 대거 출토되었다. 1966년 梅原末治가 '歲△戊年造瓦(戶+攵)記'로 판독하였고 1984년 李殿福이 8개의 연호부가 모두 존재하는 완정한 탁본 도판을 제시하며 기존의 탈락된 연호부의 글자를 '戊'자로 읽음으로서 간지가 무술년임이 확인되었다. 전체 명문은 '泰/歲戊戌年造瓦故記'로 판독할 수 있으며 무술년은 338년 즉 고국원왕 8년으로 비정된다.

이와 함께 살펴볼 필요가 있는 것이 1963년 鴨綠江浴池에서 출토된 '月造記'명 권운문 와당이다. 耿鐵華는 이 와당의 연대를 서대묘 출토 '己/丑年于利巴△頡作'명에 접근하는 것으로 보고 있다.[68] 하지만 이들 두 와당의 명문은 자형 결구와 서사 풍격이 다소 이질적이다. 이에 비해 '泰/歲戊戌年造瓦故記'명 권운문 와당의 명문과는 유사한 풍격을 보이고 있어 제작자와 시기의 연관성을 추측해 볼 수 있다.

64) 耿鐵華, 2005, 앞의 논문, pp.315-316.
65) 『三國史記』卷17, 高句麗本紀5 美川王 元年, "諱乙弗 …… 不勝艱苦, 周年乃去, 與東村人再牟, 販鹽."
66) 고광의, 2005, 앞의 논문, p.224.
67) 吉林省文物考古研究所·集安市博物館, 2004b, 앞의 책, p.117.
68) 耿鐵華, 2005, 앞의 논문, p.300; 耿鐵華, 2007, 앞의 논문, p.317.

'丁巳'명 권운문 명문 와당은 우산3319호분에서 1961년과 1983년에 각각 1점씩 발견되었다. 2003년에는 민간에서 소장하던 1점이 추가로 알려지면서 전체 명문을 '太歲在丁巳五月廿日, 爲中郞(及)夫人造盖墓瓦. 又作民四千, 餟盦(禾+又)用, (盈)時興詣, 得(享)萬世.'로 판독하게 되었다. 우산3319호분에서는 동진 시대의 盤口靑瓷壺가 출토되어 명문의 '丁巳'를 357년[69] 즉 고국원왕 27년으로 보는 것이 일반적이다. 이 무덤은 규모로 보아 왕릉급으로 인정되는데 그 주인공을 고국원왕 또는 소수림왕으로 추정하였으나 와당의 명문 전체가 판독됨으로써 최근에는 중국 계통의 한인으로 보려는 경향이 있다.[70]

우산3319호분에서는 이 외에도 1997년에 '乙卯年癸(酉)'명 권운문 와당이 1점 출토되었다. 이 와당 명문의 '乙卯年'은 같은 곳에서 출토된 '丁巳'명 와당이 357년으로 편년됨에 따라 이보다 2년 앞선 355년[71]으로 비정할 수 있다. 한편 耿鐵華는 이 와당의 연대를 295년으로 올려보았지만 그리 소급하기에는 그 자신 또한 357년으로 편년한 '丁巳'명 와당과도 차이가 많이 난다. 아마도 이는 이 와당의 출토 장소를 국내성 건축지로 보아 두 와당의 관계를 고려하지 않았기 때문으로 생각된다.[72]

이와 형태가 유사한 것으로는 梅原末治와 耿鐵華 등이 해방전 집안시 梨樹園子 남쪽 유적에서 출토된 것으로 소개한 '十谷民造'명 권운문 와당 2종과 1984년 우산3319호분에서 발견한 '千谷民造'명 권운문 와당 1종이 있다. 이들 와당은 문양이나 명문의 배치 방식 및 서사 풍격 등으로 보아 동일인이거나 기술을 공유하는 공인 집단의 솜씨로 추정되며 양식의 유사성이 강하여 제작 시기 또한 비슷할 것으로 보인다.

그리고 이들 '十谷民造'명 '千谷民造'명 권운문 와당은 4등분 또는 5등분 와당으로 전체적인 문양과 명문의 서체가 '乙卯年癸(酉)'명 권운문 와당과도 유사하다. 연호부에 횡서로 간지 또는 제작자 집단을 명기하고 그 아래 권운문 사이에 일종의 길상구로 보이는 명문을 새긴 점이나 예서, 해서 및 행서의 요소들이 혼재된 신예체 특징이 나타나는 것으로 보아 동시대적 요소가 강하다. 따라서 이들의 제작 시기는 역시 355년과 멀지 않을 것으로 추정된다.

천추총 권운문 와당 중에는 '#', 'x'형 등의 부호가 새겨진 것들이 있다.[73] 이들 권운문 와당은 이전의 것들과는 문양의 형태나 명문에서 확연한 차이를 보이고 있어 권운문 명문 와당의 양식적 변화를 말해 주고 있다. 천추총은 출토된 기와와 연화문 와당의 형식 등으로 보아 4세기 말경 태왕릉보다 먼저 조성되었을 것으로 추정된다.

69) 集安縣文物志編委會, 1984, 앞의 책, p.172.

70) 張福有, 2004, 앞의 논문, pp.147-148; 張福有, 2004, 앞의 논문, pp.43-44; 吉林省文物考古硏究所·集安市博物館, 2005, 앞의 논문, pp.23-24.

71) 고광의, 2005, 앞의 논문, p.226; 吉林省文物考古硏究所·集安市博物館, 2005, 앞의 논문, p.24; 강현숙, 2013, 『고구려 고분 연구』, 진인진, p.102; 기경량, 2016, 앞의 논문, p.64.

72) 이 와당은 보고서에 의하면 1997년에 JYM3319에서 출토되었다고 하였으나 耿鐵華는 2001년(耿鐵華·尹國有, 2001, 앞의 책, p.38) 이후 최근까지(耿鐵華, 2014, 『高句麗瓦當硏究』, 吉林大學出版社, p.19) 일관되게 1998년에 국내성 건축 유적에서 출토된 것으로 소개하고 있다.

73) 吉林文物考古硏究所·集安市博物館, 2004b, 앞의 책, p.207·p.210·圖一六七3·圖一六九2·圖一六九8·圖一六七2·圖一六八11·圖版七五3·圖一六八1.

지금까지 보고된 고구려 시대의 문자나 기호가 있는 와당은 14종 49점이고 부호 와당까지 합하면 17종 52점 정도가 파악된다. 이를 문양 형태, 문자 배열, 명문 내용 등을 통해 유형을 분류해 보고 서체와 편년을 파악하여 정리하면 다음과 같다.[74]

표 2. 고구려 권운문 명문 와당의 유형과 편년

유형		와당 및 명문	연대	출토지(수량)	새김법	서체	비고
A	a	'(大吉)/大歲△申四月造作' JGN-1987	312 미천왕 13년	國內城 南門里(1)	模印陽刻, 정서	예서	팔분 필의
	b	'大吉/大歲甲戌九月造作' 2001JGDRX擾:4	314 미천왕 14년	第2小學(2)	模印陽刻, 정서	예서	팔분, 해서 필의
	c	'大/歲戊子年△在(牟)造' 03JMM500:10	328 미천왕 29년	西大墓(3)	模印陽刻, 좌서	해서, 좌서	예서 필의
	d	'己/丑年于利巴△(領)作' 03JMM500:38	329 미천왕 30년	勝利村 消防隊 부근, 麻線中學 서북측(1), 西大墓(2)	模印陽刻, 좌서	해서, 좌서	예서 필의, '領'자는 전서체[75]

---

74) 본문의 〈표〉에 표시된 명문 와당의 유물 건수는 기본적으로 보고서에 제시된 수량에 따르지만, 누락된 경우 필자가 파악한 것을 합산하였다. 표본의 번호가 제시된 것은 보고서에 유물의 탁본 또는 사진이 예시된 것이다.

75) 耿鐵華·尹國有, 2001, 앞의 책, p.126.

유형		와당 및 명문	연대	출토지(수량)	새김법	서체	비고
	e	'己丑(年)造瓦△△八' JYM992-1984b	329 미천왕 30년	우산992호분 (1+1)	模印陽刻, 좌서		
	f	미판독 2자 03JMM500:21	4세기 전반 미천왕대	西大墓(1)	模印陽刻		
	g	'泰/歲戊戌年造瓦故記' LSB-J93	338 고국원왕 8년	梨樹園子 남쪽 유적(1), 禹山992號墓 (1+1+23), 체육장 유적(1)	模印陽刻, 좌서	예서, 해서 좌서	해서 필의, 예서 필의
	h	'…月造記…' JYY-1963	4세기 전반 고국원왕대	鴨綠江浴池(1)	模印陽刻, 좌서	예서	해서 필의.
B	a	'太寧四年大歲乙酉閏月六日己巳造 吉保子宜孫' SB-J2933	326 미천왕 27년	鴨綠江浴池(1). 影劇院 길 서측(1)	模印陽刻, 좌서	신예체	팔분, 해서, 행서, 초서 필의
C	a	'太歲在丁巳五月廿日爲中郞(及)夫人 造盖墓瓦又作民四千饌盒(禾+又)用 (盈)時興詣得(享)萬世' JYM3319-2935a	357 고국원왕 27년	禹山3319號 墓(2) 민간 소장(1)	模印陽刻, 정서	예서	팔분, 해서 필의

유형		와당 및 명문	연대	출토지(수량)	새김법	서체	비고
D	a	'乙卯年癸(酉)/…'	355 고국원왕 25년	우산3319호분 (1)	模印陽刻, 정서	해서	예서 필의
	b	'…十谷民造' LSB-J1	4세기 중반	梨樹園子 南遺址(1)	模印陽刻, 정서	해서	예서 필의
	c	'…十谷民造' 경철화·윤국유 소개	4세기 중반	梨樹園子 南遺址(1), 미상(1)	模印陽刻, 정서	해서	예서 필의
	d	'…千谷民造'	4세기 중반	우산3319號墓 (1)	模印陽刻, 정서	해서	예서 필의
E	a	'井' 03JMM1000-294	4C 후반	천추총1)	模印陽刻		부호
	b	, '井' 03JMM1000-288	4C 후반	천추총(1)	模印陽刻		부호
	c	'□' 안에 '#', '×' 형 03JMM1000-108	4C 후반	천추총(1)	模印陽刻		부호

Ⅳ. 맺음말

고구려 권운문 명문 와당을 중심으로 문양과 판독문 및 서체를 검토하여 이를 바탕으로 유형을 분류하고 편년을 제시해 보았다.

4세기 초반에 들어서면 고구려 권운문 명문 와당의 전형적인 모습이 나타난다. 원래 권운문 와당은 진한대에 유행하였지만 이처럼 문자와 배합된 양식은 4세기 이후 고구려에서 집중적으로 발견된다. 주로 국내성 지역의 건축물과 규모가 큰 왕릉급 묘장에서 출토된다는 점에서 어떤 특정한 계기에 고구려가 중원의 고식 와당 양식을 수용하여 변용한 것으로 생각된다.

이 시기의 권운문 명문 와당은 A형으로 분류할 수 있는데 '(大吉)/△申'명(312), '大吉/甲戌'명(314), '大/戊子'명(328), '己/丑'명(329), '己丑'명(329), '泰/戊戌'명(338) 와당은 간지가 있어 연대를 비정할 수 있다. '月造記'명은 '泰/戊戌'명과 문양 및 서체 풍격이 유사하여 비슷한 시대에 제작된 것으로 추정할 수 있다. 그 형태는 각각의 권운문에 연호부를 두어 8등분하고 연호부 안쪽 공간에는 한 글자씩 명문이 있으며 중방부에는 상대적으로 글자를 크게 새긴 것들이 있는데 명문은 내용상 서로 연결된다. 와당의 전체적인 문양이 세련되고 정형화된 형식미가 있다. 이들 권운문 와당 명문의 서체는 이후 천추총이나 태왕릉 명문전의 서체에 영향을 주고 광개토태왕비체의 완성에도 일정한 역할을 하였던 것으로 보인다.

'太寧四年'명과 '丁巳'명은 연호와 간지로 보아 각각 326년과 357년으로 비정된다. '太寧四年'명은 연호부가 없고 주연부에 연월일과 길상구를 기록하는 등 A형 권운문 명문 와당과 구분되어 B형으로 분류할 수 있다. 또한 '丁巳'명 권운문 와당은 권운부를 8등분으로 세분하고 주연부에 명문을 새긴 '太寧四年'명을 절충한 형식으로 C형으로 분류된다. 이 '丁巳'명 와당은 명문 내용이 장례나 제사와 관련된 연월일과 묘주를 구체적으로 명기하여 墓誌의 기능도 일부 겸하고 있다. 이러한 B, C유형은 기존의 A형에서 보이던 정형화된 모습과는 다소 다른 양상이다.

고구려 권운문 명문 와당은 4세기 중반에 이르러 이전의 8등분 와당과 다르게 4등분, 5등분 와당이 출현하는 등 양식적인 변화가 나타나기 시작한다. 355년으로 편년되는 '乙卯年癸(酉)'명을 비롯하여 이와 비슷한 시기에 제작된 것으로 보이는 '十谷民造'명, '千谷民造'명 권운문 와당이 이러한 유형에 속하는데 D형으로 분류할 수 있다. 이들 와당은 마주 보는 권운문 한 쌍을 4등분 또는 5등분으로 나누고 주연부를 맞물린 삼각 거치문으로 장식하였다. 주연부와 각 쌍의 권운문 사이에 연호부를 두고 그 안에 횡서로 간지나 제작자를 양각으로 새겼으며 마주 보는 권운문 사이에도 길상구 등을 배치하였다. 서체는 예서를 바탕으로 해서나 행서의 서사법이 가미되어 일종의 신예체적 특징을 보이는데 이는 당시 서체 연변과도 부합된다.

마지막으로 4세기 후반경에 축조된 것으로 보이는 천추총 출토 권운문 부호 와당을 E유형으로 분류할 수 있다. 이들 와당은 연호부가 사라지고 그 위치와 중방부에 '#', '×', '口' 등을 조합한 부호가 나타나고 있어 권운문 와당에 간지나 길상구 등 문자를 새기는 방식이 문양 중심으로 변화하고 있음을 보여준다.

요컨대 고구려에서 권운문 명문 와당은 4세기 초 무렵에 출현하여 4세기 중반경까지 집중적으로 제작되어 사용되었으며 4세기 후반경에는 점차 쇠퇴하였음을 알 수 있다.

투고일: 2022.10.31   심사개시일: 2022.11.16   심사완료일: 2022.12.01

『三國史記』

朝鮮總督府, 1915, 『朝鮮古蹟圖譜(一)』.

吉林省博物館, 1992, 『吉林省博物館』 中國博物館叢書 第11卷, 文物出版社.

吉林省文物考古研究所·集安市博物館, 2004a, 『國內城-2000~2003年集安國內城與民主遺址試掘報告』, 文物出版社.

吉林省文物考古研究所·集安市博物館, 2004b, 『集安高句麗王陵-1990~2003年集安高句麗王陵調查報告』, 文物出版社.

吉林省文物考古研究所, 2009, 『吉林集安高句麗墓葬報告集』, 科學出版社.

吉林省文物考古研究所·集安市博物館·吉林省博物院 編, 2010, 『集安出土高句丽文物集粹』, 科學出版社.

集安縣文物志編委會, 1984, 『集安縣文物志』.

梅原末治, 1966, 『朝鮮古文化綜鑑 第四卷』, 養德社.

耿鐵華·尹國有, 2001, 『高句麗瓦當研究』, 吉林人民出版社.

耿鐵華, 2014, 『高句麗瓦當』, 吉林大學出版社.

박진석, 1993, 『호태왕비와 고대조일관계연구』, 연변대학출판사.

趙力光, 1998, 『中國古代瓦當圖典』, 文物出版社.

강현숙, 2007, 「고구려 고분 출토 와당의 변천」, 『한국고고학보』 46.

耿鐵華, 2005, 「集安新出土卷雲紋瓦當研究」, 『고구려문화의 역사적 의의』, 고구려연구재단.

_____, 2006, 「集安新出土文字瓦當及釋讀」, 『北方文物』 2006-4.

_____, 2007, 「集安出土卷雲紋瓦當研究」, 『東北史地』 2007-4.

고광의, 1999, 「4~7세기 고구려 벽화고분 묵서의 서예사적 의의」, 『高句麗研究』 7.

_____, 2005, 「高句麗 書體의 形態 演變 研究-4世紀 以後 銘文 檢討를 中心으로-」, 『고구려문화의 역사적 의의』, 고구려연구재단.

기경량, 2016, 「집안 지역 출토 고구려 권운문 와당 명문의 판독과 유형」, 『高句麗渤海研究』 56.

김희찬, 2009, 「고구려 권운문와당 연구」, 『高句麗渤海研究』 31.

吉林省文物考古研究所·集安市博物館, 2005, 「通溝古墓群禹山墓區JYM3319號墓發掘報告」, 『東北史地』 2005-6.

박찬규, 2005, 「集安지역에서 최근 발견된 고구려 문자 자료」, 『高句麗研究』 19.

백종오, 2005, 「高句麗의 기와 硏究」, 단국대학교 박사학위논문.

_____, 2009, 「高句麗 卷雲文 瓦當의 成立과 그 背景」, 『백산학보』 83.

여호규, 2010, 「1990년대 이후 고구려 문자자료의 출토현황과 연구동향」, 『韓國古代史研究』 57.

_____, 2014, 「高句麗 國內 都城의 구성요소와 수공업 생산체계-기와 생산체계를 중심으로-」, 『역사문화 연구』 52.

王飛峰, 2013, 「高句麗 瓦當 研究」, 고려대학교 박사학위논문.

李睿哲, 2012, 「高句麗遺跡出土磚瓦研究」, 吉林大學碩士學位論文.

李殿福, 1962, 「一九六二年春季吉林輯安考古调查简报」, 『考古』 1962-11.

_____, 1980, 「集安高句麗墓研究」, 『考古學報』 1980-2.

_____, 1984, 「集安卷雲紋銘文瓦當考辨」, 『社會科學戰線』 1984-4.

林至德·耿鐵華, 1985, 「集安出土的高句麗瓦當及其年代」, 『考古』 1985-7.

張福有, 2004, 「集安禹山3319號墓卷雲紋瓦當銘文識讀」, 『東北史地』 2004-1.

_____, 2004, 「集安禹山3319號墓卷雲紋瓦當銘文考證與初步研究」, 『社會科學戰線』 2004-3.

張礼艶·張毅博, 2017, 「集安出土高句麗瓦當文字及特點研究」, 『中國文字研究』 第25輯.

田村晃一, 1982, 「高句麗積石冢の構造と分類について」, 『考古學雜誌』 68-1.

集安縣文物保管所, 1984, 「集安高句麗國內城址的調查與試掘」, 『文物』 1984-1.

〈Abstract〉

A review of the roof-end tile with a rolling motif and characters(卷雲紋銘文瓦當) in Koguryo

Ko Kwang Eui

By studying the roof-end tile with a rolling motif and characters of Koguryo, the age was estimated and the types were classified.

The roof-end tile with a rolling motif and characters dating from the first half of the 4th century can be classified as type A, for example, '大吉/(壬)申' (312), '大吉/甲戌' (314), '大/戊子' (328), '己/丑' (329), '己丑' (329), '泰/戊戌' (338). In addition, '月造記' can be presumed to have been produced in the same era as it has similar patterns and calligraphic style to '泰/戊戌'.

'太寧四年' and '丁巳' are estimated to be 326 and 357 years, and the types can be classified into type B and type C.

The change in the shape of roof-end tile with a rolling motif and characters in Koguryo was relatively evident in the middle of the 4th century. The '十谷民造' and '千谷民造' roof-end tiles, which seem to have been produced around the same time as the '乙卯年癸(酉)' estimated to be 355, belong to this type and can be classified as type D.

Lastly, roof-end tile with a rolling motif and characters excavated from Cheonchuchong(千秋塚), which seems to have been built around the latter half of the 4th century, can be classified as E type.

In short, it can be seen that in Koguryo, roof-end tile with a rolling motif and characters appeared in the early 4th century, was intensively produced and used until the middle of the 4th century, and gradually declined in the late 4th century.

▶ Key words: Koguryo, Roof-end tile with a rolling motif and characters, Pattern, Reading, Identification of age, Type classification

사비시대 백제의 자연촌

김수태[*]

Ⅰ. 머리말
Ⅱ. 자연촌의 성장
Ⅲ. 나주 복암리 목간에 보이는 촌의 성격
Ⅳ. 금산 백령산성 기와에 보이는 지명의 성격
Ⅴ. 맺음말

〈국문초록〉

이 글에서는 나주 복암리의 목간과 금산 백령산성의 기와에서 나온 문자 자료를 중심으로 사비시대 백제의 촌락에 대해서 검토해보았다. 지금까지 나주 복암리의 목간에 나오는 대사촌이나 금산 백령산성의 기와에 보이는 지명의 성격에 대해서 자연촌으로 파악하였다.

그러나 이러한 견해들에 대한 재검토를 통해서 자연촌이 아니라 행정촌임을 새롭게 밝혀보았다. 여기에는 신라사 연구의 촌락에 대한 풍부한 연구성과가 커다란 도움을 주었다. 이를 통해서 백제의 촌락과의 비교사적 검토를 할 수 있었기 때문이다.

그렇다면 사비시대 백제의 지방통치제도 속에서 크게 성장한 자연촌의 문제는 기존의 연구와 달리 새로운 시각으로 접근할 필요가 있을 것이다. 이를 바탕으로 아직도 알아내어야 할 것이 매우 많은 백제의 촌락에 대한 체계적인 분석이 이루어져야 할 것으로 생각한다.

▶ 핵심어: 사비시대 백제, 자연촌, 행정촌, 나주 복암리, 금산 백령산성

---

* 충남대학교 명예교수

I. 머리말

　　필자는 1997년에 「백제의 지방통치와 도사」를, 이어서 2002년에는 「백제 성왕대의 군령과 성주」를 발표한 바가 있다. 당시 백제의 지방통치제도연구가 가지고 있는 한계를 극복하기 위해서 신라사의 연구성과를 받아들이는 비교사적 접근을 시도하거나, 목간에서 기록된 문자를 중심으로 다루어보았으며, 또한 지방통치제도를 올바르게 이해하기 위해서 지방관의 문제가 무엇보다 중요하다는 사실을 알아보았다.

　　그러나 백제의 지방통치제도에서 가장 중요한 하부단위인 촌의 문제에 대해서는 제대로 다루지 못하였다. 물론 백제 역시 신라와 마찬가지로 지방통치조직의 기본이 성(촌)이었다는 사실을 확인하며. 촌을 행정성(촌)과 자연촌으로 구분하여 담로체제에서 방군성(촌)체제로의 변화과정을 살펴보았다.[1] 백제사에서 언급되는 지역단위의 성(촌)이란 용어가[2] 신라의 행정(성)촌 개념과 동일한 성격으로 파악하였는데, 이때 행정성(촌)에 초점을 맞추어서 백제의 지방통치제도를 검토하였던 것이다. 즉 담로제가 형성되면서 중앙에서 지방인 이른바 행정(성)촌 가운데 그 일부에 지방관인 도사를 파견하였다는 사실을 강조하였다. 이후 방군성(촌)제로, 계속해서 방군성(현)제로 발전하면서 촌의 구조에도 새로운 변화가 나타났는데, 여기에는 계속적으로 이루어진 자연촌의 성장이 바탕이 되었다는 사실을 덧붙였다.

　　이와 같이 필자가 백제의 촌을 행정성(촌)과 자연촌으로 구분한 것에 대해서 현재 비판적인 견해가 나와 있다.[3] 백제에서 이미 '성'이라는 행정편제 단위로서 명기되어 있는 이상 신라와 비교하여 행정촌이니, 자연촌이니 하는 개념을 상정할 필요가 없다는 것이다. 왜냐하면 백제의 경우 성과 촌은 동등한 차원의 통치단위가 아니고 상하관계를 갖는 통치단위로서, 5방제에 있어서는 '성' 단위까지만 지방관이 존재하고, '촌' 단위에는 지방관이 존재하지 않는다고 보았기 때문이다. 이에 백제의 '성'은 신라의 행정(성)촌 내지 지역촌에 해당하고, 백제의 '촌'은 신라의 자연촌에 해당한다고 설명하였다.

　　백제의 지방통치제도연구에서 신라사와의 비교연구는 앞으로도 더욱 필요한 것이 아닌가 싶다. 신라사의 발전과정에 백제의 정치나 사회나 사상이나 문화가 커다란 영향을 미친 사실을 부인하기 어렵다는 점과 관련해서이다. 최근 백령산성에서 출토된 기와의 문자 자료를 통한 지방제도의 이해에서도 신라사의 연구성과를 크게 원용하고 있다는 점에서 쉽게 알 수 있을 것이다.[4] 그리고 성과 촌을 동등한 차원의 통치단위가 아니고 상하관계를 갖는 통치단위였다는 견해에 대해서도 그대로 받아들이기는 어려울 것 같다. 그것은 지방통치제도의 시기적인 변화양상을 고려해야 하기 때문이다. 이미 잘 지적하고 있듯이, 한성시대 이래 상당한 기간 동안 성과 촌의 관계가 동등하며 대체되는 단계도 있었던 것이다. 이에 대부분의 연구자들은 백제에서는 성(촌)으로, 신라에서는 (촌)성으로 당시의 상황을 표현하였다.[5]

---

1) 김수태, 1997, 「백제의 지방통치와 도사」, 『백제의 중앙과 지방』, 주류성.

2) 노중국, 1988, 「백제의 통치조직」, 『백제정치사연구』, 일조각, pp.238-240.

3) 김영심, 2007, 「백제의 지방통치에 관한 몇 가지 재검토」, 『한국고대사연구』 48, p.263.

4) 이병호, 2013, 「금산 백령산성 출토 문자기와의 명문에 대하여-백제 지방통치체제의 한 측면」, 『백제문화』 49, pp.83-84.

5) 김영심 역시 2007, 앞의 논문, p.260과 p.263에서는 성(촌)을 대등한 것으로 사용하고 있기도 하다.

이후 성과 촌이 상하관계로 바뀌어간 것은 담로제에서 방군성(촌)제로 나아가는 과정 속에서 성(촌)에 변화가 일어나면서 성과 촌이 서서히 분리되기 시작한 결과였다. 여기에는 행정성(촌)에 이어서 자연촌의 성장이 커다란 영향을 주었기 때문이다. 즉 5방제 하에서는 성과 촌의 관계를 상하관계로 분명하게 상정할 수 있을 것이다. 그리고 행정성(촌)이 현이라는 새로운 단계로 변화되면서 방군현제가 형성되면 더욱 그러하였을 것이다.[6] 그렇다면 백제의 촌을 이해하는데 행정성(촌)과 자연촌은 여전히 유효한 관점이라고 하겠다.

그런데 그와 같은 비판은 필자로 하여금 백제의 자연촌에 대한 관심을 촉구시켰다. 왜냐하면 백제의 지방통치제도와 관련된 필자의 촌에 대한 이해란 행정성(촌)을 중심으로 한 것이어서, 자연촌에 대해서 매우 짧게 언급하였을 뿐 적극적으로 검토하지 못하였기 때문이다. 이러한 가운데 최근에 들어와서 이전과 달리 나주 복암리 출토 목간이나 금산 백령산성에서 출토된 기와에 기록된 문자자료들을 통해서 백제의 자연촌에 대한 관심이 높아진 점도 커다란 영향을 주었던 것도 사실이다.[7] 그러나 논의의 진전에도 불구하고 백제의 자연촌에 대해서는 용어나, 형성과정이나 변화나 성격 등에 대해서는 제대로 이해되지 않는 부분들이 남아있다고 생각한다.

이 글에서는 사비시대를 중심으로 백제의 자연촌에 대한 필자의 견해를 간단하게 밝혀보고자 한다. 이러한 검토를 통해서 백제의 촌에 대해서 더욱 깊이 있게 검토되는 새로운 계기가 마련되기를 바란다.

II. 자연촌의 성장

백제의 지방통치연구에서 자연촌은 처음에는 본격적으로 다루어지지 않았다. 아신왕 5년(396)에 해당되는 「광개토왕릉비」의 촌을 '일반촌락'으로 파악하였기 때문이다. 이는 '자연촌락'으로도 표현되기도 하였다. 이것은 진사왕 8년(392)의 『삼국사기』 백제본기에 나오는 '부락'과도 서로 통하는 것으로 파악되었다.[8] 이에 이러한 자연촌락 혹은 일반촌락과 부락에서 지역단위로서의 성, 즉 행정성(촌)이 출현하였다고 본 것이다. 또한 그러한 성들 가운데 지방관이 파견된 곳이 바로 담로에 해당된다고 말하였다.

때문에 백제사에서 자연촌이 적극적으로 주목받는 시기를 사비시대의 일로 이해하였다.[9] 사비시대 백제의 지방통치조직을 방군성(현)제로 설정한 견해에서 밝히고 있는 것처럼 지방통치조직의 숫자가 300개

---

6) 이에 대해서 이병호는 2013, 앞의 논문, p.83에서 성과 촌이 병렬구조일 가능성도 배제할 수 없지만, 성이나 縣명을 띠지 않기 때문에 하위개념일 가능성도 고려될 수 있다고 말한다.

7) 노중국, 2022, 「지방통치조직과 운영」, 『백제의 정치제도와 운영』, 일조각, pp.142-145와 이병호, 2013, 앞의 논문, pp.82-84, 그리고 김영심, 2007, 앞의 논문, p.263을 들 수 있다.

8) 노중국, 1988, 앞의 논문, pp.237-238. 김영심은 1998, 「백제의 성, 촌과 지방통치」, 『백제연구』 28, p.194에서 촌을 자연발생적으로 만들어진 것으로 이해하며, 성 주변의 영농 생산지대, 즉 농민의 실생활지대로서 '부락' 정도의 의미로 파악하였다. 부락은 온조왕대에서도 찾아진다고 한다.

9) 노중국, 2022, 앞의 논문, p.142.

에 달할 정도로, 웅진시대의 22담로와 비교하면 그 숫자가 획기적으로 늘어났던 것이다. 종래 사회편제 단위였던 성(촌)을 현이라는 지방통치조직으로 격상시킨 결과였다고 한다. 이제 성(촌)을 구성하였던 자연촌이 새로운 사회편제 단위가 되었다는 것이다. 여기에서 자연촌의 문제가 등장하고 있다고 하겠다.

이와 함께 웅진시대 역시 자연촌의 등장과 관련해서 일정한 의미를 지니고 있다고 언급한다.[10] 웅진시대를 사회편제의 단위가 성(촌)에서 자연촌으로 바뀌는 과도기라고 설명하고 있기 때문이다. 이는 백제사에서 웅진시대에 들어와서 자연촌의 의미가 새롭게 부각되는 시기임을 알려주고 있는 것이다. 그러나 담로제가 운영된 웅진시대에 들어와서도 자연촌락이 여전히 상당한 비중을 차지하고 있음을 동시에 말해주고 있다. 지방관이 파견된 거점으로서의 행정성(촌)과 주변의 몇 개의 행정성(촌)과 촌으로 구성된 담로제에서 행정성(촌) 밑에 있는 촌의 경우 그 가운데에서 자연촌으로 성장한 경우도 있었겠지만, 그 대부분은 자연촌락으로 생각된다고 보았기 때문이다.

이때 자연촌락(부락)과 자연촌은 어떠한 차이가 있는가의 문제가 발생한다. 앞의 설명에서 살펴볼 수 있듯이, 백제사에서는 자세한 설명을 하고 있지 않다. 물론 자연발생적인 자연촌락과 자연촌은 서로 구별하고 있는 듯하다. 그러나 신라사의 경우 이를 같은 것으로 파악하는 견해가 나와 있어서 검토할 필요가 있기 때문이다.[11] 「광개토왕릉비」에 나오는 촌에 대해서 백제에서처럼 자연촌락으로 이해하지 않고, 자연촌이 틀림없다고 말하고 있는 것이다. 자연촌은 촌명을 가진 취락을 의미한다고 하며, 자연취락과 자연촌을 같은 것으로 설명한다. 본디 촌은 행정(성)촌으로 출발한 것이 아니라, 먼저 자연촌으로 사용되었다고 말한다. 즉 신라의 촌이 자연촌으로부터 존재했다는 인식을 바탕으로, 이러한 자연촌에 지방관이 파견됨으로써 행정(성)촌이 출현하게 되었다고 주장하였던 것이다.

이에 대해서는 구체적인 비판이 나와 있다.[12] 자연촌과 자연취락을 분명하게 구별할 필요가 있다는 것이다. 자연취락 그 자체를 인위적인 행정구획으로 볼 수 없기 때문에 그것과 자연촌을 그대로 직결시키는 이해는 세심한 주의가 필요하다고 한다. 그리고 자연촌도 엄밀하게 말하여 인위적인 편제촌이라고 정의하는 것이 옳다는 것이다. 이러한 견해가 보다 올바른 접근이 아닐까 싶다. 다시 말해서 1개 또는 복수로 이루어진 자연취락을 지방의 말단에 위치한 인위적인 행정구역인 자연촌으로 편제한 것으로 보아야 한다는 것이다. 그렇다면 자연취락에서 행정성(촌)이 나오고, 이후 그 하부단위로서 자연촌이 다시 만들어진 것으로 생각하게 된다. 그것은 남산신성비나 함안 성산산성의 목간 자료에 보이듯이, 행정(촌)성과 자연촌과 자연취락이 공존하고 있다는 사실에서 확인할 수 있다. 이것은 백제사에서의 자연촌락과 구별되는 자연촌에 대한 이해와 서로 통하는 내용이라고 말할 수 있다.

이러한 자연촌의 개념은 자연촌의 형성과정을 이해하는 데에 커다란 도움을 주고 있다. 자연촌이 역사적

---

10) 위의 논문, p.144.

11) 주보돈, 1998, 「군사·(성)촌사의 운영과 지방민의 신분구조」, 『신라 지방통치체제의 정비과정과 촌락』, 신서원, p.225. 이러한 관점에서 필자 역시 2005, 「청주 신봉동 유적의 재지세력」, 『백제 지방세력의 존재양태-청주 신봉동유적을 중심으로』, 한국학중앙연구원에서 '자연촌의 성장'을 다루어본 바가 있다.

12) 전덕재, 2007, 「중고기 신라의 지방행정체계와 군의 성격」, 『한국고대사연구』 48, p.93.

의미를 지니게 되는 것은 백제나 신라 모두 지방통치제도의 발전과정과 맞물려 있기 때문이다. 여기에는 농업생산력의 확대라는 요인도 크게 작용하였음은 물론이다. 백제나 신라에서 자연촌이 언제 어떻게 형성되었는지에 대해서는 분명하지 않다. 그러나 행정성(촌)이 나타나면서 어느 시기에 들어와서는 행정성(촌)이 될 수 없는 하부의 자연취락들을 묶은 자연촌을 형성시켰을 것으로 생각한다. 따라서 한성시대에 형성된 담로제가 발전되면서, 특히 웅진시대에 들어와서 자연촌의 성장이 상당히 진행되었을 것임은 분명하다.

여기에는 신라사의 경우가 크게 참고된다. 함안 성산산성에서 출토된 목간은 이전에는 자연취락이었다가 국가에 의하여 자연촌으로 편제되었음을 구체적으로 확인할 수 있게 해준다는 점에서이다.[13] 6세기 전반부터 중반 사이에 국가에 의하여 행정(성)촌 밑에 있던 여러 취락(자연촌락)들을 자연촌으로 편제하는 작업이, 그것과 더불어 행정(성)촌을 구성하는 다른 취락들 가운데에서 그 일부가 자연촌으로 편제되는 작업이 또한 진행되었으며, 한편 이미 편제되었던 일부 자연촌도 여러 개의 자연취락으로 분화했다는 것이다. 이와 같이 읍륵제에서 주군(성)촌제로 나아가는 과정 속에서 계속적으로 취락을 자연촌으로 편제시키면서 자연촌의 숫자를 증가시키는 과정을 밟아가게 되었다고 하겠다.

자연촌의 증가는 현제를 중심으로 하는 주군현제가 확립되는 시기까지 계속적으로 진행되었다고 말할 수가 있다. 기존의 연구에서 잘 지적하고 있듯이,[14] 촌락을 구성하는 여러 취락과 아울러 그 핵심 취락에서 분화된 자연취락을 자연촌으로 편제하는 작업이란 바로 촌락의 핵심취락과 그 주변 취락의 권력관계를 해체하는 작업과 궤를 같이하는 것이었기 때문이다. 이는 결국 신라의 국가권력이 촌락사회 내로 침투하여 촌락민에 대한 직접적인 지배를 실현하기 위한 것이었다. 여기에 현제의 실시를 통한 국가권력의 지방지배와 함께 자연촌의 성장이 가지는 역사적 의미가 있다고 말할 수 있을 것이다.

백제의 경우에도 신라와 마찬가지의 과정을 밟아갔다고 보아도 좋지 않을까 싶다. 백제의 촌이 자연촌락에서 시작하여, 지역단위의 성, 즉 행정성(촌)의 형성으로 이어졌으며, 행정성(촌)의 등장과 함께 자연촌이 형성되고 증가해가는 단계를 밟아간 것으로 파악할 수 있다는 점에서이다. 아마도 지방관이 파견된 행정성(촌)의 그 밑에 있던 취락을 중심으로 자연촌을 먼저 만들어갔을 것이며, 그러한 변화는 또 다른 행정성(촌)에도 같은 영향을 미쳤을 것이기 때문이다. 다시 말해서 담로제에서 방군성(촌)제로, 그 다음 단계인 방군현제로 이어지면서 지속적으로 이루어진 현상이었던 것이다. 그 결과 백제의 국가권력은 자연촌의 성장을 바탕으로 촌락과 촌락민에 대한 직접적인 지배를 더욱 강화해갈 수 있었던 것이다.

III. 나주 복암리 목간에 보이는 촌의 성격

백제사에서 촌에 대한 기록은 금석문인 「광개토왕릉비」에 이어 웅진시대인 동성왕대에서 다시 찾아진

---

13) 위의 논문, pp.96-99.
14) 윤선태, 2002, 「신라 중고기의 촌과 도」, 『한국고대사연구』 22, p.168.

다. 『삼국사기』 백제 본기의 기록들이다.

> A-① 가을에 크게 풍년이 들었다. 나라 남쪽 바닷가의 촌 사람(國南海村人)이 이삭이 합쳐진 벼를 바쳤다.
> ② 11월에 (왕이) 웅천 북쪽 벌판에서 사냥하였다. 또 사비의 서쪽 벌판에서 사냥하였는데, 큰 눈에 막혀 마포촌(馬浦村)에서 묵었다. 이전에 왕이 백가에게 가림성을 지키게 하자 백가는 가지 않으려고 하여 병을 핑계로 사양하였으나 왕이 허락하지 않았다.

동성왕 11년(489)과 동성왕 23년(501)의 일이다. 당시의 백제에 촌이 있었음을 알려주고 있다. 현재 두 개의 촌에 대해서 「광개토왕릉비」에 나오는 촌의 성격과 동일한 것으로 파악하고 있다. 즉 자연촌락이라는 것이다.[15]

그러나 이러한 견해는 따르기 어렵다. 우선 부락으로 표현되고 있지 않다는 점에서 이전의 촌과는 구별해야 할 것으로 생각된다. 촌의 명칭과 관련해서도 그러하다. 국남해촌이 고유명사인지는 분명하지 않다. 이와 달리 마포촌은 보다 구체적인 촌을 드러내는 것으로, 특정한 지역을 한정시키고 있음을 알려주고 있다. 이때 국왕이 머물렀을 정도의 촌이라고 한다면 이를 단순히 자연촌락으로만 보기는 어렵지 않을까 싶다.

그렇다고 해서 자연촌으로 보기도 어려울 것 같다. 자연촌락을 주장하는 위의 견해에서도 이미 성(촌)의 존재를 인정하고 있으며, 근초고왕대 아니라, 개로왕대에 들어와서 담로제가 형성되었다고 보고 있다는 점에서도 그러하다.[16] 다시 말해서 행정성(촌)이 중심이 되는 담로제가 시행된 지 얼마 되지 않는 동성왕대에 촌이 존재한 사실은 이 촌을 자연촌이라기보다는 행정성(촌)으로 파악해야 할 것이기 때문이다. 이때 마포촌은 마포성과 동일한 의미를 지니는 것을 이해해야 할 것으로 생각된다. 이는 백제에서도 행정성과 행정촌이 서로 교체해서 대등하게 사용되고 있음을 알려주는 사례로서, 성(촌)을 통해서 백제의 지방통치를 이해하는 기존의 연구가 타당함을 보여주고 있다고 하겠다.

백제의 촌에 대한 기록은 사비시대에 들어오면 목간 자료에서 다시 찾아진다. 무왕 11년인 610년으로 제작연대가 설정되고 있는 나주 복암리 목간에 나오는 촌과 관련해서이다. '대사촌□(大祀村□)'이 그것이다. 목간에서 확인되는 최초의 촌 관련 기록이다. 대사촌과 관련된 목간에는 백제라는 국가가 촌을 통해서 무엇을 파악하고자 한 것인가를 매우 구체적으로 보여주고 있다.

나주 복암리 목간에 나오는 대사촌의 성격은 현재 자연촌으로 이해되고 있다.[17] 왜냐하면 대사촌을 두

---

15) 김영심, 2007, 앞의 논문, pp.203-204.

16) 김영심, 2018, 「백제 웅진시기 지방통치의 구상과 운영의 실제」, 『백제 웅진기 영역과 지방통치』, 한성백제박물관 편, 서울책방, pp.72-74.

17) 노중국, 2022, 앞의 논문, p.143. 이와 달리 이병호는 2013, 앞의 논문, p.84에서 대사촌의 성격이 성 하부에 존재하던 자연취락이나 지연집단을 보여주는 것으로 생각하고 있다. 자연취락설에 대해서는 금산 백령산성의 기와 문자자료를 분석할 때 언

힐성이라는 행정성(촌)에 속하는 촌으로 보았기 때문이다. 이에 두힐성에는 대사촌만 있는 것은 아니라, 대사촌과 비슷한 여러 자연촌들이 있었을 것으로 파악하였다. 즉 두힐성은 대사촌과 같은 여러 자연촌이 모여 이루어진 것으로 볼 수 있다고 말한다. 또한 사비시대에 와서 방군성(현)의 사회편제 단위가 성(촌)에서 자연촌으로 새롭게 바뀌었음을 보여준다고 규정하였다.

그러나 그와 같이 파악할 수 있을지는 의문이다. 대사촌을 자연촌으로 파악한 이유는 두힐성을 두힐현으로 파악한 것과 관련이 있다. 두힐성이 두힐현으로 기록에 나오기 때문이다. 성과 촌이 그러하였듯이, 사비시대에 들어와서 현제가 실시되면서 이제는 성과 현으로 서로 통하게 되었다고 보았던 것이다.[18] 이와 같이 검토하면 성(현)에 속하는 대사촌은 자연스럽게 자연촌으로 파악하게 된다고 하겠다.

무엇보다도 사비시대 백제의 지방통치조직을 방군성(현)제로 파악할 수는 없기에 문제가 된다. 신라사의 지방통치조직의 변화과정과 비교할 때 크게 다르다는 점에서이다. 신라는 읍륵제에서 주군성(촌)제로, 거기에서 주군현제로 변화되었다고 보고 있기 때문이다.[19] 이러한 접근은 신라의 경우 중고기에 현제가 실시되지 않았다고 보는 것과 밀접한 관련을 맺고 있다. 이와 달리 위의 견해에서는 담로제에서 방군성(현)제로 바뀌었다고 설정하고 있는 것이다.[20] 그 시기에서도 마찬가지이다. 주군현제가 확립된 시기에 대해서 신라의 경우 삼국통일 이후인 신문왕대의 일로 파악하고 있는 것과 달리, 방군성(현)제는 사비시대 백제의 성왕대부터 형성된 것으로 이해하고 있다는 점에서 그러하다.

최근에 들어와서 신라의 縣制에 대해서는 관심이 높아지고 있다. 특히 현제의 실시시기에 관심을 기울였는데, 여러 다양한 견해가 나와 있다. 빠르게는 진평왕대부터, 선덕왕대 또는 진덕여왕대, 또는 문무왕대에 현제가 실시되었다는 견해가 나와 있는 것이다. 이에 대해서 대체적으로 선덕왕 11년(642) 대야성 전투 이후에 변방 지역을 중심으로, 행정촌(성)을 현으로 재편하는 작업을 추진하였으며, 이때 전정과 호구를 헤아려 현과 더불어 군치를 설치하였던 것으로 새롭게 추정하기도 한다.[21] 이와 같이 신라의 변방지역에서 시작된 현제의 실시가 전국으로 확대되면서 삼국을 통일한 이후인 신문왕대에 확립되었다고 본다. 이러한 견해를 따른다면 신라에서 중고기의 지방통치조직을 주군성(현)제로 부르기는 어려울 것 같다.

사비시대 백제에서 현제가 실시되었는지에 대해서는 필자가 견해를 밝힌 바가 있다.

"방군성(촌)제가 방군현제로 변화되면서 도사의 성격은 또 다시 바뀌었을 것이 아닌가 한다. 사비시대 백제의 지방통치조직인 방군성(촌)제와 신라 중고기 주군(성)촌제는 비슷한

급할 것이다.

18) 노중국, 1988, 앞의 논문, p.249.

19) 주보돈, 1998, 앞의 책 참조.

20) 물론 노중국은 사비시대 초기에는 방군성제로 설명하고 있는데, 그 이후 시기를 밝히지 않고 방군현제로 바뀐 것으로 상정하고 있다(노중국, 1988, 앞의 논문 pp.248-250).

21) 전덕재, 2021, 「신라 중고기말·중대초 현제의 실시와 지방관에 대한 고찰」, 『신라문화』 58, p.271. 현이 신라의 변방지역에 먼저 실시되었음은 김창석, 2007, 「신라 현제의 성립과 기능」, 『한국고대사연구』 48을 참고할 것.

점이 많다. 그러나 기존의 연구에 의하면 방군성(촌)제와 방군현제를 동일하게 보고 있지만, 그것은 명칭상의 차이만은 아니었을 것으로 내용상의 변화를 의미한다고 생각한다. 그것은 통일기 신라의 주군현제와의 비교를 통해서 살펴볼 수 있을 것이다. 따라서 백제의 경우에도 성(촌)제와 현제는 서로 구별시켜 이해할 필요가 있지 않을까 한다.

현제의 시행가능성에 대해서는 기본적으로 부인되고 있지만, 백제의 경우 사비시대 말기에 오면 새로운 변화를 낳았던 것으로 보인다. 외위제도의 소멸이나 전정과 호구에 의한 새로운 편제방식의 변화 등은 모두 현제의 성립과 직결되어 있다고 생각된다. 이때 그 시기는 대체적으로 무왕대를 중심으로 이루어진 것이 아닐까 한다. 무왕대는 지배체제의 새로운 정비와 함께 지방통치조직에도 새로운 변화를 낳았던 것이 아닐까 추측되기 때문이다. 그것은 5방에 속하지 않은 익산의 중시와 왕도의 정비, 의자왕대 현의 기록, 250개로 기록되고 있는 현의 숫자 증가 등을 통해서 살펴볼 수 있다. 그 결과 도사는 완전히 현령으로 바뀌게 되었을 것이다."[22]

방군성(촌)제와 방군현제의 구별을 주장하면서 무왕대를 중심으로 현제의 실시 가능성을 조심스럽게 제시한 것이다. 의자왕대와 그 이후에 나오는 현의 기록에 대해서 그 의미를 적극적으로 살펴보아야 한다는 것이었다. 그러나 대부분의 견해는 역시 사비시대의 현제 실시를 받아들이고 있지 않다.[23] 최근에 현제의 문제를 직접적으로 다룬 것은 아니지만,[24] 종래 백제 멸망 후 당의 도독부 시절에 처음 사용했던 지명으로 인식되었던 『삼국사기』 지리지의 동일 지명들이 실제로는 백제가 멸망 이전부터 이미 사용하였던 지명임을 알 수 있게 되었다고 이해한 견해는 백제 멸망기에 현제의 실시 가능성을 높여주고 있다.

무왕대라고 하더라도, 그 시기는 역시 무왕 말년이 아닐까 싶다. 백제의 현에 대한 이해를 살펴볼 수 있는 단서가 있기 때문이다.

> B-① 백제 군대가 와서 가잠성을 포위한지 100일이 지났다. 현령 찬덕이 굳게 지키다가 힘이 다하여 죽고 성은 함락되었다.[25]
> ② 신라의 가잠성을 포위하여 성주 찬덕을 죽이고 그 성을 함락시켰다.[26]
> ③ 가을에 군사를 보내 신라의 늑노현을 쳤다.[27]

---

22) 김수태, 1997, 앞의 논문, pp.227-228.
23) 김영심, 1998, 앞의 논문, pp.202-203.
24) 윤선태, 2012, 「나주 복암리 출토 백제 목간의 판독과 용도 분석-7세기초 백제의 지방지배와 관련하여」, 『백제연구』 56, p.67.
25) 『삼국사기』 권4, 진평왕 33년 10월.
26) 『삼국사기』 권5, 무왕 12년.
27) 『삼국사기』 권5, 무왕 24년.

무왕 12년(611)의 일이다. 신라에서는 현령, 백제에서는 성주로 표현하는 차이를 보여주고 있다. 당시의 현령 기록은 신뢰할 수 없다고 하면서 받아들이지 않는 견해가 찾아진다. 가잠성 도사를 잘못 기록했다는 것이다.[28] 그러나 신라에서 현령이라고 했을지도 모른다.

그런데 신라와 전쟁을 벌인 백제에서 이를 성주로 고쳐서 표현하고 있는 점이 주목된다. 이러한 사실은 무왕 전반기의 백제에서 현제가 아직 시행되지 않았음을 보여주는 것이 아닌가 싶다. 이는 610년에 만들어진 나주 복암리 목간에서 현이라는 용어가 나오지 않은 사실과도 서로 통한다. 그러나 무왕 24년(623)의 백제본기에는 늑노현이라는 표현이 나온다, 신라의 사례이지만 백제에서도 이제 현을 언급하고 있는 것이다. 신라본기에도 똑같은 내용을 전하고 있는데, 기록의 원전은 백제본기의 것이라고 이해하고 있다.[29] 그렇다면 백제에서 611년에서 623년에 현제의 이해에 일정한 변화를 보여주고 있는 사료가 아닐까 생각한다.

한편 대사촌을 관할하였던 두힐성에 대해서는 새로운 이해가 필요하다. 기존의 연구에서는 두힐성을 성(촌)으로 보면서 이후 두힐현으로 나오는 점과 관련시켜서 이해하였다.[30] 두힐성이 신라에 의해서 두힐현으로 바뀌었다는 것이다. 시기적인 차이가 있지만, 서로 연결되는 것으로 당시 두힐성의 위치를 알게 해준다는 것이다. 그러나 또 다른 견해에 의하면 복암리 목간을 군-성의 지방행정에 관한 매우 획기적인 내용을 기록한 것이라고 하면서 두힐성을 두힐군으로 이해하고 있어 주목된다.[31] 두힐성(촌)이 아니라 두힐군이라는 것이다.

이 경우 군과 현은 크게 다른 행정단위로서, 어디에 초점을 맞추느냐에 따라 두힐성과 대사촌에 대한 이해 역시 달라진다고 하겠다. 후자의 견해는 두힐현이 된 것은 백제 당시의 두힐군의 행정적 위상을 신라가 격하시켰기 때문이라고 설명한다. 이에 따르면 7세기 초 당시 두힐성은 영산강 유역의 반나성, 군나성 등을 예하에 두고 있던 군의 행정치소였을 가능성이 높다고 정리한다. 이와 같이 두힐성이 두힐현이 아니고, 두힐군이었다고 한다면 대사촌을 바로 자연촌으로 이해하기는 어려울 것 같다.

당시 성(촌)의 존재를 고려할 때 대사촌은 오히려 대사성으로 이해해도 좋은 것이 아닐까 싶다. 이 경우 성과 촌이 서로 바꾸어서 사용되는 또 다른 사례를 확인할 수가 있게 해준다. 이러한 사실은 신라에서 591년에 만들어진 남산신성비 9비에 나오는 것처럼 伊同城과 伊同村이 서로 이름이 같으며 통한다는 사실에서 엿볼 수 있지 않을까 생각한다.[32] 말하자면 이동성은 이동촌에 지방관이 파견됨으로써 그로부터 비롯된 (성)촌명으로 사용하게 되었다는 것이다. 이에 이동성은 이동촌과 같은 의미를 지닌다. 그렇다면 대사촌 역시 본래는 대사성을 구성하는 중심 자연촌이었지만, 이제는 행정성(촌)이 되면서 군과 관련된 행정업무를 담당했다고 보는 것이 타당할 듯하다.

---

28) 전덕재, 2021, 앞의 논문, p.262.

29) 위의 논문, p.262.

30) 노중국, 2022, 앞의 논문, pp.134~135에서 '두힐사'명문에서 보이는 두힐이 군인지, 성(현)인지를 단정하기 어렵지만, 치소의 내부가 항으로만 이루어진 점을 고려하면 두힐성(두힐현)으로 보는 것이 타당하다고 말한다.

31) 윤선태, 2002, 앞의 논문, p.69.

32) 주보돈, 1998, 앞의 논문, pp.226-229.

한편 대사촌 다음에 나오는 잘 알 수 없는 글자와 관련해서도 생각할 수 있다. 발굴기관에서나, 일부 연구자들이 '主'로 읽었기 때문이다.[33] 그러면 '대사촌주'가 된다. 이때 백제의 촌주를 확인할 수 있게 된다. 현재 백제의 촌주에 대해서는 자세히 파악하기 어렵지만, 중고기 신라의 촌주는 대사촌의 성격을 이해하는데 커다란 도움을 준다.[34] 이는 촌주가 있는 대사촌을 성(촌)이나 현과 관련시키는 것에 무리가 따르는 것임을 알려주기 때문이다. 신라사에서 촌주란 출발 당시 행정(성)촌에 근거를 가진 세력이었다. 즉 중고기의 촌주는 모든 (성)촌에서 다 배출된 것이 아니라 군을 구성하는 가장 유력한 중심(성)촌과 그에 버금가는 (성)촌에만 두었던 것이다. 그런 의미에서 촌주는 행정(성)촌에 기본적으로 바탕하면서 군의 행정을 담당한 재지 세력이었다. 이러한 점은 복암리 목간에서 대사촌이 군의 업무와 관련해서 나온다는 점에서 더욱 주목할 필요가 있을 것이다. 이 경우 대사촌을 자연촌이라기보다 행정성(촌)으로 규정될 수 있게 한다.

대사촌 다음의 글자를 '戶'로 파악하는 견해도 나온다.[35] 일반적으로 이를 받아들이고 있는 듯하다. 호주의 줄임말로 이해하고 있다. 그 다음에 호주의 이름인 '미수'가 나오고 있기 때문이다. 그리고서 나이, 신분, 그리고 호구부에서 정이나 중구의 수 등을 발췌해 놓았다고 한다. 뒷면에는 전답 소유 현황과 그로부터의 수확량 및 소(牛)의 소유까지를 기록한 것으로 보고 있다. 이에 대해서 궁남지 목간의 '西部後巷' 부분과 비교된다고 하면서 백제의 호적작성이 중앙의 도성은 부를 단위로 하여 그 예하의 항별로, 지방은 성을 단위로 하여 그 예하의 촌별로 이루어졌던 것이 아닌가 주장하고 있다. 여기에서 성을 단위로 작성되었다는 사실은 대사촌의 성격을 이해하는 데 커다란 도움을 주고 있다. 왜냐하면 호구와 토지 및 우마 등에 대한 기록을 통해서 볼 때에도 대사촌을 자연촌이라고 말하기는 어렵기 때문이다.

이러한 사실은 신라의 경우 주군(성)촌제에서의 자연촌과 주군현제 하에서의 자연촌이 차지하는 기능이나 위치가 크게 차이가 난다는 점에서도 살펴볼 수가 있다. 이는 행정(성)촌이 중심이 되느냐, 아니면 자연촌이 중심이 되어서 그러한 작업이 이루어졌는가의 문제라고 말할 수가 있다. 잘 알려지고 있듯이, 통일신라시대에 만들어진 「신라 촌락장적」은 국가 파악의 기본 단위가 자연촌을 중심으로 이루어진 것임을 보여주는 문서이다. 즉 가장 하위의 행정단위에는 기존의 행정(성)촌을 대신하여 현제를 도입하고, 거기에다가 군을 지방통치의 기능에서 중심적 위치를 차지하도록 하는 주군현제의 체계를 갖춤으로써 나타나게 된 촌락에 대한 파악방식으로 생각된다는 것이다.[36]

그러나 중고기의 주군성(촌)제 하의 자연촌과 주군현제 하의 자연촌의 위치는 달랐다. 비록 자연촌의 증가가 계속적으로 이루어졌다고 하더라도, 주군성(촌) 단계에서는 여전히 행정(성)촌을 중심으로 전정과 호구에 대한 파악이 이루어졌던 것으로 보이기 때문이다. 이러한 사실은 백제에서도 당시 방군성(촌)제가 운용되고 있다는 점을 고려할 때 대사촌에 대한 여러 정보의 파악은 역시 대사촌이 자연촌이 아니라, 행정

---

33) 이병호, 2013, 앞의 논문, p.83에서도 이를 따르고 있다.

34) 주보돈, 1998, 앞의 논문, pp.206-211.

35) 윤선태, 2002, 앞의 논문, p.68.

36) 주보돈, 2007, 「한국 고대 촌락사연구의 진전을 위하여-신라를 중심으로」, 『한국고대사연구』 48, p.37.

(성)촌을 중심으로 이루어졌음을 알려주는 것이라고 할 수 있다.

나주 복암리 목간과 관련해서 촌의 문제가 제기되는 내용이 또 있다. '半那此高墻人'이 그것이다. 이를 반나성의 차고장 사람으로 해석하고 있다. 이때 주목되는 부분은 墻에 대한 것이다. 장을 촌으로 이해하고 있다는 점과 관련해서이다.[37] 이에 궁남지 목간의 '매라성 법리源'처럼 당시 촌 단위의 명칭은 일률적으로 촌으로 되어 있지 않고, 촌, 원, 장 등으로 다양하게 명명되었다고 설명하였다.

그러나 같은 목간 안에서 촌을 서로 달리 표현했다는 설명은 잘 이해가 되지 않는다. 함안 성산산성 목간이 보여주듯이, 신라의 경우 행정촌이든 자연촌이든 촌으로 용어를 공통적으로 사용하고 있는 것과도 다른 현상인 것이다. 때문에 서로의 관계가 궁금해진다. 그 성격에 일정한 차이가 있어서 구별해서 표현했던 것이 아닐까 싶다. 그렇다면 촌과 원 및 장은 서로 구별해서 이해해야 한다는 것이다.

이때 매라성 법리원에서 토지를 소유하고 있었다는 점에서 촌과 구별되는 특수한 행정구역이 아닐까 싶다.[38] 그리고 이는 자연촌과도 구별되었을 것으로 생각된다. 따라서 대사촌과 같은 촌은 군과 관련된 행정성(촌)으로 이들과 구분하여 촌으로 불렸던 것이다. 물론 행정성(촌)이 이후 현으로 바뀌게 되면 원이든, 장이든지 간에 모두 촌으로 일괄해서 사용되었을 가능성은 남아 있다. 그러한 변화와 함께 이제 행정성(촌)과 자연촌의 구별이 가져다주는 혼란이 사라질 것이기 때문이다. 이에 대해서는 앞으로 더 자세한 검토를 요구한다.

만일 이러한 설명이 받아들여진다면 사비시대 백제의 방군성(촌)제 하에서는 성(촌)의 숫자가 크게 늘어나고 자연촌의 비중이 커졌다고 하더라도, 여전히 행정(성)촌이 중심이 되었음을 알려준다. 그리고 자연촌이 사회편제의 단위가 될 수 있는 시기란 현제가 일부에서가 아니라 전국적으로 실시된 이후에야 비로소 가능한 일이었음을 말해주고 있다. 그러나 사비시대 백제의 경우 무왕대 무렵에는 신라에서처럼 일부 지역에 현제가 확립되었을 가능성은 높지만, 백제 사회가 의자왕대에 들어와서 붕괴되면서 제대로 기능을 발휘할 여지가 없었을 것이다. 그렇지 않아도 촌락장적이 잘 말하여 주고 있듯이, 신라에서도 중대에 들어와서 그러한 작업이 체계적으로 이루어졌던 점도 고려해야 할 것이다. 이제 자연촌을 중심으로 전정과 호구가 매우 상세하게 파악되고 있기 때문이다. 그것이 신라사회가 자연촌 중심의, 즉 자연촌이 사회편제의 기본 단위가 되는 사회로 바뀌고 있음을 알려주었다는 점에서이다.

---

37) 윤선태, 2002, 앞의 논문, p.68.
38) 능산리에서 출토된 목간에 나오는 '梨田'이 배밭을, '竹山'이 산의 명칭이 아니라 대나무 밭인 생산처를 말한다면(윤선태, 2007, 『목간이 들려주는 백제 이야기』, 주류성, pp.153-154), '원'이나 '장'과 같은 성격으로 생각된다. 그러나 이를 바로 자연촌이라고 말할 수는 없을 것 같다.

IV. 금산 백령산성 기와에 보이는 지명의 성격

사비시대 백제의 촌에 대한 논의를 가능하게 해준 또 다른 문자 자료를 찾아볼 수가 있다. 그것은 금산의 백령산성에서 나온 기와에 적힌 내용이다. 왕도 5부의 하나인 '상부'가 나오고 있으며, 那魯城 이외에 나오는 지명인 '丙辰栗峴𪩸'[39]과, '丁巳瓦耳淳辛' 및 '耳淳辛戊午瓦'가 그것이다. 즉 병진년, 무오년이라는 연대와 함께 율현현과 이순신이라는 지명이 나오고 있다.

현재 제작연대에 대해서도 논란이 있다. 병진년을 위덕왕 43년(596)와 의자왕 16년(656)으로 보는 견해로 나누어지며, 이에 따라 정사년은 그 1년 뒤의 시기로 설정되고 있다.[40] 여기에서는 율현현과 이순신의 지명이 가지는 성격을 규정한 견해가 주장하는 656년과 657년설을 바탕으로 이를 검토하고자 한다.[41] 이때 이러한 지명자료는 무왕대인 나주 복암리 목간의 촌 기록에 이어서 그 다음 시기인 의자왕대에 일어난 지방의 모습을 보여주는 것이라고 말할 수 있다.

나주 복암리 목간과 달리 금산 백령산성 기와 문자에서는 군이나 촌이나, 지방관과 관련된 내용은 등장하지 않는다. 지명과 관련해서 나노성은 성이라고 하고 있기 때문에 별로 문제가 되지 않는다. 이 경우에도 행정구역 단위로서의 성이 아니라는 의견도 찾아지지만,[42] 따르지 않는다. 그러나 율현현과 이순신에 대해서는 보다 구체적으로 검토할 여지가 있다. 율현현에 대해서는 '○○柵'과 마찬가지로 자연지형에서 따온 명칭으로 파악하고 있다. 이에 방군성(촌)제에서 '성'이라는 행정 단위 내에서 기능하던 하나의 지역집단이 다양한 명칭으로 등장하였다고 설명한다.[43] 즉 '○○현'은 '○○성'으로 표기된 행정구역 단위로서의 '성'과는 구분된 표기로 보인다는 것이다. 한편 이순신의 경우에도 '신'이 지명을 뜻하는 접미사로 사용되는 사례가 있기 때문에 인명이기보다는 지명으로 파악할 수 있다고 한다.[44] 그리고 두 지명의 위치에 대해서는 정확히 살필 수는 없지만, 이곳에서 기와를 제작하여 백령산성에 공급한 것으로 이해하고 있다.[45]

그러면 율현현과 이순신과 같은 지명이 가지는 성격은 무엇일까에 대해서 계속해서 검토할 필요가 있다. 율현현에 대해서는 자연성(촌)으로 이해하는 견해가 있다.[46] 자연촌과 자연성(촌)이 어떻게 다른지를 파악할 수는 없지만, 율현현의 성격을 자연촌으로 이해하고 있는 것 같다. 이와 달리 율현현과 이순신을 자

---

39) 율현현에 대해서는 그냥 율현으로 이해되기도 한다.

40) 강종원, 2021, 「명문와를 통해본 백령산성」, 『충청학과 충청문화』 30 참조. 한편 최근 대전의 흑성동 산성에서 「丙辰瓦」라는 문자가 새겨진 기와가 출토되었는데, 그 시기를 596으로 파악하고 있다(연합뉴스, 2022년 10월 30일자 기사). 그러나 제작 시기와 대전지역에서 병진명 기와가 출토된 배경이나 의미에 대해서는 앞으로 보다 면밀한 검토가 필요할 것이다.

41) 이병호, 2013, 앞의 논문, p.72.

42) 김영심, 2007, 앞의 논문, p.261.

43) 위의 논문, p.261.

44) 이병호, 2013, 앞의 논문, p.73.

45) 위의 논문, p.83.

46) 김영심, 2007, 앞의 논문, p.261.

연촌과 같은 성격을 지닌 지명으로 파악하지 않는 견해도 찾아진다.[47] 금산 백령산성에서 확인된 율현현이나 이순신이라는 지명과, 나주 복암리 목간에 보이는 대사촌의 존재는 '성' 하부에 존재했던 자연촌도 되지 못한 자연취락이나 지연집단을 보여주는 것으로 파악하고 있기 때문이다. 이러한 견해는 사비시대 백제의 자연촌에 주목하는 한편, 그 하부단위에까지 관심을 더욱 확대시킨 것이라고 할 수 있다.

특히 후자의 경우 신라의 촌제에 대한 연구를 크게 참고하여 백제의 촌제에 새로운 견해를 밝힌 것이다. 신라의 지방통치제도연구에서 함안 성산산성 출토목간에 보이는 '古陀一古利村阿那彌伊'와 '古陀一古利村末那沙見'에 보이는 아나와 말나와, 551년의 명활산성비에 보이는 徒에 대한 기존의 연구를 주목하였기 때문이다.[48] 함안 성산산성의 목간에 나오는 촌에 대해서 논란이 있지만, 행정촌+자연촌+자연취락(자연촌으로 편제되지 않은 소규모 취락)으로 구성되었다는 견해를 받아들이고 있는 것이다. 명활산성비의 '徒' 집단에 대한 이해에서도 그것은 마찬가지이다. 이들 지명이나 도가 신라에서 촌제로 편성되지 않은 개별취락과 연관된 지연집단이나 자연취락의 사례를 보여준다는 것이다.

그럼에도 백령산성의 기와에 기록된 지명이 자연촌이거나, 지연집단이거나, 자연취락에 해당된다는 견해를 따르기는 어려울 것 같다. 특히 지연집단이라는 용어에 대해서는 개념이 분명하지 않은 용어이기에 쉽게 받아들여지지 않는다. 후술하겠지만, 자연촌일 가능성도 그다지 높지 않다. 때문에 자연취락설을 중심으로 보다 자세히 다룰 필요가 있다. 이러한 견해가 나오게 된 배경에는 아마도 율현현이나, 이순신이란 지명에서 아나 및 말나와 마찬가지로 어떠한 행정 단위 명칭을 붙이고 있지 않은 점에 주목했기 때문으로 생각된다. 함안 성산산성의 목간이 보여주고 있듯이, 행정촌이나, 자연촌의 경우 모두 촌이라는 명칭을 밝히고 있다는 점에서이다. 그러나 이 경우 신라의 그것과 비교하기보다는 오히려 백제에서 나오는 사례를 중심으로 검토할 필요가 있지 않았을까 싶다.

사실 백제의 목간 자료에서도 지명에 어떠한 행정단위 명칭을 붙이지 않은 사례를 쉽게 찾아볼 수가 있다. 먼저 부여 관북리 286번 목간의 경우를 들 수 있다. 嵎夷가 나오고 있는데 바로 이어서 낙인이 찍혀있다. 아무런 행정단위 명칭이 나오고 있지 않다. 이에 대해서는 부여융이 관할했던 웅진도독부 하의 13개 현 중 첫머리에 나오는 우이현이라는 지명에서 그 실체를 확인할 수 있다고 한다.[49] 이에 우이란 바로 백제에서 작명한 것이 분명하다고 주장한다. 때문에 우이가 우이현이라는 표현한 점에서 백제에서 처음에는 우이성(촌)이었을 것이라고 한다. 이는 우이에 아무런 행정단위 명칭을 붙이지 않았다고 하더라도 성(촌)임을 알 수 있게 해준다고 하겠다.

이와 같은 사례는 나주 복암리의 목간에서도 찾아진다. 나주 복암리 목간에서는 군, 성, 그리고 촌 및 장 등 여러 행정 단위 명칭이 확인된다. 성과 관련해서는 得安城처럼 '성'을 밝히고 있는 경우가 우선 찾아진다. 이때 두힐군에 속한 半那와 軍那라는 지명 역시 행정단위 명칭을 사용하고 있지 않다. 그럼에도 불구하

47) 이병호, 2013, 앞의 논문, pp.83-84.

48) 위의 논문, pp.83-84.

49) 윤선태, 2007, 앞의 책, pp.205-212.

고 반나와 군나는 두힐군의 관할 하에 있는 반나성과 군나성으로 이해된다.[50] 또한 우이성이 우이현으로 바뀐 것과 마찬가지로 반나성과 군나성에서 반나현과 군나현으로 바뀌어갔음을 보여준다고 한다.

이것은 성의 경우만이 아니라, 군의 경우에도 마찬가지이다. 두힐의 경우가 그러하다. 두힐에 대해서는 두힐군이었음에도 두힐로만 표현되고 있는 것이다. 즉 군이나 성과 같은 행정단위명의 경우에는 지명에 붙이기도 하고, 생략하기도 했던 것으로 이해된다. 그렇다면 백령산성에서 행정단위의 명칭을 붙이지 않고 나오는 율현현이나 이순신이라는 지명들 역시 자연촌이기보다는 그와 같은 행정성(촌)으로 파악할 수 있지 않을까 싶다. 사비시대의 말기에 현제의 확산이 진행되었을 것임에도 불구하고 백령산성에서 출토된 문자 자료에서 현이라는 행정단위가 전혀 나오고 있지 않다는 점에서도 그러하다.

이러한 사실은 백령산성의 기와 수급양상을 통해서 엿볼 수가 있을 것이다. 기존의 연구에서는 백령산성에 필요한 기와의 수급은 중앙인 상부와, 지방인 나노성, 그리고 율현현과 이순신과 같은 여러 자연취락과 지연집단에서 이루어진 것으로 이해하고 있다.[51] 이에 기와의 공급이 율현현이나, 이순신이나 기타 자연취락과 지연집단이 중심이 된 것으로 나타나고 있다. 그러나 율현현과 이순신이 행정성(촌)이라고 한다면 백령산성의 기와 수급은 중앙의 상부와 지방에 존재했던 여러 성(촌)들이 주도적으로 관여했다고 말할 수가 있지 않을까 생각한다.

특히 그 제작시기가 656년과 657년이라고 한다면, 신라와의 마지막 결전을 앞둔 시기에 백제가 왕도인 부여를 방어하기 위해서 만든 백령산성에서 사용될 기와의 제작과 공급이 그와 같은 자연취락이나 지연집단에서 주도하기는 어려웠을 것이기 때문이다. 무엇보다도 기와의 공급처로서 가장 하부의 행정단위인 자연취락의 이름을 구체적으로 밝혔다는 점은 어딘가 어색한 느낌을 준다. 그 보다는 행정성(촌) 단위로 제작된 기와가 자연취락의 적극적인 협력을 통해서 백령산성에 제작된 기와를 원활히 공급될 수 있었음은 물론이다.

한편 백령산성에서 출토된 문자기와의 제작처가 행정성(촌)임을 말해주는 또 다른 근거라고 말할 수가 있다. 한국의 고대에서 기와란 누구나 아무 곳에서나 만들고 사용할 수 없는 물건이기 때문이다. 이때 신라의 목간과 문자기와에 대한 이해가 좋은 참고가 된다. 우선 금산 백령산성에서도 출토된 목간의 제작주체와 관련해서이다. 함안 성산산성의 경우 하찰 목간이 행정(성)촌 단위에서 제작되었다고 파악하고 있다.[52] 문자기와의 경우에는 통일신라시대의 경우이지만, 경기도 하남의 선동 유적에서 출토된 기와 명문의 사례들을 통해서 엿볼 수 있다. 여기에는 여러 지명들이 나오고 있는데, 기와의 제작처와 사용처를 어떻게 볼 것인가에 대해서 상당한 논란이 있다. 현재 대체적으로 해당 지역에서 필요한 기와를 각 군현에 할당해서

---

50) 윤선태, 2012, 「나주 복암리 출토 백제목간의 판독과 용도 분석 -7세기 초 백제의 지방지배와 관련하여」, 『백제연구』 56, pp.67-69.

51) 이병호, 2013, 앞의 논문, p.83에 나오는 기와 수급 모식도를 참고할 것.

52) 전덕재, 2007, 「함안 성산산성 목간의 내용과 중고기 신라의 수취체계」, 『역사와 현실』 65, p.238; 전덕재, 2009, 「함안 성산산성 출토 신라 하찰목간의 형태와 제작지의 검토」, 『목간과 문자』 3.

제작하게 하고 그것을 납품받아 사용한 것으로 이해하고 있다.[53] 그렇다면 당시 기와의 제작이 군현을 기반으로 하고 있다는 점에서 자연촌이라기보다는 행정촌에서 제작된 것임을 알려준다. 백제의 경우인 금산 백령산성에서 나온 문자기와 역시 사용처이기보다는 제작처를 말하고 있다는 점에서 이 역시 자연촌이 아니라, 행정성(촌)에서 기와의 제작과 공급이 이루어졌음을 확인할 수 있게 해준다.

V. 맺음말

지금까지 나주 복암리의 목간과 금산 백령산성의 기와에서 나온 문자 자료를 중심으로 사비시대 백제의 자연촌에 대해서 검토해보았다. 이를 통해서 나주 복암리의 목간에 나오는 대사촌이나 금산 백령산성의 기와에 보이는 지명의 성격이 자연촌이거나, 그것을 구성하는 자연취락이기 보다는 행정성(촌)임을 살펴보았다. 그렇다면 사비시대 백제의 지방통치제도 속에서 크게 성장한 자연촌의 문제는 기존의 연구와 달리 보다 새로운 시각과 방법으로 접근할 필요가 있을 것이다. 또한 이를 바탕으로 백제의 촌락에 대해서도 본격적인 검토가 이루어져야 할 것으로 생각한다.

| 투고일: 2022.11.01 | 심사개시일: 2022.11.16 | 심사완료일: 2022.12.02 |

---

53) 박성현, 2021, 「신라 통일기 한주(漢州)의 물자 이동과 조운(漕運)」, 『역사와 현실』 121, pp.42-44.

강종원, 2021, 「명문와를 통해본 백령산성」, 『충청학과 충청문화』 30.

김수태, 1997, 「백제의 지방통치와 도사」, 『백제의 중앙과 지방』, 주류성.

_____, 2005, 「청주 신봉동 유적의 재지세력」, 『백제 지방세력의 존재양태-청주 신봉동유적을 중심으로』, 한국학중앙연구원.

김영심, 1998, 「백제의 성, 촌과 지방통치」, 『백제연구』 28.

_____, 2007, 「백제의 지방통치에 관한 몇 가지 재검토」, 『한국고대사연구』 48.

_____, 2018, 「백제 웅진시기 지방통치의 구상과 운영의 실제」, 『백제 웅진기 영역과 지방통치』, 한성백제 박물관 편, 서울책방.

김창석, 2007, 「신라 현제의 성립과 기능」, 『한국고대사연구』 48.

노중국, 1988, 「백제의 통치조직」, 『백제정치사연구』, 일조각.

_____, 2022, 「지방통치조직과 운영」, 『백제의 정치제도와 운영』, 일조각.

박성현, 2021, 「신라 통일기 한주(漢州)의 물자 이동과 조운(漕運)」, 『역사와 현실』 121.

윤선태, 2002, 「신라 중고기의 촌과 도」, 『한국고대사연구』 22.

_____, 2007, 『목간이 들려주는 백제 이야기』, 주류성.

_____, 2012, 「나주 복암리 출토 백제 목간의 판독과 용도 분석-7세기초 백제의 지방지배와 관련하여」, 『백제연구』 56.

이병호, 2013, 「금산 백령산성 출토 문자기와의 명문에 대하여-백제 지방통치체제의 한 측면」, 『백제문화』 49.

전덕재, 2007, 「중고기 신라의 지방행정체계와 군의 성격」, 『한국고대사연구』 48.

_____, 2007, 「함안 성산산성 목간의 내용과 중고기 신라의 수취체계」, 『역사와 현실』 65.

_____, 2009, 「함안 성산산성 출토 신라 하찰목간의 형태와 제작지의 검토」, 『목간과 문자』 3.

_____, 2021, 「신라 중고기말·중대초 현제의 실시와 지방관에 대한 고찰」, 『신라문화』 58.

주보돈, 1998, 「군사·(성)촌사의 운영과 지방민의 신분구조」, 『신라 지방통치체제의 정비과정과 촌락』, 신서원.

_____, 2007, 「한국 고대 촌락사연구의 진전을 위하여-신라를 중심으로」, 『한국고대사연구』 48.

〈Abstract〉

The Natural Village of Baekje in the Sabi Period

Kim Soo-tae

This paper examines the village of Baekje in the Sabi period based on the text materials come from the wooden tablets of Najoo Bogamri and the rooptiles of the Baengnyeongsanseong Fortress of Geumsan. Until now, The characteristics of the name of places directed by Daesachon come from wooden tablets of Najoo Bogamri and the looptiles of the Baengnyeongsanseong Fortress of Geumsan were recognized as a natural village.

However, I newly found that the village was a district village rather than the natural village through reviewing thes opinion. This result of many studies on the history of the Shilla's villages contributed to this study. Because I could study the Baekje's village using the comparative way about historical Shilla's village studies.

Accordingly, a new approach about studying the issue of the natural village grown under the Baekje's local administration system in the Sabi era is needed unlike exinsting studies. I suggent that more systematic studies should be conducted.

▶ Key words: Baekje in the Sabi Period, natural village, district village, Najoo Bogamri, Baengnyeongsanseong Fortress of Geumsan

삼국시대 신라의 압량군 경영과 군현지배[*]
– 소월리 목간과 경산 임당동 고비를 중심으로 –

이용현[**]

〈국문초록〉

오늘날 경산시에 자리하는 압량국은 문헌으로는 2세기 초, 고고자료 분석에 의하면 3세기 말~ 4세기 초에 신라에 편입되었다. 새로 편제된 압량군은 下州 아래 속하였으며, 양서 신라전에 보이는 52邑勒 중 하나였던 것으로 보인다. 6세기 신라비석들에 보이는 신라의 지방 지배 상황으로 미뤄보면, 압량군에는 왕경 출신의 幢主와 道使들, 干支류의 외위를 가진 재지수장 村主들과, 幢主使人職의 인물들이 郡과 그 예하 村의 통치조직을 구성하고 있었을 것이다. 삼국사기 지리지의 자료는 郡, 縣을 郡, 村으로 바꾸면 삼국시대로 그대로 소급할 수 있다는 것이 일반론이나, 압량군의 경우, 삼국사기 지리지에서 진량면 중 금호강 북안 즉 하양지역의 실태는 드러나지 않으며, 10세기 말 河州(이후 河陽)로 처음 등장한다. 소월리가 속한 현재의 瓦村面이 조선과 일제강점기의 지리지와 지명일람을 근거로 그 소속처를 영천으로 간주해 왔다. 그러나, 6세기 소월리 목간에 드러나는 지명의 범주는 대체로 1개 村의 범주로, 博沙川 남북 兩岸, 淸通川의 西岸, 琴湖

---

* 이 논문은 2019년 대한민국 교육부와 한국연구재단의 지원을 받아 수행된 연구임(NRF-2019S1A6A3A01055801).
본고는 2022년 11월 2일 경산 삼성현박물관에서 개최된 "경산의 기원과 행정구역의 정비" 심포지엄(경산북도·경산시, 영남대 민족문화연구소 주최, 최치원문화연구원 주관)에서 발표한 〈삼국시대 신라의 압량군 경영과 군현지배 -소월리 목간,팔거산성 목간과 임당고비를 중심으로-〉를 약간 각색한 것이다. 관련영상은 https://www.youtube.com/watch?v=VUCGaPCCOWo (1:12:18-1:38:46)
** 경북대학교 인문학술원 HK연구교수

江 北岸으로 진량과 마주하는 곳의 ㄱ형 범주여서, 와촌면은 영천보다는 하양권이었으며, 당대는 押梁郡 예하였다고 보인다. 목간 출토지의 高床 건물지와 제의를 수행한 空地(廣場)는 해당 村 공동체의 정치,종교,사회와 재정의 공간이었다. 국가는 堤 축조 주도, 인력 동원, 所出 징수, 재지사회의 토착 의례에 간여, 村의 畓田 파악, 문서행정 적용 등을 통해 편제된 지역에 대한 국가 공권력의 영향력을 전면적으로 강화하고 있었다. 소월리 목간에 보이는 甘麻谷(甘末谷)은 인근 팔거산성 출토 목간에도 보이는 바, 6세기 말~7세기 초 소월리 지역 내에는 왕실 內省과 특수관계에 있던 마을들이 있었던 것으로 보인다. 경산 임당동 고비는 서식·표기로 볼 때, 6세기 초의 것으로, 6세기 전반 신라의 敎令碑 계열의 행정명령비로 보인다. 경산 임당동 고비(이하 본고에서 "고비"로 약칭)의 발견 및 조영지 건물지는, 바로 주변에 위치한 干의 치소로 여겨지는 임당토성과 함께, 압량군 郡衙 행정의 중심적 배경이었다. 삼국사기 지리지에 보이는 통일신라시기 獐山郡의 모습으로 고착되기까지, 삼국시대 押梁郡은 여러 차례 국가에 의해서 그 영역과 소속이 통치와 행정적 목적에 따라 조정 재편되었다.

▶ 핵심어: 압량군 경영, 신라의 군현지배, 소월리 목간, 경산 임당동 고비, 임당고비, 팔거산성 목간

I. 머리말

경산이란 지명 혹 행정구역명은 고려 말에 탄생하여 오늘에 이른다. 거슬러 올라가면 삼국시대 이 지역은 押梁國이었다가 신라에게 편입되어 郡으로 재편된다. 경덕왕 때 獐山郡으로 개명하여, 고려에 章山郡이 되었다가, 충선왕 때 피휘하여 慶山이 되었다. 押督·押梁(이상 삼국사기와 삼국유사), 押啄(722년 관문성 석각), 押喙(798년 영천청제기 정원명)의 표기가 보인다. 督啄喙은 音借, 즉 소리값을, 梁은 訓借, 즉 뜻 "들/돌"을 취한 것이다. 같은 음가를 다른 글자로 표기한 것이다. 신라 왕경 6부 중 喙[탁]을 梁으로 표기했던 것도 같은 원리다. 獐山은 押督과 대조되는데, 獐의 훈은 "노루"이고, 押의 훈은 "누르(다)"다. 뜻을 취하면 "누르"가 되고[1] 음을 취하면 "압/앞"이 된다.[2] 督, 梁은 喙와 같은 계열이다. "누르"계열이라면 자인의 고명인 奴斯火(노/누 ㄹ 벌)에 가깝다. "압/앞"이 前 등을 비롯한 訓을 취하든, "압ap"이란 音을 취하든, 喙(梁/督)은 왕경 6부의 喙과 같은 계열의 글자다.[3] 압독국 문헌에 대한 기초적 정리는 이미 이뤄진 바 있다.[4] 삼국시대

---

1) 김종택, 2000, 「押梁/押督·奴斯火/其火 연구-경산지역의 옛지명을 중심으로-」, 『지명학』 3, 한국지명학회, pp.25-26.

2) 문경현 등, 1987, 『八公山 사적 지표조사 보고서』, 대구직할시·경북대 인문과학연구소, pp.34-35.

3) 押梁이 삼한시대 소국의 이름과는 무관하다는 인식이 일반적인 듯하다. 梁/督/喙가 경주 왕경의 喙를 의식한 것이든, 대구 즉 達伐/達句伐/達城의 達을 의식한 것이든, 각각 그것이 기준이 된 명명이다. 대구를 卓 혹 喙淳으로 보았던 과거의 시각은 완전 부정되어 그 근거의 일각이 상실되었고, 梁/喙/督/道/啄의 표기로 볼 때, 왕경의 喙와 연결되는 것으로 보인다. 왕경은 6부는 501년 포항 중성리비 단계에서는 喙, 沙喙, 车喙(혹 岑喙: 牟旦伐喙)와 本波喙과 같이 喙을 칭하고 있다. 521년 상황을 전하는 양

경산 지역 연구는 임당 고분을 중심으로 진행되어 괄목할 만한 성과를 올린 바 있다.[5] 삼국지 위지 동이전에서 일컫는 "國" 소위 小國이 경산지역에 성립하는 시점은 목관묘가 조영되는 기원전 2~1세기이고 임당구릉이 그 중심이었다.[6] 다만 근년 임당구릉과 멀리 떨어진 금호강 북안 양지리유적에서 발견된 1호 목관묘는 위세품 양상, 매장의례 절차로 보아 피장자가 매우 특별한 지위에 있었다.[7] 경산 지역 전체 역관계와 관

서 신라전에서 이들을 6개의 "喙評"이라 일컫고 있었다. 즉 喙는 왕경 즉 신라를 상징하는 특수용어였다. 押의 중고음은 ?ap 혹 ap이다. 押督/押梁/ap喙 즉 또 하나의 喙를 명명한 것은 왕경세력과의 친연성을 상징하는 것일 가능성이 있다. 본문에서 후술하지만 고고학적 유물 양상은 경산 세력이 신라와 매우 밀착된 특수한 관계를 유지하고 있었다고 해석되고 있다. 압독은 7세기 전반 통일전쟁기에 긴장이 고조될 때, 국가 총력을 기울여 방어기지를 구축할 정도로 신라가 군사적으로 중요시한 곳이기도 하다. 금호강을 따라 왕경으로 진입하는 요충이기 때문이다. 이 점에서 왕경 6부의 喙들보다 위계는 아래지만, "喙의 앞[前]"이든, ap의 喙이든, 인근 친신라국을 왕경 외부의 또 하나의 喙으로 지칭하였을 가능성도 생각할 수 있다.

4) 이종욱, 1982, 「(제3절)사로국의 성장과 진한 제소국정복(제1장 국가형성기 신라의 정치적 성장)」, 『신라국가형성사연구』, 일조각; 이형우, 2000, 「3押督國(제3장 진한 여러 '國'의 성장과 변화」, 『신라 초기 국가성장사 연구』, 영남대학교출판부, pp.105-111. 다만, 이들은 삼국사기 기년 그대로를 인정하는 입장이다.

5) 대표적 업적으로 아래를 들 수 있다.
김용성, 1998, 『신라의 고총과 지역집단-대구·경산의 예-』, 춘추각; 이형우 편, 2015, 『찬란한 고대 압독문화』, 영남대학교출판부; 이희준, 2004, 「경산 지역 고대 정치체의 성립과 변천」, 『영남고고학』 34; 이성주, 2022, 「경산 지역의 원삼국시대 문화: 소국 형성과정에 관하여」, 『경산지역 청동기-원삼국시대 문화 전개양상-양지리유적을 중심으로-(제1회 경산시립박물관 학술대회 발표문집)』, 경산시립박물관·한국청동기학회(2022.5.20.).
외에 이하 논고를 포함한 다수의 중요한 저작들이 있다.
金洙南, 1998, 「慶山 林堂遺蹟(A-E地區)木棺墓에 대하여」, 『영남·구주고고학회 제3회 합동고고학대회』; 장용석, 1999, 「임당유적의 공간배치에 관한 일고찰」, 『한국상고사학회 제21회 학술대회논문집』; 김수남, 1999, 「임당유적 원삼국시대 목관묘」, 『한국상고사학회 제21회 학술대회논문집』; 장용석, 2002, 「林堂遺蹟의 空間構成과 그 變化」, 『한국상고사학보』 37; 김용성, 2004, 「임당지역 고총의 성립과 전개」, 『한국상고사학회 제21회 학술대회논문집』; 장용석, 2008, 「4世紀 新羅의 土城築造 背景」, 『영남고고학』 46; 김재열, 2008, 「경산지역 고분의 장신구 연구」, 영남대학교 석사학위논문; 신지영·이준정, 2009, 「경산 임당 유적 고총군 피장자 집단의 식생활」, 『한국고고학보』 70; 권태용, 2011, 「경산 임당유적 취락연구」, 『영남고고학』 56; 김대욱, 2014, 「임당 고총의 축조와 그 장제」, 영남대학교 박사학위논문; 장용석, 2016, 「林堂土城 築造에 따른 聚落空間의 再編」, 『한국고고학보』 101; 박영협, 2016, 「경산 옥산동 토기가마의 조업 단계별 구조와 생산량 변화」, 『영남고고학』 74; 김은영, 2017, 「임당유적 고분에서의 조류 대 어류 부장 양상」, 『한국고고학전국대회 발표문 제41회』; 김대욱, 2017, 「경산 임당유적 동물유존체 연구와 스토리텔링의 가능성」, 『한국고고학전국대회 발표문 제41회』; 이양수, 2011, 「圓形으로 再加工된 漢鏡에 대하여 - 破鏡과의 關係를 中心으로」, 『영남고고학』 57; 김대욱, 2013, 「경산 임당유적 고총 순장자의 성격」, 『민족문화논총』 55; 길가은, 2018, 「경산지역 적석목곽묘 연구」, 영남대학교 박사학위논문; 고은별, 2018, 「임당 고총 동물부장 연구 : 조류 부장 양상을 중심으로」, 『한국고고학보』 106; 황종현, 2020, 「경산지역 수용기 횡혈식석실묘의 축조세력과 배경」, 『민족문화논총』 76; 하지호, 2022, 「신라 중고기 금호강 유역의 농경과 물자관리」, 『백산학보』 122; 길가은, 2022, 「경산지역 적석목곽묘의 전개양상과 의미」, 『한국고고학보』 2022-2; 김동호, 2022, 「매장복합체를 통해 본 경산 임당유적의 초기 조성집단」, 『한국고고학보』 2022-1.

6) 황종현, 2015, 「압독국이라는 나라도 있었어? 처음 들어보는데」, 『찬란한 고대 압독문화』, 영남대학교출판부, p.19.

7) 김동숙, 2020, 「경산 양지리 유적 원삼국시대 목관묘」, 慶山 陽地里 遺蹟, 聖林文化財研究院.
박기혁은 1호 목관묘의 피장자는 금호강 일대는 물론 성주,창원과 비교할 때 최고의 위세품이 모두 확인되었고 유물의 종류와 수량으로 보아, "진변한을 아우르는 개인 유력자"라고 보았다(박기혁, 2022, 「경산 지역의 원삼국시대 문화: 소국 형성과정에 관하여」, 『경산 양지리 유적 발굴성과(제1회 경산시립박물관 학술대회 발표문집)』, 경산시립박물관·한국청동기학회, p.86; 성림문화재연구원, 2018, 「국가성립기 읍락 최고 우두머리의 무덤, 경산 양지리 유적」, 『금호강과 길』, 국립대구박물관).

련하여 정교하게 풀어가야 할 것으로 보이는데, 이에 대해서는 소국의 수장은 반드시 임당 출신에 국한되지 않고 경산지역 여러 지역 집단에서 나올 가능성이 컸다고 해석도 제출된 바 있다.[8] 2세기 중엽이후 木槨墓가 등장하면서 집단 간 우열 격화 속에 중심집단이 확연해지고 국읍이 형성되었다.[9] 같은 시기, 즉 기원전 2세기에서 2세기에 걸친 시기, 신성한 의례장소로서 이중환호가 조성되었다(임당I지구 북편 구릉). 환호는 2세기 중엽경 매몰되어 용도폐기되고 목곽묘와 주거지가 들어섰다.[10] 목곽묘의 조영은 2세기 후반 중국 後漢 쇠퇴와 동반해 중국쪽 유이민의 유입에 의해 촉발된 것이었다. 3세기 말 4세기 초에 경주형 목곽묘가 조영되며, 부장품은 신라의 위세품들이다. 까닭에 이 무렵을 압독국이 사로국의 영역에 편입되는 시점으로 본다.[11] 임당 고분군의 주요 묘제는 암광목곽묘로 신라의 지방 지배자인 干과 그 가족의 무덤이었다. 목곽묘의 구조와 부장품 특히 금공품의 특징 등으로 볼 때, 임당집단은 경주와 밀접한 관계 속에서 성장했다.[12] 임당구릉에서 주거지의 조영은 2세기 중엽에서 3세기 전반에서 시작되어 4전반까지 지속되었는데, 최고 지배자의 거소로 보이는 대형주거지를 비롯 마을이 형성되었던 것이다.[13] 4세기에서 6세기에 걸쳐 임당토

---

8) 이성주, 2022, 앞의 논문, p.69.

9) 청동기 시대 경산에 취락이 형성되어 있었는데, 형성 분포로 볼 때, 뒤 이은 원삼국시대 취락은 그것을 계승한 것이 아니었고, 원삼국시대 목관묘군은 유이민에 의한 것이었으며, 소국 형성의 단초가 되었다(이희준, 2004, 앞의 논문, p.17; 정민, 2015, 「압독국이라는 나라도 있었어? 처음 들어보는데」, 『찬란한 고대 압독문화』, 영남대학교출판부, p.54).

10) 하진호, 2015, 「환호와 토성이 들려주는 이야기」, 『찬란한 고대 압독문화』, 영남대출판부, p.86; 이성주, 2022, 앞의 논문, p.66.

11) 황종현, 2015, 「압독국의 새로운 무덤, 덧널무덤 이야기」, 『찬란한 고대 압독문화』, 영남대학교출판부, pp.57-60.

12) 임당지역 고분군은 순수목곽묘-적석목곽묘-암광목곽묘-수혈식석곽묘,횡구식석실묘와 횡혈식석실묘가 계기적으로 발생 지속되며, 4세기 후엽부터 경주식 적석목곽묘가 출현하며 고총이 조영되고 5세기에는 재지적 개성이 강한 암광목곽묘가 등장하면서 고총이 정형화된다(김용성, 2004, 앞의 논문; 김용성, 1998, 앞의 논문; 김용성, 2015, 「임당 고총, 신라 지방의 지배자 干의 묘」, 『찬란한 고대 압독문화』, 영남대출판부, p.60·p.64). 5세기 말 일시적으로 횡혈식석실묘를 수용하기도 한다(황종현, 2020, 앞의 논문). 경산지역에서 적석목곽묘가 축조되기 시작하는 시점은 4세기 후엽이며, 4세기 말엽에는 경산 전역에서 적석목곽묘가 확인되지 않다가, 5세기 전엽에 임당유적에서 다시 축조되기 시작한다. 5세기 후엽에서 말엽까지는 임당유적의 고총에서 적석목곽묘의 축조가 사라지고, 오히려 신상리유적에서 가장 활발하게 축조되기 시작한다. 6세기로 접어들면서 경산지역에서 적석목곽묘의 선호도는 급격히 하락하게 되는데, 단 괴전동유적에서는 6세기 전엽에서 중엽까지 늦은 시기에 축조된다. 6세기 중엽을 마지막으로 경산지역에서 적석목곽묘의 축조는 종료되고, 횡혈식 석실로 대체된다(길가은, 2018, 앞의 논문, p.28). 4세기 후엽부터 신라의 착장형 위세품이 두드러지는데, 이는 재지 지배층이 신라가 분여한 이들 위세품의 권위에 의지해 지역지배를 실현하고 있었음을 말해준다. 임당 토성과 고분의 위세품 분석을 통해, 왕경 신라와 압량지역 간 느슨한 상하관계가 설정되었고, 재지사회 내부에서는 중심지구 즉 압량(임당)지구의 위상이 더 강화되었으며, 4세기 후엽에는 신라가 강화된 간접지배를 펼쳐 재지세력이 신라에 종속되어 갔다고 해석되고 있다(이재흥, 2009, 앞의 논문, pp.185-186). 중심세력이던 조영동고분군에 비해 열세였던 임당동고분군이 그 규모와 부장내용이 약진하여 조영동고분군과 대등해진다. 이를 신라가 기존 재지중심인 조영동고분 축조집단을 견제하기 위해 임당고분군 축조집단을 지원한 것으로 해석하기도 한다. 즉 신라가 압량 재지사회 지배에, 재지사회 내 세력간 관계를 적절히 활용해 以夷制夷적 내부 균형과 상호 견제를 이끌었다는 것이다(이희준, 2004, 앞의 논문; 이재흥, 2009, 「경주와 경산지역의 중심지구 유적으로 본 4-5세기 신라의 변모」, 『한국고고학보』, 70, p.169·p.179). DNA분석을 통해서도 임당의 대형분들은 계보상 상호 연결되지 않아서, 혼인을 통한 몇 개 가문의 계승이 아니라 빈번한 교체가 이뤄졌는데 이는 신라국가에 의한 통제를 시사한다고 한다(이준정, 2008, 앞의 논문).

13) 장용석, 2015, 「압독국 사람들의 마을과 집, 그리고 토성」, 『찬란한 고대 압독문화』, 영남대출판부, p.61.

성이 축조,유지되었다. 토성은 고총고분과 저습지, 주거지(I지구)와 존속기간이 같아서, 임당토성을 중심으로 신라의 지방거점이 형성된 것이다.[14]

한편, 신라에 전하는 17개의 樂 가운데 押梁郡의 樂으로 白實이 있었다고 한다.[15] 이처럼 압량은 전통있는 지역의 하나였다. 본고에서는 위 선행 작업을 스캔하면서, 신라의 경영이란 관점에서 삼국시대 경산 지역의 주군편제와 양상에 대해, 경산 소월리 목간, 경산 임당동 고비 등 당대 1차자료를 중심으로 하고, 삼국사기 지리지 등 문헌자료 등을 곁들여 활용하여, 탐색해보고자 한다.

II. 압량군의 편제와 신라 군현 경영

압독국이 신라로 편입되는 시말을 기록한 삼국사기의 자료는 다음과 같다.

> 압1. 二十三年秋八月 音汁伐國與悉直谷國爭疆 詣王請決 중략 王怒 以兵伐音汁伐國 其主與衆
> 自降 悉直押督二國王來降[16] (신라본기 파사왕: 102년)
>
> 압2. 二十七年春正月 幸押督 賑貧窮[17] (신라본기 파사왕: 106년)
>
> 압3. 十三年冬十月 押督叛 發兵討平之 徙其餘衆於南地[18] (신라본기 일성왕: 203년)
>
> 압4. 獐山郡, 祗味王時(112-134년), 伐取押梁(一作督)小國, 置郡[19] (지 지리)

---

14) 제의 공간으로 활용되던 저습지가 4세기 후엽 사라지고 3-4세기에 제철을 담당하던 주거지가 있던 I지구도 5세기부터 주거지가 조영되지 않는다. 이에 대해 고총단계에 들어서 임당지구가 생산과 제의 중심기능이 약화되고 취락에 변동이 일어나는 것으로 이해된다. 이 무렵 철 생산체계는 신라의 강한 통제를 받게 되며, 토기 역시 신라와 강하게 연계되어 지역 내 다원적이던 생산체제가 재지 유력 세력이 강력한 영향력을 행사하면서 그 중심으로 일원화되어 통합되었다(이희준, 2007, 앞의 논문; 하진호, 2015, 「환호와 토성이 들려주는 이야기」, 『찬란한 고대 압독문화』, 영남대출판부, p.88).

15) 『三國史記』 雜志 樂 부분에는 신라의 수많은 악곡의 제목이나 수를 전한다. 대금 324곡, 중금 245곡, 소금 298곡 등을 전한다. 또 내용이나 뜻을 알 수 없는 악곡의 이름들이 여럿 전한다. 그 가운데는 思內, 憂息, 碓, 美知, 徒領과 같이 내용이나 그 모티브를 짐작해볼 수 있는 곡명, 또 辛熱과 같이 지역명에서 유래한 악곡명들이 보인다. 內知는 日上郡의 악곡으로 전하는데, 日上郡은 경북 영주로 비정되는 朔州 奈靈郡의 이표기로 추정하기도 한다. 한편 지역을 제목으로 하는 가무도 있다. 왕경 6부의 하나인 韓岐舞, 생열현 관련 下辛熱舞 上辛熱舞, 소경 관련 小京舞である. 思內奇物樂의 奇物은 우륵 12곡에도 보이는데 己文(己汶) 즉 남원일 가능성이 있다. 고대 樂과 舞는 중국 周代 이래 禮樂정치의 일환으로 조공, 복속국 관련 악곡을 궁정에서 연주하기도 했다. 이들이 신라 고유의 樂曲이었고, 이른바 최치원이 말한 '鄕樂'이었던 것으로 보인다. 압량군 관련 악곡이 특별히 만들어져 신라 조정에서 연주되었다는 것은, 그 경위나 내용을 상세히 알 수는 없지만, 신라 내에서 압독국, 압량군이 남달리, 악곡으로 기억할 만한 의미를 갖고 있었음을 전하는 것이 아닐까 한다. 압독지역에서는 철기시대 임당 A-1-121호 목곽묘에서는 현악기가 출토된 바 있다(정동락 선생(대가야박물관)의 교시에 의함). 이 지역에 이른 시기부터 樂적 전통을 가진 곳 중의 하나였던 듯하다.

16) 『三國史記』 卷1, 新羅本紀1 婆娑尼師今 23年.

17) 『三國史記』 卷1, 新羅本紀1 婆娑尼師今 27年.

18) 『三國史記』 卷1, 新羅本紀1 逸聖尼師今 13年.

19) 『三國史記』 卷34, 地理3.

압1·2·3·4는 각각, 來降 혹 편입, 순행, 반란과 응징의 내용이다. 압독국의 신라 편입을 신라본기는 102년, 지리지는 112~134년으로 기록하였다. 삼국사기가 나타내는 기년을 그대로 취신할 것인지는 별개로 해서[20] 압독국의 신라로의 편입과 신라의 압독 경영의 개요로서 의미크고 그 스토리는 그대로 역사해석이 가능하다. 신라의 영향력 확대 속에서, 압독은 스스로 항복하였고, 신라 국왕 혹 최고지배자가 압독을 순행하고 위무하는 정책을 펼쳤다. 압독은 신라와의 관계가 파탄이 일자, 관계가 악화되어 극력 저항했고, 이에 양국 간 무력충돌이 일어났으며, 신라는 압독민을 남쪽으로 사민시키는 정책을 단행했다는 내용이다.

압독국의 중요지표인 임당고분군의 피장자가 5~6세기 이 지역의 지배세력으로 간주되는 점에서 압량이 오랜 기간 신라의 간접지배를 받았다거나[21] 정기적 공납을 댓가로 독자적 자치권을 인정받는 반독립적 상태였다고 개념하였다.[22] 임당고분에 경주적 색채가 유입을 압독국이 신라의 지방으로 편제된 지표로 삼기도 하는데, 경주식 목곽묘, 토기와 금공품의 유입, 석단에 목관묘를 둔 암광식목곽묘가 경주적 색채의 표식이라고 보고, 무덤의 길이가 길어지고 부곽이 별도로 만들어지는 새로운 목곽묘가 만들어지는 3세기 말 4세기 초를 특정하기도 한다.[23] 방어시설이자 생활유적인 임당토성은 4세기 전반에 축조된 것인데, 신라가 이 지역을 편입한 후, 재지 수장을 통해 간접지배를 펼치면서, 이 지역의 거점에 군사적 목적으로 세운 것이라고 해석되고 있다.[24] 토성의 축조는 4세기 초반, 늦어도 중반에는 축조되었으며, 존속은 6세기대까지였다. 이 지역은 그 이전에는 기원전부터 환호와 지역의 중심마을이 자리하던 곳으로 고총고분을 축조한 중심세력의 거점이었다.[25] 요컨대, 발굴유적을 중심으로 하는 고총을 비롯한 유적 등을 근거로 해서는 사료 [압1·4] 즉 압독국의 신라 편입을 3세기 말 4세기 초로 인식하고 있으며, 나아가 기존 압독국의 재지지배층은 신라와 긴밀한 관계 속에서 기존 권리를 유지하였으며, 임당토성 역시 신라 편입 후 지배 시설의 일환으로서 축조된 것으로 해석되고 있다.

한편, 압량군은 삼국시대에 신라 州郡편제에서는 下州에 속했던 것으로 보인다. 신라 州나 小京은 장관이 장군직을 겸직하고 있었다.[26] 州과 함께 停이라는 군사조직이 두어졌는데, 下州와 관련된 州治와 停의 이동의 추이는 다음과 같다.

---

20) 이종욱은 삼국사기의 기년을 그대로 인정해서 파사왕 또는 지마왕 때 복속되었다고 보았다(이종욱, 1982, 「(제3절)사로국의 성장과 진한 제소국정복(제1장 국가형성기 신라의 정치적 성장)」, 『신라국가형성사연구』, 일조각, pp.83-85).

21) 이형우, 2000, 앞의 책, p123. 그러나 간접지배의 근거나 실상을 입증하기는 용이하지 않다.

22) 李宇泰, 1991, 「新羅 中古期의 地方勢力 硏究」, 서울대학교 박사학위논문, pp.34-38.

23) 김용성, 2015, 「임당 고총, 신라 지방의 지배자 干의 묘」, 『찬란한 고대 압독문화』, 영남대출판부, pp.69-70; 황종현, 2015, 「압독국의 새로운 무덤, 덧널무덤木槨墓 이야기」, 『찬란한 고대 압독문화』,영남대출판부, p.60. 기실 소위 암광목곽묘는 경주의 신라적석목곽묘 계열로 인정되고 있고, 묘의 유물은 신라일색이다. 경산 고총고분의 신라토기는 경산 옥산동의 대형 가마공장에서 대량생산 수급된 것이다(김대환, 2015, 「압독국의 기념물, 고총군」, 『찬란한 고대 압독문화』, 영남대출판부, pp.72-76).

24) 장용석, 2015, 「압독국 사람들의 마을과 집, 그리고 토성」, 『찬란한 고대 압독문화』, 영남대출판부, p.82.

25) 하진호, 2015, 「환호와 토성이 들려주는 이야기」, 『찬란한 고대 압독문화』, 영남대출판부, p.88.

26) 李成市, 1998, 「新羅六停의 再檢討」, 『古代東アジアの民族と國家』, 岩波書店.

555년 比斯伐(창녕) – 565년 大耶(합천) – 642년 押梁 – 661년 大耶

압량에는 642년부터 661년 사이, 즉 통일전쟁에 격화되기 시작하는 무렵에, 그곳에 州와 停이 설치되어 있었던 것이며, 下州의 영역에 있었던 것으로 보인다.

591년 경주 남산신성비나 592년 함안 성산산성 목간 등에 의하면, 6세기 신라의 지방통치체제 말단 혹 기본단위로 城과 村이 있었다. 이 城과 村은 행정상 같은 레벨에 있었다.[27] 남산신성비의 경우, 축성공사에 전국에서 인원을 동원하였는데, 이는 중앙이 아니라, 재지수장 즉 촌주를 거쳐 성과 촌의 民을 징발하고 그 대로 노동편성의 기본단위로 운영하였다. 軍役 역시 같은 방식이었을 것으로 추정된다. 즉 전투 시에도 지방의 재지수장이 성촌민을 인솔해서 임하는 것이 제도화되어 있었던 것으로 추정되고 있다. 561년 건립 창녕비에는 지방관으로서 軍主, 幢主, 道使, 外村主를 지목하고 있다. 즉 州兵은 중앙에서 파견한 軍主·幢主·道使를 통해서, 또 각 성촌의 재지수장이었던 村主를 통해서, 지방 지배를 실현하고 있었다. 군주가 파견된 성촌은 州가 되고 당주가 파견된 곳은 郡이 되고, 道使가 나머지 성촌에 파견되었다. 이렇게 파견된 지방관의 등급에 따라 州-郡-城村이라는 3단계가 설정되고 상호 통속되었다.[28] 州治는 동시에 行軍 시, 軍營의 기능도 겸하고 있었던 것이다.[29]

『양서』 신라전에는 王京의 6喙評, 外方의 52邑勒 체제를 기록하고 있다. 이는 521년의 상황인데, 52읍륵 이란 신라 영역에 자리한 지방거점 및 요충으로 군사시설 즉 外餘甲幢으로 여겨진다.[30] 邑勒는 中古音에 해당하는 晉音 혹 吳音으로 [jəp-lə?]다. 이를 "벌(罰)"의 표기로 보아 城邑, 城里로 파악하기도 한다.[31] 郡은 삼한시대 小國의 후신인데, 이 범주에 대해서는 尙·康·良州의 37郡, 漢城과 동해안의 15~20郡 등 郡을 가리키거나[32] 일부 縣이 포함된 대상으로 여겨지고 있다.[33] 52읍륵 즉 52개의 城村에는 外法幢이 있었고, 봄가을로 소집된 지역의 농민을 조직적으로 군사훈련했던 것으로 추정되고 있다.

6세기 초의 양상은 중성리비와 냉수리비에서 추적가능하다. 501년 포항 중성리비에는 관련 지역에 탁부와 사탁부 출신 道使가 使人으로서 파견되어 지역사회 즉 蘇豆古利村, 那音支村 등의 干支와 壹金知 등 재지 유력자에게 중앙의 슈을 전달하고 있다. 503년 포항 냉수리비 역시 탁부와 사탁부 출신으로 道使 1인을 포함한 7인의 왕경인이 중앙에서 파견되어 실무를 담당하고 있었고 지역 村에서는 干支와 壹今知 각각 1인 합 2인이 관여하는데 村主를 칭하고 있다. 壹今知, 壹金知, 一金智 모두 同名異記다. 6세기 전반, 524년의 울

---

27) 이종욱, 1974, 「南山新城碑를 통하여 본 新羅의 地方統治體制」, 『歷史學報』 64.

28) 木村誠, 2004, 「新羅郡縣制의 確立過程と村主制」, 『朝鮮古代의 國家と社會』, 吉川弘文館, pp.44-45; 李成市, 1998, 앞의 논문, p.195 및 pp.197-198.

29) 李成市, 1998, 앞의 논문, p.197.

30) 武田幸男, 2020, 「新羅法幢軍團とその展開」, 『新羅中古期の史的展開』, 勉誠出版(初出: 1991).

31) 白鳥庫吉, 1970, 「喙評·邑勒·檐魯および須祇に就いて」, 『白鳥庫吉全集 3』, 岩波書店.

32) 末松保和, 1954, 「梁書新羅傳考」, 『新羅史の諸問題』, 東洋文庫.

33) 武田幸男, 2020, 앞의 책, p.471.

진 봉평비에는 悉支에 喙部출신 奈麻(경위 10등)을 가진 軍主가 파견되어 있었고, 휘하 悉支와 居伐牟羅에 왕경의 小舍帝智(경위 13등)의 道使들이 각각 파견되어 있었다. 居伐牟羅에는 下干支(외위 7등), 一伐(외위 8등), 一尺(외위 9등), 波旦(외위 10등)과 一金智(외위 등외)의 재지세력 5인이 보인다. 이들이 村의 村主 혹 그 휘하 세력으로 보이는데, 외위에 의해 서열화되어 있다. 역시 휘하 阿尺兮村 등 3개촌에 使人 직책의 재 지세력 4인이 있었는데, 이들 중 1인은 居伐尺이라는 등외 외위를 갖고 있었다. 즉 軍主-道使라는 중앙 파 견 지방관이 보이고, 재지세력 상층부는 촌주를 포함해 下干支--一伐--一尺-波旦--一金智라는 외위로 계급화 되었다. 520년 율령반포를 경계로 해서 지역 村 사회에서 村主급의 관등이 〈干支와 일금지〉 2층구조에서 〈下干支-一伐-一尺-波旦과 一金智〉의 다층구조로 변화하였다.[34] 국가에 의해 지역사회 관등과 계급의 세 분화가 이뤄진 것이다.

6세기 중엽 전후의 단양 적성비에는, 탁부와 사탁부 출신 鄒文城의 幢主와 鄒文村의 幢主가 보이는데, 이 들은 52읍륵 범주 내이고 외방갑당에 해당한다. 公兄을 지칭하는 鄒文村人 巴珎婁 下干支(외위 7등), 烏礼 兮 撰干支(외위 5위) 등 지역의 干支류 관등 소지자가 있고, 勿思伐城幢主의 使人으로 那利村人이 있었다. 즉 외방 갑당이 설치된 城村(邑勒)은 그 하부에 몇 개의 취락이 영속되어 있고 누층적 재지기반이 뒷받침되고 있었다.[35]

561년 진흥왕 창녕척경비에는 "大等与軍主幢主 道使与外村主 審照"는 〈大等与軍主·幢主, 道使与外 村主 審照〉와 같이 표점하고 "大等은 軍主·幢主와 함께, 道使는 外村主와 함께 살펴 비추었다[36]"라는 해석이 가능하며, 그 대응관계는 표와 같다.

591년 남산신성비 제2비에서는 郡의 上人(郡中上

표 1. 州郡城村 使와 主의 대응(木村誠, 2004, 앞의 논문)

州	郡	城村
↓	↓	↓
州行使大等	郡使大等	道使
軍主	幢主	外村主

人)으로 沙刀城의 貴干(외위 4등), 久利城의 撰干(5등)이 있었으며 阿大兮村의 공사[作] 上人으로 上干(6등)이 있었다. 郡의 上人은 제1비에서 "郡上村主"(아마도 "郡의 上人인 村主")로 撰干과 上干이 있었던 것으로 보 아 村主였을 것이다. 그리고 그 아래에 上干, 一伐(8등), 一尺(9등), 彼日(10등) 등의 관등소지자가 있었다. 이 들은 각 城村의 村主 휘하, 각 촌의 고위자들이다.

6세기 비석 등 자료를 토대로 도출된 이러한 지방의 양상은, 압량군에도 적용해 이해해볼 수 있다. 압량 이 郡으로 편제된 이후에 중앙에서 파견된 지방관과 종래 재지사회수장을 통해 지역사회를 통제하고 있었 을 것이다. 압량도 52邑勒 안에 포함되어 있었을 것이므로,[37] 압량 村主는 유사시에는 농민을 군사로서 이 끌었을 것이다. 또 왕경 6부 출신의 압량군 幢主가 있고, 경위를 가진 道使들이 있었을 것이다. 또 干支류의

---

34) 이용현, 2015, 「律令 제정 전후의 新羅 官等 - 중고 초기 문자자료를 통해 -」, 『목간과 문자』 15.

35) 武田幸男, 2020, 앞의 책, pp.473-474.

36) 木村誠, 2004, 앞의 논문.

37) 武田幸男은 경산을 52읍륵에서 제외하였는데(武田幸男, 2020, 앞의 책, pp.473-474), 1장에서 개요한 고고학적 성과를 감안 하면, 52읍륵에 들어가 마땅하다.

외위를 가진 지역의 재지세력의 村主들, 幢主使人의 직에 임한 村의 인물들이 지방 통치조직을 구성하고 있었을 것이다.

III. 압량군과 그 영역

삼국시대 신라에 군으로 편제되기 전까지, 압량국(혹 압독국)이 있었고, 그 범주 혹 권역은 치성화(해안), 마진량(여량), 노사화(자인)였다.

獐山郡 祗味王時 伐取押粱(一作督)
小國 置郡 景德王改名 今章山郡 領
縣三 解顔縣 本雉省火縣(一云美里)
景德王改名 今因之 餘粮縣 本麻珍
(一作彌)良縣 景德王改名 今仇史部
曲 慈仁縣 本奴斯火縣 景德王改名
今因之

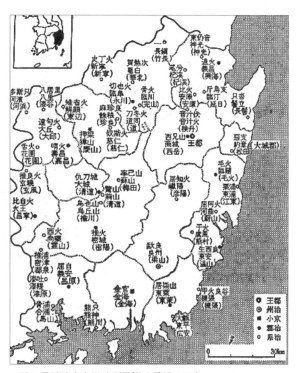

그림 1. 통일신라 良州와 압독(井上秀雄, 1986)

삼국사기 지리지에 보이는 縣은 삼국시대 당대에는 村이었다. 居智伐과 个同兮, 屈阿火의 사례를 볼 때, 이들은 村에서 縣으로 변화했다.[38]

火는 訓借고, 音借로는 伐이 쓰였는데 이는 마을(邑)을 가리킨다. 屈阿火村이라는 표현으로 보아, 村은 지명어미가 아니라 행정단위로 쓰인 것이다.[39] 이는 592년 자료인 함안 성산산성 목간 자료의 수많은 지역명 자료와 6세기대 금석문들을 통해서도 방증된다. 村은 늦어도 6세기를 거쳐 7세기 중엽까지는 적어도 존재했으며, 縣으로 바뀌는 것은 문무왕대에서 신문왕대 사이로 보인다.[40] 이러한 사례를 바탕으로, 다음과 같은 변천으로 정리할 수 있다.

---

38) 居智伐은 울주천전리서석 乙卯銘에 居智伐村으로 나오는데, 삼국사기 지리지에는 巘陽縣으로 바뀌었다. 个同兮는 『三國史記』 新羅本紀 문무왕 7년조에는 村으로 나오는데, 지리지 상주 崇善郡조에는 縣으로 변화되어 있으며, 屈阿火는 삼국사기 지리지 良州조에 村에서 縣으로 바뀌었다고 되어 있다. 관련 자료를 가장 먼저 착안한 것은 木村誠, 2004, 앞의 논문이다.

39) 木村誠, 2004, 앞의 논문, p.46.

40) 위의 논문, pp.45-46.

1 押梁(一作督)小國 → 押督城 → 押督(혹 梁)郡 → 獐山郡 → 章山郡

2 雉省火 → 雉省火村 → 雉省火縣(一云美里) → 解顏縣

3 麻珍(一作彌)良 → 麻珍(一作彌)良村 → 麻珍(一作彌)良縣 → 餘粮縣 → 仇史部曲

4 奴斯火 → 奴斯火村 → 奴斯火縣 → 慈仁縣

(밑줄 부분은 삼국사기 지리지의 기록이 아니라 가상의 상정임 : 城은 村이었을 수 있고, 村
도 城이었을 수 있다.)

신라는 지역 소국을 복속한 후, 州郡
制에 편입하였는데, 幢主나 道使를 파견
한 邑落을 城村으로 파악하였다. 주군제
가 郡縣制로 재편되면서 각 城村은 郡과
縣이 되었다.[41]

1은 郡治에 해당하고, 2·3·4는 領縣
이다. 이들 간의 경계를 처음 획정하여
시각화한 것은 이노우에 히데오였다(그
림 1·3 참조).[42] 이어 박성현도 경계 시
각화를 시도하였는데 이는 삼국사기 지
리지, 고려사 지리지, 세종실록지리지
등 조선시대 지지와 일제강점기 지명일

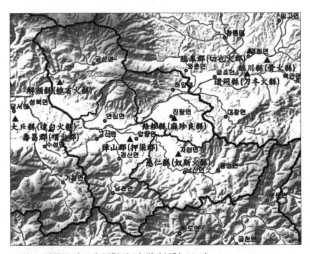

그림 2. 압독군과 3개 영현의 경계(박성현, 2016)

람과 현대행정구역 자료를 참조로 해서, 대조한 결과
다(그림 2).[43] 이들을 활용한다.

장산군(경산군)은 서쪽으로는 수창군과 접한다. 장
산군의 서쪽은 해안현이 자리하는데, 1914년 행정구
역 개편 시, 공산면과 해안면에 해당하며, 대장현과
담티고개가 수성군과 해안현 경계였다. 여량현은
1914년 개편시 진량면과 하양면을 더한 것이고, 자인
현은 1914년 개편시 자인면, 남산명, 용성면과 압량
면 일부를 더한 것이며, 鳩峴이 조선시대 경산현과 자
인현의 경계였다.1914년 개편시 압량면의 일부와 경

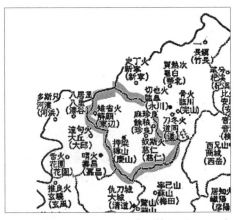

그림 3. 삼국사기 지리지의 압량(경산)(井上秀雄, 1986)

---

41) 위의 논문, p.49.

42) 井上秀雄, 1986, 『訳注三国史記 3巻』, 平凡社東洋文庫, p.150.

43) 박성현, 2016, 「삼국시대 금호강 유역의 공간구조와 물자이동-압량군을 중심으로-」, 『백제문화』 54, p.184.

산면, 안심면, 고산면, 남천면이 장산군의 직할 영역이었다고 상정할 수 있다.[44]

위와 같은 상정에서, 가장 불확실한 부분은, 진량면 중 금호강 북안 즉 하양지역의 중고기 혹 삼국시대의 실태다. 하양 관련 자료는 삼국사기 지리지 단계와 그 이전에는 드러나지 않으며, 전근대 지리지에서 河陽이 지리지에 등장하는 것은 『高麗史』 地理志로 995년에는 河州로 불리었는데 1018년에 河陽縣으로 이름을 바꾸었다. 河陽이란 河의 陽 즉 北이란 전통적 이름이므로 여기서 河란 금호강을 이르는 것으로 보인다. 그보다 앞선 시기 河州란 명명의 등장은 바로 이 지역에서 河가 더욱 중시 부각되었음을 시사해준다. 강북 지역에서 河가 부각될 수 있는 곳은, 동에서 서로 흘러가는 금호강과 그 지류로 북에서 남으로 흘러 합류하는 청통천이 만나는 지점이 아닌가 한다. 청통천을 북으로 거슬러 올라가면 서에서 동으로 흘러내려와 합류하는 박사천을 만난다. 지리 지형적으로는 그야말로 세 개의 강으로 "ㄱ"형으로 둘러싸인 강고을, 강마을이다. 즉 강마을로서 부각되고 독립행정구역이 된 것은 10세기 말, 고려시대 접어들어서다.

와촌면을 박성현은 진량 즉 마진량의 영역에서 제외하고 임고(영천) 혹 사정화(신녕)에 넣었는데, 이 부분 근거가 확실하지는 않다. 앞서 본 바와 같이 삼국사기 지리지에서 이 부분의 기록이 결여되어 있다가 이렇듯 고려사 지리지 단계에서 새로 등장하기 때문이다. 필자는 이 지역 즉 와촌면 특히 청통천 이서와 박사천 양안(동서안)이 소월리 목간 단계에서는 그 남쪽의 하양과 같은 문화권역이었다고 생각하는데, 이 점은 다시 상술한다. 이것이 전제가 된다면, 지역단위의 영역과 경계는 시기에 따라 변화를 보는 유동적이었다는 점을 고려할 필요가 있다. 삼국사기 지리지를 소급적용할 때 생기는 위와 같은 문제는 있지만, 현 상황에서 최선이라 할 수 있고, 나름 전체적 개요는 인정해도 좋을 듯하다. 다만, 지역과 지역 간 경계선의 확정 면에서는 당대 실제 상황에서 드나듦의 있을 소지가 있음을 염두에 둘 필요가 있다. 이와 관련하여 삼국사기 지리지보다 앞선 시기, 이 지역의 동향을 가늠할 수 있는 자료에 주목이 필요하다.

한편 고고학에서는 지형을 기반으로 한 영

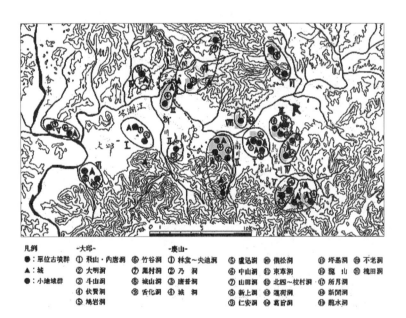

그림 4. 경산.대구 지역 고분군 분포(김용성, 1989, p.35) : 노란 유적이 경산, 압량군에 해당

44) 위의 논문, p.185; 이용현, 2022a, 「경산 소월리 목간의 지리적 공간」, 『동서인문』 19, 경북대인문학술원.

역 설정이 있었다. 김용성은 서쪽 경계는 금호강 남안은 상원산 북산줄기(대구 고모동과 만촌동), 북안은 금호강이 서북류하다 서남류 꺾이는 지점의 산줄기 이북선(서변동 포함 이동)을 대구와 경산의 경계, 즉 삼국시대 장산군의 서쪽 경계로 인식했다.[45] 동계는 영천지역과 분명하게 지형적으로 구분되지는 않는다는 점이 지적되기도 했다.[46] 이는 경산지역을 중심으로 한 것이었지만 삼국시대 장산군 영역을 상정함에도 유의미하다.

『삼국사기』 지리지에 보이는 장산군 지역, 환언해서 압량군과 그 속현은, 6세기를 기준으로 하면, 押梁(一作督)郡 아래 雉省火城/村, 麻珍良城/村, 奴斯火城/村으로 상정해 볼 수 있다. 금호강 이남과 이북은 원삼국시대는 별개 정치체였으나 진변한 - 마립간기의 읍락에 대응한다는 가설[47]을 전제로 해서, 마립간기는 임당유적 읍락이 압량군(압량), 불로동고분군 읍락이 치성화현(해안), 신상리고분군 읍락이 마진량현(진량), 북사리고분군 읍락이 노사화현(자인)으로 비정되고 있다.[48] 즉 삼국사기 지리지의 판도를 삼국시대 및 삼한시대까지 소급해 보는 안이다. 이같이 삼국사기 지리지와 고총고분군을 조합한 당대 영역 범위 탐색은 현재로서는 최선의 방법이다.

IV. 경산 소월리 목간에 보이는 지역 양상과 신라의 지배

근년 소월리에서 6세기대 신라 목간이 출토되었다. 소월리 인근 지명 가운데 소월리의 동북의 지명이 東江里다. 東江은 淸通川을 가리키는 듯 한데, 이는 동강리 이서 지역을 기준으로 하여 동쪽의 강이라는 命名이다. 즉 소월리 일대를 중심으로 한 명명이다. 소월리가 이 지역 즉 청통천 중류 서안과 박사천 남안 지역의 중심이었던 시점의 명명으로 지금까지 내려오는 셈이다. 이들은 이들 지역 생활권의 범주였을 것이다.

소월리 목간은 경산지식산업지구 개발을 위한 사전 조사발굴에서 출토되었다. 소월지 서남부에 자리한 이 유적은 해발 80m 전후의 구릉에서 25동의 삼국시대 고상건물지로 구성되어 있다. 축조시기에 약간의 중복은 있으나 6~7세기가 중심연대다.[49] 고상건물지가 U자형으로 둘러싼 복판은 공터이고 거기에 수혈이 있는데, 여기서 제사 혹 의례와 관련된 인면투각형토기 등이 출토되었다.

경산 소월지 목간에 대해서는 필자의 연구 성과가 있다. 이를 토대로, 본 장을 서술키로 한다.

---

45) 김용성, 1998, 앞의 논문.
46) 이희준, 2004, 앞의 논문, p.8.
47) 주보돈, 1995, 「삼한시대의 대구」, 『대구시사 1(통사)』, pp.147-149.
48) 이희준, 2004, 앞의 논문, p.27. 이희준은 고총고분군을 기준으로 지역권을 구분하였는데, 박성현은 이후 이희준의 설을 계승하면서 토성을 더 고려하여, 〈고총고분+토성〉의 세트 관계를 추가부연하였다. 이에 압량군은 임당고분과 임당토성, 치성화현(해안)은 불로동고분군,봉무동고분과 봉무토성, 마진량현(진량)은 신상리고분군과 그 주변, 노사화현(자인)은 도천산성이라고 하였다(박성현, 2016, 앞의 논문, pp.185-191).
49) 김상현, 2022, 「경산 소월리 유적발굴 조사 성과」, 『경산소월리 목간의 종합적 검토』, 경북대학교 인문학술원 HK+사업단.

그림 5. 소월리 목간에 보이는 지명의 범주(적색 실선 현재의 소월리, 굵은 점선은 비정된 지명의 범주 : 6곡문미진,1감말곡,2제상,4제하,3구미곡,11 부문대,10상지지곡,7하시지곡 : 검은숫자 밭, 붉은 숫자 논)
흙토람활용 : 이용현, 2022a에서

위 목간은 경산 소월리 부근 해당 지역 논과 밭 및 그 소출량을 기록한 신라시대 목간이다. 길이 74.2㎝ 직경 4.3~2.8㎝의 5면 5각의 棒形 목간(중국에서 이른 바 觚)으로, 발굴 지역 2구역에서 지름 1.6m되는 107호 수혈에서 출토되었다. 목간과 공반품으로는 인면투각토기, 시루와 싸리나무 다발과 자귀 등이 출토되었다. 이들 공반품은 지역 의례 혹 제사와 관련된 것으로 판단된다.[50] 문서에 기재된 대상은 甘末谷 등 谷地를 포함하여 적어도 15개 지역이며, 이들은 일정 單位行政區域 범주 내였을 것으로 보인다. 그리고 그것은 畓田의 結負 合으로 추산하여, 촌락문서의 村과 비교해보면, 村 규모 지역이었을 것으로 보인다.[51] 慶山 所月里 주변 일정 단위행정구역(아마도 村域)의 畓과 田의 結負수를 조사한 문서목간이다. 문서는 〈 마을 + 畓田의 지목 + 結負수 〉의 기록을 기본으로 하고 있으며, 말미에 특수 지목 〈 畓中 몇 結 〉등을 부가하였다.[52] 지역 이름에 堤가 들어가는 것으로 보아 단위행정구역(아마도 村) 안에는 堤가 설치되어 있었다. 堤는 현재의 소월지 자리가 유력하다.[53] 대상 지역은 畓과 田 가운데 畓 절대 우세 지역이었다. 현재 지형과 토질 등으로 미뤄 보건대, 목간의 기록 대상지역은 소월지를 중심으로 하되, 그 북쪽과 동쪽 및 동남쪽 평야방면의 충적층과 홍적층의 논 적성 상급지와 남방 일부가 들어갈 것으로 추정된다.[54] 습서로 추기된 몇 자 역시 단위행정구역(아마도 村) 관리 업무와 관련된 사항들이다. 이 목간은 먼저 해당 단위행정구역(아마도 村) 내 토지 현황을 조사하여 기록하는데 사용되었다. 조사한 기록이 문서로서 역할이 끝난 후, 습서되었다. 이후 수혈 구덩이에 매장되었다.[55]

【堤上】·【堤下】는 德村里 부근, 【谷門弥珎】은 新閑里 계곡 부근, 【下只尸谷】은 大谷里 계곡 부근으로 비정할 수 있다. 【甘末谷】과 【上只尸谷】 두 곳은 畓 7結이란 최대 畓地의 규모로 보아 所月池 북편 박사천 이남 畓地와 所月池 동남편 청통천 이서의 畓地로 비정된다. 오늘날의 행정구역으로 보면 瓦村面 동반부 일부와 河陽邑의 북부 일부에 해당한다. 이들 지역은 谷地, 谷門, 平地, 堤 근처를 그 입지로 하고 있으며, 畓地와 田地 등이 분포되어 있는 곳으로, 목간 내용과 부합한다. 현 所月池를 포함하여 舞鶴山 아래, 博沙川 이남, 淸

50) 이용현, 2022b, 「경산 소월리 유적 출토 인면투각토기와 목간의 기능」, 『동서인문』 17, 경북대인문학술원.

51) 이용현, 2022a, 앞의 논문.

52) 이용현, 2021, 「경산 소월리 문서목간의 성격」, 『목간과 문자』 27, 한국목간학회.

53) 위의 논문.

54) 이용현, 2022a, 앞의 논문.

55) 이용현, 2021, 앞의 논문.

通川의 이서, 金烏江 이북의 "ㄱ"형 벨트지역을 그 주요 범주로 한다. 이곳은 적어도 당시 신라의 1개村 혹 그 보다 큰 범주였다.[56] 【堤上】·【堤下】이란 용어, 또 畓田이란 용어, 畓과 田의 비율에서 보듯, 이 시기 신라 국 가는 토지 개간과 농지 확대에 힘을 기울이고 있었다. 특히 畓地 확대에 더 경주했던 것으로 보인다. 소월리 목간에 보이는 경산 소월리 지역의 사례는, 지방사회에서의 농업생산력 확대를 위해, 토지개간, 수리시설 확보를 국가가 주도하기 시작했음을 보여준다. 이 과정에서 지역사회의 재래 신앙체계까지도 국가가 흡수 하기 시작하는 모습을 보게 된다.

청동기시대 및 초기철기 시대 국내 제사유적의 검토 성과에서는, 제의 관련 유적으로서 취락 내 고상건 물지와 공터(광장)를 검출하고, 이를 농경문청동기, 삼국지 동이전 한전조의 立大木 제의 기사와 연결하여 해석하기도 했다. 나아가 부여 송국리의 고상건물지는 조상신,농경신 등에 대한 제의 수행을 추정했다.[57] 송국리 유적은 취락 내 중요 혹 특수 기능을 수행하기 위한 특수공간으로 곡물창고 혹은 공공집회소의 기 능을 겸한 것으로 곡물의 저장, 농경의례가 거행되었던 것으로 해석되고 있다.[58] 송국리 유적의 경우, 농경 공동체가 분립되다가 수장층에 의해 생산공동체가 통합되어 생산과 소비가 장악되었을 것, 곡간 충적지를 조성하면서 소규모 수전작을 경영하였고, 농지개발과 확대를 통해 잉여생산이 가능했을 것이라고 추정되 고 있다.[59]

이와 같은 양상은 시기와 지역의 편차는 있지만, 경산 소월리 유적 해석에 참조할 수 있다. 경산 소월리 유적 역시 지역 공동체의 전통적 의례의 공간으로 유추해석해 문제없을 것이다. 고상건물지와 광장은 곡물 저장과 같은 실질적 기능, 공동체 정치 사회 종교적 공간으로 기능했고, 불가결의 의례의 공간이기도 했 다.[60] 앞서, 출토 인면투각토기[61]는 영동신과 같은 재래 토착 지역신과 유관하다. 영동신은 토착 재래신으 로 비, 물[水], 바람, 天氣와 자연 등 지역의 모든 것을 관장한다. 지역사회의 안녕과 농경 등 전반을 관장하 는 토착신을 의인화한 것 혹은 공동체와 신을 연결해주는 메신저일 가능성이 크다.[62] 지역사회 토착 재래 신앙은 동아시아적 관점에서 보면 큰 범주에서는 불교전입 이전 도교의 풍습과도 비슷하다.[63] 본래 지역 마다 토착신이 존재하고 지역공동체는 이 토착신을 섬기고 있었을텐데, 국가가 지역을 지배하면서부터 토

---

56) 이용현, 2022a, 앞의 논문.

57) 이종철, 2015, 「청동기시대 立大木 祭儀에 대한 고고학적 접근」, 『한국고고학보』 96.

58) 정치영, 2009, 「송국리취락 '특수공간'의 구조와 성격」, 『한국청동기학보』 4.

59) 안재호, 2021, 「송국리취락의 편년과 사회상」, 『고고광장』 29, p.37.

60) 경산 소월리 유적을 촌락단위의 창고로 해석하는 견해도 있다(하지호, 2022, 앞의 논문, p.193).

61) 영상은 아래 참조.
   https://historylibrary.net/entry/%EA%B2%BD%EC%82%B0-%EC%86%8C%EC%9B%94%EB%A6%AC%EC%9C%A0%EC%A0%81-%EC%B6%9C%ED%86%A0-%EC%8B%9D%9D%BC-%EC%9D%B8%EB%A9%B4%ED%86%EA%B8%B0%E4%BA%BA%E9%9D%A2%E5%9C%9F%E5%99%A8

62) 이용현, 2022b, 앞의 논문.

63) 단 이를 바로 도교로 직결시킬 필요는 없다. 도교와 직결시킨 해석은 다음과 같다. 平川南, 2022, 「고대인의 개발과 죽음에 대 한 두려움, 기원-고대 한국과 일본의 출토자료와 도교 사상에서-」, 『경산소월리 목간의 종합적 검토』, 경북대학교 인문학술원 HK+사업단.

착신에 대한 의례도 국가의 관장 아래 국가가 파견한 관리가 간여하게 되었다.[64]

堤의 축조는 대대적 인력의 동원이 필요한 사업이고 이는 공동체 수장이나 지역 촌주, 혹은 국가권력이 아니고서는 이루기 어렵다. 소월리 목간 문서에 堤 축조 이후 그로 인해 새롭게 생성된 畓田의 소출량이 명기된 것으로 보아, 堤 축조는 국가 주도였음을 알 수 있다. 6세기대에 인근 영천(영천 청제비 무진명 : 통상 536년, 596년일 가능성도 있음), 대구(대구 무술오작비 : 통상 578년, 638년일 가능성도 있음)[65] 등지에서 국가 주도의 築塢와 築堤 사업, 그를 통한 농지확대, 개간사업이 활성화되고 있었다. 개간 사업은 특히 골짜기라는 지형을 중심으로 이곳에 수리시설을 축조하는 형태를 보인다. 영천청제비 병진명이 대표적이다. 谷에 大塢를 喙部 관장 아래 지역 衆礼村(혹 礼村)이 삽입하여 7천인이 동원되었다.[66] 대구 중구 대안동에서 발견된 무술오작비에는 아마도 인근 어딘가로 추정되는 另冬里村 에 제방을 축조하는 데, 무동리촌 등 7개 촌이 동원되었고, 왕경에서 파견된 관리 2인과 지방 7개촌의 상위자 11인이 공사에 종사하였으며 312인이 13일간 공사에 투입되었다.[67] 삼국사기에는 531년에 제방 수리 관련 기사가 보인다.[68] 6세기 2사분기에 농경 관련 수리시설에 국가가 주목하기 시작한 것이다. 즉 6세기 대, 금석문에서는 6세기 후반 대에 신라는 왕경에서 낙동강으로 나아가는 수로인 금호강변에 국가가 직접, 혹은 국가의 제어 아래 지방 세력으로 하여금, 대대적인 수리시설을 확충하고 노동력을 징발하고 있었다. 한편, 금호강변은 벼농사가 특화된 지역이었다는 가설도 있다.[69]

이렇듯 당대 주목의 금호강변상에서, 경산 소월리 유적은, 동에서 서로, 왕경(경주) - 영천 - 대구로 이어져 낙동강에 합류하는 선상에 있으며, 영천과 대구 사이에 위치한다. 금호강의 지류로서 금호강에 합류하는 청통천의 연변에 위치한다.[70] 요컨대, 6세기 후반대를 전후한 시기, 소월리 지역에도 다른 금호강변의 분위기와 비슷하게, 국가에 의한 지역사회의 농지개간과 수리시설 확충, 인력동원이 이뤄지고 있었다. 아울러, 村 단위로 이미 통일기 신라촌락문서의 시원에 해당할 수준의 생산이나 소출, 혹은 징수량의 파악이 畓田 지목별로 촘촘하게 파악되고 있었다. 아울러 村主나 관리, 혹 공동체 사회 공용의 지목 내지 비용 설정도 이뤄지고 있었다. 이는 후대 촌락문서의 양상과 유사하다.[71] 즉 6세기 후반에 이미 지역 행정이 村 말단부까지 스며들고 있었던 것이다. 국가는 이러한 과정을 통해서, 지역 사회에 대한 지배와 장악의 밀도를 높

---

64) 이용현, 2022a, 앞의 논문.

65) 관련 자료는 국립경주박물관, 2017, 『신라문자자료1』.

66) 비의 해석은 아래를 참조해 서술함(이용현, 2017, 「청제비 병진명」, 『신라문자자료1』, 국립경주박물관, pp.163-165 및 pp.167-169).

67) 관련 자료의 기초분석은 아래를 참조해 서술함(이용현, 2017, 「무술 오작비」, 『신라문자자료1』, 국립경주박물관, p.147 및 pp.150-151).

68) 『三國史記』 卷4, 新羅本紀4 법흥왕 18년.

69) 주보돈, 2022, 「경산 소월리 유적발굴 조사 성과」, 『경산소월리 목간의 종합적 검토』, 경북대학교 인문학술원 HK+사업단, p.43.

70) 지리적 환경은 이용현, 2022b, 앞의 논문.

71) 관련 상세 고증은 이용현, 2021, 앞의 논문.

여갔다.

한편 이 시기 소월리 목간에 보이는 여러 지명 중 甘末谷이 근년 발견된 대구 북구 팔거산성 목간에도 보여 주목된다. 국가의 관리 아래 주군현의 지방 행정체계 속에서 押梁郡 감말곡(감마곡)에서 八居里村(喟火郡 예하)의 팔거산성으로 물자의 수송이 이뤄졌던 것이다. 甘末谷을 관장하던 수장 安居利(혹 安居礼) 예하의 또 다른 촌 另谷村은 왕실 내성과 특수관계였던 것으로 보인다. 이는 6세기 말 7세기 초에 소월리 일부 지역이 왕실과 특수관계에 있었음을 시사한다.[72]

이 시기 지역 사회의 토지 개관과 국가 공권력의 침투를 엿보는 데, 시기와 장소는 다르지만, 8세기 초에 편찬된 고대 일본의 자료가

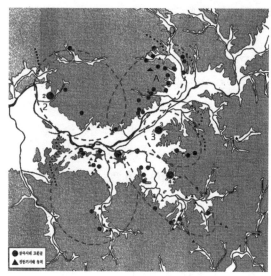

그림 6. 경산 지역 청동기 – 삼국시대 유적 분포와 가상 권역 (이희준, 2004와 장용석, 2008을 합성, 일부 보완 // ★ 토성 / ● 삼국시대 고분군 1임당 2불로동 3신상리 4북사리 : A소월리 인근 / ▲ 청동기시대 유적)

참조된다. 『히타치노 쿠니 풍토기』의 사례를 보면, 6세기 전반에, 지역 골짜기의 갈대밭을 논으로 개간하는 이야기가 있다. 개간 후 지역의 신이 경작을 방해받자, 주인공은 토지신을 쫓아내는 한편, 토지신과 사람 간의 경계를 재설정하였다. 이를 어기는 경우는 천황(일본 국왕)의 이름으로 처단했다고 한다. 이 때 개간과 저수시설 조성의 명분을 "사람들을 구제하기 위한 것"으로 천명하였다.[73] 이는 왕권이 자연, 자연신을

---

72) 대구 북구 노곡동 산 1-1일대 금호강 北岸 팔거산성에서 신라 꼬리표 목간 16점이 출토된 바 있고, 이 중 壬戌年, 丙寅年과 □午年의 3종의 간지년이 확인된다. 이들은 589년-602년-606년, 혹은 602년-606년-610년으로 추정되므로 6세기 말 7세기 초에 해당된다. 이 중 (목간01) 「壬戌年(기년)+安居礼(이름)+甘麻谷(지명)+ ×」의 安居礼와 (목간16) 「安居利(이름) 干支(관등)+私+另谷村(지역명)+支之(이름)」의 安居利는 동일인으로 보인다. (목간01)의 甘麻谷은 소월리 목간의 甘末谷과 동일 지명으로 판단된다. 신라 관등 표기 奈麻와 奈末에서 보이는 신라 시기 麻와 末은 통용되었다. 甘末谷은 경산 소월리 인근 특히 박사천과 청통천이 만나는 지역 이남과 이동의 넓은 奮地를 보유한 지역으로 비정된다. 같은 지방 수장이었던 安居礼 또는 安居利(干支) 예하의 村 중 另谷村 역시 소월지 근방 소월리 부근에 존재했을 가능성이 커 보인다. 관련해서 팔거산성 목간 중에는 私관련 목간으로 (목간06)丙寅年+王私+□[分]□□休, (03)■[午]年+王私+所利珎習□□+麦石, (14)本波部+□□村+□□□□+米一石+私, (15) ×□村+王私+禾(+□)□□之×,가 보인다(이상 판독 필자; [ ]는 추독). 위 서식으로 보면 私는 王宮, 喙와 沙喙 즉 內省에 한정되는 표기였던 王私와 같은 범주의 표기로 판단된다. 이곳이 私 즉 王私였다는 것은 왕궁 혹 탁, 사탁 등 내성과 특수관계에 있었던 것이 된다. 요컨대 另谷村 즉 소월지 부근 소월리 지역 중에 내성과 특수관계의 村이 존재한 셈이 된다. 나아가 그를 장악한 수장 예하 또 하나의 村인 감말곡(감마곡)도 역시 왕실과 특수관계였을 개연성이 있다. 통일신라시기이긴 하지만 영천 청제비의 "所內" 등으로 볼 때, 왕경과 가까운 영천, 경산 등지에 왕실과 특수관계의 村 혹 지역이 설정되어 있었다고 상정할 수 있다. 동여도에 보면, 경산 하양 와촌(소월리 소재지)에서 대구 북구 팔거산성이 소재한 팔거 사이에 산간 내륙으로 육로가 존재한다. 한편 금호강 수로를 통해서도 즉 〈 청통천 – 금호강 – 팔거천 〉을 양자의 왕래는 가능하다. 와촌 소월리와 팔거산성 간에는 이러한 교통로를 통해 물자의 수송이 이뤄진 것으로 보인다.

73) 관련자료는 『常陸国風土記』, 山川出版社.

그림 7. 분묘로 본 경산지역 삼국시대의 촌(길가은, 2018)

극복 초월하고 지역사회에 새롭게 군림하는 모습이다.[74] 이 대목은 소월리 유적 등 금호강변 자연개간, 수리시설 확충 등에도 적용해 이해할 수 있다. 대규모 토목공사, 농토개간과 생산력 확대를 통해, 종래 지역사회의 자연 신화가 금이 가고, 거대한 공권력의 시대가 도래하게 된 것이다. 한편 관련하여 고대 일본 인바누마 지역 무라카미 코 지역에는 나라,헤이안 시대에 川邊 지

류 수지상 골짜기 연변부에 유적의 분포가 확대된다. 이는 물과 경작지를 구하여 사람들이 지류 깊숙이까지 주거 범위를 넓혀간 것으로 해석된다.[75] 경산 소월리 유적 역시 같은 양상이다. 목간 속에 보이는 지명에 유독 무슨 谷이 많은 점, 소월리 목간의 지리적 공간이 청통천과 박사천의 계곡과 그 하천 및 지류를 근거로 하고 있음에서 같은 점을 이야기할 수 있다. 이렇게 볼 때, 6세기 후반대 소월리 목간 시대는, 적어도 박사천 남북 양안, 청통천 서안 지역을 하양지역과 다른 문화권, 정치사회권으로 보기 어렵다.[76]

V. 경산 임당동 고비에 보이는 신라의 압량 경영

경산 임당동 고비는 경산 조영동 522번지 임당1지구 건물지 유적에서 발견되었다. 이 유적은 관아시설 혹은 대저택으로 추정되고 있다.[77] 고비는 배수로와 부석 유구에서 발견되었다. 부석유구는 步道로 추정되고 있는데,[78] 유적 출토 고배는 6세기 2사분에서 7세기 2사분기에 걸치는 것들이고,[79] 대부장경호는 6세기 1사분에서 6세기 2사분기의 것들이다.[80]

74) 平川南, 2022, 앞의 논문, p.285.

75) 위의 논문, p286

76) 이 지역 즉 박사천 주변의 통일신라시대 불교 유적으로는, 갓바위 석조여래좌상과 선본사, 골굴사가 있다. 이들은 박사천 북안과 남안의 골자기를 따라 지류 끝 높은 곳에 위치한다. 두 사찰의 조망권과 갓바위 여래좌상이 바라보는 곳은 박사천 연변과 소월지를 중심으로 하는 청통천 서안이다. 이들이 당대 지역 종교 공동체 권역이었다고 볼 수 있다. 비록 토착 신앙에서 불교로 담지된 종교가 변화했지만, 지역의 종교 공동체 권역은 유지되고 있었다고 해석할 수 있다. 또 사찰의 입지가 모두 水原地 로서 물 혹 이것이 추상화한 龍과 유관하다고 보면, 6세기 농업 경영과 함께 중시되었던 토착 水,龍신앙이 후속 종교 불교에 混淆되어 불교사찰에서도 구현되었다고 해석할 수 있다.

77) 영남문화재연구원, 2008, 『경산임당택지개발사업지구(1지구)내 경산임당동건물지유구(영남문화재연구원 학술조사보고 제153책)』, p.331.

78) 위의 책, p.84.

79) 위의 책, pp.339-340.

이 건물지 유구는 유적 전체의 최상층 유구로서 6세기대에 조성된 적심건물지, 배수로 및 부석유구, 우물, 원지, 석조, 적석, 구, 수혈 등으로 구성되어 있다. 건물지유적의 하층에 형성된 마을유적은 3세기~5세기대에 해당하며, 주거지, 야외노지시설, 변소 등의 생활유구다. 마을유적의 북편에는 저습지가 형성되어 있는데,칠기,목제 농공구와 방적구, 갑옷생산용 목틀 등 다양한 목제품이 출토되었다. I지구의 북서쪽 구릉을 둘러싸고 조영된 초기 철기시대의 이중 환호(내환호, 외환호)유적이

그림 8. 임당구릉 내 고비 출토지

있었다. 이처럼 I지구는 시기를 달리하며 다양한 유적이 확인된 복합유적이다.[81] 환호유적은 의례 시설 혹은 의례와 방어를 겸한 시설로 보고 있다.[82] 고비는 원래 글자 수가 적을 뿐만 아니라 그마저도 마멸이 심해 실제 읽을 수 있는 글자가 많지 않아 정보량이 적고 불충분하다.

> 1행 …(年…月…)日…
>
> 2행 …□論□□…
>
> 3행 喙/起任, 習□, 斯彼/己□□□与□…
>
> 4행 壹借 □之. 슈 右尺 …
>
> …日에 … 論하여 □…, …喙의 起任, 習, 斯彼의 己□, 与(="와 함께" 혹은 이름)…
>
> 壹借가 □하다. (혹은 壹借□이다.) 슈하기를, 右尺…
>
> [비교] 중성리비 501년〈간지기년 + 敎(+ 슈) + 故記〉
>
> 　　　　냉수리비 503년〈간지기년(월일) + (共論 +) + 敎(+ 슈) + 故記〉

한계가 있긴 하지만, 남은 글자로 볼 때, 喙와 斯彼(아마도 斯彼, 習比의 이표기) 등 왕경 6부 중 일부가 정사를 "論" 즉 논의하고 그 결과로서 "슈" 즉 명령을 내리는 내용이 들어 있었음을 유추할 수 있다.[83] 비문의 연월일 부분이 박락되어 정확한 시기를 읽어낼 수는 없다. 임당고비는 왕경 部의 "論"이라는 프로세스를

---

80) 위의 책, p.345.

81) 영남문화재연구원, 2014, 『경산임당택지개발사업지구(1지구)내 경산 임당동 저습지유적 목기(영남문화재연구원 학술조사보고 제212책)』, p.2.

82) 김민철은 의례용 제단으로, 장용석은 방어시설과 의례시설을 겸한다고 보았다(김민철, 2010, 『경산 임당택지개발사업지구(1지구) 경산 임당동 208번지 경산임당동 환호유적』, p.208; 장용석, 2007, 「임당유적을 통해 본 경산지역 고대 정치체의 형성과 변천」, 『야외고고학』 3).

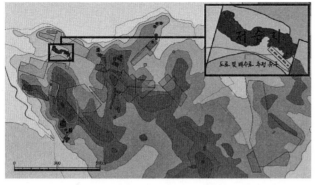

그림 9. 경산 임당동 고비가 출토된 임당동 I 지구 저습지 유적(c 영남문화재연구원) ★고비 출토지

거쳐 지역사회 경산에 "슈"을 내리는 내용으로 추정된다. 경산 임당동 고비에 보이는 용어 "論"과 관련해서 "共論"이 503년 냉수리비에, 또 "슈"이 501년 포항 중성리비에도 보이고 있는 점, 탁부와 사피부의 인물에게 관등이 보이지 않는 점, 관등류나 고위자의 인명에서 一이 아니라 壹이 쓰이고 있는 점으로 볼 때, 6세기 초기 신라비에서의 서식, 표기와 관등의 양상과 유사하다. 이에 서식과 관등으로 보아 늦어도 503년을 내려오지 않고 501년에 근접한 시기 즉 6세기 초를 내려오지 않을 것으로 판단된다. 중성리, 냉수리같은 포항의 비와 울진 봉평의 비는 서로 520년

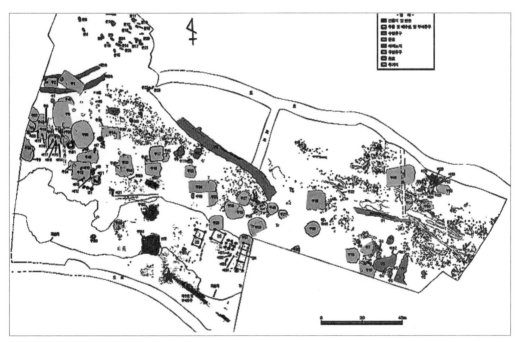

그림 10. 임당1지구 유구와 경산 임당동 고비 출토 지점(★)

---

83) 이용현, 2017, 「임당고비」, 『신라문자자료1』, pp.136-137. 시노하라는 이 비석을 "6세기 중후엽"으로 보았다(시노하라 히로카타, 2008, 「경산 임당동 1지구 출토 고비」, 『경산임당택지개발사업지구(1지구)내 경산임당동건물지유구(영남문화재연구원 학술조사보고 제153책)』, 영남문화재연구원, p.512·p.516). 기본적으로 신라의 教令碑는 고구려에서 영향받은 바 크다. 광개토왕비에 "論事"가 보이고, "教""슈"이 보인다(이용현, 2022, 「고구려 석비의 教」, 『대구사학』 146, 대구사학회).

율령반포를 경계로 한다. 이 점에서 경산 임당동 고비는 늦어도 율령반포 즉 520년 이전, 환언해서 좁게는 501년과 503년 같은 6세기 초, 넓게는 520년 이전 6세기 초기로 상정해둘 수 있다.[84]

　비석을 수리시설의 건립과 연결짓거나[85] 저습지를 메워 대지를 조성하는 과정과 연결짓는 견해도 있다.[86] 위에서 고찰한 바와 같이, 論, 令 등으로 볼 때, 비문의 구조는, 기존에 알려진 신라의 축성비나 축제비 같은 공사비보다는 敎事, 敎令비 계열의 성격과 특성을 띤다. 다만, 무엇을 논의하고 어떤 것을 명령했는지에 대해서는 해당 부분의 글자 판독이 어려워 단정하기 어렵다. 해당 업무를 추진함에 왕경 6부의 喙, 斯彼(習比)의 2부와 그 소속인이 활동하고 있음을 볼 수 있다. 한편 壹借(혹 壹借□)은 壹斯利, 壹□(중성리비), 壹利刀兮, 壹尒利(대구 무술오작비)와 같이 지방 수장층의 이름 첫 자나 그들의 관등에 종종 보이므로, 이를 지방 수장으로 추정해볼 수 있다. 왕경 6부인과 지방 수장층이 함께 모종의 건에 종사하는 것은, 중고기 비석에 흔히 보이는 바다.

　敷石유구에서 고비와 공반 유물로는, 단각고배의 대각, 기대, 주름무늬병, 수키와와 홈들이 출토되었는데,[87] 전형적 신라토기들이다. 비석이 출토된 유적은 평지로서 여러 기의 건물지와 우물, 園池가 있다. 비석은 건물 군의 앞 쪽 도로에 면해 저습지에 길게 조성된 석축 유구의 끝자락에 위치했다. 6세기 초 신라 비석의 원래 위치와 건립된 장소에 대한 자료는 적다. 비석이 공지를 위한 법령, 행정 최고 지배자인 국왕 혹 신라 6부의 명령이었음을 감안하면, 비석의 건립 장소는 지역사회의 공공대중이 자주 왕래하는 교차로 등 교통의 요지나 광장 등을 상정해볼 수 있다. 혹은 글자를 직접 읽을 수는 없더라도 게시하여 멀리서도 시각적으로 인식할 수 있는 장소였다고도 상정해볼 수 있다. 한자 즉 외래어를 읽고 인식할 수 있는 사람들은 소수에 한정되었을 것이다. 대다수의 사람들에게는 비석에 기록된 내용이 무엇이라는

그림 11. 고비 출토지 및 출토상황(I지구 저습지 부석유구 내)

---

84) 한편 보고서와 시노하라 히로카타는 6세기 중후엽으로 추정하고 있다. 그러나 그 근거는 명확하지 않다(영남문화재연구원, 2008, 앞의 책, p.92; 시노하라 히로카다, 2008, 앞의 논문, p.512·p.516).

85) 시노하라 히로카타, 2008, 앞의 논문, p.516.

86) 김재홍, 2022, 「금호강 유역 소월리 목간의 '堤'와 수리비의 '塢堤'」, 『경산 소월리 목간의 종합적 검토』, 주류성, pp.269-270.

87) 영남문화재연구원, 2008, 앞의 책, pp.84-91.

것을 구전으로 알려주는 방법을 통해 내용이 전달, 인지되었을 것이다. 가시성이 좋은 장소에 게시된 비문을 사람들이 볼 때마다, 내용을 떠올리며 비문의 내용이 반복 인지되었을 것이다. 조영동 관아 건물지 유적 주변, 조영동 522번지 유적은, 원삼국시대에서 삼국시대에 걸치는 마을 유적이며 생활유적이 넓게 자리했다.[88] 마을 주민이 보기에 적절한 장소에 고비가 입지한다. 그 점에서 임당 고비가 설치된 경산 조영동 522번지 유적은 신라 지방 관리의 저택이자 관아였던 건물로 인식해 좋지 않을까 한다. 이곳이 신라가 주군현으로 경산지역을 편입한 이후, 6세기부터 행정의 거점이었다고 판단해둔다. 그 입지는 배후는 전통적 재지세력의 상징인 임당고분군, 임당토성을 두고 주변에 마을이 조성되어 있으며 앞으로는 금호강을 바라보는 교통의 요지이자[89] 경산지역 주요 생활 기반의 하나였다.

4세기 전반 임당토성이 축조되어 6세기까지 사용된 것으로 추정되는데, 이곳은 관아시설, 지배층의 거주역으로 사용되었다.[90] 토성은 임당 유적 가운데 가장 높은 해발 59~65m의 곳에 있어 주변 임당 뜰과 금호강을 한 눈에 조망할 수 있다. 강변에 축조된 성은 하천을 통제하고 관리하며, 금호강 하류 낙동강 방면에서 동진하는 세력을 방어할 수 있는 역할을 한다.[91] 남아 있는 토성의 높이는 1.5m다. 출토 토기의 분석을 통해 4세기 전반에서 6세기에 걸쳐 사용된 것을 알 수 있는데, 이 기간은 압독국 유력자들의 무덤인 고총 시대와 일치한다. 이로 보아 토성은 신라에 통합되었으나 세력은 그대로 유지하던 재지유력자들의 생활공간이었을 가능성이 크다. 토성 근처 저습지 유적에서는 토성과 같은 시기에 사용되었을 것으로 보이는 생활유물이 다수 출토되었다. 이곳은 주민들의 주거지, 마을이 형성되었던 것으로 보인다. 주변 임당유적 I지구에서 취락은 2세기 중후반에 형성되었는데 4세기 중반경부터는 축조가 이뤄지지 않는다. 토성 축조와 함께 기존거주자들의 취락이 이전되었다. 동시에 4세기 후반부터는 적석목곽묘가 나타나 임당유적의 묘제로 채택된다. I지구에는 6세기 중엽경부터 다시 적심석건물지,연못 등이 설치된다.[92]

임당 1호분은 5기의 무덤이 연접축조된 것으로 주부곽식 암광목곽묘 2기가 조사되었다. 여기서 금동관

---

88) 영남문화재연구원, 2008, 『경산임당택지개발사업지구(1지구)내 경산 임당동 마을유적1(영남문화재연구원 학술조사보고 제154책)』; 영남문화재연구원, 2008, 『경산임당택지개발사업지구(1지구)내 경산 임당동 저습지유적 I·II·III(영남문화재연구원 학술조사보고 제155책)』. 특히 저습지에서는 목제 농공구와 방직구, 갑옷 생산용 목제틀과 칠기류가 출토되었으며, 전문 공인집단이 상정되고 있다(영남문화재연구원, 2014, 『경산임당택지개발사업지구(1지구)내 경산 임당동 저습지유적 목기(영남문화재연구원 학술조사보고 제212책)』).

89) 금호강과 고대에 관련해서는 국립대구박물관, 2018, 『금호강과 길』, pp.10-13 참조.

90) 이희준, 2004, 앞의 논문; 장용석, 2016, 앞의 논문, p.115.

91) 임당토성은 북으로 하천과 연결되는 물길이 있어 금호강으로 나아가는 데 편리하다. 금호강과 낙동강 합류지점에서 시작하여 금호강 상류로 거슬러 올라오는 길목 곳곳에 토성과 산성들이 축조되었다. 이들은 하천을 관리하고 동진하는 세력을 방어하는 역할을 하였다. 성곽에서 채집되는 유물은 5세기대로 성곽은 고분군의 조영시기와 비슷하다(조효식, 2018, 「산등성이를 에워싸고 지키는 성곽」, 『금호강과 길』, 국립대구박물관. p.198·p.200).

92) 이러한 현상에 대해 문헌기록에 보이는 압량국민의 徒民을 여기에 결부시켜 해석하기도 한다. 정상석은 토성 축조와 함께 사민이 단행되고, 압독국 지배층이 친신라적으로 바뀌었다고 하였다(정상석, 2016, 앞의 논문, p.115). 김대환은 임당유적에서의 신라식 묘제 채택이 수동적인 것이 아니라 지역 수장층에 의한 적극적 수용이었다고 해석했다(김대환, 2012, 「임당유적 묘제의 신라화와 전통의 창조」, 『임당 발굴 30년 그리고 압독 문화』, (재)영남문화재연구원 제25회 조사연구회 발표자료집, 嶺南文化財研究院).

모, 은제허리띠, 고리자루칼 등 최고 지배자를 상징하는 금공품과 토기, 말갖춤 등 430여 점의 유물과 함께 상어뼈, 새뼈, 조개껍질, 살구씨 등 다양한 동식물 자료가 출토되었다. 주인공의 뼈와 순장자로 보이는 인골 2개체도 확인되었다. 토기류로 보아 5세기 말 또는 6세기 초에 축조된 것이며, 주인공은 압독국의 지배세력인 干層으로 추정되고 있다.[93]

한편 삼국시대 경산군의 치소에 대해, 지지의 분석을 통해, 임당에 있다가 656년 장산성의 축성을 계기로 고산면(현재 대구 수성구)으로 이전했다는 견해가 있다.[94] 일반적으로 임당토성을 압량의 치소로 본다. 토성이나 낮은 산성이 신라 지방에서 대체로 지역 거점, 치소로 기능한 사례는 적지않다. 다만 임당토성의 경우, 토성 내부 주거지(F지구)와 토성 외부 주거지(I지구) 간 규모의 차이가 뚜렷하지 않아 위계적 차이가 부각되지 않는다는 지적도 있다.[95] 청동기시대에 이어 삼한시대 소국이 자리하였던 이곳에, 신라가 진출하게 되면서 임당고분 등 고총고분 축조집단이었던 지배층은 신라와 밀접한 관계를 갖게 되었다.[96] I지구 서쪽 주거지군 사이에는 넓은 공간과 수혈유구가 다수 있는데 출토된 도가니를 근거로 제철 및 관련 공방일 가능성이 타진되고 있다.[97] 저습지 역시 자연적 소택지 저습지설과 인위적인 농업용 수리시설설이 병존한다.[98] 고상식 창고로 추정되는 건물이 임당 토성 내부와 토성 외부 성벽과 나란한 곳에 2열 확인되는데(FⅡ지구), 이는 저장용 수혈인 토광유구와 함께 토성이 지배층의 거주공간임을 말해준다.[99] 즉 고비로 볼 때 늦어도 6세기 초에는 이미 경산(압량)지역은 신라의 직접 지배에 들어가 있었던 것이다. 임당1지구 건물지, 부석시설, 연지 등 일련의 건물세트는 관아 혹은 유력자의 저택으로 추정되고 있다. 고비의 발견 지점 혹 건립 위치로 보아 경산지역 지배의 죄고 거점인 郡衙 즉 押梁郡衙와 아주 관련깊은 건물 중 하나였을 것으로 보인다. 이 관아건물은 바로 인근 남쪽 전통적 재지세력의 주거였던 토성과 유기적 관계를 유지하면서 기능했을 것으로 여겨진다. 늦어도 6세기 초, 혹 그 이전에 신라 비석의 조영과 관아 건물 건립 및 운영은 신라 행정 지배의 깊숙한 침투를 상징한다.

---

93) 김용성, 1998, 앞의 책; 김용성, 2015, 앞의 논문.

94) 박성현, 2016, 앞의 논문.

95) 이재흥, 2009, 앞의 논문, p.172.

96) 이에 대해 이희준은 국읍이었던 임당지구를 통해 신라 국가의 지배를 받았을 것이며, 신상리고분군축조집단은 원래 경주 출신자들로 집단적으로 경주에서 이곳으로 이주하였다고 가정하였다. 이를 문헌자료에서 압독국의 반란으로 인한 강제사민과 연결지어, 사민에 이어 경주 왕경민을 이주시켰다고 하였다(이희준, 2004, 앞의 논문, pp.30-31). 신상리고분군 집단이 왕경 이주민이라면, 이들이 사피부 내지 탁부 관련이었을 가능성을 희미하게 추정해볼 수 있다. 501년 중성리비에는 모단벌탁부(모단탁부:잠탁부,모탁부)의 관련 사항의 논의에 모단탁부가 논의에 관여하는 모습을 보인다. 경산 임당동 고비에서 앞부분 논의자 명단에 탁부와 사피부가 보이는데, 이와 관련지을 수 있을지도 모르겠다.

97) 이재흥, 2009, 앞의 논문, p.165.

98) 자연적 소택지설은 장용석, 2007, 앞의 논문; 농업용수를 공급하기 위한 인공적 수리시설, 저수지설은 이재흥, 2009, 앞의 논문, p.165.

99) 이재흥, 2009, 앞의 논문, p.173.

VI. 맺음말을 대신하여

앞서, 목간, 고비를 중심으로 또 지리지와 고고 자료를 통해 침조하여, 삼국시대 압량군에 대한 신라의 군현편제와 경영을 더듬어 보았다. 6세기 아마도 6세기 후반 자료로 보이는 경산 소월리 목간 자료는, 비록 경산 중 동북부에 자리한 마진량 혹 그 일부 지역의 실상을 보여준다. 또 이 지역 일부에서 왕실과의 특수 관계를 추단해볼 수 있었다. 압량 임당 지역과 마진량 지역의 문화적 공통성을 인지할 수 있었으며,[100] 임당 고비를 통해서는 압량군 郡治에서의 지방행정의 일양상을 살펴볼 수 있었다. 경산소월리 목간에 보이는 지리적 양상을 볼 때, 6세기대 지역 행정단위의 범주와 영역은 삼국사기 지리지에 보이는 경산지역(장산 군)의 군현의 그것과는 일부 달라 보인다. 지리지에 채록된 범주는 비교적 후대의 것이 아닌가 한다. 경산 소월리 목간 등은 수계나 谷 등 지형적 환경과 그를 통한 교통망과 네크워크가 村을 비롯한 여러 등급의 지 역 단위였던 것임을 시사해준다. 지리지의 그것은 거기에서 몇 단계 변화를 거친 이후의 모습이 된다. 삼국 시대와 그 이전 시기 경산 지역 유적의 분포도를 살펴보면, 대체로 산지와 수계가 일정 공동체 혹 지역단위 범주로 기능했던 것으로 보인다. 삼국시대 경산지역(신라의 장산군)의 권역별 구분은 유적과 출토 유물의 세부적 검토를 통해 더 구체화될 것을 기대한다.

이처럼 신라 국가의 공권력과 지방행정제도가 스며들기 이전 지역사회의 범위나 범주가 변화를 보았다 는 것은, 신라 국가가 경산 지역 사회를 새롭게 행정편제하면서 구역 조정 등 인위적인 재편을 가하였음을 의미한다. 이는 신라 군현제 편제 이후로도 누층적으로 변화를 거듭했을 것을 보이는데, 요컨대 지속적으 로 경산 지역 사회에 대한 조정과 재편이 거듭되었던 것이다. 이러한 재편을 통해 지역 사회에 대한 장악과 국가의 영향력이 높아지고, 지역 사회 바닥까지 공권력이 침투하게 되었던 것으로 보인다. 따라서 삼국사 기 지리지를 비롯한 역대 지리지,지지 자료가 압량군 복원에 절대적이긴 하지만, 통일기를 기준으로 한 범 주와 경계는 삼국시대로 기계적으로 소급해서 이해하는 것만으로 해결될 수 있는 것은 아닌 듯하다.

압독국이 신라의 군으로 편입된 시기는 문헌자료 외에 토성, 고분, 생활유적에 보이는 신라적 특성과 그 편년을 종합하여야 할 듯하지만, 그 역시 문화의 이입과 영역화 간의 경계가 모호하다. 신라의 영향과 교 류, 신라로의 종속의 선을 시기적으로 긋기가 어려운 것이 압독의 경우인 듯하다. 고고학의 성과를 원용하 더라도 그 경계 혹 과도기의 하한은 문자자료 중 가장 상한이 되는 6세기 초 경산 임당동 고비로 삼을 수 있다. 늦어도 경산 임당동 고비 단계에는 압독이 신라에 완전 편제되어 행정지배를 받고 있었다고 이해할 수 있다. 이에 신라로의 편입은 크게 4세기 초에서 5세기 말 사이로 넓게 보아두는 선에서 그치기로 한다.

648년(진덕왕 2년)에 김유신은 押督州都督으로서 백제의 신라 "西邊"을 침입하여 "腰車等一十餘城"을 함 락시킨 것에 대비케 했다. 656년(태종무열왕 3년)에 무열왕은 김인문을 押督州摠管으로 임명되었고, 경산 獐山城에는 "設險"이 있었다. 661년 신라는 押督州를 大耶로 옮겼다. 통일전쟁기에 동아시아 차원의 국제적

---

100) 이용현, 2021, 앞의 논문.

긴장이 고조될 때, 태종무열왕은 당에서 귀국한 둘째아들 김인문을 **押督州摠管**에 임명하여 **獐山城**[101]을 축조케 하였다. 7세기 중엽 왕경의 앞에 자리한 **押梁**은 왕경 방어의 군사적 전초기지로서 중시되었다.[102]

[사례] 자료수집과 교시에 도움을 주신 아래 선생님들께 감사드린다. : 영남문화재연구원, 성림문화연구원, 奈良國立博物館, 김창겸(김천대학), 조효식(국립경주박물관), 장우영(교토대학 대학원), 황종현(경산시삼성현박물관), 남미선(경산시삼성현박물관), 정동락(대가야박물관)

투고일: 2022.10.31   심사개시일: 2022.11.16   심사완료일: 2022.12.01

---

101) 장산성을 용산산성으로 비정하는 견해도 있다(김약수, 1986, 「장산성위치고」, 『慶文文學』, 경산문학회, p.199). 그러나 용산산성은 남쪽으로 치우쳐져 있어, 금호강을 통제하고 침입을 방어하는 데 기능적이지 못하다. 금호강을 통제할 수 있는 좁은 길목이 기능적이다. 아울러 獐山城이란 이름이 獐山 즉 押梁과 불가분의 관계이므로 押梁 故址 부근에서 찾는 것이 합리적이다. 동여도에 보이는 경산 중심부 산지의 "山城"이다(그림에 노란 표시). 이를 현대 지도와 지형과 비교해 보면 현성산 줄기로 금호강에 가까운 곳이 후보가 된다. 압량에서 가깝고 강목을 막는 방어요지의 요건을 충족하는 것은, 고모동, 옥수동, 신상리. 그런데 신상리는 압량과 멀고 마진량에 속한다. 고모동이나 옥수동의 산을 獐山 즉 押梁山이라 불렀을지 의문이다. 이에 현재의 압량읍 배후의 산을 주목해볼 수 있다. 현성산 줄기는 낮게 대구한의대를 거쳐 점촌동 마을 배후로 이어지고, 다시 영남대로 이어진다. 대구한의대-경산시립박물관-영남대학교로 이어지는 이 산줄기는 지금은 개발로 인해 삭평이 이뤄졌다. 이러한 현성산 줄기로 금호강 쪽으로 돌출한 지구 어딘가를 동여도가 지칭하는 "山城"에 비정하고 이 부근을 장산성에 비정해둔다. 이곳은 임당고분군(임당동, 부적리, 조영동)과 임당토성, 그리고 압량읍의 배후로 장산성, 즉 압량산으로 불리우기에 손색없다. 이를 기존 유적지 도면에 그 위치를 대입해보면 내동유적이 인근에 있다.
102) 이형우는 이들 기사를 토대로, 경산이 "통일의 전초지"였다고 평가했다(이형우, 2000, 앞의 책, p.120).

고은별, 2018, 「임당 고총 동물부장 연구 : 조류 부장 양상을 중심으로」, 『한국고고학보』 106, 한국고고학회.

국립경주박물관, 2017, 『신라문자자료1』.

국립대구박물관, 2018, 『금호강과 길』.

권태용, 2011, 「경산 임당유적 취락연구」, 『영남고고학』 56, 영남고고학회.

金洙南, 1998, 「慶山 林堂遺蹟(A-E地區)木棺墓에 대하여」, 『영남·구주고고학회 제3회 합동고고학대회』.

길가은, 2018, 「경산지역 적석목곽묘 연구」, 영남대학교 박사학위논문.

길가은, 2022, 「경산지역 적석목곽묘의 전개양상과 의미」, 『한국고고학보』 2022-2, 한국고고학회.

김대욱, 2014, 「임당 고총의 축조와 그 장제」, 영남대학교 박사학위논문.

김대욱, 2013, 「경산 임당유적 고총 순장자의 성격」, 『민족문화논총』 55, 영남대민족문화연구소.

김대환, 2012, 「임당유적 묘제의 신라화와 전통의 창조」, 『임당 발굴 30년 그리고 압독 문화』, (재)영남문화
　　재연구원 제25회 조사연구회 발표자료집, 嶺南文化財研究院.

김대환, 2015, 「압독국의 기념물, 고총군」, 『찬란한 고대 압독문화』, 영남대출판부.

김동숙, 2020, 「경산 양지리 유적 원삼국시대 목관묘」, 『慶山 陽地里 遺蹟』, 聖林文化材研究院.

김동호, 2022, 「매장복합체를 통해 본 경산 임당유적의 초기 조성집단」, 『한국고고학보』 2022-1, 한구고고
　　학회.

김민철, 2010, 『경산 임당택지개발사업지구(1지구) 경산 임당동 208번지 경산임당동 환호유적』, 영남문화
　　재연구원.

김상현, 2022, 「경산 소월리 유적발굴 조사 성과」, 『경산소월리 목간의 종합적 검토』, 경북대학교 인문학술
　　원 HK+사업단.

김수남, 1999, 「임당유적 원삼국시대 목관묘」, 『한국상고사학회 제21회 학술대회논문집』.

김약수, 1986, 「장산성위치고」, 『慶山文學』 2, 경산문학회.

김용성, 1998, 『신라의 고총과 지역집단-대구·경산의 예-』, 춘추각.

김용성, 2004, 「임당지역 고총의 성립과 전개」, 『한국상고사학회 제21회 학술대회논문집』.

김용성, 2015, 「임당 고총, 신라 지방의 지배자 干의 묘」, 『찬란한 고대 압독문화』, 영남대출판부.

김은영, 2017, 「임당유적 고분에서의 조류 대 어류 부장 양상」, 『한국고고학전국대회 발표문 제41회』.

김재열, 2008, 「경산지역 고분의 장신구 연구」, 영남대학교 석사학위논문.

김재홍, 2022, 「금호강 유역 소월리 목간의 '堤'와 수리비의 '塢堤'」, 『경산 소월리 목간의 종합적 검토』, 주
　　류성.

김종택, 2000, 「押梁/押督·奴斯火/其火 연구-경산지역의 옛지명을 중심으로-」, 『지명학』 3, 한국지명학회.

李成市, 1998, 「新羅六停の再檢討」, 『古代東アジアの民族と國家』, 岩波書店.

末松保和, 1954, 「梁書新羅傳考」, 『新羅史の諸問題』, 東洋文庫.

木村誠, 2004, 「新羅郡縣制の確立過程と村主制」, 『朝鮮古代の國家と社會』, 吉川弘文館.

武田幸男, 2020, 「新羅法幢軍團とその展開」, 『新羅中古期の史的展開』, 勉誠出版(初出: 1991).

문경현 등, 1987, 『八公山 사적 지표조사 보고서』, 대구직할시·경북대 인문과학연구소.

박기혁, 2022, 「경산 지역의 원삼국시대 문화: 소국 형성과정에 관하여」, 『경산 양지리 유적 발굴성과(제1회 경산시립박물관 학술대회 발표문집)』, 경산시립박물관·한국청동기학회.

박성현, 2016. 「삼국시대 금호강 유역의 공간구조와 물자이동-압량군을 중심으로-」, 『백제문화』 54, 공주대백제문화연구소.

박영협, 2016, 「경산 옥산동 토기가마의 조업 단계별 구조와 생산량 변화」, 『영남고고학』 74, 영남고고학회.

白鳥庫吉, 1970, 「喙評·邑勒·檐魯および須祇に就いて」, 『白鳥庫吉全集3』, 岩波書店.

성림문화재연구원, 2018, 「국가성립기 읍락 최고 우두머리의 무덤, 경산 양지리 유적」, 『금호강과 길』, 국립대구박물관.

시노하라 히로카다, 2008, 「경산 임당동 1지구 출토 고비」, 『경산임당택지개발사업지구(1지구)내 경산임당동건물지유구(영남문화재연구원 학술조사보고 제153책)』, 영남문화재연구원.

신지영·이준정, 2009, 「경산 임당 유적 고총군 피장자 집단의 식생활」, 『한국고고학보』 70, 한국고고학회.

안재호, 2021, 「송국리취락의 편년과 사회상」, 『고고광장』 29.

영남문화재연구원, 2008, 『경산임당택지개발사업지구(1지구)내 경산 임당동 마을유적1(영남문화재연구원 학술조사보고 제154책)』.

영남문화재연구원, 2008, 『경산임당택지개발사업지구(1지구)내 경산 임당동 저습지유적Ⅰ·Ⅱ·Ⅲ(영남문화재연구원 학술조사보고 제155책)』.

영남문화재연구원, 2008, 『경산임당택지개발사업지구(1지구)내 경산임당동건물지유구(영남문화재연구원 학술조사보고 제153책)』.

영남문화재연구원, 2014, 『경산임당택지개발사업지구(1지구)내 경산 임당동 저습지유적 목기(영남문화재연구원 학술조사보고 제212책)』.

이성주, 2022, 「경산 지역의 원삼국시대 문화: 소국 형성과정에 관하여」, 『경산지역 청동기-원삼국시대 문화 전개양상-양지리유적을 중심으로-(제1회 경산시립박물관 학술대회 발표문집)』, 경산시립박물관·한국청동기학회.

이양수, 2011, 「圓形으로 再加工된 漢鏡에 대하여 - 破鏡과의 關係를 中心으로-」, 『영남고고학』 57, 영남고고학회.

이용현, 2015, 「律令 제정 전후의 新羅 官等 - 중고 초기 문자자료를 통해 -」, 『목간과 문자』 15, 한국목간학회.

이용현, 2017, 「무술 오작비」, 『신라문자자료1』, 국립경주박물관.

이용현, 2017, 「임당고비」, 『신라문자자료1』, 국립경주박물관.

이용현, 2017, 「청제비 병진명」, 『신라문자자료1』, 국립경주박물관.

이용현, 2022, 「고구려 석비의 敎」, 『대구사학』 146, 대구사학회.

이용현, 2022a, 「경산 소월리 목간의 지리적 공간」, 『동서인문』 19, 경북대인문학술원.

이용현, 2022b, 「경산 소월리 유적 출토 인면투각토기와 목간의 기능」, 『동서인문』 17, 경북대인문학술원.

李宇泰, 1991, 「新羅 中古期의 地方勢力 硏究」, 서울대학교 박사학위논문

이재흥, 2009, 「경주와 경산지역의 중심지구 유적으로 본 4-5세기 신라의 변모」, 『한국고고학보』 70, 한국
고고학회.

이종욱, 1974, 「南山新城碑를 통하여 본 新羅의 地方統治體制」, 『歷史學報』 64, 역사학회.

이종욱, 1982, 『신라국가형성사연구』, 일조각.

이종철, 2015, 「청동기시대 立大木 祭儀에 대한 고고학적 접근」, 『한국고고학보』 96, 한국고고학회.

이형우 편, 2015, 『찬란한 고대 압독문화』, 영남대학교출판부.

이형우, 2000, 「3押督國(제3장 진한 여러 '國'의 성장과 변화」, 『신라 초기 국가성장사 연구』, 영남대학교출
판부.

이희준, 2004, 「경산 지역 고대 정치체의 성립과 변천」, 『영남고고학』 34, 영남고고학회.

장용석, 1999, 「임당유적의 공간배치에 관한 일고찰」, 『한국상고사학회 제21회 학술대회논문집』.

장용석, 2002, 「林堂遺蹟의 空間構成과 그 變化」, 『한국상고사학보』 37, 한국상고사학회.

장용석, 2007, 「임당유적을 통해 본 경산지역 고대 정치체의 형성과 변천」, 『야외고고학』 3, 야외고고학회.

장용석, 2008, 「4世紀 新羅의 土城築造 背景」, 『영남고고학』, 영남고고학회.

장용석, 2015, 「압독국 사람들의 마을과 집, 그리고 토성」, 『찬란한 고대 압독문화』, 영남대출판부.

장용석, 2016, 「林堂土城 築造에 따른 聚落空間의 再編」, 『한국고고학보』 101, 한국고고학회.

정민, 2015, 「압독국이라는 나라도 있었어? 처음 들어보는데」, 『찬란한 고대 압독문화』, 영남대학교출판부.

井上秀雄, 1986, 『訳注 三国史記 3巻』, 平凡社東洋文庫.

정치영, 2009, 「송국리취락 '특수공간'의 구조와 성격」, 『한국청동기학보』 4, 한국청동기학회.

조효식, 2018, 「산등성이를 에워싸고 지키는 성곽」, 『금호강과 길』, 국립대구박물관.

주보돈, 1995, 「삼한시대의 대구」, 『대구시사 1(통사)』, 대구시.

주보돈, 2022, 「경산 소월리 유적발굴 조사 성과」, 『경산소월리 목간의 종합적 검토』, 경북대학교 인문학술
원 HK+사업단.

平川南, 2022, 「고대인의 개발과 죽음에 대한 두려움, 기원-고대 한국과 일본의 출토자료와 도교 사상에
서-」, 『경산소월리 목간의 종합적 검토』, 경북대학교 인문학술원 HK+사업단.

하지호, 2022, 「신라 중고기 금호강 유역의 농경과 물자관리」, 『백산학보』 122, 백산학회.

하진호, 2015, 「환호와 토성이 들려주는 이야기」, 『찬란한 고대 압독문화』, 영남대출판부.

황종현, 2015, 「압독국의 새로운 무덤, 덧널무덤木槨墓 이야기」, 『찬란한 고대 압독문화』, 영남대출판부.

황종현, 2020, 「경산지역 수용기 횡혈식석실묘의 축조세력과 배경」, 『민족문화논총』 76, 영남대민족문화연
구소.

⟨Abstract⟩

Management and governance of Silla in Abryang-gun county during the Three Kingdoms Period
- Focusing on the woodenslips of Palgeo-sanseong Fortress and Sowol-ri and Imdang Ancient Monument -

Lee yonghyeon

Abryang guk-small state(present : Gyeongsan) was incorporated into Silla in the early 2nd century according to literature and in the late 3rd and early 4th centuries according to archaeological data. According to data from the 6th century Silla stele, Abryang-gun, which belongs to the lower state, consisted of the ruling organization of the royal court, the chief monk with the authority of the royal court, and the figures of the main messenger.

The current situation of the northern coast of the Geumhogang River, or Hayang area, among Jinryang-myeon, has traditionally been regarded as Yeongcheon Yeha based on geographical and Japanese colonial era data during the Joseon Dynasty. However, the categories of geographical names revealed in the 6th century's Sowol-ri tree are generally north-south coast, north-west coast and north-eastern of Geumhogang River, i.e. ⊃ type. Therefore, the area, that is, Wachon-myeon, is more of the Hayang area than Yeongcheon, and was honored at the time.

The high building site and ritual square of the wooden excavation site were the political, religious, social, and financial spaces of the community. The state was completely strengthening the influence of the state's public authority on the organized regions by leading bank construction, mobilizing manpower, tax collecting participating in the indigenous rituals of the governor's council, investigating the amount of rice paddies, and applying document administration.

In the late 6th and early 7th century Hachal woodblocks found in Palgeosanseong Fortress in Daegu, the place of grain delivery is recorded, and you can also see the grain transmission in the Sowol-ri woodblocks. The goods were sent from Gammalgok Valley (Gammagok) to Palgeosanseong Fortress under Gammagok. This was done at the level of province Ju, a higher level of the state. Imdang Gobi is from the early 6th century, and its discovery site was the central space for the administrative administration of Abryang-gun, along with Imdang Fortress, the residence of the ruler of the local society.

▶ Key words: Management and governancecounty of Silla in Abryang-gun, woodenslips of Palgeo-sanseong Fortress, woodenslip of Sowol-ri, Imdang Ancient Monument

경산 소월리 목간의 성격에 대한 기초적 검토[*]

– 신라 촌락문서와의 비교 및 형태적 특징을 중심으로 –

하시모토 시게루[**]

Ⅰ. 머리말
Ⅱ. 기재 내용 – 촌락문서와의 비교
Ⅲ. 목간의 형태적 특징
Ⅳ. 맺음말

〈국문초록〉

이 글은 경산 소월리에서 출토된 목간의 성격에 대해 기초적인 검토를 시도한 것이다. 검토하는 전제로 목간의 연대를 6세기로 단정하기 어려우니 6~7세기경 신라의 것이라고만 봤다. 그리고 목간은 이차적으로 사용된 것으로 추정되기 때문에 같은 유구에서 출토된 인면장식옹을 비롯한 유물들과는 별도로 검토되어야 하는 것을 지적했다. 이 글은 목간의 내용과 형태에 주로 주목하여 검토하였다.

먼저 목간의 기재 내용을 정리하고 신라촌락문서와 비교해 봤다. 목간에는 '지명+토지 종류+토지 면적'이 기록되어 있다. 한 촌 전체의 토지에 대해 기록한 촌락문서와 비교할 수 있는 귀중한 자료인데 토지 종류에 麻田이 없고 또 토지 면적에서 束 단위가 없는 등 정확도가 낮다는 차이가 있다. 그리고 목간에 기록된 토지 면적은 합계해도 촌락문서 한 촌의 15~26%에 불과하다. 촌락문서를 통해서 목간의 토지 범위를 계산해 보면 1.3~2.2㎢ 정도였다고 추정된다. 이러한 면적이나 범위는 새로 개간했다고 추정되는 B촌 薩下知村의 掘加利何木杖谷地와 비슷한 규모이니 목간에 기재된 토지가 새로 개간된 지역이었을 가능성이 있다.

* 이 논문은 2019년 대한민국 교육부와 한국연구재단의 지원을 받아 수행된 연구임 (NRF-2019S1A6A3A01055801).
  이 논문은 2020년 10월 30일 국립경주박물관 주최 심포지엄 『통일신라 문자의 세계』에서 「신라 문서 목간」이라는 제목으로 발표한 내용의 일부이며, 2022년 2월 23일 경북대학교 인문학술원 HK+사업단·日本國立歷史民俗博物館 공동학술대회 『고대 한국과 일본의 문자문화와 서사재료』에서 「경산 소월리 목간의 성격-신라 촌락문서와의 비교 및 형태적 특징에서」라는 제목으로 발표한 내용을 수정한 것이다. 심포지엄에서 토론을 맡아주신 이경섭 선생님, 공동학술대회에서 토론을 맡아주신 이동주 선생님, 畑中彩子 선생님께 감사드린다.
** 경북대학교 인문학술원 HK연구교수

다음에 목간이 장대한 막대기형인 것에는 어떠한 시각기능이 있었다고 추정하여 일본에서 출토된 막대기형 목간을 참조하였다. 일본의 막대기형 목간에도 토지와 관련된 고지를 쓴 것이 있는데 그것은 지팡이가 경계 표지나 토지 점유 표지의 영적·주적인 힘을 가지고 있다고 생각되었기 때문이다. 소월리 목간이 장대한 막대기형인 것도 그러한 영적·주적인 힘과 관련되었다고 생각되며 한국에서 토지 경계에 나무나 돌의 기둥을 세우는 사례로 통일신라, 고려시대에 확인되는 장생·장생표를 들었다.

▶ **핵심어: 소월리 유적, 목간, 신라촌락문서, 막대기형 목간, 시각기능, 장생**

I. 머리말

경산 소월리 목간은 경북 경산시 와촌면 소월리 일대에서 2019년에 출토되었다. 유적에서는 삼국~통일신라 시대의 고상건물지, 주혈군, 수혈, 가마, 고려~조선 시대의 토광묘, 수혈 등이 확인되었다. 목간은 수혈 107호에서 싸리나무로 추정되는 다발 및 자귀로 추정되는 목제 유물과 함께 출토되었다. 같은 유구 위층에서는 유례가 없는 인면장식옹 1점이 출토되어 주목되었다. 목간은 지름 2.8~4.3㎝의 막대기형이며 현존 길이 74.2㎝이다.

목간은 2020년 1월 18일 한국목간학회 정기발표회에서 정식으로 공표되었다. 전체 판독문이 제시되고 畓, 田 같은 토지 종류가 나오고 또 그 면적이 結, 負로 기록되어 있어서 신라 지방 촌락의 모습이나 국가 행정력의 실태를 보여주는 중요한 자료로 소개되었다.[1] 그 후에 바로 서체와 내용에 관한 논문이 나왔고[2] 필자도 2020년 10월 30일에 관련되는 구두발표를 했다.[3] 2021년 4월 27일에 경북대학교에서 국제학술대회가 개최되었고 한·중·일 연구자의 관련 발표가 있었고[4] 최근에도 이용현의 논문이 잇따라 나오는 등[5] 목간이 출토된 지 3년 만에 많은 연구가 발표되었다.

---

1) 전경효, 2020, 「경산 소월리 목간의 기초적 검토」, 『목간과 문자』 24.
2) 손환일, 2020, 「「경산소월리출토목간」의 내용과 서체」, 『한국고대사탐구』 34.
3) 하시모토 시게루, 2020a, 「新羅 文書 木簡」, 『통일신라 문자의 세계』, 국립경주박물관 주최 심포지엄 자료집, pp.43-48.
4) 경북대학교 인문학술원 HK+사업단 국제학술대회 『慶山 所月里木簡의 綜合的 檢討』. 발표문의 대부분은 2021, 『동서인문』 16에 게재되었다. 실려있는 논문은 다음과 같다. 김상현, 「경산 소월리 유적 발굴조사 성과」; 홍승우, 「경산 소월리 목간의 내용과 성격」; 이동주, 「경산 소월리 출토 목간과 유구의 성격」; 이용현, 「경산 소월리 유적 출토 人面透刻土器와 목간의 기능」; 정현숙, 「경산 소월리 목간의 서예사적 고찰」; 김재홍, 「금호강 유역 신라 소월리 목간의 '堤'와 水利碑의 '塢'·'堤'」; 平川南, 「古代人의 開發と死への恐れ·祈り」; 凌文超, 「走馬樓吳簡"隱核波田簿"的析分與綴連-再論陂塘形製和陂田興復」; 蘭德, 「從出土文獻研究早期中國的防洪和灌漑系統」; 三上喜孝, 「古代日本における人面墨書土器と祭祀」; 楊華·王謙「簡牘所見水神與禁祭」.
    이들 논문에 주보돈, 「경산 소월리 출토 목간과 금호강」; 남태광, 「경산 소월리 목간의 형태」를 더하여 윤재석 편, 2022a, 『경산 소월리 목간의 종합적검토』, 주류성출판사가 간행되었다.
5) 이용현, 2021b, 「慶山 所月里 文書 木簡의 성격-村落 畓田 基礎 文書」, 『목간과 문자』 27; 이용현, 2022, 「慶山 所月里 木簡의 地理的 空間」, 『동서인문』 19.

그런데 아직 목간의 용도나 성격에 관해서는 충분히 밝혀졌다고 하기 어렵다. 토지에 대한 기록인 것은 분명하지만 누가 어떤 목적으로 만든 것인가에 대해 목간에 명기되어 있지 않아서 지금까지 몇 가지 견해가 나왔다. 전경효는 '조세 수취를 위한 현지 조사를 토대로 정식 문서를 작성하기 위한 내용을 기록한 문서 목간',[6] 손환일은 '농산물 생산량의 조사기록인 야장(野帳)'으로 봤다.[7] 한편, 홍승우는 '호적류 문서에서 특정 개인이나 기구 혹은 특정 목적의 전담 정보만을 추출하여 정리한 집계부'[8]라고 하여 목간에 기록된 토지의 성격 이해에 큰 차이가 있다. 목간을 통해서 신라 지방 촌락의 실태를 알기 위해서는 목간의 기록된 토지의 성격을 이해해야만 가능할 것이다. 이 글은 목간의 성격을 밝히기 위한 기초적인 검토이다.

그리고, 이 글에서는 다음 두 가지를 검토의 전제로 한다.

첫째로 목간의 연대에 관해서 6~7세기경 신라 목간이라고만 보겠다.

처음 목간을 소개한 전경효는 6세기로 추정했다.[9] 그런데 그렇게 보는 근거 가운데 목간 내용에 관한 것은 적극적 근거가 되기 어렵다고 생각한다. 구체적으로는 목간에 보이는 '畓'자가 561년 창녕비에 나오는 점, 비교 자료가 되는 월성해자 목간의 작성 시점이 6세기 중반~7세기 전반 무렵인 점, '堤'나 '畓'이 6세기 신라의 농업 경제를 반영하고 있는 점, 목간에 보이는 結負制가 6세기에 성립되었다는 점 등이다. 畓자나 결부제는 6세기 이후에도 존재한 것이니 목간을 6세기로 추정하는 근거가 될 수 없다. 월성해자 목간과 비교된다는 것도 연대를 특정할 근거로는 하기 어려울 것이다. '堤'에 관해서는 저수지의 둑을 6세기의 영천 청제비 병진명(536년)이나 대구 무술오작비(578년)는 '塢'라고 표기하는 한편, 8세기 청제비 정원명(798년)에서 '堤'라고 표기하였다는 지적이 있다.[10] 그래서 이 목간에 나오는 '堤'는 8세기 자료와 공통된 표현이라고 할 수 있다.

이처럼 목간 내용으로는 6세기로 볼 수 있는 근거가 없고 시기가 더 내릴 가능성도 있다. 목간 연대를 결정하기 위해서는 목간이 출토된 수혈 유구나 유적에서 출토된 유물의 연대를 통해서 추정해야 할 것이니 유적 전체의 분석을 기다려 더 검토해야 할 것이다. 이 글은 6~7세기경의 신라 목간이라고만 상정해서 검토하겠다.

둘째로 그동안 목간에 성격을 검토한 연구는 같은 수혈 유구에서 출토된 인면장식옹 등에 주목해왔다. 일반적으로 목간의 용도나 성격을 검토하기 위해서는 같은 유적, 유구에서 출토된 유물과 함께 검토하는 것이 중요하다. 하지만, 소월리 목간의 내용은 그런 유물들과 직접 관련되지 않았을 가능성이 크다. 왜냐하면, 목간의 상하 양단이 가공되어 있어서 목간이 二次的으로 재이용되었다고 보이기 때문이다.

상단부에 관해서 전경효는 '자연적으로 파손된 것으로 추정'된다고 했다.[11] 그러나 가공 흔적을 자세히

---

6) 전경효, 2020, 앞의 논문, p.374.

7) 손환일, 2020, 앞의 논문, p.596.

8) 홍승우, 2021, 앞의 논문, p.58.

9) 전경효, 2020, 앞의 논문, p.372·p.374.

10) 노중국, 2010, 「금석문·목간 자료를 활용한 한국고대사 연구 과제와 몇 가지 재해석」, 『한국고대사연구』 57, pp.22-23.

11) 전경효, 2020, 앞의 논문, p.360.

그림 1. C면 상단(전경효, 2020, 앞의 논문, p.359의 사진)

검토한 남태광은 '단면이 매끄럽게 보이므로 도구를 이용하여 가공된 것'으로 봤다.[12] 남태광은 '목간은 완형'이라고 하였지만, C면 제1자 '下' 왼쪽이 파손되어 있으니(그림 1) 목간이 원래는 위에 더 길었고 그것을 뒤에 도구로 가공한 것으로 봐야 할 것이다.

아래쪽에 있는 홈에 관해서 전경효는 최초에 물품 꼬리표로 사용되었다가 어느 시점에 용도가 변화한 것으로 봤다.[13] 하지만 하찰로 사용되었다고 추측할 수 있는 근거는 목간에 없고 80㎝나 되는 긴 목간을 하찰로 사용했다고는 상정하기 어렵다. 손환일은 끈으로 묶어 허리에 매달아 토지 현황을 조사할 때 야장처럼 사용했다고 추정했는데[14] 역시 허리에 매달고 쓰기에는 너무 길다. 그래서 이 홈은 목간을 사용한 후에 가공한 이차적인 것으로 보는 것이 적당할 것으로 생각한다. 즉 이 목간은,

(1) 목간으로 사용
(2) 상단을 잘라내고 아래에 홈을 파서 재활용

적어도 이러한 2단계로 사용된 것으로 추정된다.[15] 2단계에서는 목간에 기재된 내용과는 상관없이 '긴 막대기'로 재활용되었고, 그 후에 수혈에 폐기된 것으로 보인다. 어떤 용도로 재이용되었는지는 확실하지 않지만[16] 홈은 어딘가에 매달기 위해 판 것으로 추측되며 목간 내용과는 상관없는 것으로 보인다. 같은 유구에서 출토된 인면장식옹을 비롯한 유물들은 많은 연구자가 추정하듯이 어떤 제사에 사용되었을 가능성이 크고 재활용된 목간도 이와 관련되었을 것이지만, 그것은 어디까지나 목간의 이차적인 사용이며 목간의 기재 내용 자체와 직접 관련이 없는 것으로 이해된다. 그래서 이 목간 자체의 용도나 성격을 밝히기 위해서는 목간의 기재 내용, 그리고 형태를 통해서 접근해야 한다고 생각한다.

이 글은 목간의 성격을 밝히기 위해 먼저 II장에서는 목간의 기재 내용을 촌락문서와 비교하면서 내용

---

12) 남태광, 2022, 앞의 책, p.83.

13) 전경효, 2020, 앞의 논문, p.374.

14) 손환일, 2020, 앞의 논문, p.585·p.593.

15) 이용현, 2021a, 「경산 소월리 유적 출토 人面透刻土器와 목간의 기능」, 『동서인문』 16, p.120은 기록 문서, 습서, 제의의식의 도구라는 3단계로 봤는데 취지는 이와 같을 것이다. 그리고 남태광, 2022, 앞의 책, p.85은 홈을 낸 후에 낫을 사용해서 E면 부분을 깎아냈다고 지적하고 있으니 '堤' '四'를 반복해서 습서한 것은 홈을 낸 후라는 것을 알 수 있다.

16) 이동주, 2021, 앞의 논문, pp.73-80은 같이 출토된 싸리 다발을 근거로 해서 목간이 의례에서 사용된 빗자루의 손잡이로 전용되었다고 추정했다. 이용현, 2021a, 앞의 논문, pp.99-103도 빗자루 또는 나무 다발이며 재복, 풍작 기원 제의와 관련된다고 했다.

의 특징과 기록된 토지의 범위를 추정해 본다. Ⅲ장에서는 목간의 형태에 주목해서 일본에서 출토된 막대기형 목간과 비교하고 싶다.

Ⅱ. 기재 내용 – 촌락문서와의 비교

1. 목간의 기재 내용[17]

목간에는 판독되지 않은 글자나 이견이 있는 글자도 있어서 앞으로 더 검토가 필요하지만, 이 글에서는 전경효 판독을 그대로 따른다.

·   [   ]卌負 甘末谷畓七(?)□堤上一結 仇弥谷三結 堤下卌負   (A면)

                                                            五負

·[   ]□□□□乃□□畓卌負谷門弥珎上田三牟 下只□□下田七負內利田□負 仇利谷次□   □   (B면)

                                                              □□

·下只尸谷畓二結北□□□負   (C면)

·   [   ]□柱 柱□   (D면)

·畓十三結卌負 得□□□三結卌負   □堤 堤堤 四四 四四   (E면)

                                                      (742)×28~43(직경)

기재양식은 전경효가 지적한 대로 기본적으로 '지명+토지 종류+토지 면적'[18]으로 이해된다. 확실히 인명이라고 할 수 있는 내용이 없는데 이것도 하나의 중요한 특징이다.

목간의 내용을 정리하면 다음 〈표 1〉과 같다.[19]

---

17) 1절의 내용은 하시모토 시게루, 2020a, 앞의 논문, pp.45-47을 약간 수정한 것이다. 그런데, 윤재석 편, 2022b, 『한국목간총람』, 주류성출판사, pp.354-359과 유사하고 특히 표1, 2는 거의 똑같다. 이는 위 책 참고자료에는 인용되지 않았지만 위의 논문을 참조한 것으로 보인다.

18) 전경효, 2020, 앞의 논문, p.371.

19) B-2, 3을 '上田' '下田'으로 보고 토지의 비옥도를 반영한 표현으로 보는 견해도 있지만(손환일, 2020, 앞의 논문, p.588) 이동주, 2021, 앞의 논문, pp.75-76이나 홍승우, 2021, 앞의 논문, p.42이 지적하듯이 전답의 위치를 표시한 것으로 보는 것이 타당할 것이다. 또 이용현, 2021b, 앞의 논문, p.272은 B-5를 '仇利谷/次巴'으로 판독하고 巴가 밭을 뜻하는 것으로 보고 있다. 그런데 다른 부분에서 다 田으로 표기한 것을 여기서만 '巴'로 표기했다고 보는 것은 의문이다.

표 1. 소월리 목간 내용 정리

번호	지명	토지 종류	토지 면적	비고
A-1	?	?	? 40負	
2	甘末谷	畓	□□	
3	堤上		1結	
4	仇弥谷		3結	
5	堤下		40負	
B-1	…□乃□□	畓	40負	
2	谷門弥珎上	田	3結50負?	원문은 '三半'이며 3.5負일 가능성도 있다
3	下只□□下	田	7負	
4	內利	田	□負	
5	仇利谷次□		5負	
C-1	下只尸谷	畓	2結	
2	北□□		□負	
E-1	?	畓	13結40負	
2	得□□□		3結40負	

이 목간처럼 토지 면적을 기록한 자료로 정창원 소장 신라촌락문서(이하 '촌락문서')가 있다. 촌락문서는 신라가 토지를 어떻게 파악했는지를 구체적으로 알 수 있는 거의 유일한 동시대 사료였는데 소월리 목간은 이와 비교할 수 있는 내용이라는 점만으로도 큰 의미가 있다. 특히 촌락문서는 촌 전체의 田, 畓의 면적만이 기록되어 있는 한편, 소월리 목간은 더 좁은 범위를 단위로 해서 토지가 기록되어 있다. 상호 비교하는 것을 통해 신라가 토지를 어떻게 파악했는지를 더 자세히 이해할 수 있을 것으로 기대된다. 그 동안의 소월리 목간 연구도 촌락문서를 참조하여 검토하였지만, 기초적인 비교나 그것을 통한 두 자료 각각의 특징에 관해서는 의외로 아직 정리가 안 된 것 같다. 이 글에서는 초보적인 비교를 시도해 보고자 한다.

먼저 목간에 보이는 토지 면적으로 제일 큰 것은 E-1의 13결 40부이고 제일 작은 것은 B-5의 5부로 큰 편차가 있다. 이들 면적에 관해서 손환일이 E-1은 A~D면을 합계한 것으로 보았고[20] 홍승우는 A-5의 堤下 40부는 A-4 仇弥谷 3결에 포함되는 것으로 봤다.[21] 그런데 촌락문서에서는 '合孔烟十 (중략) 此中 下仲烟一

---

20) 손환일, 2020, 앞의 논문, pp.594-595. 한편, 이용현, 2021b, 앞의 논문, pp.274-277은 E면이 '畓中三結卌負'로 시작되는 것으로 보고 목간 내에서 언급된 마을의 畓 가운데서 설정된 특수목적용으로 추정하였다. 이 주장은 두 번째 '中'자 판독이 확실하지 않고 '畓' 위에 지명이 없는 것을 전제로 하는 점이 문제다. 머리말에서 말했듯이 목간 상단은 파손되었으니 '畓' 위에 더 글자가 있었을 것이고 거기에 지명이 적혀 있었을 가능성이 충분히 있다.

21) 홍승우, 2021, 앞의 논문, p.32.

下〃烟九'처럼 합계를 나타낼 때는 '合'을[22] 內譯을 나타낼 때는 '此中'을 숫자 앞에 명기하고 있다. 합계를 '合'으로 쓰는 사례로는 명활산성비(551년)에도 3명이 4보 5척 1촌씩 담당한 축성거리를 '合高十步 長十四步 三尺三寸'이라고 기록한다. 또한, 영천 청제비 정원명(798년)에는 '都合 斧尺百卅六 法功夫一万四千百卌人 此中 典大等角助役 切火·押喙二郡各百人介起使內之'라고 해서 합계를 '都合'으로 내역을 촌락문서와 같은 '此中'으로 표현하고 있다. 이러한 표현이 목간에 확인되지 않기 때문에 모든 숫자를 독립된 것으로 보고 싶다.

다음에 두 자료의 토지 면적 부분을 비교해 보고 싶다. 촌락문서 토지 면적 부분만을 정리하면 〈표 2〉와 같다.

표 2. 촌락문서의 토지 면적

	畓	田	麻田	합계
A촌	102結 2負 4束	62結10負 5束	1結 9負	165結21負9束
B촌	63結64負 9束	119結 5負 8束	?	182結70負7束+α
C촌	71結67負	58結 7負 1束	1結 ?負	130結74負1束+α
D촌	29結19負	77結19負	1結 8負	107結46負

소월리 목간과 촌락문서의 토지 면적 부분을 비교해 보면 다음 차이점이 있다.

(1) 촌락문서에는 답과 전 이외에 마전이 있지만 소원리 목간에는 답과 전만 있고 마전이 없다
(2) 촌락문서는 속 단위까지 기록되는 한편 소월리 목간은 부까지이다

마전이 없는 것은 단순한 우연일 가능성도 있다. 하지만 마전은 답·전과 달리 국가의 방침으로 각 촌에 일률적으로 설정되어 국가에 귀속되는 토지였고 촌민의 집단 노동으로 경작되어 수확물이 국가에 공납되었다고 추정된다.[23] 그렇다면 답·전과 성격이 다르므로 목간에 기록되지 않았을 가능성도 있다. 그리고 목간에 속 단위까지 기록되지 않고 또 A-1을 비롯하여 다섯 군데에 한 자릿수 없이 똑같은 '40부'가 나오니 촌락문서보다 기록의 정확성이 떨어진다고 할 수 있을 것이다.

이러한 양자의 차이가 시기적인 차이에 기인한 것인지, 아니면 자료 성격 차이에 의한 것인지는 알 수 없지만 하나의 차이점으로 지적해 두고 싶다.

---

22) 고대 동아시아에서 숫자 합계를 뜻하는 한자로 幷, 竝, 合이 사용되었다(方國花, 2016, 「「并」字の使用法から文字の受容·展開を考える「並」「合」との比較から」, 『正倉院文書の歴史学·国語学的研究解移牒案を読み解く』, 栄原永遠男 編, 和泉書院).

23) 旗田巍, 1972, 「新羅の村落-正倉院にある新羅村落文書の研究」, 『朝鮮中世社會史の研究』, 法政大學出版局, pp.453-455.

2. 소월리 목간에 보이는 지명의 범위와 토지의 성격

소월리 목간에 보이는 토지의 면적을 촌락문서와 비교해서 목간의 성격을 생각할 실마리로 하고 싶다. 그런데 두 자료를 비교하기 위해서는 몇 가지 전제가 필요하다.

촌락문서의 토지 기록은 한 촌 안의 논밭 등의 면적을 모두 합계한 것이다. 한편, 목간에 보이는 토지에 관해서는 어느 지역의 토지 전체를 기록했을 가능성과 일부만 기록했을 가능성이 있다. 머리말에서 언급했 듯이 홍승우는 후자의 입장으로 '일반 민호 소유지로 보기보다는 귀족 등 유력자들과 연관되어 있는 것'이 며 '호적류 문서에서 특정 개인이나 기구 혹은 특정 목적의 전답 정보만을 추출하여 정리한 집계부'로 파악 했다.[24] 그런데 목간에는 그렇게 추정할 수 있는 적극적 문구가 없다. 그래서 여기서는 목간에는 각 지명에 있는 토지가 그대로 기록된 것으로 보고 싶다.

그럼 촌락문서와 목간의 토지 면적을 비교해 보겠다.

목간에는 토지 종류를 쓰지 않는 것도 있어서 촌락문서처럼 田과 畓을 구분해서 계산할 수 없다. 그래서 모든 면적을 합해서 계산하면 총계는 27결 62부+α가 된다. 촌락문서 각 촌의 畓, 田, 麻田을 합하면 〈표 2〉 로 알 수 있듯이 107~182결이 되니 목간의 면적은 이의 15~26%에 불과하다. 목간 표면이 일부 파손되었 고 또 원래 더 길었을 것을 고려해도 매우 작은 숫자이다. 따라서 이동주가 지적하듯이 '목간에 보이는 지명 들은 촌락문서의 한 村 정도에 소재한 지명'[25]으로 보는 것이 타당하다고 생각된다. 그런데 이 점을 구체적 인 숫자로 더 명백히 밝히기 위해 목간에 보이는 토지 면적이 어떤 범위 안에 있는 것을 다 기록한 것으로 가정하고 촌락문서와 비교해서 그 범위를 추정해 보고 싶다.

촌락문서에는 촌의 둘레(周)가 기록되어 있다. 촌 형태가 원형이었다고 가정해서 각 촌의 범위(지름)와 면적을 계산하고 또 각 촌 합계 결부수를 면적으로 나눠서 면적당 평균 결부 수를 산출해 보면 다음 〈표 3〉 처럼 된다.

표 3. 촌락문서 각 촌의 크기와 면적당 평균 결부수[26]

			둘레		지름	면적	면적당 평균
			步	km	km	㎢	결부수(결부/㎢)
A	沙害漸村		5,725	10.305	3.282	8.455	19결 54부 1속
B	薩下知村	古地	8,770	15.786	5.027	19.841	-
		掘加利何木杖谷地	4,060	7.308	2.327	4.252	-
		합계	12,830	23.094	-	24.093	7결 58부 3속
D	西原京□□子村		4,800	8.640	2.752	5.943	18결 8부

---

24) 홍승우, 2021, 앞의 논문, p.56·p.58. 홍승우는 같은 논문, pp.35-41에서 C면 마지막 글자를 '買'로 판독하고 E면 7자 '得'과 함께 토지 변동을 기록한 것으로 봤다. 그러나 판독이 확실하지 않고 또 변동을 기록했다고 보기에는 기재 내용이 너무 간략 하다고 생각된다.

25) 이동주, 2021, 앞의 논문, p.76.

목간의 합계 결부수 27결 62부를 면적당 평균 결부수로 나누면 지명이 분포한 지역의 면적을 추정할 수 있다. A, B, D촌의 평균으로 계산해 보면 면적은 각각 1.413㎢, 3.642㎢, 1.528㎢가 되고 원형이었다고 가정하면 그 지름은 1.342㎞, 2.154㎞, 1.395㎞가 된다. 가정에 가정을 거듭한 추산에 불과하지만, 목간의 토지 결부수를 바탕으로 추정되는 지역의 범위는 지름 1.3~2.2㎞ 정도의 좁은 범위였다고 추측된다.[27]

이 추측이 맞다면 목간에 보이는 '谷'의 성격도 추정할 수 있다. 지금까지 자연지형이라는 견해[28]와 골짜기를 배경으로 형성된 집단[29]이라는 의견이 있었는데 이러한 좁은 범위 안에 복수의 '谷'이 있으니 자연지명으로 보는 것이 타당할 것이다.

목간에 보이는 지명이 촌보다 작은 범위에 있었다고 하면 이들 토지는 어떤 성격이었을까. 여기서 주목하고 싶은 것이 촌락문서 B촌 薩下知村이다. 〈표 3〉에서 볼 수 있듯이 촌의 전체 둘레가 12,830보인데 그 중 '古地' 즉 원래 촌의 둘레가 8,770보였고 '掘加利何木杖谷地'가 4,060보이다. 전체 둘레가 두 지역의 단순한 합계로 되어 있으니 두 지역이 접하지 않았던 것을 알 수 있고 각 지역의 지름은 '古地'가 5.027㎞, '掘加利何木杖谷地'가 2.327㎞로 추정된다. 여기서 후자의 지름이 위에서 추측한 목간의 보이는 지명의 범위와 유사하다는 점이 주목된다. 또한, 문서에 지역별 결부수는 기록되지 않았으나 전체 결부수 182결 70부 7속을 각 지역의 면적비로 나누면 '古地'가 150결 45부 4속, '掘加利何木杖谷地'가 32결 24부 3속으로 추측된다. 후자의 결부수 역시 목간의 합계 결부수와 비슷하게 된다.

목간에 보이는 합계 결부수나 추정되는 범위가 '掘加利何木杖谷地'와 유사하다고 할 수 있다. '掘加利'는 새로 개간했다는 뜻으로 추정되니[30] 목간에 기록된 토지도 새로 개간한 토지일 가능성이 있지 않을까. 그것을 뒷받침할 수 있는 문구도 목간에 없지만 하나의 가능성으로 지적하고 싶다.

---

26) 촌의 크기는 이인철, 1996, 『신라촌락사회사연구』, 일지사, p.117의 표를 참조하였지만 일부 숫자를 수정하였고 반지름 대신에 지름을 표시한다. 1步=1.8m, 원주율 3.14로 계산하고 표에서 소수점 이하 3자릿수까지만 표시하였다.

27) 이용현, 2022, 앞의 논문은 목간의 나오는 지명들을 현재지에 비정했다. 그 결과를 표시한 p.227의 지도를 보면 지름 약 10㎞ 범위 안에 역C자형으로 분포되어 있으며 '신라의 1개村 혹 남짓의 범주였다'(p.226)고 주장했다. 각 지명 비정의 타당성을 제외하더라도 이렇게 추정하는 것에는 문제가 있다. 지름 약 10㎞면 둘레가 30㎞를 넘게 되고 촌락문서 A·D촌의 3배, C촌 고지의 2배나 되며 역C자형이면 더 길어진다. 목간의 지명 범위가 촌락문서에 비해 이렇게 넓었다고 하면 그 이유가 설명되어야 할 것이다.

28) 홍승우, 2021, 앞의 논문, p.47; 이동주, 2021, 앞의 논문, p.75.

29) 전경효, 2020, 앞의 논문, p.372; 손환일, 2020, 앞의 논문, pp.586-587.

30) 兼若逸之, 1979, 「新羅《均田成冊》의 研究-이른바 民政(村落)文書의 分析을 중심으로」, 『한국사연구』 23, p.70 주29; 김기섭, 2002, 「신라촌락문서에 보이는 '村'의 立地와 개간」, 『역사와 경계』 42, p.60.

III. 목간의 형태적 특징

1. 고대 일본의 막대기형 목간

소월리 목간은 현존 길이 74.2㎝의 막대기형이며 원래는 더 길었을 것으로 생각된다. 이 목간의 성격에 대해서 머리말에서 언급했듯이 경작지 면적을 조사한 기록이나 다른 문서에서 추출한 집계부라는 추정이 있다. 하지만 그런 용도였다면 장대한 막대기형 목간을 사용하지 않고 더 짧게 만들거나 판자형 목간을 쓰는 것이 훨씬 취급하기 편했을 것이다. 이러한 특이한 형태의 목간에 토지 면적을 기록한 것에는 무엇인가 특별한 목적이나 의도가 있었을 것이다. III장에서는 목간 형태에 주목하여 검토하고 싶다.[31]

이러한 장대한 막대기형 목간을 사용한 것은 '視覺機能'이 있었기 때문일 가능성이 크다. 시각기능이라는 관점은 일본의 중국 고대사 연구자인 도미야 이타루(冨谷至)가 제기한 것이다. 내용을 읽고 이해하는 것을 위주로 한 일반적인 문서간을 '知覺簡牘', 읽고 이해하는 것이 아니라 상징적인 역할을 지니는 간을 '視覺木簡'으로 본 것이다.[32] 이러한 관점은 한국 목간을 검토하기 위해서도 유효하며 한국의 『논어』 목간이 장대한 막대기에 서사된 이유나[33] 신라의 문서 목간도 막대기를 사용한 의미[34]를 검토한 연구가 있다. 또 일본 고대사 연구자인 이치 히로키(市大樹)도 목간이 지니는 '시각기능'을 강조하고, 실용적인 측면과 아울러 상징적 측면도 보아야 한다고 강조한다.[35] 일본의 막대기형 목간 사례를 참조하면서 소월리 목간을 이러한 '시각기능'이라는 관점에서 검토하고자 한다.[36]

1) 이와테현(岩手縣) 오슈시(奧州市) 도노우에(道上)유적[37]

· 禁制田參段之事　字垂楊池□〔側?〕

---

31) 목간 형태에 관해서 이용현, 2021a, 앞의 논문, pp.114-117은 긴 형상이 풍작 기원을 위한 농경의례의 상징으로 적합했다고 지적하는데, 만약 이 추정이 맞다고 해도 그것은 목간의 내용과 상관없는 이차적인 이용이며 애초의 목간 내용과는 직접 관련이 없는 것으로 이해된다. 또한, 위의 논문 pp.117-120에서 목간의 장대함에 언급하는데 그저 백제나 일본처럼 신라에서도 지방 목간이 도성 목간보다 큰 경향이 있다고만 지적했다.

32) 冨谷至, 2010, 『文書行政の漢帝國—木簡·竹簡の時代』, 名古屋大學出版會, p.136.

33) 橋本繁, 2012, 「한국에서 출토된 '논어'목간의 형태와 용도」, 『지하의 논어, 지상의 논어』, 성균관대학교출판부; 橋本繁, 2019, 「시각목간(視覺木簡)의　정치성」, 『문자와 고대 한국1 기록과 지배』, 한국목간학회 編, 주류성.

34) 하시모토 시게루, 2021, 「신라 문서 목간의 기초적 검토-신출토 월성해자목간을 중심으로」, 『영남학』 77.

35) 市大樹, 2014, 「日本古代木簡の視覺機能」, 『東アジア木簡學のために』, 角谷常子 編, 汲古書院; 市大樹, 2018, 「木簡の視覺機能という考え方」, 『古代文化』 70-3.

36) 소월리 목간을 검토하기 위해서는 일본의 막대기형 목간과 비교해야 한다는 것은 이미 처음으로 목간이 공표된 한국목간학회 정기발표회에서 도노우에유적 목간과 교덴유적 목간을 소개하면서 지적한 바 있다(하시모토 시게루, 2020b, 「2019년 일본 출토 목간 자료」, 『2019年 東아시아 新出土 木簡』, 한국목간학회 제33회 정기발표회 자료집, pp.46-47).

37) 다음 목간들에 대한 이해는 각 보고서와 市大樹, 2014, 앞의 논문; 市大樹, 2018, 앞의 논문; 馬場基 저/김도영 역, 2021, 「목간의 작법」론으로 동아시아 목간학에 다가서기 위하여」, 『일본고대목간론』, 주류성, pp.356-358을 참조했다.

·右田公子廣守丸進田也而□□〔彼?後?〕酒□□[
·件田由被犯行者□□役主[　　]之契狀□〔幷?〕[
·　白于禁制如件
·　　　　[　　　]
·　　　　　　　□永□二□二□

(46.3)×4.4×4.2

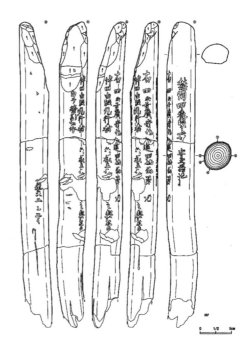

그림 2. 도노우에유적 목간 모사도(財團法人岩手縣文化振興事業團埋蔵文化財センター, 2009)

말뚝으로 재이용된 상태로 출토되었다. 출토되었을 때 위아래가 거꾸로 된 상태였고 상단은 말뚝으로 사용하기 위해 비스듬하게 잘라낸 것으로 보인다. 하단도 결실되었고 2, 3행은 아래에 더 글자가 있었을 것이며 원래는 현존 길이보다 훨씬 길었을 것이다. 연대를 알 수 있는 기재는 없지만, 출토상황으로 10세기로 추정된다.

문장이 '禁制'로 시작되어 '公子廣守丸'이라는 사람이 기부(進)한 3段의 논(田)을 독점적으로 점유하니 타인이 이익을 얻는 것을 금지한다는 내용을 널리 告知하기 위한 목간이다.[38]

2) 가고시마현(鹿兒島縣) 사쓰마센다이시(薩麻川內市. 옛 센다이시(川內市)) 교덴(京田)유적

·告知諸田刀祢等　勘取□田　二段九條三里一曽□□
·右件水田□□□□子□〔息?〕□□□□□□□□
·　　嘉祥三年三月十四日　大領薩麻公
·　　　　　　　　擬小領

(40.0)×2.6×2.8

이 목간도 말뚝으로 재이용된 상태로 출토되었다. 상단은 말뚝으로 재이용하기 위해 뾰족하게 만들었고, 하단은 꺾여서 결실되었다. 서사면 4면을 만들었고 부분적으로 나무껍질이 남아 있다. 현존 길이는

---

38) 平川南·石崎高臣, 2009, 「高道上遺跡第3次調査出土木簡の概要とその意義」, 『岩手縣文化振興事業團埋蔵文化財調査報告書
544:道上遺跡第3次·合野遺跡·小林繁長遺跡発掘調査報告書』, 財團法人岩手縣文化振興事業團埋蔵文化財センター; 丸山浩治·
石崎高臣, 2010, 「岩手·道上遺跡」, 『木簡硏究』 32.

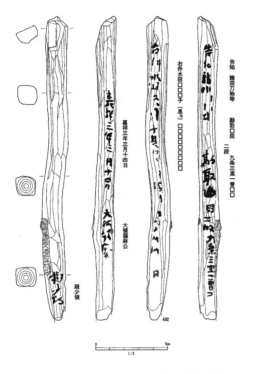

그림 3. 교덴유적 목간 모사도(鹿児島縣立埋蔵文化財センター, 2005)

40㎝인데 목간의 상반부만 남아 있는 상태이니 원래 길이는 1m를 넘었을 것으로 추정된다.[39]

薩摩國分寺 터 동쪽에 있는 논 유적에서 출토되었다. 郡司의 장관인 '大領'과 차관인 '擬小領'이 재지유력자인 '田刀祢'들에게 고지한 告知札이다. 1행 '勘取'는 부당하게 타인이 소유하고 있는 것을 되찾는다는 뜻이며 9條 3里에 있는 2段의 논('水田') 소유권이 이전된 것을 고지하는 내용이다. 嘉祥3年은 850년이다.[40]

이러한 토지와 관련된 고지를 하기 위해 막대기형 목간을 사용한 것에 대해서는 '靈的·呪的인 힘을 가지는 境界 標識, 또는 토지 점유의 표지인 "標杖"을 본뜬 것'이며 이로 인해 '목간에 기재된 "고지" 효력을 강화하려고 한' 것이라는 지적이 있다.[41] 고대 일본에는 '杖(지팡이)'이 가진 영적·주적인 힘에 관한 전승이 많은데 유명한 것이 『常陸國風土記』 나메카타군(行方郡)조에 보이는 다음 기사이다.[42]

한 노인이 말하기를 '石村玉穂宮大八洲所馭 천황 때 야하즈노마타치(箭括麻多智)라는 사람이 있었다. 군 서쪽 골짜기의 갈대밭을 개간하여 만든 논을 바쳤다. 이때 야토신(夜刀神)의 무리가 서로 이끌고 나타나 여기저기에서 방해하여 경작하지 못하게 하였다. (뱀을 야토신이라고 한다고 한다. 야토신은 몸이 뱀 같은데 머리에 뿔이 있다. 야토신에서 도망가려고 할 때 만약 보는 사람이 있으면 가문이 망하고 자손이 이어지지 않는다. 이 군의 벌판에 많이 살고 있다.) 여기서 마타치는 크게 노하여 갑옷을 입고 스스로 창을 들고 쳐 죽이고 쫓아 버렸다. 산어귀에 이르자 標悅을 경계의 해자에 세워 야토신에게 "여기보다 위는 신의 땅으로 해도 좋겠다. 여기보다 아래는 사람들의 논으로 하겠다. 앞으로는 내가 신에 봉사하여

39) 永山修一, 2009, 『隼人と古代日本』, 同成社, p.181.

40) 鹿児島縣立埋蔵文化財センター, 2005, 『京田遺跡』.

41) 佐々木恵介, 2004, 「牓示札·制札」, 『文字と古代日本 1 支配と文字』, 平川南 外 編, 吉川弘文館, pp.201-204; 市大樹, 2014, 앞의 논문, pp.155-156.

42) 平川南, 2021, 앞의 논문, pp.206-208이 이 사료를 인용하여 소월리유적과 토지 개발의 관계에 언급하였지만 '지팡이'와 소월리 목간의 관련에 대해서는 언급하지 않았다.

영대로 제사를 지내겠다. 바라건대, 화를 내지 말아라, 원망하지 말아라"라고 했다. 신사를 지어 처음으로 제사를 모셨다.' 논 10여 町을 더 개발하여 마타치의 후손이 제사를 이어받아서 지금에 이르기까지 끊이지 않았다.[43]

　'石村玉穗宮大八洲所馭天皇' 즉 繼體天皇 때(6세기 초) 야하즈노마타치(箭筈麻多智)라는 사람이 나메카타군 서쪽의 골짜기 갈대밭을 개간하려고 하자 그 골짜기의 신인 야토신(夜刀神)이 방해하였기 때문에 산어귀보다 위는 신의 땅으로, 아래는 인간들의 논으로 하고, 신사를 지어 앞으로 신으로 모시는 것을 약속하여 드디어 개간할 수 있었다는 내용이다. 이때 신의 땅과 사람의 논을 구별하기 위해 경계의 해자에 '標梲' 즉 표지의 지팡이를 세웠다고 한다.

　이러한 경계와 관련되는 막대기형 목간으로 다음과 같은 것도 있다.

3) 이시카와현(石川縣) 가호쿠시(かほく市. 옛 가호쿠군(河北郡) 우노케마치(宇ノ氣町)) 사시에(指江)B유적[44]

「大國別社□[　]略襂祓集厄第[　]佐□阿加□[　]田[　]穗根」

85.7×3.0×2.4

　목간이 출토된 옛 물골이 있는 골짜기는 고분시대 후기 및 8세기에 祭祀를 지내던 곳이었다고 추정된다. 이 목간은 사각주 형태이며 거의 완형으로 보인다. 목간의 연대는 8세기 중엽~말 또는 9세기 중엽~말이다.

　한 면에만 글자가 있고 '大國別社'는 신사 이름으로 추정되며 '祓集厄'이라는 구절로 재앙을 없애기 위해 사용되었다고 추측된다. 형태로 봐서 땅에 세워서 사용했을 것이며 경계 등의 지표였다고 생각된다.[45]

그림 4. 사시에B유적 목간 모사도(財團法人石川縣埋藏文化材センター, 2002)

---

43) 沖森卓也·佐藤信·矢嶋泉 편저, 2016, 『風土記』, 山川出版社, "古老曰, '石村玉穗宮大八洲所馭天皇之世 有人箭括氏麻多智. 獻自郡西谷之葦原墾闢新治田. 此時 夜刀神 相群引率 悉盡到来 左右防障 勿令耕佃(俗云 謂蛇爲夜刀神. 其形蛇身頭角. 率引兎難時 有見人者 破滅門 子孫不繼. 凡 此郡側郊原甚多所住之). 於是 麻多智 大起怒情 着被甲鎧之 自身執仗 打殺駈逐. 乃至山口 標悅置堺堀 告夜刀神云 "自此以上 聽爲神地. 自此以下 須作人田. 自今以後 吾爲神祀 永代敬祭. 冀勿祟勿恨." 設社初祭者.' 卽還發耕田一十町余 麻多智子孫 相承致祭 至今不絶."

44) 이 자료에 대해서는 三上喜孝 교수(日本國歷史民俗博物館)의 교시와 자료제공을 받았다. 명기하여 감사드린다.

고대 일본에서는 '지팡이' 즉 막대기가 경계 표지나 토지 점유의 표지로 사용되었고, 그런 영적·주적인 힘 때문에 장대한 막대기형 목간에 토지 점유와 관련된 내용을 쓴 것으로 추정된다. 그렇다면 토지 면적을 기록한 소월리 목간이 장대한 막대기형인 것도 이와 같은 영적·주적인 힘 때문이 아닐까.

그 가능성을 뒷받침하기 위하여 다음에 한국의 경계 표지, 토지 점유 표지를 검토하고 싶다.

2. 한국의 경계 표지

경계에 막대기를 세우는 한국의 민속사례로 솟대나 장승이 있다. 말할 필요도 없이 솟대는 긴 막대기나 돌기둥에 나무나 돌로 만든 새를 얹어서 마을 수호신으로 하는 것이고, 장승은 나무나 돌기둥에 얼굴을 새기고 '天下大將軍' '地下女將軍' 등을 쓰고 마을 입구나 길가에 세운다.

이러한 민속이 언제까지 올라가는지 알기 어렵지만 경계에 돌이나 나무 기둥을 세우는 사례가 적어도 통일신라, 고려시대에 있었던 것이 확인된다. 바로 사찰 경계를 표시하기 위하여 세운 長生, 長生標라고 불리는 표지물이다.[46]

장생에 관한 가장 오래된 기록으로는 장흥 寶林寺 普照禪師塔碑(884년 건립)에,

> 그 산은 바로 元表 대덕이 옛날에 머물던 곳이다. 원표는 법력으로 덕을 행하고, 정사에 베풀었다. 그리하여 乾元 2년(759)에 특별히 長生標柱를 세우게 하였고, 지금까지 여기에 남아 있다.[47]

759년에 세워진 '장생표주'가 9세기 말에도 보림사에 실제로 남아 있었다고 기록된다. 절 경계에 장생을 세우는 사례가 적어도 통일신라시대 8세기 중반에는 이미 있었다는 것을 알 수 있다. 그리고 문헌 기록으로 가장 오래된 것은 『삼국유사』 권4, 義解第5 寶壤梨木의 기록이다.

> 天福 8년 癸酉(태조 즉위 26년이다) 정월 모일에 청도군 경계 마을의 審使 順英과 大乃末 水文 등의 柱貼公文에 雲門山 禪院 長生은 남쪽은 阿尼岾, 동쪽은 嘉西峴이라 했고, 그 사원의 三剛典 主人은 寶壤和尙이고, 院主는 玄會長老, 貞座는 玄兩上座, 直歲는 信元禪師라고 하였다.(위의 공문은 청도군의 「都田帳傳」에 의거하였다.)
> 또한 開運 3년 丙辰에 운문산 선원 長生標塔 공문 한 통에 장생이 열하나이니, 阿尼岾, 嘉西

<hr>

45) 大西顯, 2002, 「指江B遺跡」, 『木簡研究』 24; 新井重行, 2002, 「指江B遺跡出土一號木簡」, 『字ノ氣町 指江遺跡·指江B遺跡』, 財團法人石川縣埋藏文化材センター.

46) 장생, 장생표에 대해서는 고려시대의 토지제도나 사원경제와 관련되어 연구가 많다. 다만, 여기서는 이인재, 1992, 「《通度寺誌》〈寺之四方山川裨補篇〉의 분석-신라통일기·고려시대 사원경제의 한 사례」, 『역사와 현실』 8; 배상현, 1999, 「고려시대 사원 촌락 연구」, 『국사관논총』 87만 제시한다.

47) 其山則元表大德之舊居也. 表德以法力施于有政, 是以乾元二年, 特教植長生標柱, 至今存焉.

峴, 畝峴, 西北買峴(혹은 面知村이라 한다.), 北猪足門 등이라 하였다.[48]

天福 8년(943) '柱貼公文'에 雲門山 禪院의 경계를 표시하기 위한 장생이 남쪽은 阿尼帖, 동쪽은 嘉西峴에 있었다고 한다. 또 開運 3년(946)의 '雲門山禪院長生標塔公文'에는 阿尼帖, 嘉西峴 등에 설치된 11개 장생에 관해서 기록되었다고 한다. 위 기록들에는 장생의 소재에 관해서는 기록되지 않았다.

장생에 관하여 더 구체적으로 알 수 있는 것이 通度寺의 기록이다. 먼저 실물이 남아 있는 가장 오래된 장생표는 경남 양산시 하북면 백로리에 있는 通度寺 國長生石標(1085년)이다.[49]

> 通度寺孫仍川國長生一坐段寺
> 所報尙書戶部乙丑五月日牒前
> 判兒如改立令是於爲了等以立
> 大安元年乙丑十二月日記

높이 166.5cm, 폭 61cm의 돌기둥에 이두로 적혀 있고 '通度寺 孫仍川의 國長生 一坐는 절에서 보고한 바, 尙書戶部의 을축년(1085) 5월 일 牒에서 이전의 判과 같이 고쳐 세우도록 시켰으므로 세웠다. 大安 元(1085)年 을축 12월 일 기록하였다'[50]는 내용이다.

통도사 장생에 관해서는 『通度寺事蹟略錄』[51] 〈寺之四方山川裨補〉에도,

> 又寺之四方山川裨補也者(중략)各塔長生標合十二. (A)東有黑石峯置石磧長生標一 南有沙川布
> 川峰塔排置石碑長生標一 北有冬乙山置石磧長生標一 中有省仍川·机川各排石碑長生標二 右四
> 方之長生標內(중략)
> (B)裨補長生標十二者 門前洞口立黑木榜長生標二 東黑石峯置石磧長生標二 中省仍川·机川各
> 立石碑長生標二 南沙川布川峰置石磧長生標二 西大嶺峴立石碑長生標一 南大川石碑長生標一.

등으로 장생표에 대하여 방향, 위치, 소재, 숫자에 대한 자세한 기록이 있다. (A)는 합하면 7개, (B)는 12개가 되므로 다른 시점의 기록으로 생각된다. 이를 표로 하면 다음과 같다.

---

48) 天福八年癸酉(太祖卽位第二十六年也.)正月日, 淸道郡界里審使順英·大乃末水文等柱貼公文, 雲門山禪院長生南阿尼帖, 東嘉西峴 云云, 同藏三剛典主人寶壞和尙, 院主玄會長老, 貞座玄兩上座, 直歲信元禪師.(右公文淸道郡都田帳帳傳准.) 又開運三年丙辰雲門山禪院長生標塔公文一道, 長生十一, 阿尼帖·嘉西峴·畝峴·西北買峴(一作面知村.)·北猪足門等.

49) 상단이 파손되었지만 거의 같은 내용의 장생표가 울산광역시 울주군 삼남읍 상천리에 현존한다.

50) 蔡雄錫, 2012, 『韓國金石集成(35)』, 韓國國學振興院, pp.41-42.

51) 한국학문헌연구소, 1979, 『韓國寺誌叢書第五輯 通度寺誌』, 아세아문화사. 발문을 따르면 현재 볼 수 있는 형태로 성립된 것은 1642년인데 처음으로 정리된 것은 1328년이라고 한다.

표 4. 통도사 장생표

A				B			
방향	산천 지명	장생표	수	방향	산천 지명	장생표	수
					門前洞口	黑木榜長生標	2
동	黑石峯	石磧長生標	1	동	黑石峯	石磧長生標	2
북	冬乙山	石磧長生標	1				
중	省仍川·机川	石碑長生標	각2	중	省仍川·机川	石碑長生標	각2
남	沙川布川峰	石碑長生標	1	남	沙川布川峰	石磧長生標	2
				서	大嶺峴	石碑長生標	1
				남	大川	石碑長生標	1

주목되는 점이 (B) 통도사 입구('門前洞口')에 세워진 장생표는 '黑木榜長生標' 즉 나무로 만든 장생표였다는 것이다. 절의 문 앞에 있었다고 하니 경계 표지보다는 토지 점유 표지의 성격이었다고 생각된다. 장생표는 야외에서 장기간 사용하는 것인 만큼 위의 국장생석표처럼 돌로 만드는 것이 많았을 것이지만 이처럼 나무로 만든 예도 있었던 것을 알 수 있다.

한반도에서 적어도 통일신라시대에는 절 경계 등에 장생, 장생표를 세우는 사례가 확인되며 돌 이외에 나무로 만들 경우도 있었던 것이 확인된다. 삼국시대에도 비슷한 사례가 있었을 가능성이 충분히 있다. 그렇다면 소월리 목간이 막대기형인 것은 이러한 경계 표지 또는 토지 점유 표지로 영적·주적인 힘을 배경으로 만든 것으로 생각할 수 있지 않을까.[52]

Ⅳ. 맺음말

이 글은 경산 소월리에서 출토된 목간의 성격에 대해 기초적인 검토를 시도했다. 검토하는 전제로 목간의 연대를 6세기로 단정하기 어려우니 6~7세기 신라의 것이라고만 봤다. 그리고 목간은 이차적으로 사용된 것으로 보이기 때문에 같은 유구에서 출토된 인면장식옹을 비롯한 유물들과는 별도로 검토되어야 하는 것을 지적했다. 이 글은 목간의 내용과 형태에 주목하여 검토하였다.

먼저 목간의 기재 내용을 정리하고 신라촌락문서와 비교해 봤다. 목간에는 '지명+토지 종류+토지 면적'

---

52) 소월리 목간이 경계나 토지 점유 표지로 사용되었다고 하더라도 바깥에 세워져 있던 기간은 길지 않았다고 생각된다. 목간이 야외에서 게시되면 글자가 있는 부분이 먹의 방부 성분 때문에 풍화가 덜 되어 浮彫된 것처럼 되는데(한국목간으로는 경주 월지 191호 목간('曹洗宅家')이 그 사례다(하시모토 시게루, 2007, 「雁鴨池 木簡 判讀文의 再檢討」, 『신라문물연구』 창간호, p.99). 소월리 목간에는 그러한 흔적이 없고 먹이 잘 남아 있기 때문이다.

이 기록되어 있다. 한 촌 전체의 토지에 관해서 기록한 촌락문서와 비교할 수 있는 귀중한 자료인데 토지 종류에 마전이 없고 또 토지 면적에서 속 단위가 없는 등 정확성이 낮다는 차이가 있다. 목간에 기록된 토지 면적은 합계해도 촌락문서 한 촌의 15~26%에 불과하다. 촌락문서를 통해서 목간의 토지 범위를 계산해 보면 1.3~2.2㎢ 정도였다고 추정된다. 이러한 면적이나 범위는 새로 개간했다고 추정되는 B촌 薩下知村의 掘加利何木杖谷地와 비슷한 규모이니 목간에 기재된 토지가 새로 개간된 지역이었을 가능성이 있다.

다음에 목간이 장대한 막대기형인 것에는 어떠한 시각기능이 있었다고 추정하여 일본에서 출토된 막대기형 목간을 참조하였다. 일본의 막대기형 목간에도 토지와 관련된 고지를 쓴 것이 있는데 그것은 지팡이가 경계 표지나 토지 점유 표지의 영적·주적인 힘을 가지고 있다고 생각되었기 때문이다. 소월리 목간이 장대한 막대기형인 것도 그러한 영적·주적인 힘과 관련된다고 생각되며 한국에서 토지 경계에 나무나 돌의 기둥을 세우는 사례로 통일신라, 고려시대에 확인되는 장생·장생표를 들었다.

목간이 사용된 더 구체적인 용도나 장면에 관해서는 상상할 수밖에 없다. 그런데 본문에서 제시한 일본의 막대기형 고지목간에 대한 다음과 같은 추정이 참조된다. 즉, 현지 사람들이 목간을 직접 읽고 이해할 수 있었다고는 생각하기 어렵고, '막대형 목간을 논 가에 세울 때 관계자를 모아서 내용을 소리 내어 읽어 논의 권리관계를 서로 확인하였다'라고 추정된다.[53] 또 "'문자'가 기입된 말뚝 모양의 목제품이 논밭에 박혀 있는 모습, 그 자체가 그 논밭에 대한 규제를 표현'하였고 수신자인 재지 사람들은 '문자를 읽지 못해도 무언가 문자가 적혀 있는 말뚝 모양의 목제품, 그리고 박혀있는 장소와 서로 어울려 재지 사회에서 충분히 메시지를 발신하였다'라고 추정된다.[54] 이러한 고대 일본의 사례를 참고하면 소월리 목간도 토지를 조사, 기록하여 국가가 파악했다는 것, 더 나아가 그에 바탕을 두어 앞으로 세금을 국가에 납부해야 한다는 것을 확인하기 위해 목간을 제시하면서 마을 사람들에게 소리 내어 읽어내는 장면을 상상할 수 있지 않을까.[55]

그리고 마지막으로 촌락문서 '薩下知村'의 '掘加利何木杖谷地'에 다시 주목하고 싶다. '何木杖谷地'는 혹시 단순한 골짜기 이름이 아니라 새로 개간한 토지에 소월리 목간 같은 '木杖'을 세운 것과 관련된 표현이 아니었을까. 하나의 가설로 제시하고 싶다.

| 투고일: 2022.10.25 | 심사개시일: 2022.11.16 | 심사완료일: 2022.11.29 |

---

53) 市大樹, 2014, 앞의 논문, p.156.

54) 馬場基 저/김도영 역, 2021, 앞의 책, p.357.

55) 본문에서 말했듯이 도노우에유적 목간과 교덴유적 목간은 출토되었을 때 말뚝으로 재이용되어 문자 방향이 거꾸로 되도록 땅에 박힌 상태로 발견되었다. 목간으로서의 기능을 잃은 후에 막대기로 이용되었다고 생각되며 일부러 위아래를 거꾸로 한 것은 목간의 효력을 없애기 위한 것으로 생각된다(위의 책, p.358). 소월리 목간의 홈이 글자 아래쪽에 있는 것도 어딘가에 걸었을 때 문자가 거꾸로 되기 위해 일부러 그렇게 했을 가능성이 있다.

1. 보고서 및 단행본

馬場基 저/김도영 역, 2021, 『일본고대목간론』, 주류성.

윤재석 편저, 2022a, 『경산 소월리목간의 종합적 검토』, 주류성.

윤재석 편저, 2022b, 『한국목간총람』, 주류성.

이일철, 1996, 『신라촌락사회사연구』, 일지사.

蔡雄錫, 2012, 『韓國金石集成(35)』, 韓國國學振興院.

한국학문헌연구소, 1979, 『韓國寺誌叢書第五輯 通度寺誌』, 아세아문화사.

旗田巍, 1972, 『朝鮮中世社會史の研究』, 法政大學出版局.

鹿兒島縣立埋藏文化財センター, 2005, 『京田遺跡』.

永山修一, 2009, 『隼人と古代日本』, 同成社.

沖森卓也·佐藤信·矢嶋泉 편저, 2016, 『風土記』, 山川出版社.

冨谷至, 2010, 『文書行政の漢帝國一木簡·竹簡の時代』, 名古屋大學出版會.

財團法人石川縣埋藏文化財センター, 2002, 『宇ノ氣町 指江遺跡·指江B遺跡』.

財團法人岩手縣文化振興事業團埋藏文化財センター, 2009, 『岩手縣文化振興事業團埋藏文化財調査報告書
544:道上遺跡第3次·合野遺跡·小林繁長遺跡発掘調査報告書』.

2. 논문

兼若逸之, 1979, 「新羅《均田成冊》의 研究-이른바 民政(村落)文書의 分析을 중심으로」, 『한국사연구』 23.

김기섭, 2002, 「신라촌락문서에 보이는 '村'의 立地와 개간」, 『역사와 경계』 42.

김상현, 2021, 「경산 소월리 유적 발굴조사 성과」, 『동서인문』 16.

김재홍, 2021, 「금호강 유역 신라 소월리 목간의 '堤'와 水利碑의 '塢'·'堤'」, 『동서인문』 16.

남태광, 2022, 「경산 소월리 목간의 형태」, 『경산 소월리목간의 총합적검토』, 주류성출판사.

노중국, 2010, 「금석문·목간 자료를 활용한 한국고대사 연구 과제와 몇 가지 재해석」, 『한국고대사연구』 57.

배상현, 1999, 「고려시대 사원 촌락 연구」, 『국사관논총』 87.

손환일, 2020, 「「경산소원리출토목간」의 내용과 서체」, 『한국고대사탐구』 34.

이동주, 2021, 「경산 소월리 출토 목간과 유구의 성격」, 『동서인문』 16.

이용현, 2021a, 「경산 소월리 유적 출토 人面透刻土器와 목간의 기능」, 『동서인문』 16.

이용현, 2021b, 「慶山 所月里 文書 木簡의 성격-村落 畓田 基礎 文書」, 『목간과 문자』 27.

이용현, 2022, 「慶山 所月里 木簡의 地理的 空間」, 『동서인문』 19.

이인재, 1992, 「《通度寺誌》〈寺之四方山川裨補篇〉의 분석-신라통일기·고려시대 사원경제의 한 사례」, 『역사와 현실』 8.

전경효, 2020, 「경산 소월리 목간의 기초적 검토」, 『목간과 문자』 24.

정현숙, 2021, 「경산 소월리 목간의 서예사적 고찰」, 『동서인문』 16.

주보돈, 2022, 「경산 소월리 출토 목간과 금호강」, 『경산 소월리목간의 총합적검토』, 주류성.

하시모토 시게루, 2007, 「雁鴨池 木簡 判讀文의 再檢討」, 『신라문물연구』 창간호.

하시모토 시게루, 2012, 「한국에서 출토된 '논어'목간의 형태와 용도」, 『지하의 논어, 지상의 논어』, 성균관 대학교출판부.

하시모토 시게루, 2019, 「시각목간(視覺木簡)의 정치성」, 『문자와 고대 한국1 기록과 지배』, 한국목간학회 編, 주류성.

하시모토 시게루, 2020a, 「新羅 文書 木簡」, 『통일신라 문자의 세계』, 국립경주박물관 주최 심포지엄 자료집.

하시모토 시게루, 2020b, 「2019년 일본 출토 목간 자료」, 『2019年 東아시아 新出土 木簡』, 한국목간학회 제 33회 정기발표회 자료집.

하시모토 시게루, 2021, 「신라 문서 목간의 기초적 검토-신출토 월성해자목간을 중심으로」, 『영남학』 77.

홍승우, 2021, 「경산 소월리 목간의 내용과 성격」, 『동서인문』 16.

新井重行, 2002, 「指江B遺跡出土一號木簡」, 『宇ノ氣町 指江遺跡·指江B遺跡』, 財團法人石川縣埋藏文化財セ ンター.

平川南, 2021, 「古代人の開発と死への恐れ·祈り」, 『동서인문』 16.

平川南·石崎高臣, 2009, 「高道上遺跡第3次調査出土木簡の概要とその意義」, 『岩手縣文化振興事業團埋蔵文 化財調査報告書544:道上遺跡第3次·合野遺跡·小林繁長遺跡発掘調査報告書』, 財團法人岩手縣文化振興事 業團埋蔵文化財センター.

方國花, 2016, 「「并」字の使用法から文字の受容·展開を考える「並」「合」との比較から」, 『正倉院文書の歴 史学·国語学的研究解移牒案を読み解く』, 栄原永遠男 編, 和泉書院.

市大樹, 2014, 「日本古代木簡の視覺機能」, 『東アジア木簡學のために』, 角谷常子 編, 汲古書院.

市大樹, 2018, 「木簡の視覺機能という考え方」, 『古代文化』 70-3.

丸山浩治·石崎高臣, 2010, 「岩手·道上遺跡」, 『木簡研究』 32.

三上喜孝, 2021, 「古代日本における人面墨書土器と祭祀」, 『동서인문』 16.

大西顯, 2002, 「指江B遺跡」, 『木簡研究』 24.

佐々木恵介, 2004, 「牓示札·制札」, 『文字と古代日本1 支配と文字』, 平川南 外 編, 吉川弘文館.

凌文超, 2021, 「走馬樓吳簡"隱核波田簿"的析分與綴連-再論陂塘形製和陂田興復」, 『동서인문』 16.

蘭德, 2021, 「從出土文獻研究早期中國的防洪和灌溉系統」, 『동서인문』 16.

楊華·王謙, 2021, 「簡牘所見水神與禁祭」, 『동서인문』 16.

⟨Abstract⟩

A Basic Review of the Character of Sowolri wooden slip in Gyeongsan
- Focusing on the Comparison with Silla Village Register and Formal Characteristics -

HASHIMOTO Shigeru

This article attempts a basic review of the character of wooden slip excavated from Sowolri, Gyeong-san. As a premise of reviewing, it is difficult to determine the date of the wooden slip as the 6th centu-ry, and it can only be dated to Silla in the 6th to 7th centuries. In addition, the wooden slip is consid-ered to be of secondary use, and should be reviewed separately from other relics such as the human face jar excavated from the same relic. In this article, we focus on the contents and form of the wooden slip.

First, I organized the contents of the wooden slip and compared them with the Silla Village Register. The wooden slip recorded the place names, type of land and area of land. It is a valuable data that can be compared with village register recording the entire land of every village, but there is a difference in accuracy because there is no 束 unit in the area of land, and no hemp field in type of land. And the to-tal amount of land recorded in the wooden slip is only 15-26% of the village register. When calculating the range of land listed on the wooden slip comparing with the village register, it is estimated about 1.3 to 2.2㎞. Since these areas and ranges are similar to the '掘加利何木杖谷地' of the village B, which is be-lieved to be newly-cultivated land, it is possible that the land listed on the wooden slip was newly-culti-vated land too.

Next, it is assumed that there was a certain visual function in the large stick-shaped wooden slip. Some Japanese stick-shaped wooden slips also contain notices associated with the land. This is because the sticks are thought to have the spiritual and magical power to mark boundaries and indicate land oc-cupancy. The large stick shape of the Sowolri wooden slip is also thought to be related to such spiritual and magical power, and as examples of wooden or stone pillars erected at land boundaries in Korea, we can cite the Jangsaengpyo erected during the Unified Silla and Goryeo periods.

▶ Key words: Sowolri site, wooden slip, Silla Village Register, stick-shaped wooden slip, visual function, Korean traditional totem pole

문자자료 및 금석문 다시 읽기

「王溫 墓誌銘」교감과 역주
평양 정백동·정오동 출토 낙랑 문자자료

「王溫 墓誌銘」 교감과 역주

나유정[*]

〈국문초록〉

　王溫(465~531)의 묘지는 중국 하남성 낙양시를 관통하여 흐르는 洛河와 黃河의 중간지점에 위치한다. 1989년 孟津縣 北陳村 동남으로 1.5㎞에 있는 邙山에서 발견되었다. 고분에서 출토된 묘지명은 청회색 석회암을 다듬어 만든 것으로 한 변이 58.5㎝인 정방형모양이다. 28×28행에 총 758字가 확인되며 탁본상의 이유로 판독이 어려운 글자는 3字이다. 王溫은 燕國 樂浪 樂都人이다. 313년 선조인 王浚 때 薊에서 낙랑으로 피난하였는데 이때 낙랑은 대릉하 유역으로 교치된 낙랑이다. 이후 453년 조부인 평이 가솔을 이끌고 다시 북위에 귀국하여 도읍에 살았다. 고조인 准은 晋의 太中大夫를, 조부인 王評은 魏대에 征虜將軍 征虜將軍 平州刺史를 지냈다. 부친인 甚은 龍驤將軍 樂浪太守를 지냈다. 王溫은 경명년간(500~503)에 平原公國 郎中令으로 관직에 올랐으며 高肇를 정치적 후원자로 하여 이후 燕國 樂浪中正에 올랐다.高肇 사후 515년 王溫은 長水校尉에 올랐고 이후 崔亮을 도와 假節假征虜將軍 別道統軍에 제수되고 공을 쌓아 진원장군 후군장군에 올랐다. 531년에는 安東將軍 銀靑光祿大夫로 승차하였다. 王溫은 소명리에서 531년 2월 26일 사망하고 이듬해인 532년 11월 25일 묘에 안치되었다. 사후에는 使持節 撫軍將軍 瀛州刺史에 추증되었다.

▶ 핵심어: 王溫, 高肇, 樂浪 王氏, 고구려 유민, 낙랑군

* 한국외대 사학과 박사과정 수료

I. 머리말

王溫(465~531)의 묘지는 중국 하남성 낙양시를 관통하여 흐르는 洛河와 黃河의 중간지점에 위치한다. 1989년 孟津縣 北陳村 동남으로 1.5㎞에 있는 邙山에서 발견되었다. 고분은 묘도, 통도, 묘실을 갖춘 單室土洞墓이다. 이미 도굴당한 상태로, 수습한 유물은 대략 36개이다. 기마무사 인형을 비롯한 다양한 모양의 인형들, 마차, 철기와 동철 등이 수습되었다. 묘실 동벽에는 벽화가 잘 남아 있다. 벽화 중앙에는 이동형식으로 추정되는 휘장을 두른 방안에 남(우)여(좌) 한 쌍이 그려져 있다.[1] 고분에서 출토된 묘지명은 청회색 석회암을 다듬어 만든 것으로 한 변이 58.5㎝인 정방형모양이다. 28×28행에 총 758字가 확인되며 탁본상의 이유로 판독이 어려운 글자는 3字이다.

묘지명에 따르면 王溫은 樂浪 樂都人으로, 영가의 난때 석륵의 화를 입자 건흥원년(313) 선조인 王浚때 薊에서 낙랑으로 피난하였다. 이후 453년 조부인 평이 가솔을 이끌고 다시 북위에 귀국하였고, 王溫은 경명년간(500~503)에 平原公國 郎中令으로 관직에 올랐으며 高肇를 정치적 후원자로 하여 이후 燕國 樂浪中正에 올랐다.

중국에서 王溫의 묘지명을 소개하는 여러 편 글이 발표되었고[2] 한국에서도 王溫 묘지명이 간략하게 소개된 바 있다.[3] 주로 낙랑유민의 궤적을 살펴보는 가운데 왕온이 다뤄졌다.[4] 이때 왕온의 출신지인 樂浪 樂

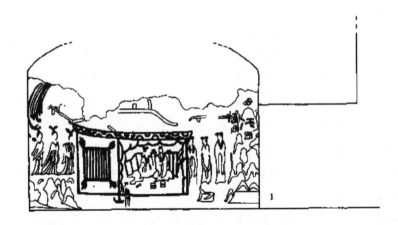

그림 1. 묘의 단면도(朱亮·李德方, 1995, 「洛阳孟津北陈村北魏壁画墓」, 『文物』 1995-8, p.27)

---

1) 발굴 조사 내용은 朱亮·李德方, 1995, 「洛阳孟津北陈村北魏壁画墓」, 『文物』 1995-8, pp.26-33 참조.

2) 洛阳市文物工作队, 1991, 『洛阳出土历代墓志辑绳』, 中国社会科学出版社, p.54; 张乃翥, 1994, 「北魏王温墓志纪史勾沉」, 『中原文物』 1994-4; 朱亮, 2001, 『洛陽出土北魏墓誌選編』, 科學出版社, pp.171-172; 羅新·葉煒, 2005, 『新出魏晉南北朝墓誌疏証』, 中華書局, pp.134-136.

3) 윤용구, 2003, 「중국출토의 韓國古代 遺民資料 몇 가지」, 『한국고대사연구』 32.

都縣에 대해서 평안남도 서북으로 비정하는 견해가 있긴 하지만[5] 대체로 313년 이후 요서로 교치된 낙랑으로 이해한다. 王溫은 낙랑을 관적으로 하는 인물이더라도 실제 평양에 있던 낙랑군과는 무관할 수 있는 사례임이 지적되기도 했다.[6]

다만 지금까지 「王溫 묘지명」에 대한 국문 역주가 없었기 때문에 상세한 역주를 진행하여 앞으로 논의의 토대를 마련하고자 한다. 우선 현재까지 제시된 탁본으로 판독과 역주를 시도할 것이다. 그 다음 논의가 필요한 비문의 내용을 살펴보도록 하겠다.

---

4) 이성규, 2005, 「4세기 이후의 낙랑교군과 낙랑유민」, 『동아시아 역사속의 중국과 한국』, 서해문집, pp.203-244; 園田俊介, 2007, 「北魏時代の樂浪郡と樂浪王氏」, 『中央大學アジア史研究』 31, pp.1-32; 윤용구, 2014, 「중국 출토 고구려 백제유민 묘지명 연구동향 Ⅲ. 북조대 樂浪·高句麗流民 묘지명과 연구」, 『한국고대사연구』 75, pp.90-102; 이동훈, 2018, 「위진남북조시기 중국의 코리안 디아스포라 : 고조선 고구려 부여계 이주민 집단 연구」, 『한국사학보』 72, pp.39-84; 윤용구, 2021, 「북위대 낙랑·고구려계 이주민」, 『동서인문』 17, pp.147-174.

5) 张乃翥, 1994, 앞의 논문, pp.88-93.

6) 윤용구, 2003, 앞의 논문, pp.303-306.

II. 판독 및 교감

1. 탁본

朱亮·李德方, 1995, 앞의 논문.

洛阳市文物工作队, 1991, 앞의 책.

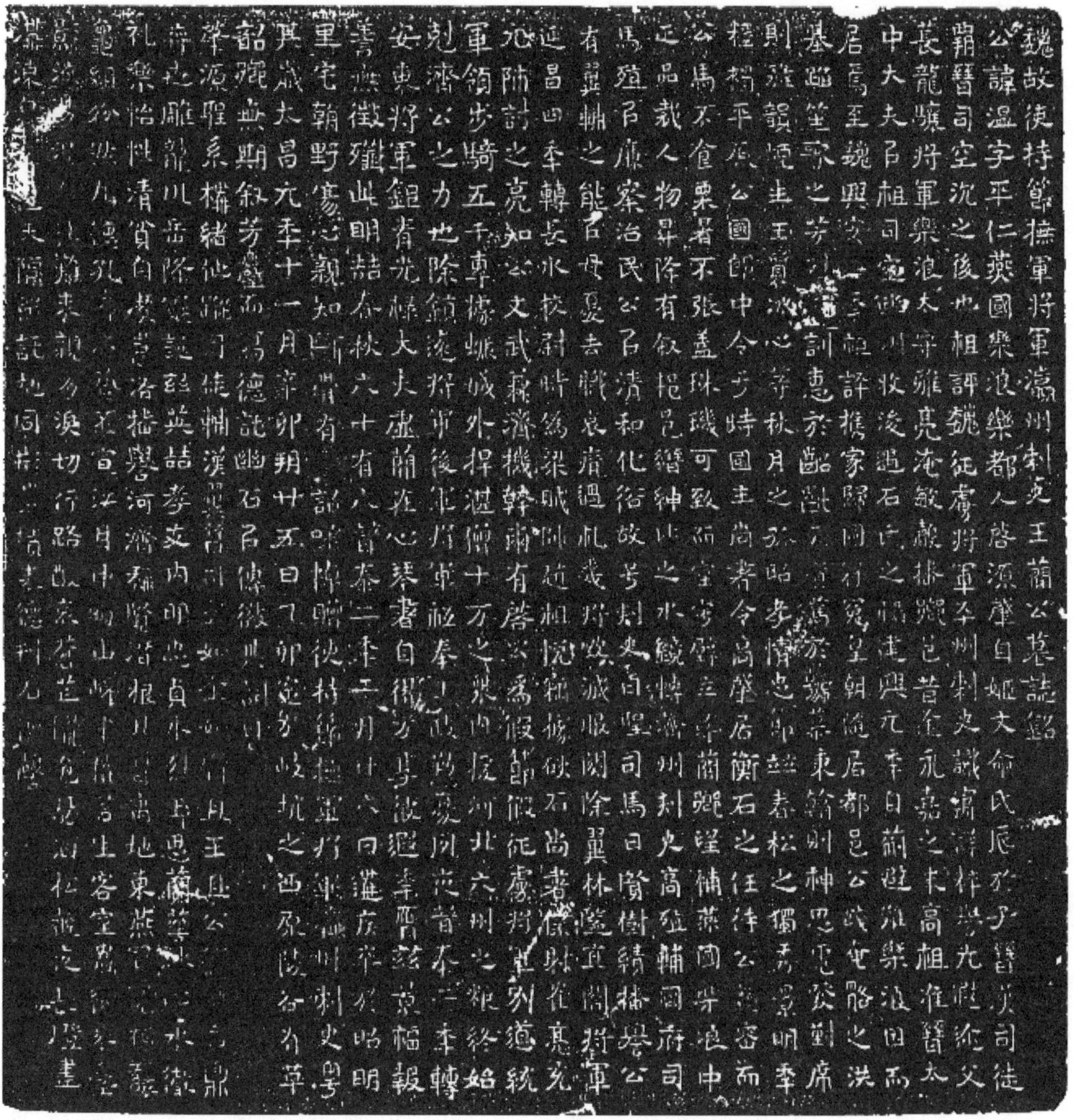

28	27	26	25	24	23	22	21	20	19	18	17	16	15	14	13	12	11	10	9	8	7	6	5	4	3	2	1	
溝	影	龜	禮	奕	肇	詔	其	里	善	安	剋	軍	元	延	有	馬	正	公	釋	則	基	居	中	萇	覇	公	魏	1
涷	流	組	樂	世	源	鄉	歲	宅	無	東	濟	領	帥	昌	翼	殖	品	馬	褐	雅	蹈	至	大	龍	晉	諱	故	2
泉	易	紛	怡	聖	無	朝	太	徵	將	公	討	步	四	之	廉	以	裁	不	食	平	韻	笙	夫	驤	司	溫	字	持	3
□	沒	然	性	龍	無	野	昌	殲	軍	之	騎	之	年	之	人	食	原	煙	歌	魏	以	將	軍	沉	平	節		4
□	人	九	清	川	構	傷	元	心	銀	明	力	之	五	千	知	長	以	治	興	之	祖	之	興	軍	沉	平	撫	5
天	往	德	貧	岳	緒	芳	年	親	青	光	知	以	治	昇	署	國	玉	芳	安	司	樂	之	仁	安	司	之	軍	6
隔	難	孔	自	降	仙	十	親	喆	光	除	專	公	水	母	民	降	不	有	張	中	令	心	訓	祖	興	也	將	7
照	來	著	潔	靈	踪	而	一	知	春	祿	鎮	據	文	校	憂	公	有	叙	盖	令	心	訓	祖	州	守	祖	樂	8
託	親	六	嵩	司	寫	月	斷	骨	大	遠	蜆	武	將	軍	外	濟	爲	叙	職	清	于	珠	惠	訓	祖	雅	軍	9
地	朋	藝	洛	茲	輔	辛	有	十	夫	城	兼	濟	軍	外	濟	梁	和	邦	清	珠	機	時	秋	於	遇	魏	瀛	10
同	淚	丕	播	英	託	卯	有	簡	後	軍	外	濟	梁	痛	化	絹	可	國	月	韶	齠	家	遇	淹	征	樂	州	11
形	切	宣	譽	喆	幽	朔	有	簡	後	捍	機	梁	痛	化	絹	可	國	月	齠	家	遇	虜	征	都	征	肇	刺	12
崇	行	江	河	翼	石	卄	五	在	軍	湛	幹	賊	過	俗	紳	致	主	之	甀	歸	石	敏	虜	將	虜	人	史	13
墳	路	月	濟	友	晉	嗟	普	心	將	兩	帥	礼	故	比	而	尙	弧	天	國	氏	啓	將	播	軍	源	簡	14
表	酸	中	稱	內	司	傳	日	琴	軍	趙	幾	号	祖	將	剌	之	室	書	昭	資	冠	冕	禍	軍	肇	公	15
德	哀	晦	賢	明	空	乙	贈	二	書	祉	萬	啓	祖	將	剌	水	字	令	孝	薦	冕	禍	平	肇	鄉	墓	16
刊	蒼	山	潛	忠	如	其	卯	使	自	悅	毀	之	公	史	壁	轉	高	情	於	皇	忠	號	朝	興	刺	自	誌	17
石	芒	峰	根	貞	詞	空	使	持	衆	爲	竊	滅	日	轉	濟	尋	居	節	慕	隨	元	逢	史	姬	銘		18
傳	隴	半	北	外	如	于	節	方	政	內	假	據	聖	濟	尋	居	節	慕	隨	元	逢	史	文	命			19
馨	色	摧	晋	烈	璧	岐	撫	卄	享	河	假	節	州	簡	衡	竝	秉	居	年	永	居	年	氏					20
	瑟	苔	寓	玉	且	坑	軍	六	日	彼	假	石	鄉	石	春	則	邑	蘮	之	嘉	辰							21
	汩	生	地	思	且	之	將	日	迠	北	征	尙	翼	史	望	之	神	思	公	避	末	於						22
	松	客	東	蘭	公	西	軍	遣	年	六	虜	書	林	將	賢	高	補	任	之	難	高	子						23
	聲	室	燕	華	繼	原	瀛	疾	膚	普	州	將	僕	監	樹	殖	燕	待	獨	踐	光	晉						24
	夜	蟲	冠	冰	繼	陵	州	卒	兹	泰	之	軍	射	直	續	輔	國	公	秀	電	祖	漢						25
	長	網	冕	心	武	谷	刺	于	景	二	粮	別	崔	閣	播	國	樂	親	景	骼	准	退						26
	燈	琴	相	水	台	有	史	昭	福	年	終	道	亮	將	譽	府	浪	密	明	對	因	迡						27
	盡	臺	襲	徹	鼎	革	奧	明	報	轉	始	統	充	軍	公	司	中	而	年	度	洪	父						28

3. 세부자형 판독

1) 3-21: 寓

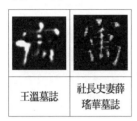

王溫墓誌	社長史妻薛 瑤華墓誌

- 寓의 이체자

2) 4-14: 聲

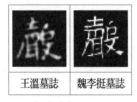

王溫墓誌	魏李挺墓誌

- 聲의 이체자

3) 4-16: 鄕

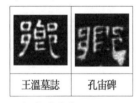

王溫墓誌	孔宙碑

- 鄕의 이체자

4) 5-4: 以

王溫墓誌	北海相景君碑

- 以의 이체자

5) 5-20: 年

王溫墓誌	建寧元年殘碑

- 年의 이체자

6) 7-7: 列

王溫墓誌

- 자획이 선명하지 않지만 列로 판독

7) 9-2: 褐

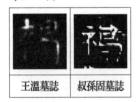

王溫墓誌	叔孫固墓誌

- 褐의 이체자

8) 9-7: 郎

王溫墓誌	魏元子直墓誌

- 郎의 이체자

9) 9-18: 肇

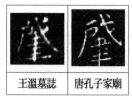

| 王溫墓誌 | 唐孔子家廟 |

- 肇의 이체자

11) 24-2: 世

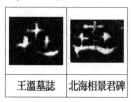

| 王溫墓誌 | 北海相景君碑 |

- 世의 이체자

4. 교감

〈誌蓋〉

魏故使持節撫軍將軍瀛州刺史王簡公墓誌銘

〈誌石〉

公諱溫, 字平仁, 燕國樂浪樂都人. 啓源肇自姬文, 命氏派[7]於子晋[8], 漢司徒覇晋司空沈之後也. 祖評, 魏征虜將軍平州刺史, 識寓詳粹 譽光遐迩. 父莨, 龍驤將軍樂浪太守, 雅亮淹敏, 聲播鄉邑. 昔逢永嘉之末, 高祖准, 晋太中大夫, 以祖司空幽州牧浚, 遇石氏之禍, 建興元年自薊避難樂浪, 因而居焉. 至魏興安二年, 祖評携家歸國, 冠冕皇朝, 隨居都[9]邑

公踐奄骼之洪基, 蹈笙歌之芳列[10], □訓惠於韶齓, 天資薦[11]於號慕. 秉翰則神思電發, 對度則雅韻煙生. 玉質冰心, 等秋月之弧昭, 孝情忠節, 竝春松之獨秀. 景明年, 釋褐平原公國郎中令. 于時國主尙書令高肇居衡石之任,

---

7) 원문은 𣲖. 朱亮·李德方은 派로 교감. 𣲖와 派는 동자이므로 派로 교감.

8) 원문은 晉. 晉의 이체자. 朱亮·李德方은 晋으로 교감.

9) 원문은 都. 朱亮·李德方는 城으로 교감. 원문 자형에 따라 都로 판독하고 교감하지 않는다.

10) 원문은 列. 朱亮·李德方, 윤용구는 列, 张乃翥는 烈. 전체적인 자형이 분명치 않은데 명확히 灬변이 보이지 않음에 따라 列로 판독.

11) 원문은 朱亮·李德方은 薦, 윤용구는 馬, 张乃翥는 篤으로 교감. 자형에 따라 薦으로 교감.

待公親密. 而公馬不食粟, 署不張盖, 珠璣可致而室宇壁立. 尋簡鄉望, 補燕國樂浪中正. 品裁人物, 升降有叙, 邦邑縉紳, 比之水鏡. 轉濟州刺史高殖輔國府司馬. 殖以廉察治民, 公以淸和化俗[12]. 故號刺史曰聖, 司馬曰賢. 樹績播譽, 公有翼輔之能. 以母憂去職, 哀痛[13]過禮, 幾將毁滅. 服闋, 除翼林監直閤將軍.

延昌四年, 轉[14]長水校尉. 時爲梁賊帥趙祖悅竊據硤石, 尙書僕射崔亮充元帥討之. 亮知公文武兼濟, 機幹兩有, 啓公爲假節假征虜將軍別道統軍, 領步騎五千, 專據蜊[15]城. 外捍[16]湛僧十萬之衆, 內援河北六州之粮, 終始剋濟, 公之力也. 除鎭遠將軍, 後軍將軍, 祇[17]奉王政懃憂夙夜. 普泰二年, 轉[18]安東將軍銀靑光祿大夫. 虛簡在心, 琴書自得. 方享彼遐年, 膺茲景福, 報善無徵, 殲此明喆. 春秋六十有六, 普泰二年二月廿六日, 遘疾卒于昭明里宅, 朝野傷心, 親知斷骨. 有詔嗟悼, 贈使持節撫軍將軍瀛州刺史. 奧其歲太昌元年十一月辛卯朔廿五日乙卯, 窆于岐坑之西原. 陵谷有革, 詔鄉無期. 叙芳塵[19]而寫德, 託幽石, 以傳徽.

其詞曰:
肇源聖系, 構緖仙踪[20],
司徒輔漢, 翼晋司空.
如金如璧, 且[21]王且公,
繼武台鼎, 奕世雕龍.
-
川岳降靈, 誕茲英喆,
孝友內明, 忠貞外烈.
玉思蘭華, 冰心水徹,
禮樂怡性, 淸貧自潔[22].
-
嵩洛播譽, 河濟稱賢,
潛根北晋, 寓地東燕.

---

12) 원문은 俗. 朱亮·李德方, 윤용구는 俗으로 교감. 문맥에 따라 俗으로 교감.
13) 원문과 같은 痛의 이체자는 확인되지 않는다. 자형과 문맥을 고려하여 痛으로 추독한다.
14) 원문은 轉. 윤용구는 輔로 교감. 轉으로 판독하고 교감하지 않는다.
15) 원문은 蜊, 张乃翥는 蛇로 교감. 蜊으로 판독하고 교감하지 않는다.
16) 원문은 捍 윤용구는 悍로 교감. 원문 자형에 따라 捍으로 판독하고 교감하지 않는다.
17) 원문은 祢으로 판독. 朱亮·李德方은 祇로 교감. 张乃翥는 祐로 교감. 윤용구는 玄으로 교감. 자형이 祢에 가깝지만 祇奉王이라는 용례가 많이 확인되므로 祇로 교감한 것에 따른다.
18) 원문은 轉. 윤용구는 輔로 교감. 轉으로 판독하고 교감하지 않는다.
19) 원문은 麠. 윤용구, 张乃翥, 朱亮·李德方은 塵으로 교감. 문맥상 塵으로 교감.
20) 朱亮·李德方, 윤용구는 仙踪으로 교감, 张乃翥는 趾「足+从」으로 교감. 자형이 희미하여 판독이 쉽지 않으나 문맥상 仙踪으로 교감.
21) 원문은 且. 윤용구는 此로 교감. 원문대로 판독.
22) 원문은 潔. 朱亮·李德方, 윤용구는 洁로 교감. 원문 자형에 따라 潔로 판독하고 교감하지 않는다.

冠冕相襲, 龜組紛然,

九德孔著, 六藝丕宣.

-

江月中晦, 山峰半摧,

苔生客室, 蟲網琴臺.

影流易沒, 人往難來,

親朋淚切, 行路酸哀.

-

蒼²³⁾芒隴色, 瑟汨松聲,

夜長燈盡, 溝凍泉□.

□天隔照, 託地同影²⁴⁾,

崇墳表德, 刊石傳馨.

III. 역주

공의 휘는 온, 자는 평인이며 연국의 낙랑 낙도인이다. [집안의] 기원이 周 文王²⁵⁾에서 비롯되었다가 성을 하사받아²⁶⁾ 子晋²⁷⁾대에 분파되었으니, 漢대 司徒²⁸⁾인 覇, 晋대 司空²⁹⁾인 沉의 후손이다. 조부인 王詡께서는 魏대에 征虜將軍³⁰⁾ 平州刺史를 지냈는데 식견이 상세하고 정밀하여 영예가 사방에³¹⁾ 빛났다. 부친인 丞께서는 龍驤將軍³²⁾ 樂浪太守를 지냈는데, 우아하고 밝으며 고상하고 영민하여 명예가 향읍에 퍼졌다. 영가의 말엽 시기에³³⁾ 고조인³⁴⁾ 准은 晋의 太中大夫³⁵⁾를 지냈는데, 선조인 司空 幽州牧 王浚 때에³⁶⁾ 석씨의 화를³⁷⁾ 만

---

23) 원문은 蒼. 윤용구는 滄으로 교감. 원문 자형에 따라 판독하고 교감하지 않는다.

24) 원문은 形. 朱亮·李德方, 윤용구, 张乃翥는 影으로 교감. 문맥상 影으로 교감.

25) 姬文: 周 文王를 지칭한다.

26) 命氏: 賜姓과 같은 뜻으로, 성을 하사함을 의미한다.

27) 子晋: 왕자 교의 字이다. 신화적 인물로 周 灵王의 太子로 전한다.

28) 司徒: 관직명으로 漢唐 관제에서 三公(태위·사도·사공)의 하나로 民事, 법을 맡은 관직이다.

29) 司空: 관명으로 서주대에 처음 설치되어 삼공과 六卿에 상당한 지위이며 司馬·司寇·司士·司徒와 함께 五官으로 칭해졌다. 주로 수리와 건설(공사)의 일을 맡았다.

30) 征虜將軍: 무관명으로 魏대에 秩 2品에 해당한다.

31) 遐迩: 원근을 나타내는 단어로 의미상 '사방'으로 번역.

32) 龍驤將軍: 무관명으로 晋 무제 때 두기 시작였고, 秩 3品에 해당한다.

33) 영가는 307~312이다.

34) 高祖: 증조부의 부친.

35) 太中大夫: 秦대에 설치하여 漢, 晋에도 이어졌다. 郎中令 소속의 관명으로 질 천석에 이르는 고위 관등이다.

나 건흥원년(313) 薊에서[38] 낙랑으로 피난하였고, 이로 인해 이에 거처하게 되었다.[39] 위 興安 2년(453년)에 이르러 조부인 王諀이 가솔을 이끌고 귀국하여 황제의 조정에서 관면[40]하면서 곧 도읍에 살게 되었다.

공께서는 시체를 거두어 묻은[41] 큰 터를 밟고, 생가[42]의 아름다운 행렬을 따르셨는데,[43] 어린 나이에[44] □訓은 총명하고, 부모를 잃은 애통함[45]에 타고난 자질은 인정이 많고 깊었다. 붓을 잡으면 곧 정신이 번뜩이고, 가락을 대하면 곧 아름다운 운율이 피어났다. 옥 같은 자질과 깨끗한 마음은 가을 달의 빛나는 모습과 대등하고, 효성과 충절은 봄 소나무의 독보적인 빼어남과 견줄만했다. 景明年(500~503)[46], 平原公國 郎中令으로 관복을 입었다. 당시 國主 尙書令인 高肇가[47] 형석[48]의 임무에 있으면서, 공을 친밀하게 대하였다. 그럼에도 공이 말에게 곡식을 먹이지 않고[49] 관서에서 日傘을 펼치지 않으니, 주기[50]가 가히 이를만하지만 집은 가난하였다.[51] 이윽고 鄕望[52]으로 간택되니, 燕國 樂浪中正[53]에 보임 되었다. 인물을 평정함에 있어 오

---

36) 王浚(252~314)은 태원 晉陽사람으로 王沈의 아들이다. 304년 표기대장군 유주자사로 임명되었으며 영가5년(311) 영가의 난이 터진 틈을 타 단부 선비와 후일을 도모했지만 결국 석륵에 패한바 되어 62세에 피살되었다. 앞서 石인 詡이 나오는 것으로 보아 王浚은 王溫의 직계는 아닌 듯 하다.

37) 석륵(274~333)이 진의 王浚을 죽인 사건을 말한다. 석륵은 王浚을 죽이고 왕위에 올라 국호를 趙라고 하였다. 재위 기간은 319~333이며 묘호는 고조이다.

38) 현재 북경지역으로, 燕國은 薊에 치소를 두었다.

39) 건흥 원년은 313년 4월부터이고, 『三國史記』 고구려본기 낙랑 축출 기사는 미천왕 14년(313년) 10월조에 나온다(『三國史記』 卷17, 고구려본기5 미천왕 14년(313), "冬十月, 侵樂浪郡, 虜獲男女二千餘口").

40) 冠冕: 벼슬을 하는 것을 이르는 말.

41) 奄骼: 예기 월령조에 나온 "孟春之月 … 掩骼埋胔" 구절을 줄여서 서술한 것으로 '들판에 드러난 해골과 시체를 거두어 묻어준다'라고 해석한다.

42) 笙歌: 예기에 나온 구절. 鼓瑟吹笙의 노래로 창가를 연주하는 것이다(『禮記』 檀弓 上, "孔子旣祥, 五日彈琴而不成聲, 十日而成笙歌").

43) 부모의 상을 당한 것인데 뒤에 모친상이 서술되어있는 것으로 보아 부친상.

44) 齠齔: 이가 빠지는 시기의 어린 때를 말함((唐) 白居易, 『歡兒戱』 詩, "齠齔七八歲 綺紈三四兒").

45) 號慕: 맹자의 고사에서 나온 말로 후에 부모의 상에 슬피 통곡함을 일컬으며, 그리워하며 추모하는 마음을 표현한 것이다(『孟子』 萬章 上, "萬章問曰: '舜往於田, 號泣於旻天, 何爲其號泣也?' 孟子曰: '怨慕也.' … 大孝終身慕父母. 五十而慕者, 予於大舜見之矣.").

46) 景明年: 북위 선무제 때의 연호로 500~503년.

47) 高肇: 본래 勃海蓚人이다. 영가의 난 때 고구려로 들어갔다가 북위 효문제 즉위 초(471~) 북위로 入國하였다. 『魏書』 卷83下, 列傳 外戚71下 高肇傳이 실려있다(高祖初, 與弟乘信及其鄕人韓內, 冀富等入國, 拜厲威將軍、河間子, 乘信明威將軍, 俱待以客禮, 賜奴婢牛馬綵帛.).

48) 衡石: 인재를 선발하는 직책을 일컫는다.

49) 馬不食粟: 관직에 오른 사람이 검소한 생활을 하는 것에 대한 고사이다. 옛날 季文子가 魯 나라의 上卿이 되었는데도 첩이 비단옷을 입지 않고 말에게 곡식을 먹이지 않았다는 고사에서 나온 말이다(『魯語』, "季文子馬不食粟").

50) 珠璣: 寶珠 혹은 珠寶를 가리킨다(『墨子』 節葬 下).

51) 壁立: 벽같이 우뚝 서 있다는 뜻으로, 집안에 세간은 없이 바람벽만 우뚝 서 있는 가난하고 빈궁한 상태를 비유하여 이르는 말이다.

52) 鄕望: 鄕里에 있어서의 人望을 의미한다.

53) 中正: 군신의 과실을 규찰하는 업무를 하며, 9품이다(『晉書』 劉毅傳, "愚臣以爲宜罷中正, 除九品, ….").

르고 내림에 질서가 있으니, 邦邑의 진신들은[54] 그를 水鏡에 비견하였다. 제주자사 高殖이[55] 보국부사마에 올랐다. 고식은 염찰함으로 백성을 다스리고, 공은 맑고 온화함으로 풍속을 교화하였다. 고로 자사를 부르길 聖이라고 하였고 사마는 賢이라고 하였다. 공적을 수립하고 명성을 전파하니, 공은 보좌[56]하는 능력이 있으셨다. 모친상으로 인해 관직을 떠났는데, 애통함이 예에 지나쳐 거의 몸을 상하게 되었다.[57] 탈상한 뒤, 翼林監 直閣將軍에 제수되었다.

연창4년(515), 長水校尉에 올랐다. 이때 양의 적수 趙祖悅이 협석을[58] 몰래 점거하자,[59] 상서복야 崔亮이 원수를 맡아 이를 토벌하였다. 량은 공이 문무를 모두 갖추어 두 분야에 근간이 있다는 것을 알고, 공을 이끌어 假節假征虜將軍 別道統軍으로 삼으니, 보기 오천을 이끌고 蜈城을 차지하여 점거하였다. 밖으로는 승려 10만의 무리를 막아 없애고, 안으로는 하북 육주의 군량을 지원하였으니, 시종을 이룰 수 있었던 것은 공의 힘이었다. [그리하여] 鎭遠將軍 後軍將軍으로 제수되어, 공경히 왕정을 받들어 매일 밤낮으로 걱정하며 수고하였다. 보태2년 (531) 안동장군 은청광록대부에 올랐다. 마음에 욕심이 없고, 거문고와 책읽기에 만족하였다. 바야흐로 그 긴 세월을 향유하고 이 큰 복을 누리려는데, 선에 대한 판가름이 밝혀지지 못하고, 이 명철함이[60] 다하였다. 나이 66세로 보태2년(531) 2월 26일 소명리에 있는 집에서 병으로[61] 사망하니, 조야가 상심하고 친지들[의 슬픔]이 뼈를 끊는 듯했다. [황제가] 조서를 내려 탄식하고 슬퍼하며 사지절 무군장군 영주자사를 증여하였다. 그 해 태창원년(532) 11월 辛卯朔 25일 乙卯에 기갱 서쪽 언덕에 하관하였다. 세상이 변해도[62], 고향의 소광(韶光)은 기한이 없으니, 아름다운 흔적을 서술하고 덕을 묘사하여 묘비에 의탁함에 이로써 [공의] 훌륭함을 전한다.

그 시에 이르기를:

근원은 성인의 혈통이며, 계통을 구성하신 분들은 신선의 자취였으니, 사도가 한을 보좌하였고 진을 도운 것은 사공이었다. 금과 같고 옥과 같아 왕이자 공이었으니 태정(정승)으로 자리를 이어가며[63] 여러 대에 왕을 보필하였네.

---

54) 縉紳: 搢紳과 같은 것으로 벼슬아치를 통틀어 일컫는 말이다.
55) 고식: 渤海脩縣(지금의 하북 景縣) 사람이다. 고조의 아들이다. 다만 묘지명에서 고식의 '식'의 자형은 高殖에 가까우나 위서에서는 高植으로 표기되었다.
56) 翼輔: 보좌와 같은 뜻이다.
57) 毀滅: 부모상을 당해서 몹시 슬퍼하는 것을 말한다. 『예기』에 나오는 말로, 哀毀하여 생명에 손상을 주어서는 안 되니, 돌아가신 부모 때문에 자신의 생명에 해를 끼치지 않아야 한다고 하였다(『禮記』 喪服四制, "毀不滅性, 不以死傷生也.").
58) 硤石: 회수의 양안 동서에 동협석, 서협석이 있으며, 지금의 안휘성 회남시이다.
59) 515년의 이 일을 협석지전(硤石之戰)이라고도 하며 관련 내용이 『통전』에서도 확인된다(『通典』, "梁將趙祖悅率水軍偸據硤石, 後魏將崔延伯率兵討之.").
60) 明喆: 明哲과 같은 뜻으로 世態나 사리에 밝음을 의미한다.
61) 遘疾: 병이 든 것을 의미한다.
62) 陵谷有革: 陵谷之變과 같은 것으로, 높은 언덕이 변하여 깊은 골짜기가 되고 깊은 골짜기가 높은 언덕으로 변한다는 뜻으로, 세상일이 극심하게 뒤바뀜을 이르는 말이다.
63) 繼武: 앞사람의 일을 계속 이어서하는 것을 비유하는 말이다.

강과 산에 신령스러운 기운이 내려와 이 영민한 사람이 탄생하니, 안으로 효우[64]가 밝고, 밖으로 충정이 용렬하였다. 옥 같은 생각은 난초처럼 화려하고, 얼음 같은 마음은 물처럼 꿰뚫으니, 禮樂으로 성품을 온화하게 하고 청빈함으로 스스로를 깨끗하게 하였도다.

嵩山과 洛水에까지 칭찬이 널리 미치고 黃河와 济水에까지 어질다고 칭찬하니, 뿌리를 북진(동진)에 감추고, 동연에 임시로 살았다. 관면이 서로 이어져 인수가[65] 분연히 날리니, 구덕이[66] 크게 드러나며 육례가[67] 대단히 선명하였네.

강물에 비친 달그림자는 속으로 숨고, 산봉우리가 반쯤 무너지니,[68] 객실에 이끼가 끼고, 금대에는 거미가 그물을 쳤다. 그림자는 흘러 쉽게 가라앉지만, 사람은 가서 오기 어려워, 친한 벗이 절절히 눈물 흘리니, 가는 길 고되고 슬프도다.

까마득한 언덕의 빛깔 쓸쓸히 울리는 소나무 소리, 밤은 긴데 등불은 다 떨어졌고, 도랑은 얼었는데 샘물은 □하도다. □天이 멀찍이 비추어, 대지에 의탁하여 함께 하니, 분봉을 높게 하여 덕을 나타내고, 유석에 새겨 향기를 전한다.

IV. 내용검토

1. 王溫의 가계

묘지명에 따르면 王溫 집안의 기원은 주 문왕에서 비롯되어 주 灵王의 태자인 子晉대에 분파되었다. 영가의 난때 王浚이 석륵의 화를 입고 313년 薊에서 낙랑으로 피난하였다. 이후 453년 조부인 王評이 가족을 이끌고 북위로 '귀국'하였다.

王溫의 선조로 등장하는 覇는 태원 광무인이다.[69] 비문상 王沉은 사서에서 확인되는 王沈과 동일 인물이라 생각되며, 왕침은 태원 진양인이다.[70] 王浚도 王沉의 아들로 태원 진양인이다.[71] 반면 비문 상 王浚을 王准의 祖로 서술하고 있어 王准의 부친이 누구인지에 대해서는 명확하지 않다. 이에 王准을 王浚의 손자, 즉

---

64) 孝友: 부모에 대한 효도와 형제에 대한 우애를 의미한다.

65) 龜組: 龜綬라고도 하며 印綬를 의미한다.

66) 九德: 『서경』에서 너그러우면서 치밀하고, 부드러우면서 굽힘이 없고, 점잖으면서 공손하고, 칠칠하면서 공경하고, 순하면서 굳세고, 정직하면서 따뜻하고, 간략하면서 모나고, 剛하면서 和하고, 强하면서 義로운 것을 구덕이라 하였다.

67) 六藝: 중국 주 나라 때 행해진 禮, 樂, 射, 御, 書, 數의 6가지 교육 과목을 말하는데, 유교의 기본 경전인 『易經』, 『書經』, 『詩經』, 『禮記』, 『樂經』, 『春秋』의 6경을 6예라고도 하였다.

68) 山峰半摧: 훌륭한 스승이 죽은 것을 의미한다. 옛날 공자(孔子)가 아침 일찍 일어나 뒷짐을 지고 지팡이를 끌고 문 앞에 한가로이 노닐며 노래하기를 "태산이 무너지고 대들보가 꺾이고 哲人이 죽겠구나[奉山其頹乎 梁木其推乎 哲人其萎乎]" 하였는데, 그 후 곧 별세하였다. 여기서는 王溫의 죽음을 의미한다.

69) 『後漢書』 卷83, 遺民 王霸列傳, "王霸, 字儒仲, 太原廣武人也."

70) 『晉書』 卷39, 王沈傳, "王沈, 字處道, 太原晉陽人也."

71) 王浚 묘지명에서 아버지는 沉으로 확인된다(北京市文物工作隊, 1965, 「北京西郊西晉王浚妻華芳墓清理簡報」, 『文物』 1965-12).

王浚 庶子 중 한 명의 아들로 보는 추정도 있지만 근거는 명확하지 않다.[72]

그리고 王溫의 가계도에서 曾祖가 등장하지 않는 것도 특징적이다. 이에 대하여 피난 도중 객사했을 가능성을 제기하였지만[73] 역시 명확한 근거는 없다. 다만 증조부가 일찍 사망하지 않았다고 가정하면 왕온 일가가 낙랑에 있던 140년 동안 대부분의 일생을 보내고 생을 마감한 것은 증조부가 유일했을 것이다.

2. 燕國 樂浪 樂都縣의 위치

王溫은 스스로를 燕國 樂浪 樂都人으로 칭하고 있다. 우선 王溫의 선조가 피난한 낙랑이 어디인지에 대해서 살펴보기 전에 피난한 시기부터 살펴보도록 하겠다. 묘지명에서는 석씨의 화를 만나 건흥원년(313) 낙랑으로 피난하였다고 전한다. 이후 王浚이 석륵에 피살된 것은 건흥2년(314) 3월의 일로 확인된다.[74] 이에 묘지명에 보이는 피난 시기가 오기일 가능성도 제기되었지만,[75] 피난한 뒤에 石勒이 幽州를 함락하는 과정에서 王浚이 살해되었다고 보아도 무리는 없겠다.

왕온의 선조가 낙랑으로 피난한 시기인 313년의 상황을 살펴보면 다음과 같다. 『삼국사기』에서는 313년 10월에 낙랑군을 침략한 기사를[76] 마지막으로 낙랑군에 관한 기사는 보이지 않는다. 이와 관련해 낙랑군 소멸과 교치에 관한 내용의 기사가 『자치통감』 건흥원년 4월조에서도 확인된다.[77] 당시 상황을 보면 군현의 공식 태수가 파견되지 않았던 상황에서 고구려 공략에 대한 방어는 낙랑지역 토착한인 이었던 王遵과 요동출신 장통이 주도하고 있었고[78] 토착세력인 王遵은 본인 영향력하에 있었던 집단을 모아 자위집단을 형성했다고 추정한다.[79] 고구려와 낙랑이 상쟁을 치열하게 이어나가던 시기임을 고려하면, 당시 戰場인 한반도 서북한지역의 낙랑으로 가솔을 이끌고 들어갔을 가능성은 낮다.

물론 낙랑 토착 한인이었던 王遵과 王溫의 선조집단이 이전 시기부터 관계를 맺고 있었다면 가능할지도 모르지만, 자세한 내막을 알기 어렵다. 만약 王溫 선조집단이 10월 이전에 피난했다면 가솔을 이끌고 전쟁 중인 한반도의 낙랑으로 갔다고 볼 여지도 있지만 양자의 관계가 명확하지 않은 이상, 10월 이후에 교치된 대릉하 유역의 낙랑지역에 몸을 숨기고자 했다고 보는 것이 더 합리적이다.

낙랑의 위치에 대하여 낙랑 낙도현을 평안남도 서북으로 비정한 견해,[80] 한반도 서북지방에 존재하던 낙랑군과는 관련이 없으며 313년 대릉하 유역 금주 일대에 교치된 낙랑군으로 보는 견해가 있다.[81] 앞서

---

72) 张乃翥, 1994, 「北魏王溫墓志紀史勾沉」, 『中原文物』 1994-4; 王洪軍, 2008, 「太原王氏北方宗支世系居地考」, 『齊魯學刊』 2008-6.

73) 王洪軍, 2008, 앞의 논문.

74) 『晉書』 卷5 帝紀5 孝懷帝, "建興二年 三月癸酉, 石勒陷幽州, 殺侍中, 大司馬, 幽州牧, 博陵公王浚, 焚燒城邑, 害萬餘人."

75) 王洪軍, 2008, 앞의 논문, p.42.

76) 『三國史記』 卷17, 高句麗本紀5 美川王, "十四年, 冬十月, 侵樂浪郡, 虜獲男女二千餘口."

77) 『資治通鑑』 卷88, 孝愍皇帝 上, "遼東張統據樂浪·帶方二郡 與高句麗王乙弗利相攻 連年不解 樂浪王遵 說統帥其民千餘家歸(慕容) 爲之置樂浪郡 以統爲太守 遵參軍事."

78) 안정준, 2016, 「고구려의 낙랑·대방군 고지 지배 연구」, 연세대 박사학위논문, p.16.

79) 윤용구, 2007, 「중국계 관료와 그 활동」, 『백제문화사대계 연구총서9-백제의 대외교섭-』, 충청남도 역사문화연구원, p.259.

80) 張金龍, 2000, 「北魏迁都后官贵之家在洛阳的居住里坊考」, 『河洛史志』 2000-1, p.29.

살펴 보았듯 왕온의 선조가 넘어온 시기를 감안했을 때 낙랑의 위치는 평양에서 요서로 교치된 지역으로 볼 수 있겠다. 즉 313년 10월 이후, 늦어도 王浚이 죽은 314년 3월 이전에 王溫 일가는 '교치된 낙랑지역'으로 피난하였다.

낙랑군은 한반도에서 대릉하 방면으로 옮겨져 모용씨의 지배하로 들어갔다.[82] 319년 전쟁에서 모용외가 張統을 보내 고구려가 점거한 河城을 공격하고 천여 가를 노획하여 돌아온 곳이 棘城이었다. 이로 보아 교치된 낙랑군의 위치는 현재 錦洲市인 대릉하 유역 棘城 부근이었을 가능성이 크다.[83] 樂都는 후한시기 낙랑군의 속현으로 『진서』 지리지에서는 확인되지 않는데, 낙랑군이 요서로 이동된 후 다시 설치된 것이다.[84]

요서에 있던 주민집단들의 유형에 대해서는 앞으로 구체적인 연구가 필요한 부분이겠지만, 대략적으로 살펴보면 왕온과 같이 중국에서 넘어온 집단과 한반도에서 넘어온 집단으로 크게 구분할 수 있을 것이다. 양자 모두 대체로 낙랑 왕씨인데, 후자의 경우 낙랑군 사람들로 한인과 원고조선계 토착 주민이었다. 그럼에도 '고구려 수도인 평양'에 있던 낙랑군에서 요서로 이주했다는 점에서 중국인들은 고구려 계통으로 인식되곤 했다.[85]

이후 432년에는 북위가 요서 낙랑군의 주민들을 유주로 사민하면서 낙랑군은 그 실체를 잃어버리게 되었다.[86] 다만 이후 풍태후를 중심으로 요서 출신 집단이 북위에서 권력을 잡게 되면서 이와 밀접한 관계의 낙랑 왕씨 일족도 북위 정권에서 위상을 높였다.[87] 王沈을 시조로 하는 왕온 일가는 북조에서 활약이 두드러진 王波 일족과 구분되었지만 어느 정도 영향을 받았을 것으로 보인다.

이때 주목되는 것은 왕온 아버지인 王萇은 龍驤將軍 樂浪太守였던 반면 왕온은 연국 낙랑중정에 보임되었다는 점이다. 특히 왕온이 본인 출신지로 서술하고 있는 燕國을 이해하는 방식에는 논자마자 차이가 있다. 먼저 燕國을 燕州로 보는 견해가 있다. 이에 따르면 燕國이 燕 출신자들로 조직된 특수 행정단위로 일반 군현에 포함되지 않기 때문에 郡國의 상급단위인 州를 國으로 서술한 것이라고 보았다.[88] 반면 燕國을 幽州의 燕郡으로 보는 견해에 따르면 燕國이라는 표현은 「王遜墓誌」에도 나오는데 연국으로 이주했던 낙랑 교군을 지칭하며 북위시기 연국은 유주와 같은 의미로 유주 일대를 지칭한다고 보았다.[89] 燕國에 대해서 앞으로 면밀한 검토가 요구된다.

81) 윤용구, 2003, 「중국출토의 韓國古代 遺民資料 몇 가지」, 『한국고대사연구』 32, p.305.

82) 千寬宇, 1987, 「灤河下流의 朝鮮」, 『古朝鮮史·三韓史硏究』, 一潮閣, pp.103-105.

83) 이성규, 2005, 「4세기 이후의 낙랑교군과 낙랑유민」, 『동아시아 역사속의 중국과 한국』, 서해문집, p.205.

84) 위의 논문, p.221.

85) 이동훈, 2018 앞의 논문, pp.72-73.

86) 園田俊介, 2007 앞의 논문, p.1.

87) 이동훈, 2018 앞의 논문, p.66.

88) 이성규, 2005 앞의 책, pp.222-223.

89) 園田俊介, 2007 앞의 논문, p.14.

3. 高肇와의 관계

王溫의 선조는 313년 영가의 난을 피해 교치된 낙랑으로 피난하였다가 436년 북위가 북연을 멸하자 453년 북위로 '귀국'하였다. 이후 465년 王溫은 북위에서 태어나 30대부터 高肇를 배후로 정치 생활을 했다. 高肇의 선조 역시 영가의 난을 피해 고구려로 갔다가 효문제 즉위 초인 471년 이후에 북위로 '입국'한 집단이었다.[90] 그렇다면 高肇와 王溫의 접점은 어디였을까.

高肇가 북위로 입국하던 무렵 상황은 백제가 북위에 올린 표문에 잘 나타나 있다. 표문에 보면 472년 대신과 강족이 죽고 백성이 흩어지는 상황을 서술하고 있다.[91] 또한 『삼국사기』 고구려본기에도 471년 백성이 魏로 달아나 전택을 하사받은 일이 기록되어 있다.[92] 이는 평양 천도 이후 국내 지역에 세력 기반을 둔 귀족세력과 점차 왕권을 강화해 가던 장수왕의 갈등이 폭발하여 대대적인 숙청이 이루어지던 상황을 보여주는 것이다.[93] 이 무렵 고구려를 떠난 高肇 역시 국내 지역을 기반으로 하는 유력 세력 중 하나였을 것으로 보이지만[94] 명확한 근거가 제시된 것은 아니다. 다만 『魏書』 孝文昭皇后高氏傳을 보면 효문소황후와 그 형제들을 '生於東裔'라고 칭하고 있으며, 효문소황후가 어렸을 때 꿨던 꿈에 대한 묘사가 주몽의 탄생신화와 흡사하다는 점으로 보아 高肇를 비롯한 효문소황후 일족이 고구려 출신임을 짐작할 수 있다.[95]

북위는 북연을 공멸하는 과정에서 幽州를 비롯한 여러 지역으로 낙랑의 民戶를 사민했는데[96] 5세기 이후 북경을 비롯한 중원 지역에서 활동한 낙랑 유민은 이와 관련해있다.[97] 王溫 세력이 북위 도성으로 돌아오게 된 것도 이러한 배경이 작용했기 때문으로 보인다.[98] 이후 낙랑군은 세력이 쇠하다 북위 正光연간(520~524) 榮州에 다시 설치되었다.[99] 앞서 王溫 묘지명에 따르면 高肇가 '향망'으로 王溫을 연국낙랑중정에 보임하였는데, 王溫이 연국 낙랑중정에 보임되었을 당시 낙랑은 폐지에 가까운 시기였다.

향망은 王溫의 은덕이기도 하지만 선조부터 쌓아온 지역[郷] 내 인망으로 보인다. 이에 고씨와 왕씨의 관계를 설명함에 있어, 王溫 선조의 피난지가 전연 낙랑군에 가까운 요동의 고구려일 가능성 혹은 전연의 낙

---

90) 『魏書』 卷83下, 列傳 外戚71下, "高肇, 字首文, 文昭皇太后之兄也. 自雲本勃海蓨人, 五世祖顧, 晉永嘉中避亂入高麗. 父驎, 字法脩. 高祖初, 與弟乘信及其鄕人韓內·冀富等入國."

91) 『魏書』 卷88, 百濟傳.

92) 『三國史記』 卷18, 高句麗本紀6 長壽王, "五十九年, 秋九月, 民奴久等, 奔降於魏, 各賜田宅. 是魏高祖延興元年也."

93) 임기환, 2004, 『고구려 정치사 연구』, 한나래, p.269.

94) 高肇가 高氏를 쓰고 있다는 점과 북위에 투항 후 상당한 대우를 받고 있다는 점을 생각하면 본래 고구려에서 유력한 세력이었다고 이해하기 충분하다. 또한 高肇뿐만 아니라 高崇, 高颎도 장수왕시기 중국으로 넘어간 고구려의 귀족으로 파악한다(서영대, 1981, 「高句麗 平壤遷都의 動機」, 『한국문화』 2, pp.127-128).

95) 이동훈, 2018 앞의 논문, p.51.

96) 『魏書』 卷2, 天興元年(398) 春正月, "辛酉, 車駕發自中山至于望都堯山. 徙山東六州民吏及徒何·高麗·雜夷三十六萬·百工伎巧十萬餘口, 以充京師."

97) 이정빈, 2016, 「한사군, 과연 난하 유역에 있었을까」, 『역사비평』 115, p.264.

98) 앞선 연구에서 지적한 바와 같이 王溫의 선조가 북위로 귀국한 것이 북위가 대릉하 지역을 장악한 436년보다 17년 뒤의 일이라는 점은 의문스럽다(윤용구, 2003, 앞의 논문, p.306). 하지만 시간적 차이가 있었을 뿐 王溫 일가가 북위로 귀국한 이유는 북위의 사민정책과 관련 깊을 것이다.

99) 千寬宇, 1987, 앞의 논문, pp.132-1322.

랑군으로 피난했지만 고구려의 영향 하에 놓였을 가능성,[100] 왕온과 고조가 고구려 출신으로 당파를 만들었을 가능성,[101] 왕씨와 고씨가 요동에 있었던 향당으로 연결되어 있었을 가능성이[102] 언급되기도 하였다.

다만 당시 상황을 고려해보면 낙랑이 쇠하던 시기였고, 王溫의 경우 선조가 귀국하여 황제의 조정에서 冠冕하면서 都邑에 살게 되었다고 서술하고 있으며, 高肇의 경우 북위 낙양성 내 귀족 거주지역인 義井里에 거주하였다.[103] 王溫과 高肇는 같은 도성에서 살지만 거주 구역은 달랐다. 북위 도성에는 계급별, 직분별로 구분되어 거주 구역이 설정되었는데, 귀부해 온 이국인에 대해서도 특정 지역을 설정해서 단계적 이주책을 쓰기도 했다.[104] 이를 근거로 낙랑에서 사민 된 이들이 모여 살았을지에 대하여 확언하기 어렵지만, 비슷한 성격의 집단이 함께 구획된 공간에 거주했을 가능성은 있다고 할 수 있겠다.[105] 『魏書』高肇傳에 따르면 高肇는 고구려 출신으로 聲望이 두텁지 못하였고 이에 黨派를 결성하는 정황이 기록되어 있다. 이를 고려하면 왕온과 高肇가 같은 黨派에 속했던 것은 명확해 보인다. 다만 앞서 살펴본 바와 같이 왕온은 고구려에서 넘어온 것으로 보기 어려우며, 왕온과 高肇는 도성에서 만나 관계를 형성했을 가능성이 높아 보인다.

V. 맺음말

王溫(465~531)은 연국의 낙랑 낙도인이다. 313년 선조인 王浚때 薊에서 낙랑으로 피난하였는데 이때 낙랑은 대릉하 유역의 교치된 낙랑이다. 이후 453년 조부인 평이 가솔을 이끌고 다시 북위에 귀국하여 도읍에 살았다. 고조인 准은 晋의 太中大夫를, 조부인 王評은 魏대에 征虜將軍 征虜將軍 平州刺史를 지냈다. 부친인 甚은 龍驤將軍 樂浪太守를 지냈다. 王溫은 경명년간(500~503)에 평원공국랑중령으로 관직에 올랐으며 高肇를 정치적 후원자로 하여 이후 연국 낙랑중정에 올랐다.

王溫이 연국 낙랑중정에 보임될 수 있었던 것은 '향망'에 의한 것이었는데, 선조부터 쌓아온 지역[鄕] 내 왕온에 대한 인망으로 보인다. 다만 王溫이 연국 낙랑중정에 보임되었을 당시 낙랑은 폐지에 가까운 시기였음을 고려하면 이때 지역[鄕]은 북위 도성에서 낙랑인들이 주로 모여 거주하던 공간일 수 있다. 결국 왕씨와 고씨가 북위로 넘어오기 이전의 낙랑 지역에서부터 관계가 있었다기보다 오히려 고씨가 북위로 넘어온 이후, 북위 도성에서 왕씨와의 관계가 시작되었을 가능성도 있다. 다만 王溫과 高肇의 도성 내 거주 구역은 달랐다.

---

100) 윤용구, 2003, 앞의 논문, p.306.
101) 園田俊介, 2007, 앞의 논문, p.16.
102) 张乃翥, 1994, 앞의 논문, p.90.
103) 『洛陽伽藍記』 卷1, 城內.
104) 박한제, 1990 「北魏 洛陽社會와 胡漢體制 - 都城區劃과 住民分布를 중심으로」, 『태동고전연구』 6, pp.58-59.
105) 이동훈은 고씨 등 고구려 계통과 왕씨 등 고조선 계통이 종족별로 모여 살았을 것으로 보았다(이동훈, 2018 앞의 논문, p.75).

高肇 사후 515년 王溫은 장수교위에 올랐고 이후 崔亮을 도와 가절가정로장군 별도충군에 제수되고 공을 쌓아 진원장군 후군장군에 올랐다. 531년에는 안동장군 은청광록대부로 승차하였다. 王溫은 소명리에서 531년 2월 26일 사망하고 이듬해인 532년 11월 25일 묘에 안치되었다. 사후에는 사지절무군장군영주자사에 추증되었다.

| 투고일: 2022.10.31 | 심사개시일: 2022.11.23 | 심사완료일: 2022.12.12 |

<table>
<tr><th colspan="3">〈王溫 묘지명 속 내용〉</th></tr>
<tr><th>시기</th><th>사건 및 관직</th><th>관련인물</th></tr>
<tr><td>313</td><td>낙랑 피난</td><td>王浚
王准
(王遵)</td></tr>
<tr><td>453</td><td>북위로 '귀국'</td><td>王評</td></tr>
<tr><td>465</td><td>王溫 탄생</td><td></td></tr>
<tr><td rowspan="2">500-503</td><td rowspan="2">평원공국랑중령
연국낙랑중정
익림감직각장군</td><td>高肇
(471년
이후
고구려에서
북위로
'입국')</td></tr>
<tr><td>高殖(高植,
高肇의
아들)</td></tr>
<tr><td rowspan="3">515</td><td>장수교위</td><td rowspan="3">崔亮</td></tr>
<tr><td>가절가정로장군
별도충군</td></tr>
<tr><td>진원장군후군장군</td></tr>
<tr><td>531</td><td>안동장군
은청광록대부</td><td></td></tr>
<tr><td rowspan="2">531.
2.26</td><td>王溫 사망</td><td></td></tr>
<tr><td>사지절무군장군
영주자사</td><td></td></tr>
<tr><td>532.
11.25</td><td>下棺</td><td></td></tr>
</table>

<table>
<tr><th colspan="3">〈王溫 묘지명 속 가계도〉</th></tr>
<tr><td>周</td><td colspan="2">文王</td></tr>
<tr><td></td><td colspan="2">子晉
분파되었음.</td></tr>
<tr><td>...</td><td>...</td><td>...</td></tr>
<tr><td>漢</td><td>王霸
司徒</td><td>...</td></tr>
<tr><td rowspan="5">晉</td><td>王沈
司空</td><td></td></tr>
<tr><td>王浚
司空幽州牧</td><td></td></tr>
<tr><td colspan="2">석씨의 화로 313 薊에서 낙랑으로
피난</td></tr>
<tr><td>王准
太中大夫</td><td></td></tr>
<tr><td>?</td><td></td></tr>
<tr><td>魏</td><td>王評
征虜將軍 平州刺史</td><td></td></tr>
<tr><td></td><td colspan="2">453년 評이 가솔을 이끌고 歸國하여
도읍에 거주</td></tr>
<tr><td rowspan="2">魏</td><td>王莄
龍驤將軍 樂浪太守</td><td></td></tr>
<tr><td>王溫</td><td></td></tr>
</table>

洛阳市文物工作队, 1991, 『洛阳出土历代墓志辑绳』, 中国社会科学出版社.

千寬宇, 1987, 『古朝鮮史·三韓史研究』, 一潮閣.

郭碩, 2018, 「高肇專權與高麗高氏的中原之路」, 『社會科學戰線』 2018-04.

乃翥, 1994, 「北魏王溫墓志紀史勾沉」, 『中原文物』 1994-4.

박한제, 1990, 「北魏 洛陽社會와 胡漢體制 - 都城區劃과 住民分布를 중심으로」, 『태동고전연구』 6.

서영대, 1981, 「高句麗 平壤遷都의 動機」, 『한국문화』 2.

王洪軍, 2008, 「太原王氏北方宗支世系居地考」, 『齊魯學刊』 2008-6.

園田俊介, 2007, 「北魏時代の樂浪郡と樂浪王氏」, 『中央大學アジア史研究』 31.

윤용구, 2003, 「중국출토의 韓國古代 遺民資料 몇 가지」, 『한국고대사연구』 32.

윤용구, 2007, 「중국계 관료와 그 활동」, 『백제문화사대계 연구총서 9-백제의 대외교섭-』, 충청남도 역사
　　문화연구원.

윤용구, 2014, 「중국 출토 고구려 백제유민 묘지명 연구동향 III. 북조대 樂浪·高句麗流民 묘지명과 연구」,
　　『한국고대사연구』 75.

윤용구, 2021, 「북위대 낙랑·고구려계 이주민」, 『동서인문』 17.

이동훈, 2018, 「위진남북조시기 중국의 코리안 디아스포라 : 고조선 고구려 부여계 이주민 집단 연구」, 『한
　　국사학보』 72.

이성규, 2005, 「4세기 이후의 낙랑교군과 낙랑유민」, 『동아시아 역사속의 중국과 한국』, 서해문집.

張金龍, 2000, 「北魏遷都後官貴之家在洛陽的居住裏坊考」, 『河洛史志』 2000-1.

张乃翥, 1994, 「北魏王溫墓志纪史勾沉」, 『中原文物』 1994-4.

朱亮·李德方, 1995, 「洛陽孟津北陳村北魏壁畫墓」, 『文物』 1995-8.

〈Abstract〉

A Collation and Annotated Translation of The Epitaph of WangOn

Na, You-jung

The cemetery of WangOn(465~531), discovered in 1989 in Mt. Mang(邙山) about 1.5㎞ southeast of Bukjin village(北陳村) in Mengjin county(孟津縣), is located in the middle of the Luo River(洛河) and the Yellow River(黃河) flowing through the Luoyang city(洛陽市) in Henan province(河南省), China. The epitaph of the cemetery made by trimming blue-gray limestone has a square shape of 58.5㎝ on one side and shows a total of 758 characters in 28×28 lines, 3 characters of which are difficult to read due to rubbing reasons. WangOn is a native of the Ledu(樂都) of Lolang(樂浪) in Yan state(燕國). In 313, his ancestor, WangJun, evacuated from ji(薊) to Lolang, and at this time, Lolang was the very Lolang moved to the basin of Dalinghe(大凌河). Later, in 453, his grandfather, Pyeong, led members of his family, returned to Northern Wei(北魏) and lived in the capital. His great-great grandfather Jun served as taizhongdaifu(太中大夫: senior official) in jin(晋), his grandfather Pyeong as zhenglujiangjun(征虜將軍:general) pingzhoucishi(平州刺史: provincial governor) in Wei, his father Jang as longxiangjiangjun(龍驤將軍) Lolangtaishou(樂浪太守: provincial governor). WangOn took office as a pingyuangongguo(平原公國) langzhongling(郎中令) from 500 to 503. He was a political supporter of GaoZhao, becoming a Yan state Lolangzhongzheng(樂浪中正) later. In 515 after GaoZhao's death, he became zhangshuixiaowei(長水校尉: military officer) and then was appointed jiajiejiezhenglujiangjun(假節假征虜將軍) biedaotongjun(別道統軍: general) for ChoiRyang, promoting zhenyuanjiangjun(鎭遠將軍) houjunjiangjun(後軍將軍). In 531, he was raised to andongjiangjun(安東將軍) yinqingguangludaifu(銀靑光祿大夫). WangOn died on February 26, 531 in Somyeong-ri and was enshrined in the tomb on November 25, 532. After his death, he was honored by shichijie(使持節) fujunjiangjun(撫軍將軍) yingzhoucishi(瀛州刺史)

▶ Key words: WangOn(王溫), GaoZhao(高肇), Lolang Wang Family(樂浪王氏), Goguryeo Refugee. Lo-Rang Jun(樂浪郡)

평양 정백동·정오동 출토 낙랑 문자자료

오택현[*]

Ⅰ. 머리말
Ⅱ. 평양 정백동·정오동 출토 낙랑 도장
Ⅲ. 평양 정백동·정오동 출토 낙랑 칠기
Ⅳ. 평양 정백동·정오동 출토 낙랑 기타 문자자료
Ⅴ. 평양 정백동·정오동 출토 문자자료의 의의와 한계
Ⅵ. 맺음말

〈국문초록〉

정백동과 정오동은 평양시 락랑구역 내에 위치한 지역으로 많은 낙랑 고분이 분포하고 있다. 이곳의 많은 무덤에서 다양한 유물이 발견되었다. 그중 정백동 364호분이라 불리는 무덤은 낙랑군 25개 현의 호구를 조사한 목간과 논어가 기록된 죽간이 발견되어 낙랑군이 중국 군현으로 운영되고 있었음을 증명해주었다. 정백동과 정오동이 위치한 지역은 낙랑군에 있어 중요한 지역이었던 것이다.

본고에서는 정백동과 정오동에서 출토된 문자자료를 도장과 칠기, 기타 문자자료로 구분해 정리했다. 도장은 관인과 사인으로 구분되며, 피장자의 위치(지위) 및 이름을 알 수 있는 자료이다. 칠기는 다양한 용도로 사용된 칠기들이 발견되었다. 그중에서 일정한 형식으로 명문이 기록된 기년명 칠기가 주목된다. 향후 기년명 칠기 명문 파악에 큰 도움을 줄 것으로 예상된다. 마지막으로는 도장 및 칠기가 아닌 기타 문자자료를 정리했다.

정백동과 정오동 자료는 체계적으로 정리되지 않았고, 유물 사진 자료가 많지 않다. 그래서 정백동과 정오동 출토 명문자료를 파악하는데 어려움이 있다. 하지만 최대한 사진 자료를 찾아 정리했기에 향후 정백동과 정오동 문자자료 연구에 도움이 될 수 있기를 기대해본다.

▶ 핵심어: 정백동, 정오동, 도장, 칠기, 문자자료

* 동국대학교 WISE캠퍼스 국사학과 강사

I. 머리말

평양에 위치한 정백동과 정오동에는 다수의 무덤이 분포하고 있다. 이 지역에는 고구려 무덤 이외에도 낙랑 무덤이 많이 남아 있어 일찍부터 북한에서는 정백동, 정오동, 토성동, 락랑동, 남사리를 낙랑구역 일대로 규정하였다.

낙랑구역 일대는 평양 중심부의 서남쪽에 위치한다. 다섯 개의 봉으로 이루어진 높이 58m의 오봉산을 중심으로 남북 약 4㎞, 동서 약 8㎞에 달하며, 이곳에 약 2,000여 기의 고분이 분포하고 있다.[1] 낙랑구역 일대의 무덤 축조방식을 살펴보면 나무곽무

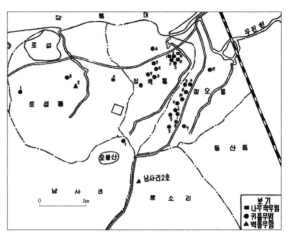

그림 1. 낙랑구역 일대에서 발굴한 무덤들의 위치(사회과학원고고학연구소, 1983, 『고고학자료집 6』, 과학·백과사전출판사, p.4, 그림1)

덤, 귀틀무덤, 벽돌무덤이 확인된다. 이 무덤에서 상당 수의 유물이 함께 발견되고 있다.[2]

북한에서는 1967년부터 1971년 고조선 후기 문제를 해명하기 위해 평양시 낙랑구역 정백동과 정오동 등 일대의 유적들을 발굴하였다. 정백동과 정오동은 평양-강남 도로, 평양-원암 도로와 같이 평양으로 이어지는 교통로에 위치하고 있다는 점에서 지리적으로 매우 중요한 곳이라 할 수 있다.

지리적으로 중요한 지역임에도 불구하고 정백동과 정오동에서 발견된 무덤은 제대로 정리되지 않았다. 북한에서 발간된 『고고학자료집』[3]에 의하면 정백동과 정오동에는 각각 1~12호, 총 24개의 무덤만 있었던 것처럼 기록되어 있다.

하지만 정백동에는 '王光墓'라 불리는 유명한 무덤이 있는데, 이 무덤의 원래 명칭은 정백동 127호분이다. 또 梅原末治가 소장한 사진 자료[4] 중 정백동과 관련된 자료를 살펴보면 정백동에 200기가 넘는 무덤이 있었다고 한다.[5] 앞서 낙랑구역 일대에 약 2,000여 기 이상의 무덤이 존재한다고 했고, 교통의 중심지인 정백동과 정오동임에도 불구하고 『고고학자료집』에는 총 24기의 무덤만 소개하고 있다는 점에서 정백동과

---

1) 정백동과 정오동 무덤군은 오봉산의 동쪽 끝에 위치해 있으며, 경사면에 무덤군이 형성되어 있다. 오봉산이 높이가 58m 정도라는 점에서 그리 높지 않은 산의 산맥에 무덤군이 형성되었음을 알 수 있다.

2) 무덤의 형태를 보면 정백동은 일부 나무곽 무덤과 귀틀무덤이 혼재되어 있고, 정오동은 모두 귀틀무덤만 발견되었다. 무덤의 제작 형태를 통해 분포된 지역적 특징과 무덤 제작 시기를 유추할 수도 있을 것이다.

3) 사회과학원고고학연구소, 1983, 『고고학자료집 6』, 과학·백과사전출판사.

4) 日本 東洋文庫에서는 梅原末治가 소장했던 사진 자료를 제공하고 있다.
   (http://124.33.215.236/umehara2008/ume_query.html)

5) 북한의 사회과학원 고고학연구소에서 발간한 『조선고고학 전서』에 의하면 정백동에는 300기가 넘는 무덤이 존재하는 것으로 조사되었다.

정오동 무덤에 대해 제대로 조사하지 않았다고 봐도 좋을 듯하다. 게다가 『평양의 어제와 오늘』에서 정백동에서 82기의 무덤이 발견되었다고 하지만[6] 무덤 번호가 어떻게 부여된 것인지에 대해서는 언급하지 않았다. 여기에 정백리가 정백동으로, 정오동이라는 지명이 최근에 만들어지는[7] 등 북한 내에서의 행정구역도 변하고 있어[8] 고분의 분포 및 고분 번호 부여 방법을 찾는데 어려움이 있다. 또 정백동과 정오동이 북한에 위치하고 있어 자료를 수집하는 것도 쉽지 않다.

본고에서는 지역적으로는 낙랑 토성 외부 동쪽에 위치한 정백동과 정오동, 시기적으로는 낙랑, 내용은 문자가 있는 출토 유물로 한정해 정리를 시도하였다.[9] 이에 II장에서는 도장, III장에서는 칠기, IV장에서는 기타 문자자료로 나눠 검토하고자 한다. 문자 분석은 사진 자료가 있는 유물을 중심으로 진행하기에 누락되는 자료가 다수 있을 수 있다. 이는 추후 보완하기로 한다.

II. 평양 정백동·정오동 출토 낙랑 도장

1. 정백동 1호분 출토 '夫租薉君'

| 원본 | 반전 | 상부 |

조선유적유물도감 편찬위원회, 1988, 『조선유적유물도감 2』, 조선문화보존사, p.109

정백동 1호분에서 출토된 도장이다. 한 변의 길이가 2.2㎝이며, 거북모양의 손잡이가 있다. 글자는 소전

---

6) 강근조·리경혜, 1986, 『평양의 어제와 오늘』, 사회과학출판사, p.21.

7) 정오동은 최근 만들어진 행정구역으로 예전에는 정백리로 통칭되고 있었다. 정백리의 대략적인 위치는 낙랑 토성 외부 동쪽에 위치한다.

8) 1958년 6월에는 대성구역이 새로 나와 6개 구역이 되었으며, 1959년 9월에는 락랑구역, 룡성구역, 만경대구역, 선교구역, 삼석구역, 승호구역이 새로 나와 12개 구역으로 늘어났다. 1960년 10월에는 평안남도의 강동군, 대동군, 순안군의 일부 지역들이 평양시에 포함되었다. 이때 평천구역, 보통강구역, 모란봉구역, 동대원구역, 형제산구역, 력포구역이 새로 나와 시 행정 구역은 18개 구역으로 늘어났다(위의 책, pp.103-104).
이 이후에도 낙랑구역에 행정구역이 지속적으로 변화하고 있어 행정구역을 토대로 무덤을 분류하는데 어려움이 있다.

9) 문자가 가장 많이 쓰여진 자료는 칠기이다. 칠기란 옻칠을 한 목제품을 의미하는데, 칠상, 칠반, 耳杯, 칠곽, 신발, 숟가락 등이 이에 속한다. 또 청동거울, 도장, 백색단지, 錢 등 다양한 물품에도 문자가 기록되어 있다. 하지만 청동거울은 대부분의 무덤에서 보이기 때문에 따로 정리하기로 하고, 봉니도 성격을 규명하기 위해 따로 정리하기로 한다. 또 정백동 364호분에서 발견된 목간(호구부목간, 논어목간)도 검토할 부분이 많기에 본고에서는 제외하였다.

체로 '夫租薉君'이라 새겨져 있다. '夫租'는 고조선 중심지였던 왕검성 동쪽에 있던 영동 땅의 지방 중 하나이다. 영동 땅에는 薉의 사람들이 살고 있었다고 한다. '夫租薉君'은 夫租 지방의 살고 있던 薉 사람들의 우두머리란 뜻이며, 고조선에서 임무를 마친 후 평양에 와서 묻힌 것이 아닐까 추정된다. 무덤에서 출토된 110여 점의 유물 중에는 고조선 말기 유적에서 출토된 유물과 동일한 유물이 상당 수 발견되었기에 이러한 추정에 힘을 실어주고 있다.

2. 정백동 3호분

원본	반전	상부

조선유적유물도감 편찬위원회, 1988, 앞의 책, p.121

정백동 3호분에서 출토된 도장이다. 한 변의 길이가 1.4㎝이며, 두께는 0.7㎝이다. '周古'라는 글자가 새겨져 있다. 정백동 3호분에서는 '周' 혹은 '大周'라는 글자가 기록된 유물들이 많이 나왔다. 그중에서 은으로 만든 도장에 '周古'가 새겨져 있어 정백동 3호분을 '周古무덤'이라 부르기도 한다.

3. 정백동 127호분 官印 '樂浪太守掾王光之印 / 臣光'

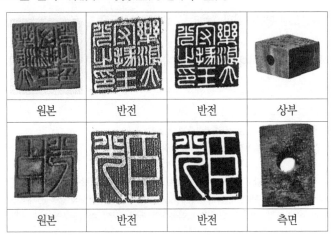

원본	반전	반전	상부
원본	반전	반전	측면

朝鮮古蹟硏究會 編, 1935, 『樂浪王光墓』, 圖版第三五

정백동 127호분은 발견된 유물이 다양해 일찍부터 관심을 받았다. 그 결과 일제강점기에 발굴되었음에도 불구하고 관련 유물을 일본의 조선고적연구회에서 책으로 출판하였다.[10] 이 무덤에는 수준 높은 부장품이 많이 부장되어 있다. 여기에서 2개의 인장이 출토되었는데, 1개는 양면에 글자가 새겨져 있는 官印이고, 1개는 私印이다. 私印에는 무덤 주인의 이름이 기록되어 있어 정백동 127호분은 무덤 주인의 이름을 붙여 王光묘로 더 많이 알려져 있다.

官印은 양면에 글자가 새겨져 있는데, 한 쪽면에는 '樂浪太守掾王光之印' 총 9자가 쓰여 있다. 이름인 王光 앞에 '樂浪太守掾'이 새겨져 있다. 樂浪太守 뒤에 掾이 붙는 것으로 보아 王光은 낙랑태수의 屬吏였던 것으로 보인다.

이 도장이 흥미로운 점은 도장의 손잡이가 없고, 위와 아래에 글자를 새겼다는 점이다. '樂浪太守掾王光之印' 반대편에 '臣光'이라는 글자가 새겨져 있다. '臣인 (王)光'을 의미하는 것으로 보인다. 손잡이가 없는 대신 도장의 보관을 위해 가운데 구멍을 뚫어 끈으로 매달았던 것으로 추정된다.

4. 정백동 127호분 私印 '王光私印'

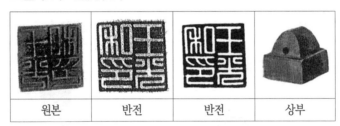

| 원본 | 반전 | 반전 | 상부 |

朝鮮古跡研究會 編, 1935, 앞의 책, 圖版第三五

정백동 127호분에서는 官印와 私印이 동시에 발견되었다. 私印은 개인의 도장이기에 이름이 새겨져 있다. 앞서 官印에 光과 王光이 새겨졌고, 私印에도 王光이 새겨져 있다. 무덤 주인의 이름을 王光으로 보는 것은 문제 없어 보인다.

5. 정백동 2호분 출토 '父祖長印'[11]

정백동 2호분에서는 2개의 도장이 발견되었다. 1개는 官印이며, 1개는 私印이다. 官印을 통해 이 무덤 주인의 벼슬을 알 수 있게 되었고, 私印을 통해 이 무덤 주인의 이름을 알 수 있게 되었다.

官印은 주물하여 만든 백동 도장이다. 한 변의 길이가 2.2㎝이며, 두께는 0.4㎝이다. 손잡이는 짐승이 네 다리로 선 후 머리를 약간 들고 있는 자세를 취하고 있다. 官印에는 '父祖長印'이 새겨져 있다. 은상감한 것으로 껴묻거리로 만든 도장으로 추정된다.

---

10) 朝鮮古跡研究會, 1935, 『樂浪王光墓』.

11) 이 도장은 사진 자료가 없어 『고고학자료집』의 내용을 인용하였다(사회과학원고고학연구소, 1983, 앞의 책, p.25).

6. 정백동 2호분 출토 '高常賢印'[12]

정백동 2호분에서 발견된 私印이다. 은으로 만든 것으로 한 변의 길이가 1.5㎝이며, 두께는 0.8㎝이다. 손잡이는 반원형의 고리로 되어있다. 私印에는 '高常賢印'을 오목새김했다.

7. 정오동 3호분 출토 '韓兢私印'[13]

정오동 3호분에서 발견되었다. 청동으로 만들었다. 한 변의 길이가 1.3㎝이며, 높이는 0.5㎝이다. 위에 끈을 걸 수 있도록 구멍이 뚫어져 있다. 도장에는 "韓兢私印" 4글자가 새겨져 있다.

III. 평양 정백동·정오동 출토 낙랑 칠기

1. 기년명 칠기

1) 정백동 17호분 출토 기년명 칠기

동양문고 소장 우에하라 자료

정백동 17호분에서 출토된 칠기에는 기년이 기록된 칠기가 있다. 판독하면 "永光元年考工賜▨塗▨嗇夫喜主右丞栽令匋省"로 판독되는데, 내용은 "永光元年(B.C.43) 考工 賜 ▨塗▨, 嗇夫[14] 喜主, 右丞 栽, 令匋省에 의해 제작되었다"는 것으로 해석할 수 있다.

---

12) 이 도장은 사진 자료가 없어 『고고학자료집』의 내용을 인용하였다(위의 책, p.25).

13) 이 도장은 사진 자료가 없어 『고고학자료집』의 내용을 인용하였다(위의 책, p.48).

2) 정백리 200호분 출토 기년명 칠기

동양문고 소장 우에하라 자료

정백동 200호분에는 기년이 기록된 동일한 명문이 새겨진 칠기가 있다. 내용을 판독하면 "永平十一年蜀郡西工造乘輿俠紵量一升八合杯素工武髹工戎汜工翕丹工當造工代護工卒史封長豊丞嵩掾羽令史彊主"로 판독된다. 내용은 "永平十一年(68) 蜀郡 西工에서 만든 乘輿이다. 俠紵은 무게 1升 8合(180㎖)의 杯이고, 素工[15]은 武, 髹工[16]은 戎, 汜工[17]은 翕, 丹工[18]은 當, 造工[19]은 代이다. 護工卒史는 封, 長은 豊, 丞은 嵩, 掾은 羽, 令史는 彊主이다"라고 해석되며 제작에 필요한 재료의 용량과 工名, 官名이 기록되었다.

---

14) 嗇夫는 공관의 생산시설인 作府의 책임자이다.

15) 각종 胎에 기초 도색을 하는 작업이다(沈福文, 1992,『中國漆藝美術史』, 人民美術出版社, p.60).

16) 漆工으로 생각된다. 髹는 '髤' 혹은 '䰍'로 기록되기도 한다.『說文解字 黍部』에서는 "髹, 桼也, 從桼髟聲, 許由切.", "桼, 木汁, 可以髹物"이라 기록되어 있다((漢)許慎,『說文解字·黍部』(1963, 中華書局, p.128)).『漢書 外戚傳』의 "其中庭彤朱, 而殿上髹漆"이라는 기록에 대한 顔師古의 주에 의하면 "以漆漆物謂之髹…髹字或作䰍, 音意亦與髹同"이라 기록되어 있다((漢)班固,『漢書』地理志(上)(1962, 中華書局, p.3989)). 이를 통해보면 髹는 칠하다라는 의미로 해석해도 무방할 듯하다.

17) 上工이 기록되는 자리에 이다. 上工은 금속 테두리를 입히는 작업이라고 한다(沈福文, 1992, 앞의 책, p.60). 실제로 어용 칠기에는 금으로 테두리를 두르는 칠기가 많다. 上工을 汜工으로 기록했을 것이라는 주장도 있다(中國大百科全書總編委, 1986,『中國大百科全書·考古學』"漢代漆器", 中國大百科全書出版社, p.168).

上은 '匕'로 해석되며, 匕은 '漆', '桼', '柒'의 初文으로(史樹靑, 1957,「漆林識小錄」,『文物參考資料』第7期), 漆은 고대에 '桼', '柒', '匕'로 기록되기도 했다(熊松靑, 1996,「略談漆樹及漆利用源流」,『四川文物』第6期). 그러므로 '汜'은 柒의 약자이며, 모두 漆과 같은 글자로 볼 수 있다.

18) 丹工은 丹을 칠기에 입히는(칠하는) 작업이다.

19) 造工에 대해서는 공방의 책임자라는 견해(中國大百科全書總編委, 1986, 앞의 책, p.168)와 칠기의 기형을 전문적으로 제작하는 장인이라는 견해(沈福文, 1992, 앞의 책, p60)가 있다.

3) 정오동 1호분 출토 기년명 칠기

정오동 1호분에서는 완전한 형태의 耳杯가 발견되지 않았지만, 남겨진 조각으로 15개 정도의 耳杯를 복원할 수 있다고 한다. 耳杯의 모양은 길쭉한 타원형에 귀가 달린 모양으로 작은 것은 길이 14㎝, 가운데 부분의 너비 10㎝이며, 큰 것은 길이 16㎝, 가운데 부분의 너비 12㎝이다. 큰 耳杯 중 4개의 밑바닥에 바늘 같은 것으로 글자를 새겼다. 4개 중 3개는 始元二年(B.C.85)이 기록되어 있고, 나머지 2개에는 始元五年(B.C.82)이라는 기년이 기록되어 있다. 현재 사진 자료가 없어 판독에는 『고고학자료집』의 자료를 인용했다.[20] 내용을 살펴보면 아래와 같다.

(1) 始元二年蜀西工長廣成丞▨技▨工卒史勝守令史母夷▨左素喜佐▨▨工▨▨▨▨左畫工充 富造

(2) 始元二年蜀西工長廣成丞▨技▨工卒史勝守令史母夷▨左素喜佐▨▨工右柳▨工▨左畫工 母持造

(3) 始元二年蜀西工長廣成丞▨技▨工卒史勝守令史母夷▨左素喜佐▨▨工无▨▨工▨左畫工 (이하불명)

(4) 始元五年蜀郡西工造▨▨▨▨畫大黃瓦▨周并十六▨口工處▨工▨上工石銅瓦黃塗工也畫 ▨▨▨工䁐▨二平造工欽者▨団▨▨▨隆令史廣主

4) 정오동 4호분 출토 기년명 칠기

정오동 4호분에는 9개의 耳杯가 발견되었다. 그중 무늬장식도 구리테도 없는 보통의 칠耳杯이 5점. 그중 하나(耳杯의 바닥과 벽의 밑부분만 남음)의 바닥 가운데 붉은색으로 '永平十四年造三丸▨▨謹▨堅樂母事▨ 䁐食'이라는 글자를 새겼다. 현재 사진 자료가 없어 판독에는 『고고학자료집』의 자료를 인용했다.[21]

5) 정오동 6호분 출토 기년명 칠기

정오동 6호분에는 완전한 형태의 耳杯가 발견되지 않았지만, 5개의 칠기에서 기년명이 확인된다. 建武五年(29) 1개, 建武七年(31) 3개, 建武十八(42) 1개가 발견되었다. 현재 사진 자료가 없어 판독에는 『고고학자료집』의 자료를 인용했다.[22] 내용을 살펴보면 아래와 같다.

(1) 建武五年蜀郡西工造▨興▨畫不決▨黃釦餠▨宜一氏素▨工安黃釦▨▨工▨工工黃…史造▨工 字史▨長記▨…

---

20) 사회과학원고고학연구소, 1983, 앞의 책, p.34.

21) 위의 책, p.54.

22) 위의 책, p.78.

(2) 蜀郡西工造乘輿主▨木任▨黃口瓦▨南一斗二合素工▨▨工仲黃瓦▨工安▨工高▨▨工
畫工田▨工定造工忠造▨工字史刻▨辰紋正▨▨▨令史▨▨主

(3) 建武七年蜀郡西工造▨典曰▨▨▨丈扶▨黃瓦工石▨工黃淸工▨主工▨▨工▨造工忠造▨二
▨振▨▨▨▨令史▨主

(4) 建武七年蜀郡西工造年▨▨▨造▨▨▨黃二口…工忠黃瓦工▨▨二廣▨▨畫工用▨工字造
工史造▨工立史庫民氾▨▨用延令史▨▨

(5) 建武十八年蜀郡西工造乘輿…▨畫▨▨▨▨ 釦飯▨▨▨素工…工樂黃釦塗工▨▨工商淸工
▨畫工定▨工▨造工▨卒史四卅…梁令習主

6) 기년명 칠기 명문 분석

낙랑 칠기에 쓰여진 기년명 명문을 보면 蜀郡과 廣漢郡 같은 중국 지명이 자주 보인다. 그리고 그 뒤에 工官, 考工, 供工 등과 같은 칠기 생산과 관련된 기관이 기록되고 있다. 그래서 기년명이 기록된 낙랑 칠기는 체계적인 생산과 관리체계 속에서 제작되었던 것으로 보인다.

칠기 생산 기관인 工官에 대한 설치와 관련해 상세한 정보를 기록하고 있는 문헌 기록이 없어, 칠기 생산 기관과 관련된 흔적은 고고학 자료를 통해 유추해야 한다. 다행히도 고고학 자료인 기년명 칠기의 명문에서 '蜀郡西工'과 '廣漢郡工官' 등과 같은 칠기 생산 기관이 확인되고 있다.

『漢書』 地理志에 蜀郡과 廣漢郡의 成都縣에 工官이 존재했다고 한다. 蜀郡과 廣漢郡이 칠기 생산지였다는 점은 『漢書』 地理志와 기년명 칠기 자료를 통해 확인되고 있다.[23] 또 『後漢書』 皇后紀 和憙鄧皇后에 "其蜀, 漢釦器九帶佩刀, 幷不復調"라는 기록이 있는데, 이 기록의 註에 "釦音口, 以金銀緣器也."[24]가 적혀 있다. 이는 蜀郡과 廣漢郡 工官의 칠기 중에는 黃釦飯盤 및 黃耳杯의 수량이 많았다는 것을 의미한다. 낙랑에서 발견된 명문 칠기에서도 黃釦飯盤 및 黃耳杯가 많이 보인다는 점은 이러한 기록을 뒷받침한다고 할 수 있다.

『漢書』 地理志에 의하면 廣漢郡은 高帝가 설치하였고, 蜀郡은 晉代에 설치된 것이라고 한다.[25] 또 기년이 기록되어 있는 칠기를 살펴보면 廣漢郡과 蜀郡 工官에서 제작된 칠기는 昭帝 始元 二年(B.C.85)부터 東漢 和帝 永元十四年(기원 102년)까지 187년 동안 지속적으로 생산되었음을 알 수 있다.

기년명 명문 칠기의 명문에는 紀年, 工官名, 器物名, 용량, 工名, 官名 등이 기록되어 있다. 工名과 官名은 시기에 따라 약간의 차이가 있다. 宣帝 元康 四年(B.C.60) 이전의 廣漢郡과 蜀郡 西工에서 제작 된 칠기의 명문에는 먼저 관직명을 기록하고, 그 뒤에 공인의 이름을 기록하였다. 그러나 늦어도 河平 二年(B.C.27)부터는 工名을 먼저 기록한 후 官名을 기록하였다. 또 명문의 대부분에 '乘輿'가 기록되어 있다. 『獨斷』에 의하면 '車馬衣服器百物曰乘輿'라는 구절이 있는데, 이를 통해 보면 廣漢郡과 蜀郡 工官에서 제작한 칠기는 御用品

---

23) (漢)班固, 『漢書』 地理志(上), (1962, 中華書局, pp.1597-1598).

24) (南朝宋)範曄, 『後漢書』 皇後紀 和憙鄧皇後(1965, 中華書局, pp.422-423).

25) (漢)班固, 『漢書』 地理志(上)(1962, 中華書局, pp.1597-1598).

이었을 가능성이 높다. 나아가 廣漢郡과 蜀郡의 工官 명칭은 王莽 시기 '成都郡工官'으로 개칭되고 있음이 문헌과 발견된 기년명 낙랑 칠기를 통해서도 확인된다. 절대연대를 파악할 수 있는 기년명이 칠기에 기록되어 있어 문헌자료와 함께 당시 지명의 변천과 廣漢郡과 蜀郡의 관리 방법 등의 변화도 함께 살펴볼 수 있게 되었다.

『後漢書』百官에 의하면 '其郡有鹽官, 鐵官, 工官, 都水官者, 隨事廣狹置令, 長及丞, 秩次皆如縣, 道, 無分士, 給均本吏.'[26]와 같이 工官에는 관리를 두었다고 한다. 廣漢郡과 蜀郡이 工官이라는 점을 염두에 두면 관리가 파견되었을 것이다. 王莽 시기 工官 명칭이 바뀌면서 官名이 일부 개명되지만, 관리를 두고 있었다는 것에는 변함이 없다. 기년명 칠기에 나타난 시기에 따른 관리의 명칭 변화를 살펴보면 아래와 같다.

◎ 소제 始元二年(B.C.85) : 長一丞一護工卒史一令史一嗇夫一佐

◎ 선제 元康四年(B.C.60) : 護工卒史一長一丞一令史

◎ 성제 河平二年(B.C.27) : 護工卒史一長一丞一掾

◎ 성제 陽朔二年(B.C.23) : 護工卒史一長一丞一掾一佐

◎ 성제 永始元年(B.C.16)-東漢 : 護工卒史一長一丞一掾一令史

◎ 왕망 始建國天鳳 : 護工史一宰一丞一掾一史一掌(大)尹

廣漢郡과 蜀郡 工官 칠기가 御用品으로 헌납되었다면 관리들에 의한 관리·감독은 당연하다. 그렇기에 素工, 髹工, 上工, 銅耳黃塗工, 銅釦黃塗工, 畵工, 丹工, 淸工, 造工와 같이 칠기 제작에 있어 분업화도 함께 이루어지고 있었다.[27] 工名과 官名을 기록하는 목적은 제작에 대한 책임을 의미한다. 그렇기 때문에 제작을 세분화시켜 그 책임을 묻고 있었던 것이다.[28]

이처럼 廣漢郡과 蜀郡 工官에 의해 관리 감독 된 칠기 생산은 東漢 이후 칠기 생산이 중단되면서 廣漢郡과 蜀郡의 工官도 타격을 입게 되었다.[29] 御用品을 생산하던 廣漢郡과 蜀郡의 칠기 생산 수량은 감소했고, 품질도 하락되었다. 廣漢郡과 蜀郡에서 칠기 생산을 하던 사람들은 새로운 방식으로 칠기를 생산하기 시작하였다. 그 결과 東漢 이후 생산된 칠기에는 기존에 보이지 않던 '蜀郡西工'과 같은 새로운 명문이 확인된다. 이를 민영과 관영이 협력하여 함께 칠기를 생산했다는 의미로 파악하는 견해도 있다.[30] 당시 상황이 廣漢郡과 蜀郡 工官의 개편으로 인해 제작 수량이 줄어들고 있다는 점, 御用品을 만들기 어려운 상황이라는 점을 염두에 둔다면 칠기 생산을 하고 있던 廣漢郡과 蜀郡의 사람들은 새로운 방법을 모색할 수밖에 없었을

26) (晉)司馬彪, 『後漢書』百官(五)(1965, 中華書局, p.3625).

27) 洪石, 2017, 「낙랑 칠기 연구」, 『중국 동북지역 고고학의 최신 연구 성과』, 한국상고사학회 제47회 학술회의, pp.13-16.

28) 『禮記』月令(上海中華書局據相台嶽氏家塾本校刊, p.62), "物勒工名, 以考其誠".

29) (南朝宋)範曄, 『後漢書』皇後紀 和憙鄧皇後(1965, 中華書局, p.422), "其蜀, 漢釦器九帶佩刀, 幷不復調".

30) 洪石, 2017, 앞의 논문, p.17.

것이다. 그 과정에서 나온 것이 민영과 관영이 협력하여 낙랑 칠기를 지속적으로 생산할 수 있는 시스템을 만들었던 것이다. 그러다 보니 기존에는 보이지 않던 堅, 牢, 宜子孫 등과 같은 吉祥語와 같은 명문도 발견되는 것이며, 御用品에서 사용되던 도금의 흔적도 보이지 않는 것이다. 乘輿 칠기에서 民用 칠기로 생산체계의 변화를 보여주는 사례라고 생각된다.

민영과 관영이 합작하여 칠기를 제작했다고 하더라고 官이 일부 개입되었다면 관리가 파견되었을 것이다. 파견된 관리는 예전과 같이 칠기를 검수했을 것이다. 이는 考工과 供工이 기록된 칠기의 명문에서 "기년-考工·供工(공관명)-工名-官名"이라는 일정한 패턴이 발견되기 때문이다. 그러나 廣漢郡과 蜀郡에서 御用品을 생산할 당시에는 考工·供工이 뒤에 위치했다면, 민영과 관영이 함께 칠기를 제작하는 시기에는 기년 다음에 考工·供工이 위치하게 된다. 또 御用品으로 생산된 칠기 명문에는 관등이 높은 순서부터 낮은 순서로 나열되었다면, 민영과 관영이 함께 칠기를 제작하는 시기에는 관등이 낮은 순서에서 높은 순서로 기록되는 차이를 보인다. 이를 살펴보면 아래와 같다.

◎ 嗇夫―右丞―令
◎ 護―嗇夫―右丞―令―護工卒史
◎ 佐―嗇夫―掾―右丞―令
◎ 護―嗇夫―掾―右丞―令
◎ 護―佐―嗇夫―掾―右丞―令
◎ 護―佐―嗇夫―右丞―令
◎ 掾―右丞―令
◎ 令史―掾―右丞―令

민영과 관영이 합작해 칠기를 제작한 시기의 명문의 순서는 대체로 '護―佐―嗇夫―令史―掾―右丞―令' 순으로 기록되어 있다. 현재 명문이 잘 보이지 않거나, 사진자료가 없어 판독이 어려운 기년명 칠기가 상당 수 있다. 하지만 이렇게 일정한 순서로 기년명 칠기 명문을 작성했다면 명문이 잘 보이지 않거나 판독만 있는 자료라고 하여도 기년이 기록되어 있다면 일정 부분 명문을 유추할 수 있을 듯하다. 기년이 기록된 명문 칠기는 철저한 관리 감독 아래에 제작되었기에 일정한 패턴을 가지고 있다. 명문 작성 패턴을 파악한다면 기년명 칠기의 대부분은 판독이 가능할 것이다.

칠기의 명문은 칠기를 만든 이후 가느다란 못으로 긁어서 팠다. 그래서 자획에 문제가 있을 수 있다. 하지만 기년명 칠기는 官이 개입되어 있는 이상 명문 기록에 있어 일정한 패턴을 무시하고 명문을 기록하지 않았을 것이다. 이에 자획에 문제가 있다 하더라도 큰 틀에서 명문을 이해해야 하지 않을까 생각된다. 앞으로 더 많은 자료가 공개되어 칠기 자료를 이해할 수 있기를 기대해 본다.

2. '……用'명 칠기

1) 정오동 4호분 출토 '▨▨▨▨用'명 칠기

정오동 4호분에는 9개의 칠반이 발견되었다. 정오동 4호분에서 발견된 칠반은 세 종류로 나눌 수 있다. 첫째는 안과 밖에 무늬가 있고 구리테가 있는 비교적 화려한 칠반(3점), 둘째는 무늬장식도 구리테도 없는 보통의 칠반(5점), 셋째는 바닥부분과 벽의 밑부분만 남은 칠반이다(1점). 안과 밖에 무

 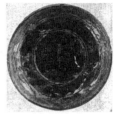 

사회과학원고고학연구소, 1983, 앞의 책, 사진 9의 4~5

늬가 있고 구리테가 있는 비교적 화려한 칠반은 비교적 온전하며 크기와 무늬장식 및 뒷면에 쓴 글자가 동일하다. 크기는 직경 23㎝, 높이 3㎝이다. 붉은 옻으로 '▨▨▨▨用'이라는 글자를 썼다.[31] 그런데 글자가 잘 보이지 않지만 '所▨勝氏牢'로 판독하는 견해도 있다.[32]

2) 정백리 200호분 출토 '蜀郡▨▨用'명 칠기

정백리 200호분에서 발견된 칠반에 글자 새겨진 글자이다. 위의 2글자는 칠기의 제작지인 蜀郡으로 판독되며, 마지막 글자는 가운데 획이 길게 내려 쓴 것으로 보아 用일 가능성이 높다고 생각된다.

동양문고 우에하라 자료

3) 정백리 3호분 출토 '杜氏作用'명 칠기

정백리 3호분에서 발견된 것으로 원형으로 된 칠기의 잔편이다. 마지막 글자는 잘 보이지 않는다고[33] 하지만 다른 사례로 보아 '用'일 가능성이 있다.

4) 정백동 6호분 출토 '……用'명 칠기

정백동 6호분에서 형태를 확인할 수 있는 耳杯 7개 발견되었다. 모두 타원형으로 양 옆으로 길게 2개의 귀가 달린 작은 耳杯이다. 완형이 아니여서 정확한 크기를 파악하기 어렵지만, 7점 중 1점만 클 뿐, 나머지

---

31) 사회과학원고고학연구소, 1983, 앞의 책, p.53.에 의하면 '陝▨▨ 任用'으로 판독했다.

32) 2022년 10월 22일 중앙대학교에서 개최된 한국목간학회 낙랑문자자료 모임에서 관련 자료 판독을 진행하였다. 대부분 기존의 판독안과 동일한 판독 견해를 제시했지만, 서예를 전공한 정현숙 선생님은 남아 있는 자획으로 '所▨勝氏牢'로 판독할 수도 있다는 견해를 제시하였다. 필자도 남겨진 필획히 선명하지는 않지만 가능성이 있다고 판독해 관련된 판독안을 제시하였다.

33) 임기환, 1992, 「낙랑」, 『譯註 韓國古代金石文 제1권』, p.241.

6개는 대부분 비슷한 크기로 추정된다. 글자는 7점 중 4개의 耳杯에서 확인되었다. 글자는 밑바닥에 붉은 색으로 썼다. 4개 중 3개에 '三羊作用'이라는 글자가, 1개에 '辛具▨▨▨用'이 쓰여 있다.[34] 현재 사진 자료가 없어 판독에는 『고고학자료집』의 자료를 인용했다. 이 명문에 대해 마지막 '用'이 '牢'의 오자일 가능성도 있다는 견해도 있다. 그렇게 된다면 '三羊作用'이 쓰여진 칠기는 앞의 2자가 성명이 되고, '三羊이 견고하게 만들었다'는 뜻으로 해석될 수도 있다.[35]

5) 정오동 3호분 출토 '……用'명 칠기

정오동 3호분에 '……用'명이 쓰여진 칠기는 칠상 1개, 칠반 2개이다. 칠상은 총 5개 발견되었는데, 2개는 완전히 부서졌고, 3개도 절반 이상 파손되었다. 파손되었지만 남아 있는 부분으로 한 변의 길이를 유추해 보면 한 변의 길이는 65㎝로 추정되며, 테두리를 약간 높여 제작했음을 알 수 있다. 칠상 다리는 총 4개이며, 다리의 높이는 10㎝이다. 2개 칠상의 남겨진 부분에 글자가 쓰여 있다. 글자는 가운데에 '殷是作周㸞三月用'이라 쓰여 있다. 칠반은 여러 개 발견되었지만 대부분 파손이 심해 그 형태를 제대로 확인할 수 없다. 칠반에는 '黃是作用'이 쓰여 있다. 정오동 3호분 출토 칠기는 현재 사진 자료가 없어 판독에는 『고고학자료집』의 자료를 인용했다.[36]

6) 정오동 4호분 출토 '蜀西工李▨作上用'명 칠기

정오동 4호분에는 9개의 칠반 중 무늬장식도 구리테도 없는 보통의 칠반 5점 중 3점에는 바닥 가운데 붉은 옷으로 '蜀西工李▨作上用'이라는 글자를 썼다.[37] 현재 사진 자료가 없어 판독에는 『고고학자료집』의 자료를 인용했다. 정오동 3호분 출토 '蜀西工李氏作上用'의 사례를 본다면 정오동 4호분 출토 '蜀西工李▨作上用'의 미상자는 '氏'일 가능성이 높다고 보인다. 上用에 대해서는 牢의 오독일 가능성도 있다는 견해도 있다.[38]

7) 정오동 8호분 출토 '……用'명 칠기

정오동 8호분에는 칠반 바닥에 글자가 있는 것이 2개 발견되었다. 하나의 칠반 바닥에는 '▨▨▨任用'이, 다른 하나에는 '▨▨▨用'이라는 글자가 쓰여 있다. 현재 사진 자료가 없어 판독에는 『고고학자료집』의 자료를 인용하고 있다. 하지만 『고고학자료집』에는 '▨▨▨任角'과 '▨▨▨角'로 기록되어 있다. 다른 사례를 통해 본다면 角은 用의 오기로 보인다.

---

34) 사회과학원고고학연구소, 1983, 앞의 책, p.111.
35) 임기환, 1992, 앞의 논문, p.247.
36) 사회과학원고고학연구소, 1983, 앞의 책, p.54.
37) 위의 책, p.91.
38) 임기환, 1992, 앞의 논문, p.228.

3. '…牢'명 칠기

1) 정백리 19호분 출토 '▨氏牢'명 칠기

정백리 19호분에서 출토된 耳杯이다 안쪽 가운
데에 글자가 쓰여 있다. 성씨로 보이는 첫 번째 글
자에 대해서는 의견이 분분하다. '百'으로 판독하
고자 해도 가로획이 하나 더 있어 문제가 되고, '百'
으로 판독한다면 중국에 '百'씨가 보이지 않아 문
제가 있다. 이에 이 글자를 '眞'으로 보는 견해도

국립중앙박물관, 『樂浪』, 2001, p.99

있지만[39] 아래를 '貝'로 볼 수 없어 '眞'으로도 볼 수 없다. 그래서 이 글자에 대해서는 미상으로 처리해 '▨氏
牢'로 판독하고자 한다. ▨氏는 칠기를 제작 혹은 의뢰한 사람일 가능성이 높다.

2) 정백동 127호분 출토 '…牢'명 칠기

(1) '▨牢'명 칠기

'牢'는 일반적으로 칠기에 많이 쓰이는 문구이다.
'牢'는 판독이 가능하지만, 앞의 글자는 명확하게 파
악되지 않는다. '堅'일 가능성이 있는데, '堅牢'가 된
다면 칠기 그릇을 견고하게 만들어 오랫동안 사용한
다는 吉祥語로 볼 수 있다.

朝鮮古跡研究會, 1935, 『樂浪王光墓』, 圖版第四五

(2) '王氏牢'명 칠기

 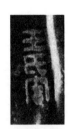  

朝鮮古跡研究會, 1935, 앞의 책, 圖版第五〇

---

39) 위의 논문, pp.229-230.

(3) 정백동 127호분 출토 '番氏牢'명 칠기

朝鮮古跡研究會, 1935, 앞의 책, 圖版第五三

3) 정백리 4호분 출토 '張牢'명 칠기

정백리 4호분에서 발견된 칠반이다. 겉바닥 중앙에 '張牢'가 쓰여져 있다. 현재 사진 자료가 없어 판독에는 『고고학자료집』의 자료를 인용했다. '張'은 일반적으로 소유자 혹은 제작자의 성씨를 의미하는데 여기서는 소유자의 성씨일 가능성이 높다고 생각된다.[40] 그 이유는 앞서 살펴본 '張馬'가 기록된 칠기 잔편이 있었는데 '張'씨 '馬'를 의미하는 것이 아닐까 생각되기 때문이다.

4) 정백동 6호분 출토 '巨毛次孫上牢'명 칠기

정백동 6호분에서 발견되었다. 대체로 크기를 짐작할 수 있는 칠합을 확인해 보면 그릇의 두께는 1㎝ 정도이다. 안쪽은 모두 밤색으로 옻을 칠하였고, 밑바닥 한가운데는 붉은색으로 '巨毛次孫上牢'라는 글자를 썼다. 마지막에 '牢'가 쓰여 있는 것으로 보아 견고하게 사용하길 바란다는 것을 의미하는 것으로 보이기에 앞의 5글자는 만든 사람과 관련된 내용일 가능성이 높다.[41] 현재 사진 자료가 없어 판독에는 『고고학자료집』의 자료를 인용했다.

5) 정백리 19호분 출토 '…牢'명 칠기

정백리 19호분에서는 '…牢'가 쓰여진 칠기가 2개 발견되었다. 하나는 '眞氏牢'[42]가, 다른 하나에는 '田氏牢'가 쓰여 있다. '田氏牢'는 출토된 耳杯의 겉면 하단부에 새겨져 있다.[43] 현재 사진 자료가 없어 판독에는 『고고학자료집』의 자료를 인용했다.

---

40) 위의 논문, p.231.
41) 사회과학원고고학연구소, 1983, 앞의 책, p.110.
42) 1)에서 사진자료와 함께 확인했으니 참조하면 된다.
43) 임기환, 1992, 앞의 논문, pp.229-230.

4. '…氏'명 칠기

1) 정오동 8호분 출토 '刑氏'명 칠기

사회과학원고고학연구소, 1983, 앞의 책, 사진19의 4

정오동 8호분에는 다른 유물들에 눌려 파손이 많이 되었지만, 형태를 유추할 수 있는 칠반이 7점 정도 된다. 그중 글자가 새겨진 칠반은 4개이다. 4개 중에서 칠반 안쪽에 글자가 있는 칠반이 2개, 칠반 바닥에 글자가 있는 것이 2개이다. 칠반 안쪽에는 자주색 옻을 칠을 하고 한쪽에 '刑氏'라는 글자를 새겼다. 사진은 있지만 글자가 보이지 않아 판독에는 『고고학자료집』의 내용을 토대로 판독안을 제시하였다.[44]

2) 정백동 3호분 출토 '▨氏'명 칠기

정백동 10호분에서 형태를 알 수 있는 칠반이 5개 확인되었다. 그중 4개의 칠반이 서쪽곽널에서 나왔다. 높이 4cm, 직경 12cm로 대접과 생김새가 비슷하다. 바닥 밑에는 장방형으로 구획을 나누었고, 그 안에 '▨氏'라는 글자를 썼다. 정백동 10호분에서 출토된 다른 자료를 통해 무덤 주인의 이름이 '周古'라는 점이 알려졌고, '周'가 새겨진 칠기가 많이 발견되고 있다는 점에서 미상자는 '周'일 가능성이 높다고 생각된다.

3) 정오동 8호분 출토 '氏'명 칠기

정오동 8호분에서 발견되었다. 발견 당시 심하게 깨져 있었기 때문에 그 형태를 알 수는 없지만, 남겨진 조각으로 보아 2개는 네모 모양의 곽이고, 1개는 통모양의 곽으로 추정된다. 네모 모양의 곽으로 추정되는 칠곽은 안쪽에 자주색, 바깥쪽에는 검정색으로 옻을 칠하였고, 그중 하나의 안쪽 면에 희미하지만 '氏'라고 붉은색으로 쓴 글자가 보인다. 통모양의 곽에서는 글자가 발견되지 않았다.

---

44) 사회과학원고고학연구소, 1983, 앞의 책, p.91

5. '利'가 쓰여 있는 칠기

1) 정백동 127호분 출토 '利王 / 王利王'명 칠기

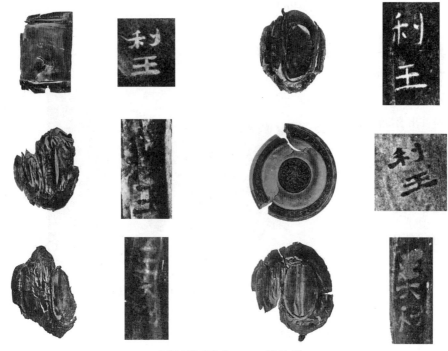

朝鮮古跡研究會, 1935, 앞의 책

'利'는 '宜'로도 쓰이는 吉祥語이며, '王'은 무덤 주인의 성씨이다.[45] 이 무덤에서 '利王'이 많이 보이는데 무덤 주인의 吉祥을 기원하는 마음에 '利王' 또는 '王利王'이라는 글자를 쓴 것으로 생각된다.

2) 정오동 1호분 출토 '丁大利'명 칠기

정오동 1호분에서는 7개의 칠반이 발견되었지만 복원 가능한 것은 총 4개이다. 4개도 모두 조각나서 완전한 모양은 아니지만, 2개는 그 형태를 유추할 수 있다. 크기의 형태로 보면 큰 것과 작은 것으로 나눌 수 있다. 큰 것은 윗 부분의 직경이 26㎝, 바닥의 직경이 20㎝, 높이가 4.5㎝이다. 작은 것은 윗 부분의 직경이 24㎝, 바닥의 직경이 20㎝, 높이가 2㎝이다. 기본적으로 나무로 만들고 옻을 칠했지만, 큰 것은 테두리를 청동으로 만들고, 무늬를 진하게 그렸다는 특징이 있다. 정오동 1호분에서 발견된 칠반 중 발이 3개 붙어 있는 작은 칠반이 있는데 여기에 '丁大利'라는 글자가 새겨져 있다.[46] '利'는 '宜'와 같은 의미를 가지고 있어 吉利를 비는 吉祥語가 기록된 칠기임을 알 수 있다.

---

45) 임기환, 1992, 앞의 논문, pp.232-233.

3) 정오동 4호분 출토 '利張'명 칠기

정오동 4호분에서는 형태를 유추할 수 있는 耳杯가 15개 발견되었다. 그중에서 1개에 글자가 새겨져 있다. 글자가 새겨진 耳杯는 조각나 있으며, 무늬장식과 구리테도 없는 보통의 耳杯이다. 안과 밖에 흑회색으로 옻을 칠했고, 귀 밑의 그릇벽에 '利張'이라는 글자를 썼다.[47]

6. 정백동 127호분 출토 '長壽延年宜子孫'명 칠기

남겨진 자료를 통해서 보면 '長壽延年宜子孫'으로 판독되지 않는다. 하지만 '長壽延年宜子孫'는 많이 사용되는 吉祥語이고, 보고서를 보면 모사도로 '長壽延年宜子孫'로 기록되었다고 되어 있다. 하지만 우측의 모사도는 '長壽延年宜子孫'으로 판독할 수 있지만, 사진으로는 '長壽延年'까지만 판독된다. 모사도의 내용은 남겨진 사진 자료를 토대로 吉祥語의 하나인 '長壽延年宜子孫'로 추독한 듯하다.

朝鮮古跡研究會, 1935, 앞의 책, 圖版第七三

7. '이름 추정'명 칠기

1) 정백동 2호분 출토 '高'명 칠기

정백동 2호분에서는 다량의 칠기가 발견되었다. 그러나 발견된 칠기가 깨져있어 원형을 제대로 확인할 수 없다. 칠기 조각이 많이 확인되는데, 여기에 '高'가 쓰여진 것이 많다. 정백동 2호분의 피장자 이름이 '高常賢'이라는 점에서 칠기에도 '高'를 쓴 것이 아닐까 추정된다.[48]

2) 정백동 3호분 출토 '周'명 칠기

정백동 3호분에서는 다량의 칠기가 발견되었다. 그중 '周'가 쓰인 칠기가 많이 보인다.

4개의 다리를 가지고 있으며, 모양이 장방형인 칠상은 겉면에 검붉은색의 옻을 칠하였는데, 윗면 중앙에

---

46) 사회과학원고고학연구소, 1983, 앞의 책, p.35
47) 위의 책, p.91.
48) 위의 책, p.25.

'周'가 쓰여 있다.

耳杯도 많이 발견되었는데, 형태를 확인할 수 있는 耳杯는 10여 개이다. 10개의 크기가 동일하지는 않지만 모두 긴 타원형이며, 2개의 귀가 달려있다. 겉과 귀는 검은색으로 옻을 칠했고, 안쪽에는 붉은색으로 옻을 칠했다. 모두 잔 안쪽 바닥 가운데 '周'를 썼다.

칠반도 여러 점 발견되었지만, 형태를 알 수 없을 정도로 파손되었다. 칠반 중에도 '周'가 쓰여 것이 확인되었다.

나막신도 발견되었다. 바닥이 평평하고 길쭉한 모양이다. 크기는 길이 25㎝, 너비 12㎝이다. 코등이 있는데 코등에는 볼록한 코가 붙어 있다. 나막신의 겉은 검은색 옻을 칠했고, 안은 붉은색 옻을 칠했다. 안쪽 가운데에 '周'가 쓰여 있다.

화장품 통도 발견되었다. 완형이 아닌 바닥 부분만 남아있지만, 이마저도 1/3 정도는 깨졌다. 바닥의 안쪽과 바깥쪽 모두 붉은색으로 옻을 칠했고, 안쪽에 검은색으로 '大周'라는 글자를 썼다. 또 작은 장방형 구획도 보이는데, 그 안에 '▨南'이라는 글자도 썼다. 안쪽의 '周古'는 같은 무덤에서 발견된 도장을 통해 무덤 주인의 이름으로 볼 수 있지만, '▨南'은 정확한 의미가 무엇인지 확인하기 어렵다.

이처럼 정백동 3호분에는 칠기에 '周'가 기록된 칠기가 많이 확인되었다. 아마도 정백동 3호분에서 발견된 도장에 '周古'라는 이름이 보이고 있다는 점에서 무덤 주인인 '周古'의 姓인 '周'를 칠기에 써 놓은 것이 아닐까 추정된다.[49]

3) 정백동 6호분 출토 칠기

정백동 6호분에서 형태를 유추할 수 있는 칠반이 5개 발견되었다. 이 중 2개의 칠반에서 글자가 확인된다. 밑이 평평하고 발은 없으며, 겉에는 검은색으로 옻을 칠하였다. 밑바닥은 칠이 벗겨져 글자의 일부만 파악된다. 글자가 쓰여진 2개 중 하나에 '王孟子'가, 또 다른 하나에는 '王[50]孟▨▨小'라는 글자가 쓰여 있다. '王孟'이 공통으로 나온다는 점에서 '王孟' 혹은 王孟子는 피장자의 성명으로 생각된다. 실제 '王孟'이 성씨로 사용된 사례가 있기에 王孟子는 성씨와 이름일 가능성이 있다. 다만 '王'씨인지, '王孟'씨인지에 대해서는 확정할 수 없다.

4) 정백리 127호분 출토 '益光'명 칠기

소형의 耳杯로 안쪽에 글씨가 쓰여 있다. 益은 소유자를 축복하는 吉祥語이며, 光은 무덤 주인인 王光을 가르킨다.[51]

---

49) 위의 책, p.13-16.
50) 보고서에는 '工'으로 되어 있다. 하지만 정백동 6호분에서 '王孟子'가 기록된 칠기가 나왔기에 '工'은 '王'일 가능성이 있다.
51) 임기환, 1992, 앞의 논문, p.233.

8. 기타 명문 칠기

1) 정백동 127호분 출토 '巨王▨'명 칠기

朝鮮古跡研究會, 1935, 앞의 책, 圖版第四六

칠기 아래 3글자가 쓰여 있다. 위의 2글자는 '巨王'으로 판독하는 것에 문제는 없다. 문제는 아래 글자이다. 지금까지 살펴본 바에 의하면 칠기 아래의 쓰여진 글자는 '牢' 혹은 '用'일 가능성이 있다. 하지만 자획이 맞지 않아 확정할 수 없다. 또 글자의 크기를 생각하면 2글자일 가능성도 있다. 그래서 판독 및 글자 수를 확인할 수 없기에 '巨王' 다음의 글자는 미상자로 판독했다.

2) 정백동 2호분 출토 '富成君'명 칠기

정백동 2호분에서 발견된 화장품 곽은 길이 16㎝, 높이 8㎝의 방형의 곽으로, 칸을 나누어 활용도를 높였다. 곽 안에는 붉은색으로 옻을 칠했고, 바닥 한 가운데 '富成君'이라는 글자를 썼다. 정확한 의미는 알 수 없으나 吉祥語의 일종으로 추측된다.[52]

3) 정백동 4호분 출토 '張馬'명 칠기

정백동 4호분에서는 칠기 잔편이 발견되었다. 그중에서 '張馬'가 기록된 칠기 잔편이 확이 되었다. 잔편이어서 그 용도는 알 수 없다.

4) 정백동 6호분 출토 '詰▨▨▨'명 칠기

정백동 6호분에서 형태를 유추할 수 있는 칠반이 5개 발견되었다. 이 중 2개의 칠반에서 글자가 확인된다. 밑이 평평하고 발은 없으며, 겉에 검은색으로 옻을 칠하였다. 밑바닥은 칠이 벗겨져 글자의 일부만 파

---

52) 위의 논문, p.221.

악된다. 글자가 쓰여진 2개 중 하나에 '喆▨▨▨'가 쓰여 있다.

5) 정백리 17호분 출토 '大官'명 칠기

정백리 17호분에서 출토된 耳杯에 새겨져 있지만, 정확한 형태와 상황은 알 수 없다. 大官은 칠기를 사용하는 食事 관계의 官을 의미한다.[53]

6) 정오동 3호분 출토 '十'명 칠기

정오동 3호분에는 여러 개가 칠반이 발견되었지만 파손이 심해 그 형태를 제대로 확인할 수 있는 것은 2개이다. 정오동 3호분에서 발견된 칠반은 직경 15~25㎝ 내외로 제작되었다. 문자가 기록된 칠반은 3개이다. 한 개는 형태를 확인할 수 있는 2개 중 하나로 붉은 바탕이 칠해진 칠반 가운데 '十'이 쓰여 있다.[54]

7) 정오동 3호분 출토 '▨▨'명 칠기

정오동 3호분에서는 원형에 가까운 귀잔이 3개 발견되었다. 대부분의 크기는 길이 14㎝, 가운데 부분의 너비 10㎝이다. 이 중 하나에 글자가 2개 새겨져 있는데 무슨 글자인지 알 수 없다.[55]

8) 정오동 5호분 출토 '▨'명 칠기

정오동 5호분에서는 여러 개의 칠반이 발견되었다. 크기를 알 수 있는 것은 5개인데, 그중 두 개에서 동일한 글자가 확인된다. 글자가 새겨진 칠반은 직경 25㎝인데, 안쪽 벽에 글자가 새겨져 있다. 다만 정확하게 어떤 글자인지 확인할 수 없다.[56]

9) 정오동 5호분 출토 '▨冝酒'명 칠기

정오동 5호분에서는 21개의 耳杯가 확인된다. 이 耳杯는 크기에 따라 3그룹으로 나눠볼 수 있는데 가장 큰 耳杯가 2개, 중간 耳杯가 16개, 작은 耳杯가 3개이다. 글자는 큰 耳杯 1개, 중간 耳杯 10개, 작은 耳杯 2개 글자가 쓰여 있다. 큰 耳杯에는 그릇 안쪽 변 맨 밑에 "▨冝酒"를 썼다. 중간 耳杯에는 "▨"이라고 글자를 판독없는 한 글자를 썼다. 이 글자는 그릇 안쪽 벽에 8개, 그릇 바깥쪽 밑바닥에 2개에 쓰여졌다. 작은 耳杯에는 그릇 안쪽 밑 바닥에 글자를 썼다. 하나는 중간 귀잔에 새겨진 글자로 한 글자이지만 어떤 글자인지 알수 없고, 다른 하나는 "利"가 쓰여 있다.[57]

---

53) 위의 논문, p.229.
54) 사회과학원고고학연구소, 1983, 앞의 책, p.47.
55) 위의 책, p.47
56) 위의 책, p.70.
57) 위의 책, p.70.

10) 정오동 8호분 출토 '숲'명/'阝'명 칠기

정오동 8호분에서는 다수의 耳杯가 확인되었다. 그중에서 글자가 새겨진 耳杯는 2개이다. 정오동 8호분에서 글자가 새겨진 耳杯는 화려한데, 잔의 양쪽 귀에 금으로 도금한 청동테를 씌우고 화려한 무늬를 그렸다. 하나에는 '宀' 아래 '숲'이 새겨져 있고, 다른 하나에는 '阝'가 새겨져 있다. 이 글자는 송곳 같은 것으로 그어서 쓴 것으로 정백동 4호분 무덤에서 나온 耳杯와 비슷한 방식으로 쓰여졌다.[58]

11) 정오동 11호분 출토 '▨▨▨陽翟▨▨▨'명 칠기

정오동 11호분에서는 발견된 耳杯는 상당히 많이 파손되어 있었다. 그중에서 하나의 조각에서 글자가 확인되었다. 안쪽과 바깥쪽에 검은 옻을 칠했고, 밑굽에 "▨▨▨陽翟▨▨▨"이라는 8글자가 새겨져 있다. 가운데 두 자는 판독이 가능하지만 파손이 심해 앞뒤의 글자는 파악할 수 없다.[59]

IV. 평양 정백동·정오동 출토 낙랑 기타 문자자료

1. 백색단지

정오동 6호분에서 발견되었다. 백색단지는 질그릇류로 분류되고 있으며, 완형이 아닌 깨진 상태로 3점이 발견되었다. 모두 목이 짧고 배가 불룩하며, 밑굽이 없어 키가 낮은 상태였을 것으로 예상된다. 흙과 석비레(화강암류 암석들의 풍화산물), 굵은 모래를 섞어서 만들었으며, 무늬는 없다. 3점의 백색단지 중 가장 큰 백색단지의 아가리 밑 부분에 검은색으로 글자가 쓰여 있는 것 같지만 어떤 글자인지 확인하기 어렵다.[60]

2. 정백동 3호분 출토 '▨周象'명 숟가락

정백동 3호분에서 발견되었다. 대부분 꺾인 상태로 출토되었고, 완형은 없다. 바깥에 검은색 옻을 칠하고, 안에 붉은색 옻을 칠했다. 숟가락은 2개 발견되었는데 크기가 다르다. 작은 숟가락 손잡이 쪽에 '▨周象'이라는 글자가 쓰여 있다.[61]

---

58) 위의 책, p.91.
59) 위의 책, p.134.
60) 위의 책, p.78.
61) 위의 책, p.14.

3. 정백동 3호분 출토 명도전

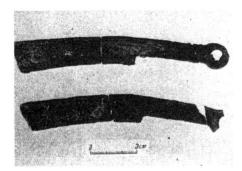

사회과학원고고학연구소, 1983, 앞의 책, 사진2의 3

정백동 3호분에서 발견되었다. 명도전과 함께 오수전이 발견되었다. 명도전은 한쪽 끝에 고리가 있는 칼 모양으로 '明'이란 글자가 새겨져 있다.[62] 이 외에도 명도전이 다수 발견되었지만, 사진자료로 확인할 수 있는 정백동 3호분을 대표로 작성하였다.

4. 정백동 3호분 출토 五銖전

사회과학원고고학연구소, 1983, 앞의 책, 사진2의 4

정백동 10호분에서 출토된 오수전은 직경이 2.5㎝인 둥근 청동판 한 가운데 한 변의 길이가 1㎝인 방형의 구멍이 뚫어져 있으며, 한쪽 면 구멍 좌우에 "五銖"라는 글자를 새겼다. 오수전은 총 10점이 발견되었는데 "五"를 2가지의 서체로 썼다. 4점은 '区'로 쓰여 있고, 6점은 글자 획이 둥그렇게 휘어져 있어 '8'과 같은 모양이다.[63] 이 외에도 오수전이 다수 발견되었지만, 사진자료로 확인할 수 있는 정백동 3호분을 대표로 작성하였다.

---

62) 위의 책, p.16.
63) 위의 책, p.16.

5. 정백동 221호분 출토 '大泉五十'

정백동 221호에서 출토된 '大泉五十'는 방공의 상→하→우→좌 순으로 판독된다. '大泉五十'은 王莽 시기에 제작된 동전이다. 처음으로 상하좌우 모두 글자가 들어갔으며, 왕망이 화폐개혁의 일환으로 발행한 동전이다. 大泉五十은 五銖錢의 50개에 상응하는 가치는 가진 화폐이다. 大泉五十이 7~14년에 발행되었다는 점에서 정백동 221호분 무덤의 축조 연대를 추정해볼 수 있을 것이다.

동양문고 소장 우에하라 자료

V. 평양 정백동·정오동 출토 문자자료의 의의와 한계

정백동과 정오동 출토 문자자료는 일제강점기에 수집·정리된 자료와 북한에서 발간한 자료를 통해 확인할 수 있다. 일제강점기에는 약탈을 위한 자료의 수집·정리가 이루어졌으며, 북한에서는 고조선 후기 사회를 이해하기 위해 자료의 수집·정리가 이루어졌다. 그 결과 몇 권의 자료집이 남겨졌고, 이를 통해 정백동과 정오동 출토 문자자료를 이해하고 있다. 이들 자료집은 정백동과 정오동의 문자자료를 이해할 수 있게 도움을 주었다는 점에서 의의가 있지만, 지금으로부터 최소 40여 년 전에 발간된 자료라는 점에서 보완이 필요하다.

또 북한의 행정구역이 수 차례 바뀌면서 일제강점기에 조사된 정백동과 정오동에 있던 무덤이 어디에 위치한 것인지 확인이 어렵다. 나아가 정백동과 정오동 지역이 북한의 대규모 개발공사로 인해 옛 모습을 찾아보기 힘들어졌다. 결과적으로 기존의 무덤이 많이 훼손·파괴되어 무덤의 정확한 위치 및 실체를 파악하기 어려워졌다.

그럼에도 불구하고 많은 연구자들은 남겨진 자료를 통해 정백동과 정오동의 낙랑 무덤을 이해하고자 하였고, 그 과정의 일환으로 출토 문자자료를 정리하였다. 하지만 정백동과 정오동이 북한에 위치하고 있어 자유롭게 왕래할 수 없고, 최신 발굴자료가 공개되지 않아 정백동과 정오동을 이해하는데 한계가 있다.

『고고학자료집』에 정백동 1~12호 무덤과 정오동 1~12호 무덤에 다양한 문자자료가 확인되었다며, 관련 자료를 책의 말미에 부록 사진으로 게재했다. 하지만 게재된 사진 자료에 문자가 보이지 않거나, 게재되지 않은 자료가 상당 수이다. 그래서 문자를 정밀하게 살펴볼 수 없다.

그나마 일제강점기 시기 일본에 의해 수집·정리된 자료가 정백동과 정오동을 이해하는데 큰 도움을 주고 있다. 하지만 오래된 자료라는 점에서 자료를 구하는 것이 쉽지 않다. 또 자료를 정리했다고 하지만 사진 자료 없이 판독 결과만 적어놓은 자료도 상당히 많다.[64]

---

64) 孟仁在, 1956, 『漢代在銘漆器銘文資料』, 국립중앙박물관.

앞서 살펴본 바와 같이 기년명 낙랑 칠기를 보면 자형은 아니지만, 명문을 기록하는 패턴에 맞춰 명문을 판독한 사례도 있다는 점에서 실물 사진을 직접 봐야 제대로 된 판독이 이루어질 수 있을 것이다. 하지만 사진 자료가 제대로 공개되지 않은 현 상황에서는 기존 연구 성과와 그 판독을 따라야만 하는게 정백동과 정오동 출토 문자자료 판독의 한계라 하겠다.

본고에서도 최대한 자료를 찾아 사진 자료를 통해 문자를 판독하기 위해 노력했다. 하지만 필자의 역량상 모든 자료를 섭렵하지 못했다. 이는 정백동과 정오동 출토 문자자료의 한계점 및 필자의 한계점이라 생각하며, 추후 기회가 된다면 보완하고자 한다.

VI. 맺음말

정백동과 정오동은 평양시 락랑구역 내에 위치한 지역으로 낙랑 고분이 많이 분포된 지역이다. 이곳에 위치한 무덤에서는 다양한 낙랑의 유물이 발견되어, 낙랑군의 면모를 파악하는데 큰 도움을 준다.

이번에 살펴본 것은 정백동과 정오동에서 출토된 유물 중에서 문자가 기록된 것으로 한정해 살펴보았다. 관명 및 인명이 기록된 도장과 가장 많이 발견된 칠기, 기타 문자자료로 나누어 검토를 했다. 칠기 중에서 기년이 기록된 칠기가 있는데, 이는 일정한 패턴을 가지고 기록되어 있음을 확인했다. 향후 글자가 일부 보이지 않는 자료들도 명문을 유추할 수 있을 것으로 기대된다.

끝으로 정백동과 정오동 출토 명문 자료를 정리하고자 노력했지만, 자료와 필자의 한계로 인해 누락 된 자료도 있을 것이다. 이는 향후 자료의 보완을 통해 추후 보완하기로 한다.

투고일: 2022.12.05   심사개시일: 2022.12.05   심사완료일: 2022.12.12

참고문헌

(漢)班固, 1962, 『漢書·地理志(上)』, 中華書局.

(南朝宋)範曄, 1965, 『後漢書·皇後紀·和熹鄧皇後』, 中華書局.

(晉)司馬彪, 1965, 『後漢書·百官(五)』, 中華書局.

(漢)許慎, 1963, 『說文解字·桼部』, 中華書局.

朝鮮古跡硏究會, 1935, 『樂浪王光墓』.

孟仁在, 1956, 『漢代在銘漆器銘文資料』, 국립중앙박물관.

梅原末治, 1984, 『支那漢代紀年銘漆器圖說』, 同朋舍.

沈福文, 1992, 『中國漆藝美術史』, 人民美術出版社.

中國大百科全書總編委, 1986, 『中國大百科全書·考古學』 "漢代漆器", 中國大百科全書出版社.

사회과학원고고학연구소, 1971, 『고고민속론문집 3』, 사회과학출판사.

사회과학원고고학연구소, 1973, 『고조선문제연구』, 사회과학출판사.

사회과학원고고학연구소, 1977, 『고조선문제연구론문집』, 사회과학출판사.

사회과학원고고학연구소, 1983, 『고고학자료집 6』, 과학·백과사전출판사.

강근조·리경혜, 1986, 『평양의 어제와 오늘』, 사회과학출판사.

임기환, 1992, 「낙랑」, 『譯註 韓國古代金石文 제1권』, 가락국사적개발연구원.

洪石, 2017, 「낙랑 칠기 연구」, 『중국 동북지역 고고학의 최신 연구 성과』, 한국상고사학회 제47회 학술회의.

史樹青, 1957, 「漆林識小錄」, 『文物參考資料』 第7期.

熊松青, 1996, 「略談漆樹及漆利用源流」, 『四川文物』 第6期.

동양문고 소장 우에하라 자료(http://124.33.215.236/umehara2008/ume_query.html)

〈Abstract〉

Literary materials excavated from Jeongbaek-dong and Jeongoh-dong

Oh, Taek-hyun

Jeongbaek-dong and Jeongoh-dong are located within the Pyongyang-si Lolang area, and many Nakrang tombs are distributed. Various artifacts have been found in many tombs here. In particular, in Jeongbaek-dong the tomb of No. 364, a wooden book and The Analects of Confucius that investigated the households of 25 prefectures of Lolang-gun were found, confirming that Lolang-gun was operated as a Chinese county.

In this paper, text data excavated from Jeongbaek-dong and Jeongoh-dong are organized by dividing them into stamps, Lacquerware, and other text materials.

It is difficult to grasp the prestigious data excavated from Jeongbaek-dong and Jeongoh-dong because the data are not systematically organized and there are not many photo data. Since we have found and organized photo materials as much as possible, it is expected that it will be helpful for future research on Jeongbaek-dong and Jeongoh-dong textual materials.

▶ Key words: Jeongbaek-dong, Jeongoh-dong, stamps, Lacquerware, text materials

신출토 문자자료

파주 紺岳山 古碑에 남은 銘文

파주 紺岳山 古碑에 남은 銘文

박홍국[*]

〈국문초록〉

감악산 古碑는 1666년 허목의 답사기(『記言』권27 下篇) 이후 현재까지 沒字碑로 인식되어 온 듯하다.

필자는 2019년 7월부터 감악산 古碑의 남은 글자 有無에 관심을 가져왔으며, 특히 2022년 7월 이후 11월까지 감악산 古碑에 대한 과학적 정밀조사팀의 자문위원으로서 본격적인 관찰 작업에 참가한 바 있다.

첫째, 감악산 古碑의 조사경과와 碑面의 상태에 대하여 간략히 기술하였다.

둘째, 올해 10월 13일 세 번째 탁본작업 중 비면의 최하단부에서 발견한 1글자를 '典'으로 판독하였다.

셋째, 필자는 역사고고학 연구자로서 감악산 古碑의 크기·형태 등을 북한산 진흥왕 순수비, 황초령 진흥왕 순수비, 마운령 진흥왕 순수비와 비교하여 본 결과 감악산 古碑가 북한산 진흥왕 순수비와 유사하며, 그와 같거나 비슷한 시기에 건립되었을 가능성이 크다고 보았다.

넷째, 이상과 같은 관찰결과에 따라 북한산 진흥왕 순수비는 황초령·마운령 진흥왕 순수비보다 先行하며, 그 시기는 567년 이전이었을 것으로 추정된다는 필자의 견해를 덧붙였다.

▶ 핵심어: 감악산 古碑, 沒字碑, '典'字, 진흥왕 순수비, 창녕 진흥왕 척경비

* 위덕대학교 연구교수

I. 머리말

감악산 古碑는 1982년 다시 세상에 알려지면서 신라 진흥왕의 순수비로 추정[1]되었지만, 판독되는 명문이 없어 沒字碑로 인식되어 온 듯하다. 이 비석에 대해서는 필자도 碑面[2]에 판독할 수 있는 글자가 하나도 없다고 하여 늘 의문을 가지고 있어 왔다. 하지만 감악산비는 필자의 거주지로부터 워낙 먼 곳에 위치하고 있을 뿐만 아니라, 山頂에 있음을 알고 있었기에 답사할 엄두조차 내지 못하고 있었다.

2019년 7월에 이르러 겨우 용기를 내어 감악산 비석 답사를 하게 되었는데, 2시간 가까이 육안 관찰하였으나, 명문의 흔적을 발견하지 못하고 하산하였다.

약 3개월 뒤 파주시로부터 탁본허가를 받아 1차 탁본하였으나, 그때에도 역시 명문이 남아 있다는 확신을 가질 수 없었다.

금년 7월부터는 ㈜서진문화유산이 파주시로부터 의뢰받은 「감악산비 과학적 정밀조사」사업의 현장자문위원이 되어 4차례 현장조사에 참가하면서 「典」字로 판독되는 1글자를 찾을 수 있었기에 조사 경위와 내용 등을 남기고자 소략하나마 이 글의 작성에 착수하게 되었다.

그림 1-1. 감악산 비 남쪽 면　　　　　그림 1-2. 2022년 탁본
(서진문화유산 제공)　　　　　　　(서진문화유산 제공)

---

1) 「파주 감악산서 신라 비석 발견·다섯 번째 진흥왕 순수비 추정」, 『경향신문』 1982년 6월 24일 및 同年 6월 25일자 등.
2) 이후 감악산 비석에서 따로 기재하지 않는 한 '비면'은 남쪽 비면을 의미한다.

아무쪼록 이 짧은 글이 특히 상태가 열악한 古碑의 銘文 與否 판별이나 판독에 조금이라도 도움이 될 수 있기를 바란다(그림 1-1, 2).

II. 감악산 비석의 조사 경과

2019년 7월 이후 2022년 11월 18일까지의 현장답사 및 조사활동사항을 정리하면 다음과 같다.

◎ 2019년 6월 30일 : 경북대학교 사학과 이영호 교수와 함께 파주에서 1박하고 7월 1일 감악산 정상에 올라 처음으로 감악산비를 실견함.

　　감악산비의 크기 등을 약실측하고 정상부의 보루성 잔존상태를 살펴봄.

　　碑面을 관찰하여도 銘文이라고 생각되는 부분을 찾지 못하고 하산함.

> ★ 2019년 9월 24일 「제 5의 진흥왕 순수비 감악산비 글자, 350년 만에 읽어 냈다」라는 제목으로 '光', '伐', '人' 등의 3글자를 판독하였다는 『경향신문』의 보도가 나옴(손환일 서화문화연구소장의 주장).

◎ 2019년 10월 31일 : 10월 초에 파주시로부터 탁본허가를 받아 감악산비에 대한 탁본을 하였으나, 바람이 험하여 서둘러 작업을 마쳤으며, 명문도 확인하지 못함.

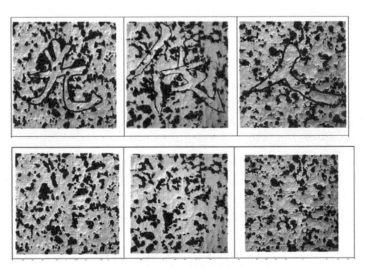

그림 2. 판독되었다는 '光', '伐', '人' 3글자
(경향신문 2019.9.24. 도판)

★ 하일식, 2020, 「감악산비 논란과 감악신사에 대하여」, 『역사와 현실』 117 논문에서 감악산 비면에서 판독할 수 있는 글자가 없다고 봄.

◎ 2022년 8월 1일 : ㈜서진문화유산의 감악산비 과학적 정밀조사팀의 현장자문위원으로서 다시 탁본을 시도하였는데 준비한 먹색이 진하여 양호한 탁본을 완성하지 못하였으며, 최하단부의 명문흔적을 인식하지 못하였음.

◎ 2022년 10월 13일 : 필자로서는 3번째, ㈜서진문화유산의 김선덕 대표로서는 2번째 정밀탁본을 하면서 碑面의 최하단부에서 「典」字로 판독되는 명문을 함께 발견함.

◎ 2022년 11월 2일 : 지난 13일에 명문을 발견한 비석 최하단부를 부분 정밀탁본 함.

◎ 2022년 11월 18일 : 오전 11시에 열린 파주시 문화예술괴의 감악산비 과학적 정밀조사 최종보고 회의 때 명문 발견 사실을 보고함.

이상에서 약술한 조사경과와 같이 2019년의 1차 육안조사, 2차 탁본 작업에서 '확실하게 인간이 새긴 명문의 字劃'을 확인하지 못한 필자가 ㈜서진문화유산이 의뢰받은 감악산비 과학적 정밀조사의 현장자문위원을 수락한 이유는 일반인이 가질 수 있는 '글자를 새기지 않은 비를 해발 675m의 감악산 정상에 올려놓을 필요가 있었을까?'라는 물음에서 비롯된 미련 때문이었다(표 1).[3] 또 2019년 9월 24일자 경향신문의 기사에 '光', '伐', '人' 3글자를 판독하였다는 해당 부분의 탁본(그림 2)을 보고 그 객관성에 대한 의문을 풀기

표 1. 감악산 고비 답사 및 조사 연혁

연도	관찰·조사자	내용	비고
1666년	허목	『記言』 권27, 下篇, "오래되어 글자는 없어졌다."	沒字碑
1745년	신유한	『靑泉集』 권4, 記(上) 「紺岳山記」, "…… 쓰다듬어 만져보았으나 1글자의 형태도 확인되지 않음"	沒字碑
1872년	지방지도	설인귀 몰자비	沒字碑
1982년	동국대학교 감악산고비 조사단	탁본 등 조사, 북한산비와 형태가 유사하다는 점을 언급하였으나 구체적 판단은 유보	재발견(?)
1983년	이용범	「紺岳山 古碑에 대하여」, 『佛教美術』7, 문자가 새겨져 있다는 것은 확인할 수 있으나 해독 불가	글자유무 판단유보
2019년	손환일	광(光)·벌(伐)·인(人) 등 3글자를 판독…주장(경향신문 2019.09.24)	
2020년	하일식	「감악산비논란과 감악신사에 대하여」 『역사와 현실』 117. 글자 확인불가	글자유무 판단유보

위한 필자 나름의 검증과정이기도 하였다.

III. 碑石面의 상태

감악산 비석은 잘 알려진 바와 같이 자연석과 시멘트를 혼용하여 쌓은 석단 위에 있다.[4]

비석 받침돌은 3단으로 가공되었으며, 그 가운데에 꽂아 세워진 상태이다. 또한 비갓(개석)은 높이 약 26㎝, 가로 약 92㎝로 맞배집형태이다.

비신의 높이는 약 167㎝, 비신의 폭은 상단부가 76.9㎝, 하단부가 71.9㎝로 위쪽의 폭이 약 5㎝ 긴 형태로 가공되어 있다.[5]

한편 비신의 두께는 약 21㎝인데, 비·바람에 풍화작용을 더욱 심하게 받은 서쪽 측면 하부는 20㎝에 미달되는 부분도 있다.

감악산 비신에서 이제까지 뚜렷한 글자를 찾아내지 못한 가장 큰 원인은 거의 全面이 6.2~6.9㎜ 두께로 박락되어 버렸다는 점이다(그림 3).[6] 이런 상태라면 비신에서 자획 비슷한 부분을 찾아 추독하여도, 객관성을 가지기 어려울 것은 두말할 필요조차 없어 보인다.

따라서 2019년 9월 24일자 경향신문에 제시된 '光', '伐', '人' 3글자의 탁본 사진을 보아도 '확실히 인간이 刻字하였다고 확신'하기 어렵다.

필자도 2022년 10월 31일에 작업한 탁본을 침실 벽에 2년 이상 걸어두고 틈날 때마다 살폈지만, 어떤 때는 모두가 글자로 보이다가 위아래로 行을 맞추어 보면 하나도 맞지 않아 실망하기를 수없이 반복한 바 있다.

그렇지만 이번에 실시된 3D 스캔 작업 결과에 따라 현재의 비석면에서 뚜렷한 명문을 찾는 것이 생각처럼 쉽지 않다는 현실을 직시하게 되었다. 뿐만 아니라 감악산 비석의 비신 부분은 석영·장석·운모 등 입자가 큰 백색 화강암으로 북한산 순수비보다 石質이 훨씬 낮은 편이다. 표면 박락 현상도 북한산비보다 더욱 심하였다는 것을 알 수 있었다. 이처럼 화강암 구성 입자가 큰 경우에는 주먹을 쥐고 표면을 가볍게 문질러 보면 피부에 흠이 생길 정도로 거칠다는 것을 실감하게 된다. 반면에 비교적 석질이 양호한 비석이 비·바람에 의한 풍화작용만 거쳤을 경우에는 주먹 쥔 손이 의외로 매끄럽게 움직여진다. 또한 탁본을 해보면 북

---

3) 이 표는 하일식, 2020, 「감악산비 논란과 감악신사에 대하여」, 『역사와 현실』 117, pp.485-488 및 pp.502-506의 내용을 요약하여 작성한 것이다.

4) 위의 논문, pp.489-490에 현재의 위치로 옮겨진 경위 등이 상세히 기술되어 있다.

5) 위의 논문, p.492 각주 22번에 따르면 북한산 순수비의 비신 너비는 위로부터 3군데를 전자측정기로 잰 결과 71㎝, 72㎝, 72.5㎝(마손된 최하단부 제외)라고 한다.

6) ㈜서진문화유산의 과학적 정밀조사(3D 스캔)결과 도면 참조. 특히 중상부의 파손부는 총탄자국으로 짐작되며, 이 부분과 다른 면의 높이 차이는 무려 18㎜나 된다.

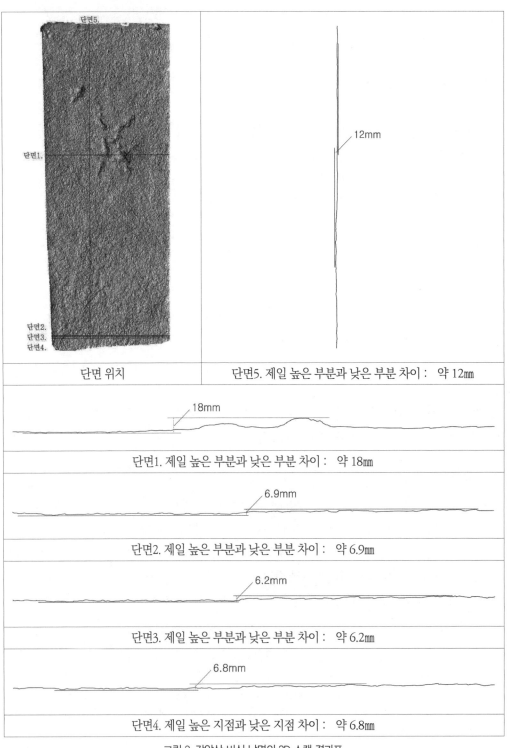

단면 위치	단면5. 제일 높은 부분과 낮은 부분 차이 : 약 12㎜

단면1. 제일 높은 부분과 낮은 부분 차이 : 약 18㎜

단면2. 제일 높은 부분과 낮은 부분 차이 : 약 6.9㎜

단면3. 제일 높은 부분과 낮은 부분 차이 : 약 6.2㎜

단면4. 제일 높은 지점과 낮은 지점 차이 : 약 6.8㎜

그림 3. 감악산 비신 남면의 3D 스캔 결과표
(㈜서진문화유산, 2022.11.18, 「감악산비 과학적 정밀조사 용역 최종보고회 자료」 도판 26)

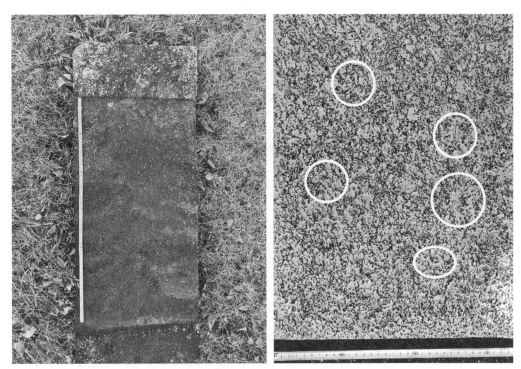

그림 4-1. 동국대학교 wise캠퍼스 박물관 정원 유물 중 통일신라시대 기단면석의 탁본에서 자획 비슷한 부분: 동그라미 안
(촬영 및 탁본: 박홍국)

한산 순수비처럼 입자가 작고 치밀한 경우와 그 반대인 감악산 비석과는 먹이 묻는 입자의 크기와 밀도에서 확연한 차이를 보인다.

이에 필자는 1983년 '細拓에서 12~3자의 字痕을 확인하였는데 그치고 그 이상의 진전을 보지 못하였다.[7]'라고 한 내용이나, '光', '伐', '人' 등으로 판독[8]되었다는 字痕 또는 '銘文'의 실체에 접근하여 보기 위하여 탁본을 통한 실험을 시도한 바 있다. 그 '실험'은 명문이 없음이 확실한 신라 석조유물의 整面되었던 부분에 대한 탁본을 해보는 것이었다(그림 4-1).

첫 번째는 동국대학교 wise캠퍼스 박물관 정원에 있는 통일신라시대의 기단면석 일부를, 두 번째는 감악산 비석의 서편 측면 일부에 대하여 탁본을 시도하였다(그림 4-2). 그 결과 감악산 비신 남면보다는 적었으나, 역시 얼핏 보면 명문의 字劃이나 흔적처럼 보이는 부분(동그라미 안)이 있었다.

이 실험결과는 조성 당시 整面되었던 부분도 긴 세월을 지나는 동안 표면의 일부가 박락되면서 자획처럼 보이는 부분이 생긴다는 것을 증명하여 주고 있다. 뿐만 아니라 整面한 뒤 글자를 새겨 놓으면 바로 그

---

7) 李龍範, 1983, 「紺岳山 古碑에 대하여」, 『佛教美術』 7, 동국대학교박물관, p.12.
8) 경향신문, 2019.9.24. '광(光)·벌(伐)·인(人) 등 3글자를 판독'.

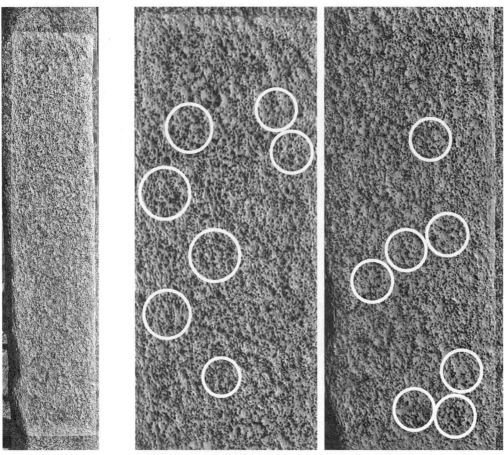

그림 4-2. 감악산 고비 서쪽 측면 탁본과 자획 비슷한 부분: 동그라미 안
(左: 탁본상태, 中: 탁본의 상부, 右: 탁본의 하부, 박홍국 탁본)

글자들이 풍화의 시발점이 될 수밖에 없다는 것을 알려주고 있다. 일단 자획 내부는 정면된 표면보다 약할 수밖에 없으며, 특히 겨울에 눈·비가 자획 내부에서 얼게 되면 바로 그 부분부터 조금씩 떨어져 나가게 되는 것이다.

이 같은 결과를 앞에 두고 감악산 비면 탁본을 보면 자획처럼 보이는 부분이 거의 全面에 걸쳐 있어 측면 탁본과는 큰 차이를 보이고 있다. 이는 역설적으로 다수의 글자가 새겨져 있었다는 것을 의미한다(그림 5).

따라서 우리가 현재의 감악산 비면 탁본에 먹이 찍히지 않는 여백을 음각된 명문으로 보고 판독을 시도하여 보아도 다른 사람들의 공감을 얻기 어려우며, 실제로 그것은 '명문의 흔적' 또는 글자 주변에 생긴 표면 박락 상태의 面을 반영하고 있을 뿐이라는 점을 염두에 두어야 할 것이다.

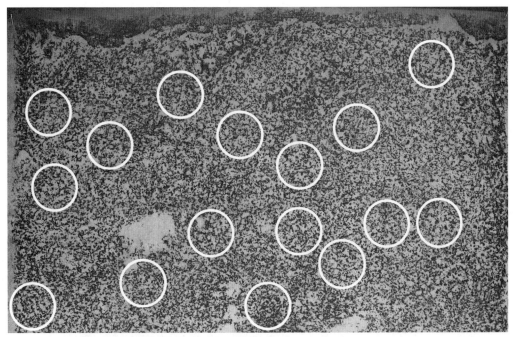

그림 5. 동국대학교 박물관 소장 탁본(1982년경) 비신 남면 상부 탁본의 자획 비슷한 부분
(오세윤 촬영)

IV. 남은 銘文

이상과 같은 조사·고찰과정을 겪으면서 '이번에도 감악산 비석에서 글자를 찾는 것은 어렵겠다'는 생각이 굳어져 갈 무렵인 10월 13일 3차 탁본시에 비면의 최하단부에서 1글자를 찾을 수 있었다(그림 6).

명문을 보는 순간 '典', '興', '曲' 중에서 '曲'으로 보기에는 글자의 가로가 넓고, '興'으로 보자니 새겨진 획이 복잡하지 않으며, 상부의 세로획이 위로 나와 있어 보여 '典'으로 판독하였다. 또한 '與'도 '典'과 비슷한 형태이지만, 포항 중성리비(11행)와 창녕비(9·10행)에 모두 약자인 '与'로 새겨져 있는 점을 유념하고 후보 글자에서 제외하였다. 이러한 판독결과는 한문이나 금석학에 대한 지식이 거의 없는 필자의 소견이라서 추후 연구자에 따라 다르게 판독할 수도 있을 것이다.

그러나 필자는 판독결과보다 앞에서도 누누이 강조한 바와 같이 이 명문이 '확실히 인간이 刻字한 글자'라고 하는 점에서 기대 밖의 성과를 거두었다고 생각한다.

'典'字는 앞장에서 살펴본 '글자 획 비슷한 탁본 여백'과는 비교할 수 없을 정도로 확연하다. 이처럼 '글자'와 '글자 비슷한 것'은 누구나 한눈에 그 차이를 인식하게 되는 것이다.

그렇다면 이 글자는 왜 이제까지 연구자들의 눈에 띄지 않고 있었을까?

탁본을 자주 해본 연구자들이라면 비문의 상태가 열악한 경우에 특히 최하단부에 대해서는 좋은 결과를

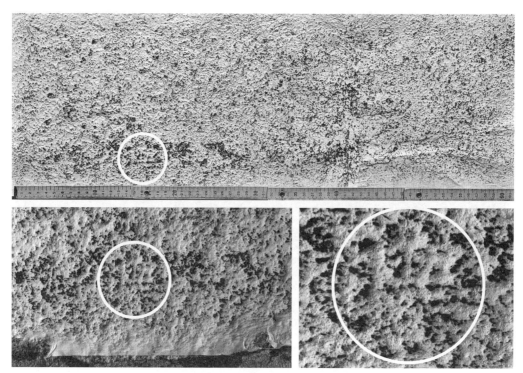

그림 6. 감악산비 비신 하부에 남은 '典'字
(上: 2022. 12. 8. 부분 탁본, 下: 2022. 10. 13. 부분 탁본, 박홍국·김선덕)

기대하지 않는다.

누구나 짐작하고 있는 바와 같이 비각이 없는 비석 최하단부의 명문은 비좌에서 튀어 오르는 빗물 때문에 상·중부에 비하여 마모가 더욱 심하다. 더구나 하단부 화선지를 타고 내린 수분이 잘 마르지 않아 조심스레 탁본하여도 자칫 번지기 쉽다. 그뿐만 아니라 화선지가 최하부 바닥까지 늘어져 있을 때는 모세관 현상으로 수분이 종이 위로 올라와서 주변의 먹을 번지게 하는 경우도 흔하다.

그렇기 때문에 명문발견 직후 하단부에 대한 부분 정밀탁본을 하였다. 그동안 감악산 비석도 개석이 조금이라도 보호하였을 상부에 대한 정밀탁본에 치중하여 온 필자의 당혹감은 1분도 경과하기 전에 그 원인을 파악하고 해소되었다.

현재는 감악산 비석의 최하단부가 비좌에 꽂힌 채 홈과 비석 사이의 틈을 시멘트로 메운 상태이지만, 이전에는 오랜 세월 동안 그 틈새에 풀이 자라고 있었음이 틀림없다. 그 풀들이 비좌에서의 빗물 튀김이나 바람을 조금이나마 막아 주었기에 비석 하단부의 극히 일부 面의 표면이 박락되지 않고 살아 남았던 것이다(그림 7-1).

필자는 이와 유사한 예를 경험한 적이 있는데, 경주 표암 통일신라 암각화가 바로 그것이다. 표암 암각화 바로 앞에는 높이 1m 남짓한 나무가 있었기 때문에 가려졌던 부분은 불과 100~200년 전에 새긴 것처럼 또렷한 부분이 있었다(그림 7-2).

그림 7-1. 권진묘비 하부와 비석받침돌 틈새의 잡초　　　　그림 7-2. 경주 표암 통일신라 암각화 앞에 있던
(디지털 포천문화대전)　　　　　　　　　　　나무가 풍화를 막아준 부분(사진 : 위덕대학교 박물관)

이번에 '典'字로 판독한 글씨는 비면 좌측 하부에서 오른쪽으로 약 17㎝ 되는 부분에 있으며 가로 약 4㎝, 세로 약 4.5㎝ 크기인데, 예서체에 가까워 보인다. 또한 삼국시대 신라 비석에서는 포항 중성리 비(441년 또는 501년)의 '전서여…(典書与…)', 포항 냉수리 비의 '전사인(典事人)', 창녕 진흥왕 척경비(561년)의 '고나말전(古奈末典)', 황초령 진흥왕순수비(568년)의 '△전(△典)', 마운령 진흥왕 순수비(568년)의 '나부통전(奈夫通典)'과 '급벌참전(及伐斬典)' 등에 그 사용례가 보인다(그림 8).

이처럼 '典'字는 삼국시대 신라비에 자주 나오며, 창녕 진흥왕 척경비(27행 중 9행)를 제외하면 모두 비문의 후반부에 보인다. 그렇다면 북한산 순수비의 마모된 부분에도 '典'字가 있지 않았을까?

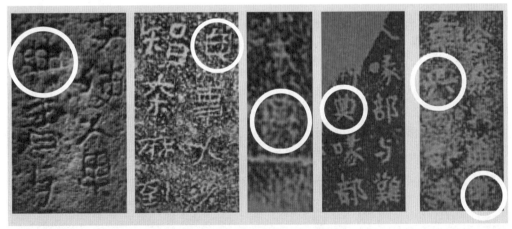

그림 8. 삼국시대 신라 비석에 보이는 '典'자
(좌측부터 포항 중성리비: 국립경주문화재연구소, 2020, 『신라왕경과 포항 중성리 신라비』, 포항 냉수리비: 박홍국 촬영, 창녕 진흥왕 척경비·황초령 진흥왕 순수비: 국립경주박물관, 2002, 『문자로 본 신라』, 마운령 진흥왕 순수비: 노용필, 1996, 『신라 진흥왕 순수비 연구』에서 부분 전재)

따라서 감악산비의 '典'字는 6세기 신라비의 상징이라고 할 만큼 자주 나오는 '喙'字만큼은 아니더라도

작지 않은 의미를 가진 명문이라고 생각한다.

여기에 美術文化院, 1983, 『書道大字典』, p.180의 '典'字 중에서 북위·동위 등 예를 제시하면 다음과 같다 (그림 9).

그림 9. 北魏·東魏의 '典'字 몇 例

이 밖에도 필자는 비신 최하단에 있는 시멘트를 벗겨내면 확률이 높지는 않지만 혹시 한 글자가 더 있을 지, 비신 여러 군데에 남아있는 이끼를 완전히 제거할 수 있다면 혹시 한 획이라도 더 찾을 수 있을까 하는 기대를 버리지 않고 있다.

V. 비석의 형태

우리는 삼국시대의 금석문으로서 신라 진흥왕 순수비를 아주 소중한 자료로 인식하고 있다. 하지만 북

그림 10. 진흥왕 순수비(左: 북한산 진흥왕 순수비, 中: 황초령 진흥왕 순수비, 右: 마운령 진흥왕 순수비, 국립경주박물관, 2002, 앞의 책, p.28·29·30 부분 전재)

한산·황초령[9]·마운령 순수비는 그 형태 자체로도 당시로서는 획기적인 변화를 보여주었다. 즉 비갓(개석)을 갖추고 비신의 전·후·좌·우면이 모두 整面되었으며, 비좌를 마련하여 비신을 꽂아 세웠다는 점이다(그림 10).

이와 같은 특징을 갖춘 것은 진흥왕 순수비 3例와 감악산 비석을 합하여도 4例에 불과하다. 이 비석들 이후의 신라비석에 개석이 등장하는 것은 100여 년 뒤에 세워진 경주의 태종무열왕릉비가 처음이다.

뿐만 아니라, 마운령비에서 시도된 비신의 前後面, 즉 양면에 글씨를 새긴 것도 신라비 중에서는 처음[10]으로 등장한 것이었다.

또한 마운령비(황초령비 포함)의 명문은 신라 금석문 최초로 「太昌」이라는 연호로 시작하였다는 점도 특기할 만하다. 이 밖에도 561년에 건립된 창녕비문의 음각윤곽선이 7년 뒤인 568년에 건립되었음이 확실한 황초령비에 보인다는 점도 진흥왕대 비석들의 변화

그림 11. 음각 윤곽선(左: 창녕비, 右: 황초령비, 국립경주박물관, 2002, 앞의 책, p.27·29 도판 부분 전재)

를 살피는데 주목되는 점이라 하겠다(그림 11).

그렇다면 40년 전인 1982년 당시에도 진흥왕의 순수비로 짐작되었던 감악산 비석의 건립시기는 언제쯤 이었을까?

이러한 물음에 대하여 보다 효과적으로 의미 있는 결과를 도출하기 위하여 다음의 표를 작성하여 보았다(표 2).

여기에 따르면 감악산 비석이 크기나 형태뿐만 아니라 새겨졌던 글자의 수(추정치), 비신의 가로·세로 비율 등에서도 북한산비와 거의 비슷한 數値를 보였다. 여기에 더하여 감악산 비석은 북한산비와 직선거리로 약 35㎞ 북쪽인 감악산 정상에 있다.

반면에 황초령비에서 직선 거리로 약 127㎞ 떨어져 있으며,[11] 가로·세로의 비율이 약 1:3.3인 마운령비 와는 확연한 차이를 보이고 있다.

---

9) 황초령비는 현재 상단부가 남아 있지 않지만, 마운령비처럼 개석을 갖추었을 것으로 짐작하고 있다.

10) 前·上·後面에 명문이 있는 포항 냉수리비는 각 면이 가공되어 있지 않다는 점에서 진흥왕 순수비와 비교 대상이 아니다.

11) daum 및 google 지도를 보고 약측하였음.

표 2. 감악산비와 진흥왕순수비의 크기와 글자수 추정

비석명	비석면 크기와 가로세로의 비율	글자수	비고
감악산비	높이 약 167㎝ 너비 76.9㎝ (상부) 71.9㎝ (하부) 두께 약20㎝ 중간치 74.4:167= 약 2.25배	10행의 경우 약 300 글자 11행의 경우 약 330 글자	비석면 상·하 너비차이 5㎝
북한산비	높이 약 155㎝ 너비 약 71.5㎝ 중간치 72:155= 약 2.15배	11행의 경우 316글자	비좌(받침석)를 암반에 마련
황초령비	잔존 높이 138.2㎝ 너비 약 50㎝ 비율 산출불가	12행 최대 410글자	창녕비와 같은 윤곽선 있음
마운령비	높이 146.9㎝ 너비 44.2㎝ 146.9:44.2= 약 3.3배	18행 최대 415글자	양면비(兩面碑)

이상과 같은 관찰결과에 따르면 감악산 비석은 북한산비와 건립시기·건립장소·비문내용이 비슷하였을 것으로 생각된다.

이처럼 감악산 비석은 북한산 비석과 높은 친연성을 드러내고 있다. 따라서 우리는 감악산 비석의 건립시기를 일단 6세기 중반으로 짐작할 수 있게 되었다. 또한 필자는 이번 조사를 계기로 신라 비석을 일별한 결과 진흥왕의 비석들은 대부분이 시간에 쫓긴 듯 새겨진 글자 획의 깊이가 비교적 얕다는 공통점을 찾을 수 있었다. 이 같은 현상은 감악산 비석에 남은 글자도 예외가 아니며, 3D스캔에도 명문이 잘 드러나지 않는다.

VI. 북한산 진흥왕 순수비의 건립연도에 대한 여러 학설을 보며

감악산 비석이 북한산비와 같거나 비슷한 시기에 건립되었을 것이라는 결론에 이른 다음에 북한산비의 건립시기에 대한 학설을 검토한 즉, 555년 또는 568년 이후까지 다양한 견해가 있으며 그 차이는 무려 13년 이상임을 알게 되었다(표 3).[12]

위의 표와 같이 여러 학설이 제기된 가장 큰 원인은 북한산비의 제1행 서두 중에 年·月·日 부분이 마멸되어버린데 있다고 보아야 할 것이다.

필자가 역사고고학 연구자의 입장에서 관찰할 때, 비의 개석 바로 아래 면은 비각이 없는 경우라도 풍화에 의한 마모가 가장 적은 부분이기 때문에 건립일자를 포함한 상부의 마멸상태는 극히 이례적인 현상이다.

그리고 이 같은 현상은 최소 수 백 년 전에 북한산비의 개석이 인위적으로 벗겨졌음을 증명하여 주고 있다.

---

12) 각 연구자가 발표한 논고 및 각주는 생략한다.

이로 인한 결과는 고고학적으로 신라 비석의 외형 변화를 고찰하는데 큰 장애로 작용하였다. 즉 북한산 순수비가 555년에 세워졌다면 최초로 비면이 정면된 예는 창녕비가 아니고 북한산비가 되며, 최초로 개석·정면된 비신·비좌를 갖춘 비는 황초령·마운령비가 될 수밖에 없다.

표 3. 북한산비 건립연도에 대한 여러 학설

건 립 연 도		논 자
555년 (진흥 16)		한진서, 최익한, 이병도, 노용필, 신형식, 하일식, 강경구, 임평섭, 최병헌, 이일규·김덕원
568년 (진흥 29)	10월 이전	김창호, 이우태, 박성현, 장창은
	10월 이후	김정희, 이마니시 류[今西龍], 카츠라기 스에지[葛城末治], 김윤경
	月 미언급	최남선, 강봉룡
그 외		조법환 (555~568년 사이), 최영성 (진흥왕 사후)

북한산비의 건립연도에 대한 異見은 고대사 전공 연구자라면 누구나 알고 있는 바와 같이 『삼국사기』 신라본기 진흥왕 16년 조(555년)와 29년 조(568년)의 상충관계 때문일 것이다. 그렇지만

① 두 기록은 모두 당해 연도의 사실인가?
② 29년 조의 경우 그 전에도 南川州의 置廢가 있었는데, 혹시 앞선 사실이 누락되었을 가능성은 없는가?
③ 황초령·마운령비 건립과 관계된 사실은 왜 누락되었는가? 등 모두가 궁금할 뿐이다.

그렇지만 북한산비의 제 1행에서 '眞'자로 짐작되는 부분 위의 여백 길이를 보면 8字 정도만을 새길 수 있다는 점을 두고 연호까지 새기지는 않았다는 사실에 근거하여 필자 나름의 연대관을 추가하여 보고자 한다.

568년에 세워진 마운령비에는 '太昌'이라는 명문과 더불어 年干支·日干支까지 새겼고, '帝王建号', '朕'이라는 명문까지 있다. 그런데 569년 이후부터 진흥왕 몰년인 576년 사이에는 기왕에 새기던 연호를 굳이 생략할 필요가 있었을까 하는 의문이 떠나지 않는다.

또한 마운령비가 신라 최초의 양면비이기 때문에 비면에 여유가 있어서 위·아래에 글자를 새기지 않는 부분이 다른 순수비보다 넓다는 점도 진흥왕 순수비 중에서는 後行하는 것이라고 생각한다.

필자는 이상의 의문점들에 기초하여 북한산비의 건립시기를 568년보다 1년 앞선 즉 '567년 이전'이라는 견해를 보태고자 한다.

VII. 맺음말

이상과 같이 감악산 古碑에 대한 조사경과에 보태어 비면의 현황·찾은 명문·북한산 진흥왕 순수비와의 친연성 또는 유사성 등을 간략히 기술하였다.

첫째, 이번 조사과정에서 찾아내어 '典'字로 판독한 명문은 비록 1글자에 불과하지만, '인간이 刻字한 것이 분명한 명문'이기 때문에 감악산 비석을 '沒字碑'에서 '글씨가 남아 있는 文字碑'로 분류할 수 있게 되었음을 강조하였다.

둘째, 감악산 비석을 북한산·황초령·마운령 순수비의 외형 등과 비교하여 북한산 순수비와 비슷하거나 같은 시기에 세워졌을 가능성을 상정하여 보았다.

셋째, 북한산비에는 황초령·마운령비와 달리 年號가 없었다는 점 등을 제시하고 그 건립연도를 567년 이전으로 보는 필자의 管見을 보태었다.

끝으로 이번 감악산 비석 과학적 정밀조사에 필자를 현장자문위원으로 불러 주었을 뿐만 아니라 남은 명문을 같이 발견하고, 조사한 ㈜서진문화유산 김선덕 대표를 비롯한 조사팀원들과 오세윤 문화재전문 사진작가의 협조와 노고를 잊을 수 없다. 이 지면을 빌어 깊이 감사드린다.

투고일: 2022.12.15.	게재확정일: 2022.12.15.

참고문헌

『三國史記』

국립경주박물관, 2002, 『문자로 본 신라』.
국립경주문화재연구소, 2020, 『신라왕경과 포항 중성리 신라비』.
노용필, 1996, 『新羅眞興王巡狩碑硏究』, 일조각.
㈜서진문화유산, 2022, 「감악산비 과학적 정밀조사 용역 최종보고회 자료」.
李龍範, 1983, 「紺岳山 古碑에 대하여」, 『佛敎美術』 7, 동국대학교박물관.
하일식, 2020, 「감악산비 논란과 감악신사에 대하여」, 『역사와 현실』 117.

휘보

학술대회, 자료교환

학술대회, 자료교환

1. 학술대회

1) 제16회 국제학술대회 "한·중·일 고대 목간의 명칭에 대한 종합적 검토"

■ 일시: 2022년 9월 23일(금요일)
■ 장소: 중앙대학교 310관 903호
■ 주최: 한국목간학회
■ 주관: 한국목간학회
■ 일정

　　　　사회 : 이병호(공주교대)

▫ 13:20~13:20　개회사 – 李成市(한국목간학회장)

▫ 13:30~14:00　20세기 이래의 서북 漢代 관문서 간독 형태에 관한 연구 및 분석
　　　　　　　　발표: 李迎春(西北師範大學) ｜ 토론: 오준석(경북대)

▫ 14:00~14:30　한반도 발견 목간의 형태 용어 검토
　　　　　　　　발표: 이재환(중앙대) ｜ 토론: 윤선태(동국대)

▫ 14:30~15:00　일본고대목간의 형식분류와 기능적 분류
　　　　　　　　발표: 三上喜孝(國立歷史民俗博物館) ｜ 토론: 市大樹(大阪大學)

▫ 15:15~17:50　종합토론
　　　　　　　　좌장 : 김병준(서울대)

2. 자료교환

日本木簡學會와의 資料交換

　* 韓國木簡學會『木簡과 文字』28호 일본 발송

부 록

학회 회칙, 간행예규, 연구윤리규정

학회 회칙

제 1 장 총칙

제 1 조 (명칭)　본회는 한국목간학회(韓國木簡學會, The Korean Society for the Study of Wooden Documents)라 한다.

제 2 조 (목적)　본회는 목간을 비롯한 금석문, 고문서 등 문자자료와 기타 문자유물을 중심으로 한 연구 및 학술조사를 통하여 한국의 목간학 발전에 이바지함을 목적으로 한다.

제 3 조 (사업)　본회는 목적에 부합하는 다음의 사업을 한다.
　　1. 연구발표회
　　2. 학보 및 기타 간행물 발간
　　3. 유적·유물의 답사 및 조사 연구
　　4. 국내외 여러 학회들과의 공동 학술연구 및 교류
　　5. 기타 위의 각 사항의 사업을 수행하기 위해 필요한 사업

제 4 조(회원의 구분과 자격)
　　① 본회의 회원은 본회의 목적에 동의하여 회비를 납부하는 개인 또는 기관으로서 연구회원, 일반회원 및 학생회원으로 구분하며, 따로 명예회원, 특별회원을 둘 수 있다.
　　② 연구회원은 평의원 2인 이상의 추천을 받아 평의원회에서 심의, 인준한다.
　　③ 일반회원은 연구회원과 학생회원이 아닌 사람과 기관 및 단체로 한다.
　　④ 학생회원은 대학생과 대학원생으로 한다.
　　⑤ 명예회원은 본회의 발전에 크게 기여한 회원 또는 개인 중에서 운영위원회에서 추천하여 평의원회에서 인준을 받은 사람으로 한다.
　　⑥ 특별회원은 본회의 활동과 운영에 크게 기여한 개인 또는 기관 중에서 운영위원회에서 추천하여 평의원회에서 인준을 받은 사람으로 한다.

제 5 조 (회원징계) 회원으로서 본회의 명예를 손상시키거나 회칙을 준수하지 않았을 경우 평의원회의 심의와 총회의 의결에 따라 자격정지, 제명 등의 징계를 할 수 있다.

제 2 장 조직 및 기능

제 6 조 (조직) 본회는 총회·평의원회·운영위원회·편집위원회를 두며, 필요한 경우 별도의 위원회를 구성할 수 있다.

제 7 조 (총회)
① 총회는 정기총회와 임시총회로 나누며, 정기총회는 2년에 1회 정기적으로 개최하고 임시총회는 필요한 때에 소집할 수 있다.
② 총회는 회장이나 평의원회의 의결로 소집한다.
③ 총회는 평의원회에서 심의한 학회의 회칙, 운영예규의 개정 및 사업과 재정 등에 관한 보고를 받고 이를 의결한다.
④ 총회는 평의원회에서 추천한 회장, 평의원, 감사를 인준한다. 단 회장의 인준이 거부되었을 때는 평의원회에서 재추천하도록 결정하거나 총회에서 직접 선출한다.

제 8 조 (평의원회)
① 평의원은 연구회원 중 평의원회의 추천을 받아 총회에서 인준한 자로 한다.
② 평의원회는 회장을 포함한 평의원으로 구성한다.
③ 평의원회는 회장 또는 평의원 4분의 1 이상의 요구로써 소집한다.
④ 평의원회는 아래의 사항을 추천, 심의, 의결한다.
　　1. 회장, 평의원, 감사, 편집위원의 추천
　　2. 회칙개정안, 운영예규의 심의
　　3. 학회의 재정과 사업수행의 심의
　　4. 연구회원, 명예회원, 특별회원의 인준
　　5. 회원의 자격정지, 제명 등의 징계를 심의

제 9 조 (운영위원회)
① 운영위원회는 회장과 회장이 지명하는 부회장, 총무·연구·편집·섭외이사 등 20명 내외로 구성하고, 실무를 담당할 간사를 둔다.
② 운영위원회는 평의원회에서 심의·의결한 사항을 집행하며, 학회의 제반 운영업무를 담당한다.
③ 부회장은 회장을 도와 학회의 업무를 총괄 지원하며, 회장 유고시에는 회장의 권한을 대행한다.

④ 총무이사는 학회의 통상 업무를 담당, 집행하며 회장을 대신하여 재정·회계사무를 대표하여 처리한다.

⑤ 연구이사는 연구발표회 및 각종 학술대회의 기획을 전담한다.

⑥ 편집이사는 편집위원을 겸하며, 학보 및 기타 간행물의 출간을 전담한다.

⑦ 섭외이사는 학술조사를 위해 자료소장기관과의 섭외업무를 전담한다.

제 10 조 (편집위원회) 편집위원회는 학보 발간 및 기타 간행물의 출간에 관한 제반사항을 담당하며, 그 구성은 따로 본회의 운영예규에 정한다.

제 11 조 (기타 위원회) 기타 위원회의 구성과 활동은 회장이 결정하며, 그 내용을 평의원회에 보고한다.

제 12 조 (임원)

① 회장은 본회를 대표하고 총회와 각급회의를 주재하며, 임기는 2년으로 한다.

② 평의원은 제 8 조의 사항을 담임하며, 임기는 종신으로 한다.

③ 감사는 평의원회에 출석하고, 본회의 업무 및 재정을 감사하여 총회에 보고하며, 그 임기는 2년으로 한다.

④ 임원의 임기는 1월 1일부터 시작한다.

⑤ 임원이 유고로 업무를 수행할 수 없게 된 때에는 평의원회에서 보궐 임원을 선출하고 다음 총회에서 인준을 받으며, 그 임기는 전임자의 잔여임기가 1년 미만인 경우는 잔여임기에 규정임기 2년을 더한 기간으로 하고, 잔여임기가 1년 이상인 경우는 잔여기간으로 한다.

제 13 조 (의결)

① 총회에서의 인준과 의결은 출석 회원의 과반수로 한다.

② 평의원회는 평의원 4분의 1 이상의 출석으로 성립하며, 의결은 출석한 평의원 과반수의 찬성으로 한다.

제 3 장 출판물의 발간

제 14 조 (출판물)

① 본회는 매년 6월 30일과 12월 31일에 학보를 발간하고, 그 명칭은 "목간과 문자"(한문 "木簡과 文字", 영문 "Wooden documents and Inscriptions Studies")로 한다.

② 본회는 학보 이외에 본회의 목적에 부합하는 출판물을 발간할 수 있다.

③ 본회가 발간하는 학보를 포함한 모든 출판물의 저작권은 본 학회에 속한다.

제 15 조 (학보 게재 논문 등의 선정과 심사)

① 학보에는 회원의 논문 및 본회의 목적에 부합하는 주제의 글을 게재함을 원칙으로 한다.

② 논문 등 학보 게재물은 편집위원회에서 선정한다.

③ 논문 등 학보 게재물의 선정 기준과 절차는 따로 본회의 운영예규에 정한다.

제 4 장 재정

제 16 조 (재원)   본회의 재원은 회비 및 기타 수입으로 한다.

제 17 조 (회계연도)   본회의 회계연도 기준일은 1월 1일로 한다.

제 5 장 기타

제 18 조 (운영예규)   본 회칙에 명시하지 않은 운영에 필요한 사항은 따로 운영예규에 정한다.

제 19 조 (기타사항)   본 회칙에 규정되지 않은 사항은 일반관례에 따른다.

부칙

1. 본 회칙은 2007년 1월 9일부터 시행한다.

2. 본 회칙은 2009년 1월 9일부터 시행한다.

3. 본 회칙은 2012년 1월 18일부터 시행한다.

4. 본 회칙은 2015년 10월 31일부터 시행한다.

5. 본 회칙은 2021년 11월 23일부터 시행한다.

편집위원회에 관한 규정

제 1 장 총칙

제 1 조 (명칭)   본 규정은 '편집위원회에 관한 규정'이라 한다.

제 2 조 (목적)   본 규정은 한국목간학회 편집위원회의 조직 및 편집 활동 전반에 관한 세부 사항을 규정하는 것을 목적으로 한다.

제 2 장 조직 및 권한

제 3 조 (구성)   편집위원회는 회칙에 따라 구성한다.

제 4 조 (편집위원의 임명)   편집위원은 세부 전공 분야 및 연구 업적을 감안하여 평의원회에서 추천하며, 회장이 임명한다.

제 5 조 (편집위원장의 선출)   편집위원장은 편집위원 전원의 무기명 비밀투표 방식으로 편집위원 중에서 선출한다.

제 6 조 (편집위원장의 권한)   편집위원장은 편집회의의 의장이 되며, 학회지의 편집 및 출판 활동 전반에 대하여 권한을 갖는다.

제 7 조 (편집위원의 자격)   편집위원은 다음과 같은 조건을 갖춘자로 한다.
   1. 박사학위를 소지한 자.
   2. 대학의 전임교수로서 5년 이상의 경력을 갖추었거나, 이와 동등한 연구 경력을 갖춘자.
   3. 역사학·고고학·보존과학·국어학 또는 이와 관련된 분야에서 연구 업적이 뛰어나고 학계의 명망과 인격을 두루 갖춘자.

4. 다른 학회의 임원이나 편집위원으로 과다하게 중복되지 않은 자.

제 8 조 (편집위원의 임기)　편집위원의 임기는 2년으로 하되, 연임할 수 있다.

제 9 조 (편집자문위원)　학회지 및 기타 간행물의 편집 및 출판 활동과 관련하여 필요시 국내외의 편집자문위원을 둘 수 있다.

제 10 조 (편집간사)　학회지를 비롯한 제반 출판 활동 업무를 원활히 하기 위하여 편집간사 약간 명을 둘 수 있다.

제 3 장 임무와 활동

제 11 조 (편집위원회의 임무와 활동)　편집위원회의 임무와 활동 내용은 다음과 같다.
  1. 학회지의 간행과 관련된 제반 업무.
  2. 학술 단행본의 발행과 관련된 제반 업무.
  3. 기타 편집 및 발행과 관련된 제반 활동.

제 12 조 (편집간사의 임무)　편집간사는 편집위원회의 업무와 활동을 보조하며, 편집과 관련된 회계의 실무를 담당한다.

제 13 조 (학회지의 발간일)　학회지는 1년에 2회 발행하며, 그 발행일자는 6월 30일과 12월 31일로 한다.

제 4 장 편집회의

제 14 조 (편집회의의 소집)　편집회의는 편집위원장이 수시로 소집하되, 필요한 경우에는 3인 이상의 편집위원이 발의하여 회장의 동의를 얻어 편집회의를 소집할 수 있다. 또한 심사위원의 추천 및 선정 등에 필요한 경우에는 전자우편을 통한 의견 수렴으로 편집회의를 대신할 수 있다.

제 15 조 (편집회의의 성립)　편집회의는 편집위원장을 포함한 편집위원 과반수의 출석으로 성립된다.

제 16 조 (편집회의의 의결)　편집회의의 제반 안건은 출석 위원 과반수의 찬성으로 의결하되, 찬반 동수인 경우에는 편집위원장이 결정한다.

제 17 조 (편집회의의 의장)　편집위원장은 편집회의의 의장이 된다. 편집위원장이 참석하지 아니한 경우에는 편집위원 중의 연장자가 의장이 된다.

제 18 조 (편집회의의 활동)　편집회의는 학회지의 발행, 논문의 심사 및 편집, 기타 제반 출판과 관련된 사항에 대하여 논의하고 결정한다.

부칙
제1조 이 규정은 운영위원회의 의결을 거쳐 2007년 11월 24일부터 시행한다.
제2조 이 규정은 운영위원회의 의결을 거쳐 2009년 1월 9일부터 시행한다.
제3조 이 규정은 운영위원회의 의결을 거쳐 2012년 1월 18일부터 시행한다.

학회지 논문의 투고와 심사에 관한 규정

제 1 장 총칙

제 1 조 (명칭)   본 규정은 '학회지 논문의 투고와 심사에 관한 규정'이라 한다.

제 2 조 (목적)   본 규정은 한국목간학회의 학회지인 『목간과 문자』에 수록할 논문의 투고와 심사에 관한 절차를 정하고 관련 업무를 명시함에 목적을 둔다.

제 2 장 원고의 투고

제 3 조 (투고 자격)   논문의 투고 자격은 회칙에 따르되, 당해 연도 회비를 납부한 자에 한한다.

제 4 조 (투고의 조건)   본 학회에서 발표한 논문에 한하여 투고하는 것을 원칙으로 한다.

제 5 조 (원고의 분량)   원고의 분량은 학회지에 인쇄된 것을 기준으로 각종의 자료를 포함하여 20면 내외로 하되, 자료의 영인을 붙이는 경우에는 면수 계산에서 제외한다.

제 6 조 (원고의 작성 방식)   원고의 작성 방식과 요령 등에 관하여는 별도의 내규를 정하여 시행한다.

제 7 조 (원고의 언어)   원고는 한국어로 작성함을 원칙으로 하되, 외국어로 작성된 원고의 게재 여부는 편집회의에서 정한다.

제 8 조 (제목과 필자명)   논문 제목과 필자명은 영문으로 附記하여야 한다.

제 9 조 (국문초록과 핵심어)   논문을 투고할 때에는 국문과 외국어로 된 초록과 핵심어를 덧붙여야 한다. 요약문과 핵심어의 작성 요령은 다음과 같다.

1. 국문초록은 논문의 내용과 논지를 잘 간추려 작성하되, 외국어 요약문은 영어, 중국어, 일어 중의 하나로 작성한다.
2. 국문초록의 분량은 200자 원고지 5매 내외로 한다.
3. 핵심어는 논문의 주제 및 내용을 대표할 만한 단어를 뽑아서 요약문 뒤에 행을 바꾸어 제시한다.

제 10 조 (논문의 주제 및 내용 조건)   논문의 주제 및 내용은 다음에 부합하여야 한다.
1. 국내외의 출토 문자 자료에 대한 연구 논문
2. 국내외의 출토 문자 자료에 대한 소개 또는 보고 논문
3. 국내외의 출토 문자 자료에 대한 역주 또는 서평 논문

제 11 조 (논문의 제출처)   심사용 논문은 온라인투고시스템을 이용한다.

제 3 장 원고의 심사

제 1 절 : 심사자

제 12 조 (심사자의 자격)   심사자는 논문의 주제 및 내용과 관련된 분야에서 박사학위를 소지한 자를 원칙으로 하되, 본 학회의 회원 가입 여부에 구애받지 아니한다.

제 13 조 (심사자의 수)   심사자는 논문 한 편당 2인 이상 5인 이내로 한다.

제 14 조 (심사 의뢰)   편집위원장은 편집회의에서 추천·의결한 바에 따라 심사자를 선정하여 심사를 의뢰하도록 한다. 편집회의에서의 심사자 추천은 2배수로 하고, 편집회의의 의결을 거쳐 선정한다.

제 15 조 (심사자에 대한 이의)   편집위원장은 심사자 위촉 사항에 대하여 대외비로 회장에게 보고하며, 회장은 편집위원장에게 이의를 제기할 수 있다. 심사자 위촉에 대한 이의에 대하여는 편집회의를 거쳐 편집위원장이 심사자를 변경할 수 있다. 다만, 편집회의 결과 원래의 위촉자가 재선정되었을 경우 편집위원장은 회장에게 그 사실을 구두로 통지하며, 통지된 사항에 대하여 회장은 이의를 제기할 수 없다.

제 2 절 : 익명성과 비밀 유지

제 16 조 (익명성과 비밀 유지 조건)   심사용 원고는 반드시 익명으로 하며, 심사에 관한 제반 사항은 편집위원장 책임하에 반드시 대외비로 하여야 한다.

제 17 조 (익명성과 비밀 유지 조건의 위배에 대한 조치)   위 제16조의 조건을 위배함으로 인해 심사자에게 중대한 피해를 입혔을 경우에는 편집위원 3인 이상의 발의로써 편집위원장의 동의 없이도 편집회의를 소집할 수 있으며, 다음 각 호에 따라 위배한 자에 따라 사안별로 조치한다. 또한 해당 심사자에게는 편집위원장 명의로 지체없이 사과문을 심사자에게 등기 우송하여야 한다. 편집위원장 명의를 사용하지 못할 경우에는 편집위원 전원이 연명하여 사과문을 등기 우송하여야 한다. 익명성과 비밀 유지 조건에 대한 위배 사실이 학회의 명예를 손상한 경우에는 편집위원 3인의 발의만으로써도 해당 편집위원장 및 편집위원에 대한 징계를 회장에게 요청할 수 있으며, 이 경우 그 처리 결과를 학회지에 공지하여야 한다.

 1. 편집위원장이 위배한 경우에는 편집위원장을 교체한다.
 2. 편집위원이 위배한 경우에는 편집위원직을 박탈한다.
 3. 임원을 겸한 편집위원의 경우에는 회장에게 교체하도록 요청한다.
 4. 편집간사 또는 편집보조가 위배한 경우에는 편집위원장이 당사자를 해임한다.

제 18 조 (편집위원의 논문에 대한 심사)   편집위원이 투고한 논문을 심사할 때에는 해당 편집위원을 궐석시킨 후에 심사자를 선정하여야 하며, 회장에게도 심사자의 신원을 밝히지 않는 것을 원칙으로 한다.

제 3 절 : 심사 절차

제 19 조 (논문심사서의 구성 요건)   논문심사서에는 '심사 소견', 그리고 '수정 및 지적사항'을 적는 난이 포함되어야 한다.

제 20 조 (심사 소견과 영역별 평가)   심사자는 심사 논문에 대하여 영역별 평가를 감안하여 종합판정을 한다. 심사 소견에는 영역별 평가와 종합판정에 대한 근거 및 의견을 총괄적으로 기술함을 원칙으로 한다.

제 21 조 (수정 및 지적사항)   '수정 및 지적사항'란에는 심사용 논문의 면수 및 수정 내용 등을 구체적으로 지시하여야 한다.

제 22 조 (심사 결과의 전달)   편집간사는 편집위원장의 지시를 받아 투고자에게 심사자의 논문심사서와 심사용 논문을 전자우편 또는 일반우편으로 전달하되, 심사자의 신원이 드러나지 않도록 각별히 유의하여야 한다. 논문 심사서 중 심사자의 인적 사항은 편집회의에서도 공개하지 않는다.

제 23 조 (수정된 원고의 접수)   투고자는 논문심사서를 수령한 후 소정 기일 내에 원고를 수정하여 편집위원장에게 송부하여야 한다. 기한을 넘겨 접수된 수정 원고는 학회지의 다음 호에 접수된 투고 논문과

동일한 심사 절차를 밟되, 논문심사료는 부과하지 않는다.

제 4 절 : 심사의 기준과 게재 여부 결정

제 24 조 (심사 결과의 종류)   심사 결과는 '종합판정'과 '영역별 평가'로 나누어 시행한다.

제 25 조 (종합판정과 등급)   종합판정은 ①揭載 可, ②小幅 修正後 揭載, ③大幅 修正後 再依賴, ④揭載 不可 중의 하나로 한다.

제 26 조 (영역별 평가)   영역별 평가 기준은 다음과 같다.
  1. 학계에의 기여도
  2. 연구 내용 및 방법론의 참신성
  3. 논지 전개의 타당성
  4. 논문 구성의 완결성
  5. 문장 표현의 정확성

제 27 조 (게재 여부의 결정 기준)   심사용 논문의 학회지 게재 여부는 심사자의 종합판정에 의거하여 이들을 합산하여 시행한다. 게재 여부의 결정은 최종 수정된 원고를 대상으로 한다.

제 28 조 (게재 여부 결정의 조건)   게재 여부 결정의 조건은 다음과 같다.
  1. 심사자의 2분의 1 이상이 위 제25조의 '①게재 가'로 판정한 경우에는 게재한다.
  2. 심사자의 2분의 1 이상이 위 제25조의 '③게재 불가'로 판정한 경우에는 게재를 불허한다.

제 29 조 (게재 여부에 대한 논의)   위 제28조의 경우가 아닌 논문에 대하여는 편집회의의 토의를 거친 후에 게재 여부를 확정하되, 이 때에는 영역별 평가를 참조한다.

제 30 조 (논문 게재 여부의 통보)   편집위원장은 논문 게재 여부에 대한 최종 확정 결과를 투고자에게 통보하여야 한다.

제 5 절 : 이의 신청

제 31 조 (이의 신청)   투고자는 심사와 논문 게재 여부에 대하여 이의를 신청할 수 있다. 이 때에는 200자 원고지 5매 내외의 이의신청서를 작성하여 심사 결과 통보일 15일 이내에 편집위원장에게 송부하

여야 하며, 편집위원장은 이의 신청 접수일로부터 15일 이내에 이에 대한 처리 절차를 완료하여야 한다.

제 32 조 (이의 신청의 처리)　이의 신청을 한 투고자의 논문에 대해서는 편집회의에서 토의를 거쳐 이의 신청의 수락 여부를 의결한다. 수락한 이의 신청에 대한 조치 방법은 편집회의에서 결정한다.

제 4 장　게재 논문의 사후 심사 및 조치

제 1 절 : 게재 논문의 사후 심사

제 33 조 (사후 심사)　학회지에 게재된 논문에 대하여는 사후 심사를 할 수 있다.

제 34 조 (사후 심사 요건)　사후 심사는 편집위원회의 자체 판단 또는 접수된 사후심사요청서의 검토 결과, 대상 논문이 그 논문이 수록된 본 학회지 발행일자 이전의 간행물 또는 타인의 저작권에 귀속시킬 만한 연구 내용을 현저한 정도로 표절 또는 중복 게재한 것으로 의심되는 경우에 한한다.

제 35 조 (사후심사요청서의 접수)　게재 논문의 표절 또는 중복 게재와 관련하여 사후 심사를 요청하는 사후심사요청서를 편집위원장 또는 편집위원회에 접수할 수 있다. 이 경우 사후심사요청서는 밀봉하고 겉봉에 '사후심사요청'임을 명기하되, 발신자의 신원을 겉봉에 노출시키지 않음을 원칙으로 한다.

제 36 조 (사후심사요청서의 개봉)　사후심사요청서는 편집위원장 또는 편집위원장이 위촉한 편집위원이 개봉한다.

제 37 조 (사후심사요청서의 요건)　사후심사요청서는 표절 또는 중복 게재로 의심되는 내용을 구체적으로 밝혀야 한다.

제 2 절 : 사후 심사의 절차와 방법

제 38 조 (사후 심사를 위한 편집위원회 소집)　게재 논문의 표절 또는 중복 게재에 관한 사실 여부를 심의하고 사후 심사자의 선정을 비롯한 제반 사항을 의결하기 위해 편집위원장은 편집위원회를 소집할 수 있다.

제 39 조 (질의서의 우송)　편집위원회의 심의 결과 표절이나 중복 게재의 개연성이 있다고 판단된 논문에 대해서는 그 진위 여부에 대해 편집위원장 명의로 해당 논문의 필자에게 질의서를 우송한다.

제 40 조 (답변서의 제출)   위 제39조의 질의서에 대해 해당 논문 필자는 질의서 수령 후 30일 이내 편집위원장 또는 편집위원회에 답변서를 제출하여야 한다. 이 기한 내에 답변서가 없을 경우엔 질의서의 내용을 인정한 것으로 판단한다.

제 3 절 : 사후 심사 결과의 조치

제 41 조 (사후 심사 확정을 위한 편집위원회 소집)   편집위원장은 답변서를 접수한 날 또는 마감 기한으로부터 15일 이내에 사후 심사 결과를 확정하기 위한 편집위원회를 소집한다.

제 42 조 (심사 결과의 통보)   편집위원장은 편집위원회에서 확정한 사후 심사 결과를 7일 이내에 사후 심사를 요청한 이 및 관련 당사자에게 통보하여야 한다.

제 43 조 (표절 및 중복 게재에 대한 조치)   편집위원회에서 표절 또는 중복 게재로 확정된 경우에는 회장에게 지체 없이 보고하고, 회장은 운영위원회를 소집하여 다음 각 호와 같은 조치를 집행할 수 있다.
    1. 차호 학회지에 그 사실 관계 및 조치 사항들을 기록한다.
    2. 학회지 전자판에서 해당 논문을 삭제하고, 학회논문임을 취소한다.
    3. 해당 논문 필자에 대하여 제명 조치하고, 향후 5년간 재입회할 수 없도록 한다.
    4. 관련 사실을 한국연구재단에 보고한다.

제 4 절 : 제보자의 보호

제 44 조 (제보자의 보호)   표절 및 중복 게재에 관한 이의 및 논의를 제기하거나 사후 심사를 요청한 사람에 대해서는 신원을 절대적으로 밝히지 않고 익명성을 보장하여야 한다.

제 45 조 (제보자 보호 규정의 위배에 대한 조치)   위 제44조의 규정을 위배한 이에 대한 조치는 위 제17조에 준하여 시행한다.

부칙
제1조(시행일자) 본 규정은 2007년 11월 24일부터 시행한다.
제2조(시행일자) 본 규정은 2009년 1월 9일부터 시행한다.
제3조(시행일자) 본 규정은 2015년 10월 31일부터 시행한다.
제4조(시행일자) 본 규정은 2018년 1월 12일부터 시행한다.

학회지 논문의 투고와 원고 작성 요령에 관한 내규

제 1 조 (목적)   이 내규는 본 한국목간학회의 회칙 및 관련 규정에 따라 학회지에 게재하는 논문의 투고와 원고 작성 요령에 대하여 명시하는 것을 목적으로 한다.

제 2 조 (논문의 종류)   학회지에 게재되는 논문은 심사 논문과 기획 논문으로 나뉜다. 심사 논문은 본 학회의 학회지 논문의 투고와 심사에 관한 규정에 따른 심사 절차를 거쳐 게재된 논문을 가리키며, 기획 논문은 편집위원회에서 기획하여 특정의 연구자에게 집필을 위촉한 논문을 가리킨다.

제 3 조 (기획 논문의 집필자)   기획 논문의 집필자는 본 학회의 회원 여부에 구애받지 아니한다.

제 4 조 (기획 논문의 심사)   기획 논문에 대하여도 심사 논문과 동일한 절차의 심사를 시행하는 것을 원칙으로 하되, 편집위원회의 의결을 거쳐 심사를 면제할 수 있다.

제 5 조 (투고 기한)   논문의 투고 기한은 매년 4월 말과 10월 말로 한다.

제 6 조 (수록호)   4월 말까지 투고된 논문은 심사 과정을 거쳐 같은 해의 6월 30일에 발행하는 학회지에 수록하며, 10월 말까지 투고된 논문은 같은 해의 12월 31일에 간행하는 학회지에 수록하는 것을 원칙으로 한다.

제 7 조 (수록 예정일자의 변경 통보)   위 제6조의 예정 기일을 넘겨 논문의 심사 및 게재가 이루어질 경우 편집위원장은 투고자에게 그 사실을 통보해 주어야 한다.

제 8 조 (게재료)   논문 게재의 확정시에는 일반 논문 10만원, 연구비 수혜 논문 30만원의 게재료를 납부하여야 한다.

제 9 조 (초과 게재료)   학회지에 게재하는 논문의 분량이 인쇄본을 기준으로 20면을 넘을 경우에는 1

면 당 2만원의 초과 게재료를 부과할 수 있다.

제 10 조 (원고료)   학회지에 게재되는 논문에 대하여는 소정의 원고료를 필자에게 지불할 수 있다. 원고료에 관한 사항은 운영위원회에서 결정한다.

제 11 조 (익명성 유지 조건)   심사용 논문에서는 졸고 및 졸저 등 투고자의 신원을 드러내는 표현을 쓸 수 없다.

제 12 조 (컴퓨터 작성)   논문의 원고는 컴퓨터로 작성함을 원칙으로 하며, 문장편집기 프로그램은 「한글」을 사용할 것을 권장한다.

제 13 조 (제출물)   원고 제출시에는 온라인투고시스템을 이용하며, 연구윤리규정과 저작권 이양동의서에 동의하여야 한다.

제 14 조 (투고자의 성명 삭제)   편집간사는 심사자에게 심사용 논문을 송부할 때 반드시 투고자의 성명과 기타 투고자의 신원을 알 수 있는 표현 등을 삭제하여야 한다.

제 15 조 (출토 문자 자료의 표기 범례 등 기타)   출토 문자 자료의 표기 범례를 비롯하여 위에서 정하지 않은 학회지 논문의 투고와 원고 작성 요령 및 용어 사용 등에 관한 사항들은 일반적인 관행에 따르거나 편집위원회에서 결정한다.

부칙
제1조(시행일자) 이 내규는 2007년 11월 24일부터 시행한다.
제2조(시행일자) 이 내규는 2009년 1월 9일부터 시행한다.
제3조(시행일자) 이 내규는 2012년 1월 18일부터 시행한다.
제4조(시행일자) 이 내규는 2015년 10월 31일부터 시행한다.
제5조(시행일자) 이 내규는 2018년 1월 12일부터 시행한다.

韓國木簡學會 研究倫理 規定

제 1 장 총칙

제 1 조 (명칭)   이 규정은 '한국목간학회 연구윤리 규정'이라 한다.

제 2 조 (목적)   이 규정은 한국목간학회 회칙 및 편집위원회 규정에 따른 연구윤리 등에 관한 세부사항을 규정하는 것을 목적으로 한다.

제 2 장 저자가 지켜야 할 연구윤리

제 3 조 (표절 금지)   저자는 자신이 행하지 않은 연구나 주장의 일부분을 자신의 연구 결과이거나 주장인 것처럼 논문이나 저술에 제시하지 않는다.

제 4 조 (업적 인정)

1. 저자는 자신이 실제로 행하거나 공헌한 연구에 대해서만 저자로서의 책임을 지며, 또한 업적으로 인정받는다.

2. 논문이나 기타 출판 업적의 저자나 역자가 여러 명일 때 그 순서는 상대적 지위에 관계없이 연구에 기여한 정도에 따라 정확하게 반영하여야 한다. 단순히 어떤 직책에 있다고 해서 저자가 되거나 제1저자로서의 업적을 인정받는 것은 정당화될 수 없다. 반면, 연구나 저술(번역)에 기여했음에도 공동저자(역자)나 공동연구자로 기록되지 않는 것 또한 정당화될 수 없다. 연구나 저술(번역)에 대한 작은 기여는 각주, 서문, 사의 등에서 적절하게 고마움을 표시한다.

제 5 조 (중복 게재 금지)   저자는 이전에 출판된 자신의 연구물(게재 예정이거나 심사 중인 연구물 포함)을 새로운 연구물인 것처럼 투고하지 말아야 한다.

제 6 조 (인용 및 참고 표시)

1. 공개된 학술 자료를 인용할 경우에는 정확하게 기술하도록 노력해야 하고, 상식에 속하는 자료가

아닌 한 반드시 그 출처를 명확히 밝혀야 한다. 논문이나 연구계획서의 평가 시 또는 개인적인 접촉을 통해서 얻은 자료의 경우에는 그 정보를 제공한 연구자의 동의를 받은 후에만 인용할 수 있다.

2. 다른 사람의 글을 인용하거나 아이디어를 차용(참고)할 경우에는 반드시 註[각주(후주)]를 통해 인용 여부 및 참고 여부를 밝혀야 하며, 이러한 표기를 통해 어떤 부분이 선행연구의 결과이고 어떤 부분이 본인의 독창적인 생각·주장·해석인지를 독자가 알 수 있도록 해야 한다.

제 7 조 (논문의 수정)   저자는 논문의 평가 과정에서 제시된 편집위원과 심사위원의 의견을 가능한 한 수용하여 논문에 반영되도록 노력하여야 하고, 이들의 의견에 동의하지 않을 경우에는 그 근거와 이유를 상세하게 적어서 편집위원(회)에게 알려야 한다.

제 3 장 편집위원이 지켜야 할 연구윤리

제 8 조 (책임 범위)   편집위원은 투고된 논문의 게재 여부를 결정하는 모든 책임을 진다.

제 9 조 (논문에 대한 태도)   편집위원은 학술지 게재를 위해 투고된 논문을 저자의 성별, 나이, 소속 기관은 물론이고 어떤 선입견이나 사적인 친분과도 무관하게 오로지 논문의 질적 수준과 투고 규정에 근거하여 공평하게 취급하여야 한다.

제 10 조 (심사 의뢰)   편집위원은 투고된 논문의 평가를 해당 분야의 전문적 지식과 공정한 판단 능력을 지닌 심사위원에게 의뢰해야 한다. 심사 의뢰 시에는 저자와 지나치게 친분이 있거나 지나치게 적대적인 심사위원을 피함으로써 가능한 한 객관적인 평가가 이루어질 수 있도록 노력한다. 단, 같은 논문에 대한 평가가 심사위원 간에 현저하게 차이가 날 경우에는 해당 분야 제3의 전문가에게 자문을 받을 수 있다.

제 11 조 (비밀 유지)   편집위원은 투고된 논문의 게재가 결정될 때까지는 심사자 이외의 사람에게 저자에 대한 사항이나 논문의 내용을 공개하면 안 된다.

제 4 장 심사위원이 지켜야 할 연구윤리

제 12조 (성실 심사)   심사위원은 학술지의 편집위원(회)이 의뢰하는 논문을 심사규정이 정한 기간 내에 성실하게 평가하고 평가 결과를 편집위원(회)에게 통보해 주어야 한다. 만약 자신이 논문의 내용을 평가하기에 적임자가 아니라고 판단될 경우에는 편집위원(회)에게 지체 없이 그 사실을 통보한다.

제 13 조 (공정 심사)   심사위원은 논문을 개인적인 학술적 신념이나 저자와의 사적인 친분 관계를 떠

나 객관적 기준에 의해 공정하게 평가하여야 한다. 충분한 근거를 명시하지 않은 채 논문을 탈락시키거나, 심사자 본인의 관점이나 해석과 상충된다는 이유로 논문을 탈락시켜서는 안 되며, 심사 대상 논문을 제대로 읽지 않은 채 평가해서도 안 된다.

　　제 14 조 (평가근거의 명시)　심사위원은 전문 지식인으로서의 저자의 인격과 독립성을 존중하여야 한다. 평가 의견서에는 논문에 대한 자신의 판단을 밝히되, 보완이 필요하다고 생각되는 부분에 대해서는 그 이유도 함께 상세하게 설명해야 한다.

　　제 15 조 (비밀 유지)　심사위원은 심사 대상 논문에 대한 비밀을 지켜야 한다. 논문 평가를 위해 특별히 조언을 구하는 경우가 아니라면 논문을 다른 사람에게 보여주거나 논문 내용을 놓고 다른 사람과 논의하는 것도 바람직하지 않다. 또한 논문이 게재된 학술지가 출판되기 전에 저자의 동의 없이 논문의 내용을 인용해서는 안 된다.

제 5 장　윤리규정 시행 지침

　　제 16 조 (윤리규정 서약)　한국목간학회의 신규 회원은 본 윤리규정을 준수하기로 서약해야 한다. 기존 회원은 윤리규정의 발효 시 윤리규정을 준수하기로 서약한 것으로 간주한다.

　　제 17 조 (윤리규정 위반 보고)　회원은 다른 회원이 윤리규정을 위반한 것을 인지할 경우 그 회원으로 하여금 윤리규정을 환기시킴으로써 문제를 바로잡도록 노력해야 한다. 그러나 문제가 바로잡히지 않거나 명백한 윤리규정 위반 사례가 드러날 경우에는 학회 윤리위원회에 보고할 수 있다. 윤리위원회는 윤리규정 위반 문제를 학회에 보고한 회원의 신원을 외부에 공개해서는 안 된다.

　　제 18 조 (윤리위원회 구성)　윤리위원회는 회원 5인 이상으로 구성되며, 위원은 평의원회의 추천을 받아 회장이 임명한다.

　　제 19 조 (윤리위원회의 권한)　윤리위원회는 윤리규정 위반으로 보고된 사안에 대하여 제보자, 피조사자, 증인, 참고인 및 증거자료 등을 통하여 폭넓게 조사를 실시한 후, 윤리규정 위반이 사실로 판정된 경우에는 회장에게 적절한 제재조치를 건의할 수 있다.
　　단, 사안이 학회지 게재 논문의 표절 또는 중복 게재와 관련된 경우에는 '학회지 논문의 투고와 심사에 관한 규정'에 따라 편집위원회에 조사를 의뢰하고 사후 조치를 취한다.

　　제 20 조 (윤리위원회의 조사 및 심의)　윤리규정 위반으로 보고된 회원은 윤리위원회에서 행하는 조

사에 협조해야 한다. 이 조사에 협조하지 않는 것은 그 자체로 윤리규정 위반이 된다.

제 21 조 (소명 기회의 보장)　윤리규정 위반으로 보고된 회원에게는 충분한 소명 기회를 주어야 한다.

제 22 조 (조사 대상자에 대한 비밀 보호)　윤리규정 위반에 대해 학회의 최종적인 징계 결정이 내려질 때까지 윤리위원은 해당 회원의 신원을 외부에 공개해서는 안 된다.

제 23 조 (징계의 절차 및 내용)　윤리위원회의 징계 건의가 있을 경우, 회장은 이사회를 소집하여 징계 여부 및 징계 내용을 최종적으로 결정한다. 윤리규정을 위반했다고 판정된 회원에 대해서는 경고, 회원자 격정지 내지 박탈 등의 징계를 할 수 있으며, 이 조처를 다른 기관이나 개인에게 알릴 수 있다.

제 6 장　보칙

제 24 조 (규정의 개정)
　1. 편집위원장 또는 편집위원 3인 이상이 규정의 개정을 發議할 수 있다.
　2. 재적 편집위원 3분의 2 이상의 찬성으로 개정하며, 총회의 인준을 얻어야 효력이 발생한다.

제 25 조 (보칙)　이 규정에 정해지지 않은 사항은 학회의 관례에 따른다.

부칙
제1조(시행일자) 이 규정은 2007년 11월 24일부터 시행한다.

Wooden Documents and Inscriptions Studies No. 29.   December. 2022

[Contents]

The Korean Society for the Study of Wooden Documents

木簡과 文字 연구 28

엮은이 | 한국목간학회
펴낸이 | 최병식
펴낸날 | 2023년 1월 27일
펴낸곳 | 주류성출판사
　　　　 서울시 서초구 강남대로 435
　　　　 전화 | 02-3481-1024 / 전송 | 02-3482-0656
　　　　 www.juluesung.co.kr
　　　　 e-mail | juluesung@daum.net

책　값 | 20,000원
ISBN　978-89-6246-496-2　94910
세트　978-89-6246-006-3　94910

＊ 이 책은 『木簡과 文字』 29호의 판매용 출판본입니다.